1

Bibliographie analytique
de la prière grecque
et romaine

Supplément à la deuxième édition
*Années 2004-2008 (notices n° 839 à n° 1088)
et complément des années antérieures
Index cumulés couvrant les années 1898-2008
(notices n° 1 à n° 1088)*

RECHERCHES SUR LES RHÉTORIQUES RELIGIEUSES

Collection dirigée
par
Gérard FREYBURGER et Laurent PERNOT

VOLUMES PARUS

1 *Bibliographie analytique de la prière grecque et romaine (1898-1998)*, par les membres du C.A.R.R.A., sous la direction de Gérard FREYBURGER, Laurent PERNOT, Frédéric CHAPOT et Bernard LAUROT.

2 *Corpus et prières grecques et romaines. Textes réunis, traduits et commentés*, par Frédéric CHAPOT et Bernard LAUROT.

3 *« Anima mea ». Prières privées et textes de dévotion du Moyen Age latin*, par Jean-François COTTIER.

4 *Rhétorique, poétique, spiritualité. La technique épique de Corippe dans la « Johannide »* par Vincent ZARINI.

5 *Nommer les Dieux. Théonymes, épithètes, épiclèses dans l'Antiquité. Textes réunis et édités* par Nicole BELAYCHE, Pierre BRULE, Gérard FREYBURGER, Yves LEHMANN, Laurent PERNOT, Francis PROST.

6 *Carmen et prophéties à Rome* par Charles GUITTARD.

7 *L'hymne antique et son public. Textes réunis et édités* par Yves LEHMANN.

8 *Rhétorique et littérature en Europe de la fin du Moyen Age au XVIIᵉ siècle. Textes réunis et édités* par Dominique DE COURCELLES.

9 *L'étiologie dans la pensée antique. Textes réunis et édités* par Martine CHASSIGNET.

10 *Supplicare deis. La supplication expiatoire à Rome,* par Caroline FEVRIER.

11 *La rhétorique de la prière dans l'Antiquité grecque. Textes réunis et édités* par Johann GOEKEN.

12 *Julius Valère, Roman d'Alexandre. Texte traduit et commenté* par Jean-Pierre CALLU.

13 *L'Enseignement de la rhétorique au IIᵉ siècle après J.-C.,* par Jean-Luc VIX.

14 *Rhétorique et poétique de Macrobe dans les 'Saturnales',* par Benjamin GOLDLUST.

15 *Aelius Aristide et la rhétorique de l'hymne en prose*, par Johann GOEKEN

16 *Lessico, argomentationi e strutture retoriche nelle polemica di età cristiana (III-V sec.)* a cura di Allessandro CAPONE

17 *Aristoteles Romanus. La réception de la science aristotélicienne dans l'Empire gréco-romain. Textes réunis et édités* par Yves LEHMANN.

BREPOLS

RECHERCHES SUR LES
RHÉTORIQUES RELIGIEUSES

nr

Collection dirigée par Gérard FREYBURGER et Laurent PERNOT

1

Bibliographie analytique
de la prière grecque et romaine

Supplément à la deuxième édition
Années 2004-2008 (notices n° 839 à n° 1088)
et complément des années antérieures
Index cumulés couvrant les années 1898-2008
(notices n° 1 à n° 1088)

Par les membres du C.A.R.R.A.
(Centre d'Analyse des Rhétoriques Religieuses de
l'Antiquité)

Sous la direction de
Yves LEHMANN Laurent PERNOT Bernard STENUIT

BREPOLS

D/2013/0095/126
ISBN 978-2-503-54962-0
Printed in the EU on acid-free paper

PRÉFACE

La *Bibliographie analytique de la prière grecque et romaine* offre un relevé et une analyse de l'ensemble des études (livres et articles) parues sur la prière dans la Grèce et la Rome antiques. Un premier volume (tome I de la collection), consacré aux titres parus de 1898 à 1998 et contenant 567 notices, a été publié en 2000 ; une deuxième édition complétée et augmentée de ce volume, parue en 2008, reprend et complète ces notices, et leur ajoute un supplément de 270 autres notices (numérotées de 568 à 838), correspondant aux titres parus de 1999 à 2003. Le présent volume poursuit la série : il constitue un nouveau supplément, répertoriant les titres parus de 2004 à 2008. Les notices qui le composent font suite aux précédentes et sont numérotées de 839 à 1 088. Il est, comme le premier volume, le produit du travail collectif des membres du Centre d'Analyse des Rhétoriques Religieuses de l'Antiquité (C.A.R.R.A.), unité de recherche de l'Université de Strasbourg : Bernard Stenuit a coordonné le travail collectif, a rédigé un grand nombre de notices et s'est chargé de l'ensemble des tâches de la publication, notamment de la composition du *thesaurus* et des *indices*.

La *Bibliographie* est à présent bien connue et rencontre un succès notable. Celui-ci est d'abord dû à l'importance, dans l'histoire des religions, de la prière antique en tant qu'élément significatif de la religiosité des époques antérieure au christianisme et contemporaine de ce dernier. Mais il est dû aussi à la conception de l'ouvrage, qui permet un accès diversifié, selon les objectifs du chercheur, aux notices : l'utilisateur peut en effet s'intéresser soit au résumé de la publication recensée, soit à la chronologie des prières ou à la géographie de leur apparition, soit aux auteurs ou aux textes cités, soit encore aux mots clés. D'autres accès sont encore possibles grâce au *thesaurus* (recensant divers contextes et modalités de la prière), à l'index des notions ou à celui des auteurs et textes anciens mentionnés dans les notices. Étant donné le nombre que celles-ci atteignent maintenant par l'addition des deux volumes de la *Bibliographie,* un chercheur y trouvera des informations sur à peu près toute prière rapportée par un texte littéraire du paganisme antique. Précisons que les *indices* du présent ouvrage sont cumulés : ils prennent en compte les données de l'ensemble des notices 1 à 1 088.

D'autres volumes de la collection portent sur la prière antique ou médiévale : ainsi le tome II (*Corpus de prières grecques et romaines*, par F. Chapot et B. Laurot), le tome III (« *Anima mea ». Prières privées et textes de dévotion du Moyen Age latin*, par Jean-François Cottier), le tome V (*Nommer les dieux. Théonymes, épithètes, épiclèses dans l'Antiquité*), le tome VI (Carmen *et prophéties à Rome*, par Ch. Guittard), le tome VII (*L'hymne antique et son public,* édité par Y. Lehmann), le tome XI (*La rhétorique de la prière dans l'Antiquité grecque*, édité par J. Goeken) et le tome XV (*Aelius Aristide et la rhétorique de l'hymne* en *prose*, par J. Goeken). De nouveaux ouvrages paraîtront encore sur ce thème : la collection s'efforce de présenter un maximum de facettes de cette démarche essentielle des religions antiques.

Gérard FREYBURGER & Laurent PERNOT

AVANT-PROPOS

Ce supplément pour les années 2004-2008 est en continuité avec les deux premières éditions (2000 et 2008) de la *Bibliographie analytique de la prière grecque et romaine* qui couvraient les années 1898-1998 et 1999-2003. Trois inflexions ont été apportées : un effort de concision ; une définition plus précise de la rubrique « Principaux textes anciens », limitée désormais aux textes analysés et non plus simplement cités, à moins qu'une référence ne soit récurrente ; enfin, une réduction du nombre des notions, afin d'éviter les répétitions et les synonymies. La rubrique « Notions » d'une notice vise à donner celles-ci dans l'ordre décroissant d'importance relative, les noms propres venant à la fin.

Les index, de même que le *thesaurus*, ont été cumulés avec ceux de la seconde édition et couvrent donc l'ensemble des 1088 notices. C'est là que sont développées les abréviations des recueils de textes anciens.

La recherche bibliographique sur la prière est confrontée au problème des marges. En effet, le lien avec le thème de la prière est parfois ténu, mais certaines publications ont été retenues parce qu'elles ressortissent à la prière en tant que forme, multiple et certes parfois difficile à cerner, de communication avec les dieux.

Le lent déchiffrement des papyrus, les découvertes incessantes de tablettes de malédiction (*defixiones*) enrichissent notre connaissance des pratiques magiques de l'Antiquité ; le schéma assez répétitif de cette sorte de prière est compensé par des choix linguistiques finement analysés, nous faisant mieux connaître les épiclèses. De plus, les pratiques magiques, replacées dans les mentalités antiques, sont mieux appréhendées. Les hymnes ont aussi la faveur de nombreuses études ; ils sont, de fait, une façon très élaborée de parler des dieux et de leur parler. La prière recourt aux *topoi*, dont la commodité donne l'impression d'une pensée ou d'un sentiment. Mais adaptés, choisis parmi beaucoup d'autres, ces *topoi* trahissent une attitude personnelle ; l'étude de textes classiques s'en trouve ainsi renouvelée.

Que les directeurs du C.A.R.R.A., les professeurs Lehmann et Pernot, soient remerciés pour leur confiance et leur soutien ! Il nous plaît d'associer à ces remerciements les membres et collaborateurs du C.A.R.R.A. et, dans nos recherches et traitements informatiques, Catherine Schneider (Université de Strasbourg) et Paul Pietquin (Université de Namur et Université de Liège).

Bernard Stenuit

LISTE DES AUTEURS DES NOTICES

A. A.-M.	Agnès Arbo-Molinier	**L. P.**	Laurent Pernot
A. D.	Alexandra Dimou	**L. Q.**	Luana Quattrocelli
A. G.	Aurélien Gautherie	**L. S.**	Luigi Spina
A. H.	Alice Hopfner-Sauvanaud	**M. C.**	Martine Chassignet
		M. E.	Mouna Essaidi
B. S.	Bernard Stenuit	**M. T.**	Maria Tsakiroglou
C. C.	Cyrille Crépey	**M. Ta.**	Mina Tasseva
C. Me.	Cécile Merckel	**M. V.**	Michaël Vannesse
C. N.	Catherine Notter	**O. K.**	Orestis Karavas
C. P.	Cristina Pepe	**P. H.**	Paul Heilporn
C. R.	Constantin Raïos	**P. P.**	Paul Pietquin
E. S.	Éléonore Salm	**S. C.**	Sara Eco Conti
E. V.	Ekaterini Vassilaki	**S. R.**	Sandrine de Raguenel
G. F.	Gérard Freyburger		
J.-L. V.	Jean-Luc Vix	**T. G.**	Thierry Grandjean
J. R.	Julien Rohmer	**V. S.**	Virginie Subias
J. S.	Juliette Sauvey	**Y. L.**	Yves Lehmann

NOTICES : TROISIÈME SÉRIE[*]

839—ALFIERI TONINI (T.) «Iscrizioni esposte ed iscrizioni nascoste nel mondo greco», *Acme*, 60, 2007, p. 22-35.

RÉSUMÉ : L'A. examine, sans prétention à l'exhaustivité, quelques problèmes liés au fonctionnement et à l'objet de certaines catégories d'inscriptions grecques. La première partie s'attache aux inscriptions publiques, telle l'inscription la plus ancienne connue provenant de la cité crétoise de Dreros (VIIe siècle av. J.-C.), qui figure sur une partie du mur oriental du temple d'Apollon à Delphes. D'autres inscriptions juridiques sont ensuite citées, dont celle de Gortyne. Après avoir abordé les dédicaces votives et les inscriptions honorifiques, l'A. évoque les inscriptions privées, qualifiées de « plus complexes et hétérogènes ». La troisième partie s'attache, ainsi que le titre l'annonçait, aux inscriptions « cachées », celles qui, destinées à un lecteur unique et identifié, renferment un message plus intime. L'A. termine ainsi par les inscriptions destinées aux divinités infernales, les lamelles orphiques, les tablettes de défixion, les formules magiques. Si les lamelles orphiques rappellent les formules magiques pour le voyage du défunt, les tablettes de défixion s'adressent directement aux divinités infernales ou aux défunts. Quant aux formules magiques que l'on trouve souvent sur des bijoux, elles avaient pour objet de mettre un fidèle « sous la protection de la divinité » ou de conjurer le mauvais sort.
LIEN AVEC LE THÈME DE LA PRIÈRE : secondaire.
DOMAINE PRÉDOMINANT : grec.
AIRE GÉOGRAPHIQUE : monde grec.
CHRONOLOGIE : toute l'Antiquité grecque à partir de l'époque archaïque (VIIe siècle av. J.-C.).
PRINCIPAUX TEXTES ANCIENS : inscription du mur oriental du temple de Delphes – inscription de Gortyne.
NOTIONS : magie – malédiction – *defixio*.

J.-L. V.

840—AMENDOLA (S.), « Per una lettura politica della preghiera per Argo (*Supp.* 625 ss.) », MEDAGLIA (S. M.) éd., *Miscellanea in ricordo di Angelo Raffaele Sodano*, Naples, Guida (Quaderni del Dipartimento di

---

[*] On trouvera les deux séries précédentes dans la *Bibliographie analytique de la prière grecque et romaine. Deuxième édition*, parue dans la présente collection en 2008.

Scienze dell'Antichità, Università degli Studi di Salerno, 29), 2004, p. 7-22.

RÉSUMÉ : L'arrivée des Danaïdes à Argos, refuge contre les fils d'Égyptos, est un moment crucial du drame. Par gratitude pour l'hospitalité risquée que leur accorde le roi d'Argos, le chœur des Danaïdes prie Zeus. Avant cette prière, elles avaient utilisé la religion pour susciter l'hospitalité des Argiens, arborant les rameaux des suppliants (241-3) et brandissant la menace du ressentiment de Zeus protecteur des suppliants (ἱκέσιος, 347). Leur prière, ensuite, glisse du ressentiment au remerciement de Zeus hospitalier (ξένιος, 627-8) et à la défense de l'intérêt commun, aux « vœux de bénédiction sur une cité » qui les a accueillies (Chapot et Laurot n° **615,** p. 103-6) : les Danaïdes ont réussi leur intégration à Argos.

LIEN AVEC LE THÈME DE LA PRIÈRE : principal.
DOMAINE PRÉDOMINANT : grec.
AIRE GÉOGRAPHIQUE : Grèce.
CHRONOLOGIE : début du Ve siècle av. J.-C.
PRINCIPAUX TEXTES ANCIENS : Eschyle, *Suppliantes*, 625-709.
NOTIONS : supplication – remerciement – vœu – Zeus.

B. S.

841—AMENDOLA (S.), « La preghiera di Camillo (Plu., Cam. 5. 7-9) », *Ploutarchos*, n.s., 3, 2005-2006, p. 3-18.

RÉSUMÉ : La prière du dictateur Camille après la chute de la cité étrusque de Véies en 396 av. J.-C. se présente comme une supplique adressée par le chef romain (soucieux d'équité jusque dans ses relations avec les ennemis) au maître des dieux (préposé à la surveillance des bonnes et des mauvaises actions humaines) en faveur d'un jugement de Dieu (ou des dieux) sur sa propre conduite durant la guerre. Mais il y a plus. La fonction de cette prière s'avère double : 1) sur le plan religieux, valoriser la piété du héros et, entre autres, sa croyance en une Justice divine qui rabaisse les hommes et les peuples lorsqu'ils jouissent d'un bonheur immérité ou trop grand ; 2) du point de vue narratologique, préparer le récit des événements ultérieurs de la vie de Camille – en particulier son exil temporaire dans la ville d'Ardée et la libération de Rome occupée par les Gaulois.

LIEN AVEC LE THÈME DE LA PRIÈRE : principal.
DOMAINE PRÉDOMINANT : grec et latin.
AIRE GÉOGRAPHIQUE : Étrurie, Rome.
CHRONOLOGIE : IVe siècle av. J.-C.
PRINCIPAUX TEXTES ANCIENS : Plutarque, *Camille*, 5, 7-9 – Denys d'Halicarnasse, *Antiquités romaines*, XII, 14, 2 – Tite-Live, V, 21, 14-15 – Valère Maxime, I, 5, 2.
NOTIONS : gestuelle (coutume romaine de tourner à droite après avoir prié) – guerre – nom divin – politique – supplication – *pietas* – Camille.

Y. L.

842—AMENDOLA (S.), *Donne e preghiera. Le preghiere dei personaggi femminili nelle tragedie superstiti di Eschilo*, Amsterdam, Hakkert (Supplementi di Lexis, 38), 2006, 133 p.

RÉSUMÉ : L'ouvrage, issu d'une thèse, illustre les typologies et les modalités des prières prononcées par les personnages féminins dans les tragédies d'Eschyle. Le volume se compose de sept chapitres, précédés par une préface de Vittorio Citti. Le premier chapitre, à caractère introductif, est consacré à une synthèse des valeurs et des typologies de la prière dans le monde grec, perçue comme le lieu privilégié de la rencontre entre le dieu et l'homme par l'intermédiaire du λόγος, la parole. Après avoir conduit, dans les chapitres suivants, une exégèse approfondie des prières présentes dans chaque tragédie, l'A. met en évidence, dans ses conclusions, les résultats majeurs de son analyse : la prière des femmes, qui pourtant naît dans une situation d'ἀμηχανία, d'incapacité et d'impossibilité d'agir, se présente comme une réponse qui n'est pas seulement passive, mais aussi active, car les femmes cherchent à influencer la société des hommes ; le milieu liturgique est le seul terrain de rencontre et d'affrontement avec le monde masculin où la femme puisse tenir un rôle de protagoniste. Par conséquent, la prière des femmes s'adresse avant tout aux hommes, et seulement en deuxième instance aux dieux.
LIEN AVEC LE THÈME DE LA PRIÈRE : principal.
DOMAINE PRÉDOMINANT : grec.
AIRE GÉOGRAPHIQUE : monde grec.
CHRONOLOGIE : Ve siècle av. J.-C.
PRINCIPAUX TEXTES ANCIENS : Eschyle.
NOTIONS : théâtre – chœur – sacrifice – femmes – ὀλολυγμός.

L. Q.

843—*L'Année épigraphique*, Paris, PUF.
Pour les volumes parus entre 2004 et 2008, un choix restreint (*AE 2004*, par exemple, compte 250 *defixiones*) a été opéré d'après les Tables analytiques (3° Table des matières, puis V Prêtres et choses religieuses, 2 Particularités, s.v. *defixio*, prière, sacrifice, sentiment religieux...).

L'Année épigraphique 2001, 2004.
N° 135 : invocations aux dieux (e.a. Hercule) dans des zones de montagne, inspirant traditionnellement la crainte.
N° 1135 : Alcácer do Sal (Portugal, ant. *Salacia*). *Tabella defixionis* en plomb, invoquant Cybèle (*Megalè*) et Attis.

L'Année épigraphique 2002, 2005.
N° 556 : Altino (Italie, Regio X). *Tabella defixionis* en plomb, avec signe magique en forme de U. *Dedi de[f]ictas* sont les derniers mots.
N° 983 : Chamalières (France, Puy-de-Dôme). *Tabella defixionis* en langue gauloise invoquant *Maponos*, dieu d'une source, et les puissances infernales.

N° 1055 : Avenches (Suisse). *Tabellae defixionis*.

L'Année épigraphique 2003, 2006.
N° 337 : Cumes (Italie, Regio I). *Tabella defixionis* invoquant, contre une épouse infidèle, démons et esprits (*daimones, pneumata*).
N° 645 : Fontanaccia (Italie, Regio VII). *Tabella defixionis* rédigée par un Grec d'humble origine (?).
N° 1021 : Londres (secteur de l'amphithéâtre romain). *Tabella defixionis* invoquant Diane.

L'Année épigraphique 2004, 2007.
N° 385 (= *AE 1996*, n° 370) : Colle Maiorana (Italie, Regio I, territ. de *Signia*). Invocation à Janus en distiques élégiaques, avec influence possible d'Ovide.
N° 451 : Sybaris (Italie, Regio III). Lamelle carrée de bronze, fixée à l'origine sur un objet dédié à Jupiter, Apollon, Minerve et Hercule. Inscription archaïque.
N° 1006 : Gross-Gerau (Allemagne). Voir n° **867**.

L'Année épigraphique 2005, Paris, 2008.
N° 1126 : Mayence (Allemagne). Voir n° **861**.

PRINCIPAUX TEXTES ANCIENS : inscriptions (*L'Année épigraphique 2001-2005*) – Ovide.
NOTIONS : *defixio* – magie – Hercule – Cybèle – Attis – *Maponos* – Diane – Janus.

B. S.

844—ASHDOWNE (R.), « E-vocative Invocation : On the Historical Morphosyntax of Latin Oaths », WRIGHT (R.), *Latin vulgaire – latin tardif VIII*, Hildesheim et Zurich, Olms-Weidmann, 2008, p. 13-25.

RÉSUMÉ : L'article est consacré à une étude morphosyntaxique d'expressions latines mentionnant les dieux ou le nom de certains d'entre eux (*pro di immortales, mehercle, ecastor, pol*, etc.). S'interrogeant notamment sur le fait que bon nombre de ces formes paraissent se présenter au vocatif sans que l'on ait affaire à une adresse directe, l'A. s'attache à mettre en lumière la « pragmaticalisation » de ces expressions et à montrer que celles-ci résultent d'une réduction de la forme et d'un affaiblissement de la force de formules de serment.
LIEN AVEC LE THÈME DE LA PRIÈRE : secondaire.
DOMAINE PRÉDOMINANT : latin.
AIRE GÉOGRAPHIQUE : Italie.
CHRONOLOGIE : IIIe-Ier siècle av. J.-C.
PRINCIPAUX TEXTES ANCIENS : Plaute – Térence – Cicéron.
NOTIONS : serment – formule.

C. N.

845—ASMIS (E.), «Myth and Philosophy in Cleanthes' Hymn to Zeus», *Greek, Roman and Byzantine Studies*, 47, 2007, p. 413-429.

RÉSUMÉ : L'A. relève et discute un propos de Johan Thom dans son *Cleanthes' Hymn to Zeus* (Tübingen, 2005), selon lequel le dieu chanté par Cléanthe est celui du panthéon traditionnel et non une puissance en accord avec la philosophie stoïcienne. Pour l'A., Cléanthe a au contraire ménagé deux niveaux de lecture : le premier, pour les non-stoïciens, montre un dieu dont la justice punit les méchants ; le second niveau de lecture, pour les initiés au stoïcisme, fait du dieu une force, le *logos*, assimilé à un feu solaire, force qui est présente dans la nature et en chacun des hommes, qui les pousse et les autorise à atteindre la vertu. Ces deux niveaux de lecture ne se contredisent pas et ne s'opposent pas : ils révèlent une filiation entre mythe et philosophie, où un premier mythe, « a first-order myth », celui du foudre de Zeus, se transforme en un second mythe, « second-order myth », stoïcien, celui de la puissance transcendante qui punit les hommes ou leur ouvre les portes de la vertu. *L'Hymne à Zeus* de Cléanthe prend la forme d'une prière, avec d'abord une invocation (v. 1-6), puis un prêche (v. 7-31) et enfin une prière à Zeus (v. 31-37). Le parcours stoïcien vers la vertu est montré par Cléanthe comme une initiation aux mystères de Zeus, identifié au *logos* : selon les derniers vers, les quelques rares mortels qui ont pu accéder à la vertu forment alors un chœur avec les dieux autour du Soleil.
LIEN AVEC LE THÈME DE LA PRIÈRE : principal.
AIRE GÉOGRAPHIQUE : Grèce.
CHRONOLOGIE : IIIe siècle av. J.-C.
PRINCIPAUX TEXTES ANCIENS : Cléanthe, *Hymne à Zeus*.
NOTIONS : chœur – hymne – mystères – Zeus – stoïcisme.

A. H.

846—AUBRIOT-SÉVIN (D.), « De la familiarité au culte : regards sur la posture des héros et des hommes face aux dieux dans l'épopée homérique », *Kernos*, 21, 2008, p. 139-153.

RÉSUMÉ : La familiarité des héros homériques, tel Achille, avec les dieux n'exclut pas une séparation nette (le bouclier du même Achille au chant XVIII), que le culte permet toutefois de franchir. L'*Iliade* et l'*Odyssée* forment un diptyque et s'opposent. La première épopée célèbre la force physique, les privilèges de la parenté divine, les héros (I, 4), appelés à disparaître par négligence cultuelle (XII, début). L'homme advient (*andra*, premier mot de l'*Odyssée*), avec des qualités acquises, intelligence, maîtrise de soi, sens de la justice : non plus le héros, mais l'homme qui accomplit scrupuleusement les sacrifices et se rapproche ainsi des dieux.
LIEN AVEC LE THÈME DE LA PRIÈRE : secondaire.
DOMAINE PRÉDOMINANT : grec.
AIRE GÉOGRAPHIQUE : Grèce.

CHRONOLOGIE : monde homérique.
PRINCIPAUX TEXTES ANCIENS : Homère, *Iliade*, I, 199-203 ; VII, 446-453 ; *Odyssée*, VII, 200-206 ; XIII, 128-140 ; 179-187.
NOTIONS : rite – sacrifice – héros.

B. S.

847—BARBANTANI (S.), « Goddess of Love and Mistress of the Sea : Notes on a Hellenistic Hymn to Arsinoe-Aphrodite (*P. Lit. Goodsp.* 2, I-IV) », *Ancient Society*, 35, 2005, p. 135-165.

RÉSUMÉ : L'article s'intéresse à un poème hellénistique en hexamètres inscrit sur le *P.Chic.* 2 et reproduit à partir d'une photographie (col. II-IV et peut-être col. V fragmentaire). Le texte contient des références communes aux genres de l'hymne et de l'éloge (p. 140-141). La divinité célébrée est probablement Arsinoé II Philadelphe, reine divinisée et identifiée à Aphrodite ou associée à cette dernière. Le fait que la déesse est chantée comme une divinité marine la rapproche de l'image d'Isis. L'A. propose des hypothèses quant aux circonstances de la composition du texte (hymne à Arsinoé II, éloge d'une cité ou texte cultuel), à l'identité de l'auteur et de la cité en relation avec le poème.
LIEN AVEC LE THÈME DE LA PRIÈRE : secondaire.
DOMAINE PRÉDOMINANT : grec.
AIRE GÉOGRAPHIQUE : Égypte ptolémaïque.
CHRONOLOGIE : IIe siècle av. J.-C.
PRINCIPAUX TEXTES ANCIENS : *P.Chic.* 2.
NOTIONS : culte – éloge – épiclèse – hymne – Aphrodite – Arsinoé II Philadelphe – Isis.

M. Ta.

848—BARNABEI (L.), *I culti di Pompei*. Rome, « L'Erma » di Bretschneider (Contributi di archeologia vesuviana, III), 2007, 171 p.

RÉSUMÉ : Après une étude sur les temples de différentes divinités présentes à Pompéi, l'ouvrage comporte une série d'enquêtes sur des sujets plus spécifiques. Parmi celles-ci, on trouvera des éléments concernant la prière dans les observations faites par V. Huet sur le laraire de L. Caecilius Iucundus : en effet, le relief de ce laraire montre non pas une scène de sacrifice *stricto sensu*, mais des instruments du sacrifice, correspondant à différentes phases de la cérémonie. Ainsi, l'*ureus*, qui servait à verser le vin dans la patère, fait allusion à la *libatio* et à la prière de la *praefatio* que l'on prononçait au moment où le sacrifiant versait le vin et jetait l'encens dans les flammes de l'autel. On notera également une analyse et un commentaire de la scène de sacrifice qui figure sur l'autel dit de Vespasien à Pompéi, où le sacrifiant, représenté la tête voilée (*capite uelato*), effectue un geste de libation à l'aide d'une patère.
LIEN AVEC LE THÈME DE LA PRIÈRE : secondaire.

DOMAINE PRÉDOMINANT : latin.
AIRE GÉOGRAPHIQUE : Rome.
CHRONOLOGIE : Ier siècle ap. J.-C.
PRINCIPAUX TEXTES ANCIENS : aucun.
NOTIONS : *praefatio* – libation – sacrifice.

G. F.

849—BARRETT-LENNARD (R.), « The *Canons of Hippolytus* and Christian Concern with Illness, Health, and Healing », *Journal of Early Christian Studies*, 13, 2005, p. 137-164.

RÉSUMÉ : L'A. analyse les *Canons d'Hippolyte* du point de vue de la maladie, de la santé et des soins médicaux. Il étudie l'aide apportée aux malades par des membres de la communauté chrétienne, par certains individus possédant le don de guérison et enfin par des responsables de l'Église. L'A. conclut à un intérêt pour les questions médicales particulièrement développé dans la communauté chrétienne d'Égypte aux IIIe et IVe siècles.
LIEN AVEC LE THÈME DE LA PRIÈRE : secondaire.
DOMAINE PRÉDOMINANT : grec, copte et arabe.
AIRE GÉOGRAPHIQUE : Égypte.
CHRONOLOGIE : IIIe-IVe siècles ap. J.-C.
PRINCIPAUX TEXTES ANCIENS : *Canons d'Hippolyte – Sacramentaire de Sérapion – Prière de Sérapion*.
NOTIONS : christianisme – médecine.

A. G.

850—BASLEZ (M.-F.) et PRÉVOT (F.) éd., *Prosopographie et histoire religieuse, Actes du colloque tenu en l'Université Paris XII-Val de Marne les 27 et 28 octobre 2000*, Paris, De Boccard (De l'archéologie à l'histoire), 2005, 474 p.

RÉSUMÉ : Dans l'avant-propos, M.-F. Baslez rappelle les principes et la méthode de la prosopographie : « l'établissement et la juxtaposition de notices individuelles » (Cl. Nicolet) ; au sens large, elle « comprend aussi l'exploitation historique de ces notices ». Dans ces vingt-deux communications consacrées à l'étude de la prosopographie religieuse de l'Antiquité, les sources utilisées sont essentiellement l'épigraphie, la papyrologie et les textes historiques. Malgré la richesse et la diversité de cette documentation, le concept de prière est très peu exploité, comme on peut le comprendre par l'analyse de J.-L. Voisin : « La méthode prosopographique collectionne ce qui est à l'extérieur de l'individu. Elle sonde difficilement les cœurs et les sentiments » (p. 362). Ainsi, les analyses sont centrées sur l'identité des prêtres et prêtresses, de leurs familles, des dévots, des divinités, sur leurs relations et certaines de leurs pratiques religieuses, en particulier les offrandes et les dédicaces, plutôt que sur les prières. Plusieurs communications parlent en termes généraux des honneurs et des cultes rendus aux divinités, sans mentionner de prières précises. Dans les archives royales d'Ebla (Syrie), M. G. Biga constate même l'absence de tout texte de prière (p. 116). Toutefois, trois communications évoquent cette notion. Concernant les compétences fulguratoires des Étrusques, M. L. Haack rappelle que le roi Porsenna aurait provoqué la foudre par ses invocations pour faire fuir le monstre Olta qui menaçait la ville de Volsinies ; de même, en 408 ap. J.-C., des Étrusques se vantent d'avoir libéré la ville de Narni après avoir provoqué le tonnerre par leurs prières. L. Pietri cite l'exemple de Léon le Grand, qui, dans ses sermons, invite ses fidèles à prier pour la conversion des juifs. Selon F. Briquel-Chatonnet (« Onomastique et religion phénicienne »), le nom d'un dieu, employé avec un verbe à l'inaccompli de la forme factitive, est en lui-même une prière à la divinité (p. 142).

LIEN AVEC LE THÈME DE LA PRIÈRE : secondaire.

DOMAINE PRÉDOMINANT : grec et latin.

AIRE GÉOGRAPHIQUE : Grèce – Syrie (Ebla, Ugarit) – Phénicie – Mésopotamie (Uruk) – Étrurie – Empire romain.

CHRONOLOGIE : IIIe millénaire av. J.-C. - VIIIe siècle ap. J.-C.

PRINCIPAUX TEXTES ANCIENS : Pline l'Ancien, *Histoire naturelle*, II, 140 – Zosime, V, 41, 1 – Léon le Grand, *Sermons*, 57, 2 (Chavasse et Dolle) ; 16, 2 (Leclercq et Dolle).

NOTIONS : culte – invocation – divination.

T. G.

851—BELAYCHE (N.), « Les dieux 'nomothètes'. Oracles et prescriptions religieuses à l'époque romaine impériale », *Revue de l'histoire des religions*, 224, 2007, p. 171-191.

RÉSUMÉ : En se fondant sur d'abondantes sources littéraires et épigraphiques, ainsi que sur l'étude d'A. Busine (*Paroles d'Apollon. Pratiques et traditions oraculaires dans l'Antiquité tardive*, Leyde-Boston, 2005), l'A. montre que, « par rapport à des instances humaines, la règle édictée par l'oracle présentait une légitimité propre, attachée à l'instance de révélation ». En outre, l'autorité divine est grandie par la puissance inhérente à la rhétorique des textes révélés. Mais les règlements religieux ne semblent pas avoir été attribués à des oracles pour suppléer une législation humaine négligée : « L'oracle n'est pas un auxiliaire de la loi. » Néanmoins, comme l'émetteur est divin, toute négligence ou violation d'une règle devient une impiété, d'où un registre de sanctions différent, propre à une justice divine. C'est alors que l'A. évoque la prière, mentionnée dans un oracle de Claros, consulté par une cité des bords de l'Hermos qui voulait être délivrée de la peste, probablement sous Marc Aurèle : « Le dieu ordonna […] d'honorer [Artémis d'Éphèse] par des hymnes, des sacrifices et des prières. Ses injonctions sont […] des décrets et elles proclament la sanction divine en cas de non-respect. » En définitive, le fait d'attribuer des règlements religieux à un dieu ne servait pas principalement à « donner un statut plus intouchable au contenu de la règle », mais cette intimité de la communication avec le divin, assurée par l'oracle, contribuait à illustrer les deux partenaires (le dieu et le consultant) dans une stratégie de communication par l'image.

LIEN AVEC LE THÈME DE LA PRIÈRE : secondaire.

DOMAINE PRÉDOMINANT : grec et latin.

AIRE GÉOGRAPHIQUE : les grands centres oraculaires (Delphes, Dodone, Didymes, Claros) – Empire romain.

CHRONOLOGIE : IVe siècle av. J.-C. - VIe siècle ap. J.-C.

PRINCIPAUX TEXTES ANCIENS : Platon, *République*, IV – Cicéron, *De la divination* – Ovide, *Métamorphoses* – Plutarque, *Sur la disparition des oracles* et *Oracles chaldaïques* – Porphyre, *De la philosophie des oracles* et *De l'abstinence* – Jamblique, *Les mystères* – Eusèbe, *Préparation évangélique* – Lactance, *Institutions divines* – Jérôme, *Lettres* – Augustin, *Cité de Dieu* – Macrobe, *Saturnales* – *Théosophie de Tübingen* – *PGM* – *I.Didyma* 277.

NOTIONS : divination – loi sacrée – oracle – théurgie – mystères.

T. G.

852—BELAYCHE (N.), BRULÉ (P.), FREYBURGER (G.), LEHMANN (Y.), PERNOT (L.) et PROST (F.) éd., *Nommer les dieux. Théonymes, épithètes, épiclèses dans l'Antiquité*, Turnhout, Brepols (Recherches sur les rhétoriques religieuses, 5) et Rennes, Presses universitaires, 2006, 665 p.

RÉSUMÉ : Issu de deux colloques organisés conjointement par l'université de Rennes et par les universités de Strasbourg et de Naples, l'ouvrage s'attache à montrer que les progrès réalisés dans les domaines de la critique des mythes et de l'histoire des religions ont radicalement modifié la façon d'examiner le nom et la nomination des dieux. Deux axes surtout se dégagent ainsi : d'une part la question du rapport entre le récit mythique et le nom, d'autre part la nécessité pour les fidèles d'identifier le divin, de le discriminer, de le nommer, aussi bien dans le cadre du polythéisme que dans les systèmes monothéistes. Par ailleurs, le caractère quasi communautaire de cette identification attire l'attention sur une autre exigence de méthode, qui veut qu'au-delà du signifié « entité divine », on n'oublie pas l'acte de langage ainsi que le contexte social afférents à l'usage du nom.

LIEN AVEC LE THÈME DE LA PRIÈRE : principal.

DOMAINE PRÉDOMINANT : grec et latin.

AIRE GÉOGRAPHIQUE : monde antique.

CHRONOLOGIE : de la Bible hébraïque aux commentaires néoplatoniciens du IVe siècle ap. J.-C.

PRINCIPAUX TEXTES ANCIENS : 1) Textes littéraires : Aelius Aristide, *Discours* – Hésiode, *Théogonie,* 188-202 – Accius, *Philoctète*, fr. 2 Dangel – Pausanias, X, 6, 4 ; 8, 6 ; 8, 7 ; 24, 6 ; 32, 7 – Sénèque, *Médée*, passim – Ovide, *Fastes*, V, 577 ; 2) Papyri : *P.Herc.* 1055 – *Papyri Barcinonenses*, Inv. n^{os}158-161 (*Alceste*

de Barcelone) ; 3) Inscriptions : *Inscriptions chypriotes syllabiques* 216, 217, 218, 220, 228b – *IG* VII, 3426 ; II, 4223 – *Inscriptions antiques du Luxembourg* 135, 136 – graffiti vasculaires : l'exemple du Vase François.
NOTIONS : christianisme (rapport avec le) – culte – dédicace – éloge – épiclèse – épithète – formule – iconographie – imprécation – invocation – prière juridique– judaïsme – magie – mystères – nom divin – prière privée – prière publique – rhétorique – serment – théâtre.

Y. L.

853—BELAYCHE (N.) et RÜPKE (J.), « Divination et révélation dans les mondes grec et romain. Présentation », *Revue de l'histoire des religions*, 224, 2007, p. 139-147.

RÉSUMÉ : Sur la base des travaux d'A. Bouché-Leclercq et J.-P. Vernant, un groupe de recherche franco-allemand a réfléchi sur la divination dans l'Antiquité classique, cherchant à montrer « en quoi la divination était une modalité antique de l'action ». Les A. présentent les contributions constituant le « volet anthropologique des conclusions de ce groupe de recherche » (voir ici les n[os] **851**, **882**, **954**, **1059** et **1080**). Les A. restituent « les pratiques divinatoires dans la fabrique de la religion » et, en sortant la divination du champ étroit où elle était confinée, « l'analys[ent] dans le contexte englobant de la communication religieuse ». Dans ce cadre élargi, ils comparent ainsi la divination à la prière, autre forme de communication avec les dieux : la prière confère un rôle majeur aux hommes, qui envoient des messages verbaux lors d'une cérémonie où les rituels sont formalisés ; à l'inverse, les pratiques divinatoires donnent le premier rôle aux dieux, en matérialisant leur réponse et en attestant leur présence. Ainsi, la divination antique « apparaît comme un mode passif d'accès à une connaissance détenue par les dieux ». Mais cette fiction de passivité est inadaptée pour l'époque impériale, où le processus de consultation est vu comme une modalité active pour changer le futur. Enfin, les pratiques divinatoires ne peuvent agir sur le monde que si l'on croit en une sympathie entre nature et surnature, donc en une réciprocité entre les deux mondes. D'où la nécessité d'accomplir les bons gestes et de prononcer les bonnes formules : dans la Rome républicaine, il fallait veiller à bien choisir celui qui prononcerait la prière publique. C'est pourquoi les cinq contributions de ce dossier s'attachent à des contextes culturels et historiques précis, en étudiant les dimensions cognitive et performative de la divination.
LIEN AVEC LE THÈME DE LA PRIÈRE : principal.
DOMAINE PRÉDOMINANT : grec et latin.
AIRE GÉOGRAPHIQUE : Grèce et Asie Mineure – Empire romain.
CHRONOLOGIE : Ve siècle av. J.-C. - VIe siècle ap. J.-C.
PRINCIPAUX TEXTES ANCIENS : Bible, *Exode* – Plutarque – Sophocle, *Œdipe roi* – Commentaires allégoriques alexandrins – Cicéron, *De la divination* – Ovide, *Fastes*.
NOTIONS : divination – communication.

T. G.

854—BERRENS (S.), *Sonnenkult und Kaisertum von den Severen bis zu Contantin I (193-337 n. Chr.)*, Stuttgart, Steiner (Historia Einzelschriften, 185), 2004, 283 p.

RÉSUMÉ : La numismatique, particulièrement, permet de suivre l'évolution du culte du Soleil chez les empereurs ; l'A. tente aussi des comparaisons avec d'autres cultes, comme le mithriacisme et le christianisme. Le chapitre 4 relève le contenu idéologique de plusieurs expressions liant le culte du Soleil et le principat ; cette liaison est légitime (p. 205 sq.) : *Sol comes Augusti, Sol inuicto comiti, Sol conseruator Augusti...* D'où la variété de la liste établie, où les termes des invocations paraissent se répondre : *aeternitas Augusti, felicitas temporum, prouidentia deorum, oriens / occidens Augusti, Sol oriens, claritas Augusti, inuictus dux / Caesar, inuictus Sol Mithras, semper uictoriosus, pacator orbis...*
LIEN AVEC LE THÈME DE LA PRIÈRE : secondaire.
DOMAINE PRÉDOMINANT : grec et latin.
AIRE GÉOGRAPHIQUE : Empire romain.
CHRONOLOGIE : 193-337 ap. J.-C.
PRINCIPAUX TEXTES ANCIENS : monnaies – auteurs anciens – inscriptions.
NOTIONS : invocation – *Sol* – Mithra – Apollon.

B. S.

855—BETEGH (G.), *The Derveni Papyrus. Cosmology, Theology and Interpretation,* Cambridge, University Press, 2004, XII-441 p.

RÉSUMÉ : Le papyrus de Derveni est un commentaire d'un poème en hexamètres attribué à Orphée, mais composé sans doute par un disciple d'Anaxagore. L'A. propose une traduction du poème orphique et des éclaircissements sur son commentateur. Il reconstruit la théogonie orphique ainsi que la physique sur laquelle se base le commentaire, qui cherche à réactualiser l'enseignement d'Orphée en se livrant à une interprétation allégorique du poème, impliquant la structure conceptuelle de la spéculation présocratique. Pour l'A., le commentateur était un prêtre de la religion orphique plutôt qu'un sophiste ou un *physikos* présocratique. Le chapitre 1 décrit la découverte du papyrus, la langue utilisée et fait le point sur les tentatives d'identification du commentateur. Le chapitre 2 étudie les six premières colonnes du commentaire, qui ne concernent pas directement le poème orphique. Les chapitres 3 et 4 reconstruisent et interprètent ce dernier. Le chapitre 5 étudie la théologie du commentateur et son « dieu cosmique », en utilisant des extraits du texte : on observe une transformation en termes présocratiques du conte d'Orphée selon lequel Zeus, dernier-né des dieux, avala les autres dieux pour devenir le seul et l'unique. Le chapitre 6 explique la cosmologie et la physique du commentateur. Dans les chapitres 7 et 8, l'A. compare ses analyses de la pensée du commentateur avec celle d'Archélaos d'Athènes, maître supposé d'Anaxagore et de Socrate. Le chapitre 9 cherche à démontrer que, dans la citation d'Héraclite de la colonne 4, réside un lien entre la théorie héraclitéenne des éléments et une doctrine du salut. Le chapitre 10 insiste sur la tension interne que l'on discerne dans le texte en raison de l'attitude épistémologique du commentateur, qui le place en dehors des limites de sa fonction de prêtre. La méthode du commentateur est comparée avec celle de l'exégèse des oracles, mais cette dernière diffère de l'interprétation allégorique effectivement utilisée. L'appendice réfute la thèse de R. Janko, selon laquelle l'auteur du papyrus serait l'œuvre de Diagoras de Mélos.

LIEN AVEC LE THÈME DE LA PRIÈRE : secondaire.

DOMAINE PRÉDOMINANT : grec.

AIRE GÉOGRAPHIQUE : Grèce – Derveni (Macédoine).

CHRONOLOGIE : V^e-IVe siècles av. J.-C.

PRINCIPAUX TEXTES ANCIENS : *Papyrus de Derveni* – *Orphicorum Fragmenta* (Kern) – Anaxagore – Archélaos d'Athènes – Héraclite.

NOTIONS : Orphée – initiation – mystères – philosophie présocratique.

C. Me.

856—BETRÒ (M.), «Dal faraone al mercante : la lunga vita di un testo religioso dell'antico Egitto», *Studi di egittologia e di papirologia*, 1, 2004, pp. 43-48.

RÉSUMÉ : Beaucoup d'éléments montrent que les papyri magiques grecs proviennent du même milieu socio-culturel du IVe siècle ap. J.-C. et qu'ils furent rédigés par et pour des Égyptiens hellénisés. Parmi ces documents, le *P.Lond* 122 (= *PGM* VIII) conserve une incantation pour attirer la bienveillance d'Hermès et assurer la prospérité d'un commerce. Ce document est remarquable pour l'énumération des noms divins et pour sa formule finale qui affirme l'identification de l'orant avec le dieu. L'A. soutient que derrière cette pratique se cache une idée religieuse égyptienne qui remonte à l'identification du pharaon avec le dieu solaire Râ. Elle examine aussi la diffusion de cette doctrine ésotérique pendant l'époque pharaonique et ses vestiges laissés sur les documents papyrologiques grecs du premier siècle ap. J.-C., comme le *P.Oxy.* LXV, 4468.

LIEN AVEC LE THÈME DE LA PRIÈRE : principal.

DOMAINE PRÉDOMINANT : égyptien et grec.

AIRE GÉOGRAPHIQUE : Égypte (Thèbes).

CHRONOLOGIE : époque pharaonique et premiers siècles ap. J.-C.

PRINCIPAUX TEXTES ANCIENS : *P.Lond.* 122 = *PGM* VIII.

NOTIONS : éloge – formule – hermétisme – incantation – magie – nom divin – politique – vœu – Hermès / Thot – Râ.

C. R.

857—BETTINI (M.), « Homéophonies magiques : le rituel en l'honneur de Tacita dans Ovide, Fastes, 2, 569 ss. », *Revue de l'histoire des religions*, 223, 2006, p. 149-172.

RÉSUMÉ : Ovide décrit le rite en l'honneur de *Tacita* pendant les *Feralia* : lors du sacrifice, par des associations symboliques de caractère phonique et verbal, par des jeux de mots, il s'agit de bloquer les médisances. Celui qui suit le rituel peut même être celui qui veut se défendre des excès de la médisance. L'A. analyse en détail ce rituel magique, son origine : *Lala* (« bavarde ») transformé en *Lara*, rendue ensuite muette, *Tacita*.
LIEN AVEC LE THÈME DE LA PRIÈRE : secondaire.
DOMAINE PRÉDOMINANT : latin.
AIRE GÉOGRAPHIQUE : Italie.
CHRONOLOGIE : Rome archaïque et classique.
PRINCIPAUX TEXTES ANCIENS : Ovide, *Fastes*, II, 569-584.
NOTIONS : magie – sacrifice – silence – incantation – *Tacita*.

B. S.

858—BEVILACQUA (G.) et COLACICCHI (O.), « Roma : una nuova *defixio* latina dalla via Ostiense », *Atti della Accademia Nazionale dei Lincei. Notizie degli scavi di Antichità*, 9ᵉ s., 17-18, 2006-2007, p. 303-349.

RÉSUMÉ : L'inscription découverte en 2003 dans la zone de la *uia Ostiensis* est une tablette de défixion en plomb, qui peut être datée de la seconde moitié du Iᵉʳ siècle ap. J.-C. Le long texte qu'elle contient est une malédiction : le *defigens* invoque une série de divinités et de figures infernales et mythologiques, au premier rang desquelles *Dis Pater* et Proserpine, afin d'infliger des tortures multiples et mortelles à une certaine *Caecilia Prima*, dont le nom est répété vingt-quatre fois dans l'inscription. Outre des dessins et des photographies du document, l'article propose une transcription et une analyse du texte, ainsi qu'un appendice relatif aux opérations de restauration menées sur la tablette.
LIEN AVEC LE THÈME DE LA PRIÈRE : principal.
DOMAINE PRÉDOMINANT : latin.
AIRE GÉOGRAPHIQUE : Rome.
CHRONOLOGIE : seconde moitié du Iᵉʳ siècle ap. J.-C.
PRINCIPAUX TEXTES ANCIENS : *defixio* découverte en 2003 dans la zone de la *uia Ostiensis*.
NOTIONS : *defixio* – malédiction – Dis Pater.

C. N.

859—BEVILACQUA (G.) et FERRANDINI TROISI (F.), « Due amuleti funerari della necropoli occidentale di Egnazia », *Annuario della Scuola archeologica di Atene e delle Missioni Italiane in Oriente*, série 3 A, 7, 2007, p. 249-261.

RÉSUMÉ : Les deux lamelles d'or mises au jour, respectivement en 1978 et 1982, dans des tombes de la nécropole occidentale d'Egnatia (Apulie) datent du

IVe siècle ap. J.-C. Ces deux documents présentent des inscriptions grecques presque identiques, gravées par la même main. Il s'agit d'amulettes appelant sur leur porteur la protection de *kyrioi theoi* aux noms à consonance égyptienne. Ces textes témoignent d'une production en série et de l'existence de formulaires issus de manuels de magie. La disposition des lamelles dans les tombes – l'une se trouvait dans la bouche, l'autre sur la poitrine du défunt – ainsi que les divinités solaires qui sont invoquées laissent penser que l'on a affaire à des amulettes d'usage spécifiquement funéraire.

LIEN AVEC LE THÈME DE LA PRIÈRE : principal.

DOMAINE PRÉDOMINANT : grec.

AIRE GÉOGRAPHIQUE : Apulie.

CHRONOLOGIE : IVe siècle ap. J.-C.

PRINCIPAUX TEXTES ANCIENS : Lamelles d'or d'Egnatia (Inv. 11568 et 17046).

NOTIONS : amulette – magie – formule – mort.

C. N.

860—BINGEN (J.), « Inscriptions pariétales et prosopographie à Philae au Ier siècle a. C. », *Chronique d'Égypte*, 83, 2008, p. 245-257.

RÉSUMÉ : L'A. aborde la question relative à la chronologie des proscynèmes. Il faut entendre, par ce terme, des inscriptions « parasitaires » gravées en grec sur les murs du sanctuaire d'Isis à Philae, antérieures au règne de Ptolémée XII Aulète, dotées d'un pouvoir magique susceptible de favoriser la protection de la divinité égyptienne et évoquant par le fait même l'acte d'adoration de la déesse. L'article, qui se concentre plus particulièrement sur l'époque d'origine de ces épitaphes, propose une étude prosopographique d'une demi-douzaine de textes. Il traite successivement du proscynème d'Achilleus (*I.Philae* I, 14), en faveur d'un archiprêtre et prophète d'Isis du nom d'Érâton, daté du 19 octobre 80 av. J.-C., de celui du stratège Ptolémaois (*I.Philae* II, 149), accomplissant un acte d'adoration, d'un autre du stratège Nikomachos (*I.Philae* II, 146), opérant sa dévotion auprès de la déesse Isis et daté du 28 mars 32 av. J.-C., d'un cinquième proscynème du stratège Apollônidès (*I.Philae* II, 134), venu faire acte d'adoration devant Isis et, enfin, d'un dernier de Didymos (*I.Philae* II, 126) dont la *lectio* est l'objet d'une rectification. Aucune ne semble remonter au IIe siècle, contrairement à ce que certains spécialistes ont affirmé, l'A. datant plus précisément les proscynèmes de Philae du Ier siècle avant notre ère.

LIEN AVEC LE THÈME DE LA PRIÈRE : principal.

DOMAINE PRÉDOMINANT : grec.

AIRE GÉOGRAPHIQUE : Île de Philae (Égypte).

CHRONOLOGIE : Ier siècle av. J.-C.

PRINCIPAUX TEXTES ANCIENS : *I.Philae* I, 14 ; II, 126, 134, 146 et 149.

NOTIONS : adoration – épiclèse – Isis – magie.

M. V.

861—BLÄNSDORF (J.), « The Curse Tablets from the Sanctuary of Isis and Mater Magna in Mainz », *Mene*, 5, 2005, p. 11-26.

RÉSUMÉ : La découverte en 1999, dans deux sanctuaires à Mayence, de 34 *defixiones* des époques de Néron, Domitien et Trajan et Hadrien avance d'un siècle l'attestation, dans le N. de l'Empire, du culte de Mater Magna et d'Attis auxquels sont dédiés les deux sanctuaires. Les tablettes, motivées par une fraude, un vol, une jalousie ou une trahison, invoquent ces deux divinités, assez inhabituellement à titre privé. Après l'invocation à la divinité, qui peut devenir une prière, viennent des allusions à la magie et au délit avant le souhait que l'exécration soit durable. La langue est un latin le plus souvent classique (*ex[s]itus* et non *mors*), avec des termes juridiques (*dolus malus*) et des procédés rhétoriques (allitération, tricôlon) ; le latin vulgaire apparaît parfois (*abiatis* au lieu de *habeatis*). Il n'y a ni formules magiques ni symboles ; la comparaison se ferait plutôt avec la prière romaine. Ce sont donc les *defigentes* eux-mêmes, anonymes (la magie est illégale), mais gens ordinaires et instruits, qui ont rédigé la défixion, plutôt que des sorciers. Contenu, type d'écriture et longueur sont variables. L'A. édite, traduit et commente 11 de ces 34 tablettes, parfois très courtes, quelques mots : les noms de la victime (qui est maudite) au nominatif, sans aucune formule, mais la tablette est à côté d'une statuette (p. 13). La *defixio* la plus longue (13 l. de cette éd.) est une véritable prière (p. 21). Celle invoquant, comme à Gross-Gerau (près de Mayence, voir n° **1054**) et à Setúbal (Portugal), Att[h]is qualifie ce dernier de *bone*, *sancte*, *tyranne*, *domine ;* il s'agirait, très travaillée, d'une prière juridique (p. 16).
Remarque : L'A. a publié certaines des 11 tablettes ailleurs aussi :
- « 'Guter, heiliger Atthis': eine Fluchtafel aus dem Mainzer Isis- und Mater-Magna-Heiligtum (Inv.-Nr 201 B 36) », Brodersen-Kropp n° **867**, p. 51-58.
Tablette d'exécration 201 B 36 de l'inventaire inédit des fouilles (en attente de la publication des *DTM*).
- « Cybèle et Attis dans les tablettes de *defixio* inédites de Mayence », *Académie des Inscriptions et Belles-Lettres. Comptes rendus*, 2005, p. 669-692.
6 tablettes. Chaque tablette est également éditée, traduite et commentée. La lecture des tablettes diffère parfois ; c'est le cas de 182, 18 (tablette très mutilée par le feu du sacrifice) ; 72, 3 ; 111, 53 ; 31, 2 (n^os de l'inventaire des fouilles).
- « Die Verfluchungstäfelchen des Mainzer Isis- und Mater Magna Heiligtums », *Der altsprachliche Unterricht*, 51, 2008, p. 68-70.
Tablette de *defixio* 31, 2 de l'inventaire des fouilles.
LIEN AVEC LE THÈME DE LA PRIÈRE : principal.
DOMAINE PRÉDOMINANT : latin.
AIRE GÉOGRAPHIQUE : Germanie.
CHRONOLOGIE : fin du Ier siècle - début du IIe siècle ap. J.-C.
PRINCIPAUX TEXTES ANCIENS : *DTM* Blänsdorf.
NOTIONS : *defixio* – invocation – épithète – prière juridique – Mater Magna – Cybèle – Attis.

B. S.

862—BORRELLI (D.), « Sur une possible destination de l'hymne aux dieux chez l'empereur Julien », LEHMANN n° **976**, p. 243-258.

RÉSUMÉ : Julien, *Lettres*, 89 a-b, contient les instructions que, Pontifex Maximus, l'empereur donne au nouveau grand-prêtre d'Asie en matière de culte ; à la fin, à propos de l'exécution des hymnes, prières et sacrifices, Julien entend codifier : on s'en tiendra aux hymnes inspirés des dieux et non à ceux provenant d'une μανία du clergé. De plus, Julien paraît distinguer hymnes publics et hymnes privés ; ces derniers sont mis en relation avec l'importance, nettement accordée par Julien, à la prière silencieuse, dans le secret du cœur (p. 253-255).
LIEN AVEC LE THÈME DE LA PRIÈRE : principal
AIRE GÉOGRAPHIQUE : province romaine d'Asie.
CHRONOLOGIE : IVe siècle ap. J.-C.
PRINCIPAUX TEXTES ANCIENS : Julien, *Lettres*, 89a-b.
NOTIONS : hymne – prière privée – prière publique.

B. S.

863—BOWDEN (H.), *Classical Athens and the Delphic Oracle. Divination and Democracy*, Cambridge, University Press, 2005, XVIII-188 p.

RÉSUMÉ : Le rôle des oracles dans la vie politique d'Athènes est souvent négligé ou nié. Or, l'oracle peut être une caution, mais exprimée en termes généraux, sans détails. Il n'est pas manipulé par les puissants. En fait, il intervient dans la résolution de situations extrêmes, quand le débat démocratique est bloqué ou qu'un problème dépasse les limites de l'esprit humain. Le chapitre 1 traite de la consultation de l'oracle, des formes supposées des questions (est-il meilleur et plus avantageux de / si... ?) ; les formulations n'étaient pas automatiques. Les cinq autres chapitres examinent les oracles dans la tragédie et les discours, chez les historiens et philosophes, quelques consultations particulières, les questions posées par les Athéniens à Apollon, les rapports entre les oracles et les guerres d'Athènes.
LIEN AVEC LE THÈME DE LA PRIÈRE : secondaire.
AIRE GÉOGRAPHIQUE : Athènes – Delphes.
CHRONOLOGIE : Ve-IVe siècles av. J.-C.
PRINCIPAUX TEXTES ANCIENS : nombreuses références.
NOTIONS : oracle – politique.

B. S.

864—BRÉLAZ (C.) et SCHMID (S.G.), « Une nouvelle dédicace à la triade artémisiaque provenant d'Érétrie », *Revue Archéologique*, n.s., 2004, p. 227-258.

RÉSUMÉ : Les A. publient une base de marbre, découverte en 1999, remployée dans le dallage de la pièce principale du Sébasteion (temple voué au culte local des empereurs) à Érétrie en Eubée. Les A. commencent par présenter les circonstances de la découverte et discuter brièvement l'histoire de l'édifice, puis se concentrent sur la double inscription, selon laquelle la base portait initialement deux statues de bronze représentant l'Érétrien Euainetos et son fils Pythion et dédiées à la triade formée d'Artémis, d'Apollon et de Léto. Se fondant sur l'examen paléographique et typologique de la base, ainsi que sur des considérations historiques, politiques et économiques, les A. proposent de dater le monument de la période entre l'extrême fin du IIe et les premières décennies du Ier siècle av. J.-C. Cette dédicace à la triade artémisiaque trouve plusieurs parallèles dans l'épigraphie érétrienne ; la majorité de ces autres inscriptions, où Artémis est mentionnée avant son frère à l'intérieur de la triade, a été découverte dans les environs présumés du sanctuaire d'Artémis Amarynthia, à l'est de la cité d'Érétrie, à une dizaine de kilomètres de celle-ci. Néanmoins, la découverte de cette nouvelle base et la mention d'Artémis en première position suggèrent que la base, aussi bien que les statues qui y étaient scellées, se dressait à l'origine dans un sanctuaire urbain, un Artémision *intra muros*.

LIEN AVEC LE THÈME DE LA PRIÈRE : secondaire.
DOMAINE PRÉDOMINANT : grec.
AIRE GÉOGRAPHIQUE : Érétrie (Eubée).
CHRONOLOGIE : IIe-Ier siècles av. J.- C.
PRINCIPAUX TEXTES ANCIENS : dédicace d'Érétrie
NOTIONS : dédicace – culte impérial – Artémis – Apollon – Léto.

E. V.

865—BREMER (J. M.), « Traces of the Hymn in the *epinikion* », *Mnemosyne*, 4e s., 61, 2008, p. 1-17.

RÉSUMÉ : Chez Pindare *(Ol., Pyth., Ném., Isthm.)*, Bacchylide et Simonide de Céos, les *epinikia* sont des invocations qui s'adressent d'abord aux dieux (Zeus, Apollon, etc.), avant de célébrer la gloire des athlètes et de leur cité. Loin de recevoir un statut comparable à celui des héros mythiques, les auteurs d'exploits se voient rappeler à maintes reprises qu'ils ne sont que de simples mortels, dont la félicité n'a aucune commune mesure avec le bonheur éternel des dieux.

LIEN AVEC LE THÈME DE LA PRIÈRE : secondaire.
DOMAINE PRÉDOMINANT : grec.
AIRE GÉOGRAPHIQUE : Grèce antique.
CHRONOLOGIE : VIe-Ve siècles av. J.-C.
PRINCIPAUX TEXTES ANCIENS : Pindare – Bacchylide – Simonide de Céos.
NOTIONS : hymne – éloge – héros.

P. P.

866—BRIQUEL (D.), « Que pouvons-nous dire de la prière étrusque ? », COTTIER n° **893**, p. 21-35.

RÉSUMÉ : La prière jouait un rôle important chez « le peuple le plus religieux de la terre » (Tite-Live, V, 1, 7), mais les auteurs latins n'ont transmis aucun texte. Les inscriptions en étrusque, funéraires (env. 9 000) et votives, ne livrent aucune formule de prière. Retrouvé en Égypte et conservé au musée de Zagreb, le *liber linteus* (voir n° **424**) est incomplet, car il fut découpé en bandelettes pour envelopper une momie ; le texte, dont le support est le lin, est fait de 1200 mots environ ; c'est un calendrier rituel détaillant les cérémonies, que l'A. déchiffre et commente. Certaines formules, à propos d'offrandes, pourraient appartenir à des prières adressées aux dieux, bénéficiaires de ces offrandes. Examen de formules comme « Je t'invoque, ô bon » (p. 29 sq.), semblables à celles des Tables eugubines et aux prières romaines archaïques (cf. la prière de Caton). Toutefois, il y a une grande part d'hypothèse (notre ignorance du vocabulaire étrusque, de points de morphologie et de syntaxe), comme pour le verbe *nunθen* (p. 33 sq.) qui désignerait non pas une parole (prière), mais un acte d'offrande.
LIEN AVEC LE THÈME DE LA PRIÈRE : principal.
AIRE GÉOGRAPHIQUE : Étrurie.
CHRONOLOGIE : IVe siècle av. J.-C.
PRINCIPAUX TEXTES ANCIENS : *Liber linteus*.
NOTIONS : Étrurie – offrande.

B. S.

867—BRODERSEN (K.) et KROPP (A.) éd., *Fluchtafeln. Neue Funde und neue Deutungen zum antiken Schadenzauber*, Francfort-sur-le-Main, Verlag Antike, 2004, 160 p.

RÉSUMÉ : R. S. O. Tomlin introduit le sujet en décrivant l'histoire et l'intérêt de la découverte, depuis 1805, de 250 tablettes de défixion en Bretagne. Avec quelques exemples, il détaille écriture, support... La première partie s'attache à des découvertes récentes : les *defixiones* de Mayence par M. Witteyer (p. 41-51) et Blänsdorf (voir notice n° **861**), celle de Gross-Gerau par Scholz et Kropp (n° **1054**). La *defixio* de Deneuvre (France, dép. Meurthe-et-Moselle) découverte en 2002 porte, selon P.-Y. Lambert (p. 59-67), sur la face A une invocation à *Ori[ens]* (la déesse Nuit) ou *Horus Nicamede* (de Nicomédie ?) ; malgré des restitutions très problématiques, il s'agirait, comme pour la face B, de prescriptions divinatoires. La seconde partie présente de nouvelles interprétations. Le même P.-Y. Lambert (p. 71-80) pense que les *defixiones*, qui aujourd'hui ont mauvaise réputation, sont parfois des prières juridiques, que la société romaine acceptait. H. Solin (p. 115-128), exemples à l'appui, explique les problèmes paléographiques, linguistiques et de restitution des *defixiones*. Font l'objet de notices particulières les contributions de P. Kiernan (n° **963**) et Kropp (n° **970**).

LIEN AVEC LE THÈME DE LA PRIÈRE : principal.
DOMAINE PRÉDOMINANT : grec et latin.
AIRE GÉOGRAPHIQUE : Empire romain.
CHRONOLOGIE : Ier-IVe siècle ap. J.-C.
PRINCIPAUX TEXTES ANCIENS : *PGM – DT.*
NOTIONS : *defixio* – invocation – offrande – vœu – Nuit.

B. S.

868—BROUQUIER-REDDÉ (V.) et GRUEL (K.) éd., « Le sanctuaire de 'Mars Mullo' chez les Aulerques Cénomans (Allonnes, Sarthe) Ve s. av. J.-C. – IVe s. ap. J.-C. : état des recherches actuelles », *Gallia*, 61, 2004, p. 291-396.

RÉSUMÉ : Les fouilles effectuées à Allonnes ont mis au jour un sanctuaire de Mars Mullo, dieu régional associé au culte impérial. Le site est l'un des principaux lieux de culte des Aulerques Cénomans. Après un historique des fouilles et l'évolution archéologique du site sont présentées la phase de l'occupation gauloise (du Ve siècle au milieu du Ier siècle av. J.-C.), les différentes étapes de la construction du sanctuaire depuis le Ier siècle av. jusqu'au IIe ap. J.-C. et enfin sa fréquentation jusqu'à sa destruction au IVe siècle ap. J.-C. La dernière partie est consacrée aux éléments d'histoire religieuse. L'étude propose une restitution commentée des différentes dédicaces retrouvées, notamment des dédicaces impériales, aux sénateurs et aux chevaliers romains ainsi qu'à des notables locaux. Deux dédicaces montrent l'association entre le culte impérial et celui de Mars Mullo ; cette association est par ailleurs confirmée par les thèmes iconographiques correspondant aux deux aspects, guerrier et agraire, du dieu régional, aspects également au cœur de l'idéologie impériale.
LIEN AVEC LE THÈME DE LA PRIÈRE : secondaire.
DOMAINE PRÉDOMINANT : latin.
AIRE GÉOGRAPHIQUE : Gaule lyonnaise (Allonnes, Sarthe).
CHRONOLOGIE : Ve siècle av. J.-C. - IVe siècle ap. J.-C.
PRINCIPAUX TEXTES ANCIENS : *ILTG* 343 ; 345 ; 344 (= *AE,* 1960, 319 a ; b ; c = *AE,* 1961, 158) ; 346 ; 348 (inscriptions de la Sarthe).
NOTIONS : culte – dédicace – iconographie – Mars Mullo.

J. S.

869—BUDIN (S. L.), « Simonides' Corinthian Epigram », *Classical Philology*, 103, 2008, pp. 335-353.

RÉSUMÉ : Une épigramme de Simonide (14 pages), transmise et commentée par un scholiaste de Pindare, par Plutarque et Athénée, se réfère à une œuvre d'art qui commémore la prière adressée à Aphrodite par un groupe de femmes au cours de la seconde guerre médique. Plutarque et le scholiaste attribuent la prière à des citoyennes corinthiennes, Athénée en revanche à des prostituées. D'après la première version, issue de la tradition orale par l'intermédiaire de Théopompe, la prière est prononcée dans un sanctuaire d'Aphrodite fondé par Médée, afin que la déesse inspire aux soldats un amour patriotique. Dans l'autre version, qui provient de Chamaeleon, Aphrodite est invoquée par des prostituées qui assistaient à des sacrifices et suppliaient la protectrice divine de Corinthe chaque fois que la ville affrontait une crise. Des doutes sont exprimés à propos de la véracité du second récit, sur lequel il ne faut plus se fonder pour parler de l'épigramme de Simonide ou de la prostitution sacrée à Corinthe.

LIEN AVEC LE THÈME DE LA PRIÈRE : principal.

DOMAINE PRÉDOMINANT : grec.

AIRE GÉOGRAPHIQUE : Corinthe.

CHRONOLOGIE : Ve siècle av. J.-C.

PRINCIPAUX TEXTES ANCIENS : Simonide, *Épigrammes*, 14 Page – Scholie à Pindare, *Olympiques*, 13 (*FGrH* 115 F 285b = Drachmann 32b).

NOTIONS : culte – guerre – prière publique – prostitution sacrée – sacrifice – supplication – Aphrodite – Médée.

C. R.

870—BUDIN (S. L.), *The Myth of Sacred Prostitution in Antiquity*, Cambridge, University Press, 2008, XI-366 p.

RÉSUMÉ : L'A. défend la thèse, soutenue depuis quelque temps, de l'inexistence de la prostitution sacrée. Le chapitre 6 analyse un fragment de Pindare : un scolie (σκόλιον, chanson de table) contenant une invocation à Aphrodite. Dans cette pièce, que les modernes rangent parmi les éloges, un Corinthien, son vœu exaucé (une victoire olympique), conduit en offrande cinquante prostituées au sanctuaire de la déesse ; sous l'apparence d'un sacrifice à Aphrodite, il s'agit de sexe et de désir ; le sanctuaire désigne symboliquement l'*andrôn* (p. 124-5, 140) ; on est devant un « interplay » entre religiosité et chanson de table (p. 137). Le chapitre se poursuit (p. 140 sq.) par l'examen de l'épigramme de Simonide transmise par Athénée, Plutarque et une scholie de Pindare : une supplication à Aphrodite, ici dans sa composante guerrière souvent oubliée, par les femmes et les courtisanes de Corinthe à la veille d'une attaque perse ; explication est donnée des variations entre les trois versions, de la confusion de cette supplication avec la prostitution sacrée, confusion qui doit venir de Chamaeleon.

LIEN AVEC LE THÈME DE LA PRIÈRE : secondaire.

DOMAINE PRÉDOMINANT : grec.

AIRE GÉOGRAPHIQUE : Grèce.

CHRONOLOGIE : époque classique.

PRINCIPAUX TEXTES ANCIENS : Pindare, fr. 122 Schroeder – Athénée, XIII, 573c-d – Plutarque, *De la malignité d'Hérodote*, 871a-b – Scholie à Pindare, *Olympiques*, 13.

NOTIONS : invocation – banquet – prostitution – supplication – Aphrodite.

B. S.

871—BURKERT (W.), « Ritual between Ethology and Postmodern Aspects : Philological-historical Notes », STAVRIANOPOULOU n° **1058**, p. 23-35.

RÉSUMÉ : L'article considère trois types de rites, illustrés par des exemples de différentes civilisations : ceux qui sont en relation avec le serment (p. 24-29), avec la hiérarchie et la subordination (p. 29-33) et avec la mort (p. 33-35). Le serment s'appuie sur la croyance en l'existence d'une divinité et sur l'utilisation de la langue, laquelle, employée habilement, permet aussi de tromper la partie adverse. Deux stratégies renforcent et confirment donc le contenu de la parole dans le cas du serment : l'utilisation de témoins, humains et surnaturels, et de rites illustrant la punition en cas de non-respect de l'engagement (le sacrifice, le fait de jeter un objet). Les rites de subordination, qui impliquent un comportement physique spécifique, conjuguent des aspects religieux et non-religieux.
LIEN AVEC LE THÈME DE LA PRIÈRE : secondaire.
DOMAINE PRÉDOMINANT : grec et latin.
AIRE GÉOGRAPHIQUE : monde antique.
CHRONOLOGIE : Grèce archaïque et Rome.
PRINCIPAUX TEXTES ANCIENS : Homère, *Iliade* et *Odyssée* – Hérodote, *Histoires*.
NOTIONS : adoration – agenouillement – prosternation – mort – sacrifice – serment – supplication – christianisme (rapport avec le).

M. Ta.

872—BUSCH (P.), « Antike Magier als Dienstleister », *Antike Welt*, 37, 2006, fasc. 6, p. 15-20.

RÉSUMÉ : Paru dans une revue pour le grand public, l'article oppose l'aide morale que la philosophie antique ambitionnait et le recours constant à la magie, qui remonte sans doute à la nuit des temps. Les *defixiones*, dont quelques exemples sont cités, étaient orientées le plus souvent vers les rivalités personnelles et les désirs de vengeance : une divinité est nommée et invoquée avant une formule, tirée des nombreux livres de magie. Les lamelles de plomb étaient assez souvent jetées dans une tombe. Des formules magiques, parfois accompagnées de dessins, figurent sur d'autres supports : amulettes, gemmes, figurines, mosaïques... Les réactions critiques (Apulée, Lucien) n'enrayèrent pas cette pratique, qui persista au-delà de l'Antiquité.
LIEN AVEC LE THÈME DE LA PRIÈRE : secondaire.
DOMAINE PRÉDOMINANT : latin.
AIRE GÉOGRAPHIQUE : monde antique.
CHRONOLOGIE : Empire romain.
PRINCIPAUX TEXTES ANCIENS : *defixiones*.
NOTIONS : *defixio* – philosophie.

B. S.

873—BUSINE (A.), *Paroles d'Apollon. Pratiques et traditions oraculaires dans l'Antiquité tardive (IIe-VIe siècles)*, Leyde, Brill (Religions in the Graeco-Roman World, 156), 2005, XIII-516 p.

RÉSUMÉ : Il s'agit des oracles apolliniens dans les provinces orientales de l'Empire romain. La première partie, « Paroles d'un dieu citoyen », est consacrée à la consultation, à la production et à la réception de ces oracles dans des sanctuaires spécifiques ; l'A. s'interroge de façon plus large sur leur rôle dans les problématiques civique et identitaire des communautés hellénistiques de l'Empire romain. La deuxième partie, « Paroles d'un dieu prophète», montre qu'à partir du IVe siècle, le contexte de recours à ces oracles devient radicalement différent, puisqu'il s'inscrit désormais dans le débat idéologique entre païens et chrétiens, au cours duquel ces textes sont soumis à diverses interprétations et réutilisations. Le chapitre II de la première partie (« S'adresser à Apollon ») rappelle que l'oracle se distingue des autres pratiques divinatoires en ce qu'il doit répondre à une question propre au consultant, qui peut être reconstituée à partir des textes d'oracles eux-mêmes. L'A. distingue d'abord les consultations inscrites dans un cadre civique et portant sur les causes d'un fléau ou sur des points précis du culte : consultations inscrites dans un cadre privé qui concernent tout autant les sujets les plus triviaux de la vie quotidienne que des problèmes théologiques liés à l'évolution des conceptions personnelles du divin. L'A. aborde ensuite la question du choix du sanctuaire oraculaire et enfin celle des enjeux de cette consultation, qui permettait à la cité de s'inscrire dans un réseau religieux et culturel au sein de l'Empire, faisant de ces sanctuaires des « lieux d'exposition et de publicité exceptionnels ». Porphyre, quant à lui (p. 271), légitime les rites d'évocation, contraignants pour la divinité ; il recourt à des *logia* où les dieux acceptent cette contrainte, voisine de la persuasion. L'ouvrage comporte un catalogue de 63 inscriptions et 78 textes littéraires recensant les oracles apolliniens des premiers siècles de notre ère.
LIEN AVEC LE THÈME DE LA PRIÈRE : secondaire.
DOMAINE PRÉDOMINANT : grec.
AIRE GÉOGRAPHIQUE : provinces orientales de l'Empire romain.
CHRONOLOGIE : IIe-I^e siècles ap. J.-C.
PRINCIPAUX TEXTES ANCIENS : Inscriptions de Kaisareia Troketta : *IGR* IV, 1498 – Callipolis : *CIG* II, 2012 – Pergame : *CIG* II, 3538 = *IGR* IV, 360 – Oinoanda : *SEG* 27, 1977, n° 933 – *Oracles Chaldaïques* – *Théosophie de Tübingen*.
NOTIONS : oracle – contrainte – christianisme (rapport avec le) – Apollon.

J. S.

874—CACCITTI (R.), «'E ora piego le ginocchia del cuore': l'epigrafe dipinta della 'Preghiera di Manasse' a Gerapoli di Frigia», *Acme*, 60, 2007, p. 71-83.

RÉSUMÉ : Les fouilles menées en 2004 sur le site de Hiérapolis en Phrygie ont mis au jour une inscription en grec identifiée comme le texte de la prière de Manassé, qui fait partie des textes apocryphes de l'Ancien Testament. L'A. émet quelques hypothèses sur la destination d'une telle inscription dans une pièce d'habitation isolée et exiguë. La prière de Manassé (PdM) a vu le jour dans les cercles judéo-helléniques de la diaspora hébraïque vers la fin du Ier siècle av. J.-C. pour répondre à l'aporie théologique qui a voulu qu'un roi impie et idolâtre comme Manassé ait bénéficié, par la grâce de Dieu, d'un long règne. Après avoir traité de l'histoire et de la transmission de ce texte, l'A. se penche sur la destination de l'inscription phrygienne. La pièce dans laquelle elle fut trouvée fut sans doute construite au cours du VIe siècle ap. J.-C. et fut abandonnée dans la première moitié du VIIe siècle. Une des hypothèses de l'A. est que l'inscription constitue ce qu'il nomme un codex pariétal aux fins de pénitence individuelle, de type privé. La récitation, éventuellement répétée, de la PdM a pu être recommandée pour l'expiation d'un péché. Dans la prière, il est d'ailleurs explicitement fait part de la génuflexion du pénitent. La seconde hypothèse proposée, à la suite d'une démonstration et d'un parallèle avec un extrait du livre II des *Constitutiones Apolosticae* (IVe s.), est que la pièce dans laquelle l'inscription a été trouvée pouvait avoir comme fonction principale des pratiques d'exorcisme liées à une communauté religieuse.

LIEN AVEC LE THÈME DE LA PRIÈRE : principal

DOMAINE PRÉDOMINANT : grec.

AIRE GÉOGRAPHIQUE : Hiérapolis (Phrygie).

CHRONOLOGIE : Ier siècle av. J.-C.

PRINCIPAUX TEXTES ANCIENS : *Constitutiones Apolosticae*, VIII, 7, 5.

NOTIONS : christianisme (rapport avec le) – prière privée – formule – prosternation – expiation – exorcisme.

J.-L. V.

875—CAIRON (É.), « Les épitaphes métriques hellénistiques du Péloponnèse à la Thessalie », *Bulletin de l'Association Guillaume Budé*, 2007, p. 58-68.

RÉSUMÉ : L'article se fonde sur le recensement de 104 inscriptions métriques issues d'une région s'étendant du Péloponnèse à la Thessalie, mais dont les deux tiers proviennent de l'Attique et de la Thessalie. En ce qui concerne les épitaphes funéraires, une demi-douzaine d'exemples présentent des références aux Muses, aux Moires, à Tuché, à Hadès, à Perséphone ainsi qu'à Minos et Rhadamante tandis qu'une autre évoque les cultes à mystères. Ces inscriptions métriques, dont certaines constituent de véritables éloges des morts, s'apparentent à des actes de poésie qui apparaissent typiques de l'époque hellénistique, car elles sont personnalisées et octroient une plus grande place, par rapport à la période classique, à l'effroi devant la mort ainsi qu'à l'émotion ; elles permettent ainsi d'approcher la conception de la mort du IVe au Ier siècles avant notre ère.

LIEN AVEC LE THÈME DE LA PRIÈRE : secondaire.
DOMAINE PRÉDOMINANT : grec.
AIRE GÉOGRAPHIQUE : Péloponnèse et Thessalie.
CHRONOLOGIE : époque hellénistique.
PRINCIPAUX TEXTES ANCIENS : inscriptions métriques de Grèce.
NOTIONS : éloge – lamentation – mort – poésie.

M. V.

876—CALAME (C.), *Masques d'autorité* : *fiction et pragmatique dans la poétique grecque antique*, Paris, Les Belles Lettres (L'âne d'or, 24), 2005, 335 p.

RÉSUMÉ : L'ouvrage comprend dix études publiées par C. Calame de 1986 à 1997 et s'articule en trois parties :
1) « Poèmes comme discours en acte ». Les analyses portent sur les *Hymnes homériques*, *Les Travaux et les Jours* d'Hésiode, le poème de Sappho dédié à Anactoria (fr. 16 Voigt) et l'*Hymne à Apollon* de Callimaque.
2) « Regards d'autorité ». Dans cette partie, l'A. envisage d'abord les expressions de parole poétique et iconique du symposion pour s'intéresser ensuite au théâtre ; il examine plus particulièrement la coupe à figures rouges de Douris, l'*Œdipe roi* de Sophocle et les comédies d'Aristophane.
3) « Autorités poétiques grecques ». Le traité *Airs, eaux, lieux* d'Hippocrate, la Théogonie orphique et son commentaire transmis par le papyrus de Derveni et l'*Idylle* I de Théocrite font l'objet des enquêtes conduites par l'A.
Abordant des œuvres très diverses (poèmes épiques, didactiques, méliques, « scientifiques » aussi bien que productions dramatiques) qui se déploient sur un large spectre temporel – depuis l'époque archaïque jusqu'à l'époque hellénistique – , l'A. trace une histoire des manifestations variées de l'« instance d'énonciation ». L'approche sémiotique qui inspire le volume conduit à rechercher les indices de la situation de communication qui sont inscrits dans les textes mêmes : les différentes marques textuelles (pronoms personnels, déictiques, modes verbaux) reflétant une image de l'auteur, de ses interlocuteurs et du contexte d'énonciation. L'attention est focalisée sur les mécanismes à travers lesquels se réalise la mise en scène de la voix du poète, les « masques » sous lesquels il dissimule ou révèle son autorité. (Ce livre a aussi paru en anglais dans la collection "Myth and Poetics" publiée par la Cornell University Press.)
LIEN AVEC LE THÈME DE LA PRIÈRE : secondaire.
DOMAINE PRÉDOMINANT : grec.
AIRE GÉOGRAPHIQUE : monde grec.
CHRONOLOGIE : VIIIe-IIe siècle av. J.-C.
PRINCIPAUX TEXTES ANCIENS : *Hymnes homériques* – Hésiode, *Les travaux et les jours* – Sappho, fr. 16 Voigt – Sophocle, *Œdipe roi* – *Papyrus de Derveni* – Théocrite, *Idylles*, I – Callimaque, *Hymne à Apollon*.
NOTIONS : poésie – énonciation – hymne – théâtre – masque.

C. P.

877—Calboli Montefusco (L.) éd., *Papers on Rhetoric IX*, Rome, Herder, 2008, VIII-238 p.

Résumé : Ce volume est consacré à la rhétorique et est composé de douze textes, dont la plupart furent présentés au XVIe congrès de l'International Society for the History of Rhetoric tenu à Strasbourg, sous la présidence de L. Pernot, du 24 au 29 juillet 2007. Articles concernant la prière : « La retorica e la preghiera : alcune considerazioni sull'ἐνάργεια nell'*Explanatio psalmorum* di Cassiodoro » de F. Berardi ; « The Gods in the Attic Orators » de M. J. Edwards. Berardi se propose de montrer les caractéristiques possibles d'une rhétorique de la prière chrétienne. Pour cette tâche, il utilise l'*Explanatio psalmorum* de Cassiodore et il analyse la figure de l'ἐνάργεια, la plus utilisée dans les *Psaumes*. À travers une comparaison systématique entre les occurrences de cette figure et la rhétorique traditionnelle, l'A. montre que l'ἐνάργεια est devenue un élément fondamental de la prière chrétienne, au moment même où les mécanismes de visualisation ont subi des transformations qui s'insèrent dans les limites des nouvelles formes de la rhétorique chrétienne. Edwards, quant à lui, illustre de quelle façon les orateurs attiques appellent les dieux dans leurs discours et considère les formes fondamentales d'invocation (l'appel au vocatif avec l'exclamation ὦ, les déclarations introduites par des particules comme νή et les expressions introduites par la préposition πρός). Ensuite l'A. examine en détail un passage d'un discours d'Antiphon (V, 81-83), dans lequel l'orateur fait référence aux signes des dieux, dans le but de voir de quelle manière cet argument était utilisé et s'il était commun chez les autres orateurs.
Lien avec le thème de la prière : principal.
Aire géographique : monde antique.
Chronologie : général.
Principaux textes anciens : Cassiodore, *Commentaire des Psaumes* – Antiphon, V, 81-83.
Notions : rhétorique – christianisme (rapport avec le) – vocabulaire.

S. C.

878—Calvo Martínez (J. L.), « ¿ Licnomancia o petición de demon páredros ? Edición con comentario de fragmentos hímnicos del *PGM* I 262-347 », *Mene*, 5, 2005, p. 263-275.

Résumé : Le rituel magique exige une corbeille de différents objets (« licnomancie »), comme une amulette fabriquée à partir d'une branche de laurier à sept feuilles, chacune portant un signe ; une tête, ou un œil, ou des poils de loup ; des offrandes... Les fr. édités, traduits et commentés contiennent les paroles à prononcer : deux hymnes à Apollon (Hélios), forts courts, en vers ; des textes parallèles permettent de saisir la portée de ces minces fragments. Un troisième hymne, au Créateur, bien qu'incomplet, invoque Yahvé, Michel et Gabriel en tant qu'envoyés de Zeus-Abrasax-Adonaïs ; l'A. voit là une influence de la gnose de Marcion. La demande finale, pressante, intrigue : « Que

vienne à moi [mage] l'esprit divin [*theion pneuma* : pour l'A., une *crux*] et que s'accomplisse ce que je connais, qui est tenu en mon esprit et en mon cœur. »
LIEN AVEC LE THÈME DE LA PRIÈRE : principal.
DOMAINE PRÉDOMINANT : grec.
AIRE GÉOGRAPHIQUE : Égypte.
CHRONOLOGIE : non précisée.
PRINCIPAUX TEXTES ANCIENS : *PGM* I, 262-347.
NOTIONS : hymne – demande – judaïsme – ὀρκίζω – Apollon – Zeus – Abrasax.

B. S.

879—CANCIANI (F.), PELLIZER (E.) et FAEDO (L.), « Hikesia », *Thesaurus cultus et rituum antiquorum. 3* n° **1065**, p. 193-216.

RÉSUMÉ : Après une préface de F. Canciani sur la supplication grecque (*hikesia*), l'article est divisé en deux parties principales : la première, par E. Pellizer, traite des sources littéraires et la deuxième, de L. Faedo, est dédiée aux images. La première partie est composée de cinq sections relatives aux différents aspects de l'*hikesia* et d'un catalogue contenant les références textuelles. La première section définit l'*hikesia* et analyse son lexique étendu aux termes similaires. Ensuite les acteurs et les différents types d'*hikesia* sont traités. Dans les trois dernières sections, Pellizer examine les gestes et les mouvements, les objets utilisés dans l'*hikesia* et la prise en otage. Le répertoire iconographique (2ᵉ partie) relève plusieurs types : la supplique directe, avec les différents cas possibles : le suppliant touche le menton du supplié sans se mettre à genoux, etc. ; la supplique qui s'exprime par le contact avec la statue du culte, l'autel, l'*omphalos* (ici aussi avec toutes les variantes) ; les attributs des suppliants : branche, bandeau, couronne de feuillage ; la reconstitution et la parodie.
LIEN AVEC LE THÈME DE LA PRIÈRE : principal.
DOMAINE PRÉDOMINANT : grec.
AIRE GÉOGRAPHIQUE : monde grec.
CHRONOLOGIE : général.
PRINCIPAUX TEXTES ANCIENS : nombreuses références.
NOTIONS : supplication – demande – vocabulaire – iconographie – gestuelle.

S. C.

880—CANETTA (I.), « Muse e ninfe nella settima ecloga di Virgilio », *Eikasmos*, 19, 2008, p. 209-223.

RÉSUMÉ : L'A. analyse la référence aux nymphes *Libethrides*, invoquées par le pasteur arcadien Corydon au début de son chant, dans l'églogue VII de Virgile. Ces nymphes sont identifiées par les commentateurs modernes avec les Muses sur la base des indications contenues dans les commentaires de Servius et Servius Danielis, qui, même s'ils reconnaissent dans les *Idylles* de Théocrite la source d'inspiration de l'églogue virgilienne, ne considèrent pas le fait que l'invocation aux nymphes dériverait de la même source ; ils proposent par contre une assimilation entre nymphes et Muses. Or, selon l'A., les *nymphae Libethrides* ne doivent pas être identifiées avec les Muses, et l'invocation aux nymphes représente une référence érudite à une épithète rare, comme souvent il arrive chez Virgile. L'A. démontre cette thèse par la comparaison avec l'idylle VII de Théocrite, qui distingue Muses et nymphes (les premières sont invoquées par le fameux pasteur Lycidas) du point de vue du prestige ainsi que du type de poésie ; de plus elle met en évidence que l'on trouve l'expression *Nymphae Libethrides* chez des auteurs d'époque hellénistique comme Euphorion.

LIEN AVEC LE THÈME DE LA PRIÈRE : secondaire.
AIRE GÉOGRAPHIQUE : monde gréco-romain.
CHRONOLOGIE : IIIe-Ier siècle av. J.-C.
PRINCIPAUX TEXTES ANCIENS : Virgile, *Bucoliques*, VII – Théocrite, VII – Euphorion.
NOTIONS : chœur – nom divin – nymphes – Muses.

S. C.

881—CARASTRO (M.), *La cité des mages. Penser la magie en Grèce ancienne*, Grenoble, Millon (Horos), 2006, 271 p.

RÉSUMÉ : En Grèce, les mages perses sont taxés de charlatanisme dès le Ve siècle av. J.-C. ; or, ils sont des spécialistes de pratiques religieuses (oniromancie, sacrifices, incantations...). Les devins et les mages, en Grèce, facilitent la communication entre les hommes et les dieux, mobilisent des forces naturelles, mais leurs performances s'accompagnent de connivences et de compromissions politiques. Élargissant, comme ce fut le cas chez les Grecs eux-mêmes, la notion de magie, l'A. développe ce rapport entre savoir et pouvoir (par exemple chez Platon, chapitre VII). Il montre que les dieux peuvent méduser (θέλγειν) les hommes : enchantements divers, chant des Sirènes, magicienne Circé. C'est tout le rapport des hommes aux dieux et à la parole qui est examiné ; par exemple, on voit les pouvoirs du « surchant » (ἐπαοιδή, p. 25) des mages perses après le sacrifice et la découpe de la victime ; cette incantation est censée être efficace et agir *sur* un corps ; ce surchant caractérise déjà l'action du guérisseur dans Homère (*Odyssée*, XIX, 457-8), mais celui des mages, forçant le dieu, a pour les Grecs quelque chose d'impie. Le chapitre VI s'attache aux « ligatures rituelles » (κατάδεσμοι, *defixiones*), dont l'introduction en Grèce fut erronément attribuée aux mages perses (Platon, condamnant ces pratiques, ne met pas en cause les mages) ; deux exemples d'envoûtement sont analysés : la *defixio* de Sélinonte et celle, en forme de figurine, de Carystos (Eubée).

LIEN AVEC LE THÈME DE LA PRIÈRE : secondaire.
DOMAINE PRÉDOMINANT : grec.
AIRE GÉOGRAPHIQUE : Grèce.
CHRONOLOGIE : Ve siècle av. J.-C.

PRINCIPAUX TEXTES ANCIENS : Hérodote, passim ; I, 132 ; VIII – Platon, *République*, II, 364b-c – *defixio* de Sélinonte – *defixio* de Carystos.
NOTIONS : magie – sacrifice – incantation – communication – *defixio* – κατάδεσμος – ἐπαοιδή – θέλγειν.

B. S.

882—CARASTRO (M.), « Quand Tirésias devint un *mágos*. Divination et magie en Grèce ancienne (V^e-IVe siècle av. n. è.) », *Revue de l'histoire des religions*, 224, 2007, p. 211-230.

RÉSUMÉ : Alors que la recherche moderne, depuis A. Bouché-Leclercq, a tendance à séparer magie et religion, l'A. montre, en s'appuyant sur les textes littéraires et une inscription du tournant des Ve et IVe siècles, que les deux notions sont liées. Quand le devin Tirésias, dans *Œdipe roi*, est accusé par Œdipe d'être un *mágos*, divination et magie sont associées pour discréditer le rôle des devins. De fait, le *mantis* représente une ancienne institution religieuse, alors que le *mágos* n'apparaît en Grèce qu'au Ve siècle et doit être étudié selon une approche *émique*, en tenant compte de la vision grecque. Dans ce contexte historique où les savoirs traditionnels, comme la divination, sont remis en cause, le terme *mágos* sert à injurier un adversaire : le locuteur entend disqualifier le savoir et la compétence des devins, mais aussi condamner leur ingérence dans les affaires publiques. Toutefois, parmi les différents modes d'action du devin sur la divinité, comme l'incantation, le sacrifice, l'interprétation des songes ou la guérison, l'auteur ne mentionne pas directement la prière, même si l'incantation, qui agit sur les dieux par des paroles efficaces, présente des analogies avec la prière grecque.
LIEN AVEC LE THÈME DE LA PRIÈRE : secondaire.
DOMAINE PRÉDOMINANT : perse et grec.
AIRE GÉOGRAPHIQUE : Grèce – Perse achéménide.
CHRONOLOGIE : VIe-IVe siècle av. J.-C.
PRINCIPAUX TEXTES ANCIENS : Homère, *Iliade,* XII-XIII et *Odyssée* – Eschyle, *Agamemnon* – Sophocle, *Œdipe roi* – Euripide, *Iphigénie en Tauride* et *Suppliantes* – Inscription perse de Bisotun – Hérodote, I, III et VII – Gorgias, *Eloge d'Hélène* – [Hippocrate], *De la maladie sacrée* – Aristophane, *Ploutos* – Platon, *Euthyphron ; Banquet ; République*, II et IX ; *Lois*, XI.
NOTIONS : divination – magie.

T. G.

883—CARBILLET (A.), « Cérémonies autour du thème de la navigation à Amathonte», *Cahier. Centre d'études chypriotes*, 35, 2005, p. 77-88.

RÉSUMÉ : L'acropole d'Amathonte et les nécropoles environnantes renferment de nombreux modèles de bateau en terre cuite — sans doute en relation avec le pouvoir royal ou la navigation funéraire. En 1999, un tel navire a été découvert au large d'Amathonte (« modèle Kakoulli »), qui a pour particularité de renvoyer à une scène historiée. L'A., dressant un parallèle avec d'autres modèles voués à des dieux protecteurs, suggère, en l'absence d'inscription, que l'un des personnages figurés pourrait être le roi/prêtre d'Amathonte adressant une prière à une divinité *euploia*. L'hypothèse de l'A. confirmerait l'existence, à l'époque archaïque, de cérémonies liées à la navigation en mer.

LIEN AVEC LE THÈME DE LA PRIÈRE : principal.
DOMAINE PRÉDOMINANT : grec.
AIRE GÉOGRAPHIQUE : Amathonte (Chypre).
CHRONOLOGIE : époque grecque archaïque.
PRINCIPAUX TEXTES ANCIENS : aucun.
NOTIONS : culte – rite – vœu.

A. G.

884—CASTELLANETA (S.), «Note alla Gerioneide di Stesicoro», *Zeitschrift für Papyrologie und Epigraphik*, 153, 2005, p. 21-42

RÉSUMÉ : L'A. propose une nouvelle reconstruction d'un passage du poème que Stésichore a consacré à la mort de Géryon, d'après les fragments de *P.Oxy.* XXXII, 2617 : comme Hécube et Priam au chant XXII de l'*Iliade*, ce sont ses deux parents, Chrysaor et Callirrhoé, et non sa seule mère, qui le supplient de ne pas aller combattre Héraclès.

LIEN AVEC LE THÈME DE LA PRIÈRE : secondaire.
DOMAINE PRÉDOMINANT : grec.
AIRE GÉOGRAPHIQUE : monde grec (Sicile ?).
CHRONOLOGIE : VIᵉ siècle av. J.-C.
PRINCIPAUX TEXTES ANCIENS : Stésichore, *Geryoneis*, fr. du *P.Oxy.* XXXII, 2617.
NOTIONS : supplication – Géryon.

P. H.

885—CERBO (E.), « Il coro delle *philai xunaudoi* e il 'rumore' del docmio nell'*Oreste* di Euripide », *Quaderni urbinati di cultura classica*, n.s., 85, 2007, p. 117-123.

RÉSUMÉ : L'A. prend comme point de départ l'analyse de R. Petragostini concernant certaines réalisations métriques dans le *Philoctète* de Sophocle. Cette analyse permet d'arriver à une meilleure compréhension de la prégnance sémantique et communicative du texte. L'A. prend en considération la prière du Chœur à la nuit (v. 174-181) dans la parodos de l'*Oreste* d'Euripide. Ce texte, qui est composé de dochmiaques, est caractérisé par une série de syllabes brèves qui donnent un rythme accéléré. La prière est stoppée par Électre, qui la considère comme un bruit qui peut réveiller son frère. Ce rythme est une expression directe de la *sympatheia* du chœur envers la situation des protagonistes. L'A. souligne que le mètre dochmiaque est donc utilisé, ici comme ailleurs dans la tragédie, avec une forte valeur expressive et que l'étude des formes métriques doit toujours être poursuivie sur la base de leurs réalisations concrètes dans le texte.

LIEN AVEC LE THÈME DE LA PRIÈRE : secondaire.
AIRE GÉOGRAPHIQUE : Grèce.
CHRONOLOGIE : Ve siècle av. J.-C.
PRINCIPAUX TEXTES ANCIENS : Euripide, *Oreste* – Sophocle, *Philoctète*.
NOTIONS : chœur – théâtre.

S. C.

886—CHAMOUX (F.), « L'hymne II de Callimaque et le culte d'Apollon à Cyrène », *Karthago*, 27, 2007, p. 195-203.

RÉSUMÉ : Originaire de Cyrène, Callimaque y vécut jusqu'à l'âge de trente ans et la recherche a mis en exergue les souvenirs du pays natal dans son œuvre. Ses hymnes témoignent des cultes de Cyrène. Dans l'*Hymne à Apollon*, les colons grecs sont guidés vers l'Afrique par un corbeau envoyé par le dieu. Plusieurs épiclèses d'Apollon se réfèrent à Cyrène : *Nomios* (« protecteur des troupeaux »), qui renvoie aux domaines du dieu exploités par le collège des démiurges. *Polyllitos* ensuite (« objet de tant de prières »), *Myrtôos* (allusion à un bosquet de myrtes, localisé) et surtout *Karneios*, qui est une épiclèse venant de Sparte et devenue caractéristique de l'Apollon de Cyrène : allusion à l'hécatombe lors de la fête des Carnéennes pour laquelle l'hymne II fut écrit. Élément constitutif du rite, et non exercice littéraire, il devait être récité au début de la fête. Les premiers vers décrivent l'épiphanie d'Apollon, célébrée ensuite par le chœur, dont les invocations paraissent avoir été reprises par les fidèles. On s'adresse directement au dieu.

LIEN AVEC LE THÈME DE LA PRIÈRE : secondaire.
DOMAINE PRÉDOMINANT : grec.
AIRE GÉOGRAPHIQUE : Cyrène.
CHRONOLOGIE : IIIe siècle av. J.-C.
PRINCIPAUX TEXTES ANCIENS : Callimaque, *Hymne à Apollon*.
NOTIONS : hymne – épiclèse – fête – Apollon.

B. S.

887—CHANET (A.-M.), « La prière du chasseur (Xén. *Cyneg.* 6, 13) : vœu-promesse ou vœu-demande-souhait ? Syntaxe et interprétation de *eukhesthai* plus infinitive », AUGER (D.) et WOLFF (É.) éd., *Culture classique et christianisme. Mélanges offerts à Jean Bouffartigue*, Paris, Picard, 2008, p. 367-377.

RÉSUMÉ : Pour la plupart des traducteurs, εὐξάμενον désigne un vœu ; comme μεταδοῦναι en dépend, l'A. opte pour la prière de demande. En général, ce sont en effet les dieux qui donnent. Le catalogue des principaux types d'emploi d'εὔχομαι + infinitif en grec classique montre que l'aoriste (et non le futur) de cet infinitif est déterminant pour le sens retenu.

LIEN AVEC LE THÈME DE LA PRIÈRE : principal.

AIRE GÉOGRAPHIQUE : Grèce.

CHRONOLOGIE : IVe siècle av. J.-C.

PRINCIPAUX TEXTES ANCIENS : Xénophon, *Cynégétique*, 6, 13.

NOTIONS : εὔχομαι – demande – vœu.

B. S.

888—CHANIOTIS (A.) et MYLONOPOULOS (J.) éd., « Epigraphic Bulletin of Greek Religion » (*EBGR*), *Kernos*.

Il s'agit d'un choix de publications épigraphiques concernant la religion grecque. Rangées dans l'ordre alphabétique des noms de leurs auteurs, elles font chacune l'objet d'une notice analytique de longueur variable. Un index des thèmes figure au début de chaque livraison ; on a retenu ici quelques publications ayant trait à la prière, sans signaler toutes les *defixiones*.

EBGR, 14, 2001, *Kernos*, 17, 2004, p. 187-249.

N° 29 : BUONOPANE (A.), « Una defixionis tabella da Verona », PACI (G.), Ἐπιγραφαί. *Miscellanea epigrafica in onore di Lidio Gasperini*, Tivoli, 2000, t. 1, p. 163-169.

N° 76 : HALLOF (K.) éd., *Inscriptiones Graeciae Septentrionalis*, Berlin, 2001, vol. VII-VIII. Ces recueils contiennent des dédicaces à des dieux, des épigrammes funéraires...

N° 120 : MERKELBACH (R.) et STAUBER (J.), *Steinepigramme aus dem Griechischen Osten*. B^d 2 : *Die Nordküste Kleinasiens (Marmarameer und Pontos)*, Leipzig, 2001.

EBGR, 15, 2002, *Kernos*, 18, 2005, p. 425-474.

N° 28 : CORSTEN (T.), *Die Inschriften von Kibyra. I : Die Inschriften der Stadt und ihrer näheren Umgebung (IGSK, 60)*, Bonn, 2002. Particulièrement, remerciements à Asclépios, dédicaces à des dieux mentionnés par leurs seuls attributs (comme *Theoi Dikaioi*), invocations aux Dioscures, sacrifices, demandes aux dieux, imprécations.

N° 54 : GRAF (F.), « Fluch und Segen. Ein Grabepigramm und seine Welt », BUZZI (S.) et al. éd., *Zona archeologica. Festschrift für Hans Peter Isler*, Bonn, 2001, p. 183-191. Inscription d'Alexandrie (*GVI*, 1875, env. 100 ACN) : demande de vengeance contre ceux qui ont utilisé des *pharmaka* ayant provoqué la mort. Prière juridique ou défixion ?

EBGR, 16, 2003, *Kernos*, 19, 2006, p. 343-390.
N° 123 : ONYSHKEVYCH (L.), « Interpreting the Berezan Bone Graffito », *Oikistes* [voir *SEG*, LII, 731 bis], p. 161-179. Il s'agit non d'un oracle, mais d'une prière ou plutôt d'un hymne dont le lexique est apollinien et aussi orphique.

EBGR, 17, 2004, *Kernos*, 20, 2007, p. 229-327. (Devant le nombre des publications, notre choix est minimal.)
N° 13 : BAILLIOT (M.), « Magie romaine et méthodologie », *Archaeologica Bulgarica*, 7, 2003, p. 71-81. Prières juridiques, relations – soutenues ici – entre magie et religion, *defixio* et *deuotio*.
N° 128 : JORDAN (D.), « Une prière de vengeance sur une tablette de plomb à Délos », *Revue archéologique*, n.s., 2002, p. 55-60. Prière juridique adressée à une *Dea Syria*.
N° 294 : VERSNEL (H.S.), « Writing Mortals and Reading Gods. Appeal to the Gods as a Strategy in Social Control », COHEN (D.) éd., *Demokratie, Recht und soziale Kontrolle im klassischen Athen*, Munich, 2002, p. 37-76. Où étaient déposées les *defixiones*, quelles formules étaient employées...

EBGR, 18, 2005, *Kernos*, 21, 2008, p. 211-269.
N° 39 : CLINTON (K.), *Eleusis : The Inscriptions on Stone*, 2 vol., Athènes, 2005. Nombreuses dédicaces à Déméter et Coré, à d'autres divinités éleusiniennes encore.
PRINCIPAUX TEXTES ANCIENS : inscriptions (*EBGR*).
NOTIONS : *defixio* – épigramme – épiclèse – hymne – prière juridique – formule – Déméter – Coré.

B. S.

889—CHAPOT (F.), « Prière au Dieu suprême et projet apologétique chez Arnobe, *Adv. Nationes*, I, 31 », COTTIER n° **893**, p. 143-156.

RÉSUMÉ : Récemment converti et désormais plein de hargne contre le paganisme, Arnobe compose une prière au Dieu créateur, qu'on pourrait croire écrite par un païen. Toutefois, la seconde partie de cette prière est chrétienne, avec son appel au pardon divin, y compris envers ceux qui persécutent les chrétiens, *tuos persequentibus famulos* (I, 31, 3). La première partie, quant à elle, est une invocation au Dieu créateur, transcendant, et qui n'est pas sans affinité avec l'apologétique chrétienne. De plus, la prière d'Arnobe, par sa forme, s'apparente à l'hymne philosophique, de tradition païenne. Arnobe, en bon rhéteur, exploite, dans un but apologétique, la convergence entre la spiritualité païenne tardive et l'attitude chrétienne d'une prière continuelle.

LIEN AVEC LE THÈME DE LA PRIÈRE : principal.
AIRE GÉOGRAPHIQUE : Empire romain.
CHRONOLOGIE : fin du IIIe siècle ap. J.-C.
PRINCIPAUX TEXTES ANCIENS : Arnobe, *Contre les Gentils*, I, 31.
NOTIONS : christianisme (rapport avec le) – hymne – philosophie.

B. S.

890—CHESHIRE (K.), « Thematic Progression and Unity in Callimachus' *Hymn to Apollo* », *The Classical Journal*, 100, 2004-2005, p. 331-348.

RÉSUMÉ : Pfeiffer (1953) divisait la 2e partie de l'*Hymne à Apollon* de Callimaque en trois sections, d'après le critère géographique. 55-64 : action d'Apollon à Délos ; 65-96 : à Cyrène ; 97-104 : à Delphes. L'A. propose une division fondée sur les thèmes. Section 1 (55-68) : fondation apollinienne ; section 2 (69-84) : célébration ; section 3 (85-104) : réciprocité (tradition initiée d'un chœur célébrant Apollon). Cette division répond mieux au contenu et trouve des appuis dans la forme, comme la place du cri rituel (97 et 103) ἰὴ ἰὴ παιῆον (qui pourrait, à cause des deux mots suivants du v. 103 ἵει βέλος, être à l'origine ἵει, ἵει, παῖ, ιόν, « lance, lance, enfant, une flèche », p. 345), ou encore l'invocation (68-69), le passage de l'« er-Stil » (section 1) au « du-Stil » (section 2) et le retour à l' « er-Stil » (section 3).
LIEN AVEC LE THÈME DE LA PRIÈRE : secondaire.
DOMAINE PRÉDOMINANT : grec.
AIRE GÉOGRAPHIQUE : Delphes, Délos et Cyrène.
CHRONOLOGIE : IIIe siècle av. J.-C.
PRINCIPAUX TEXTES ANCIENS : Callimaque, *Hymne à Apollon*.
NOTIONS : hymne – invocation – arétalogie – ἰὴ παιῆον.

B. S.

891—CHOAT (M.), *Belief and Cult in Fourth-Century Papyri*, Turnhout, Brepols (Ancient History Documentary Research Centre, Macquarie University, Studia Antiqua Australiensia, 1), 2006, XIV-217 p.

RÉSUMÉ : Le propos de l'A. est de rechercher les indices que les papyrus et ostraca documentaires du IVe siècle ap. J.-C. peuvent livrer sur les croyances religieuses de leurs auteurs et destinataires. Après avoir étudié aux p. 84-100 l'usage de termes spécifiques, notamment προσκυνέω ou θύω, il s'intéresse plus particulièrement aux formules de prière, parfois ambiguës, dans les lettres privées.
LIEN AVEC LE THÈME DE LA PRIÈRE : secondaire.
DOMAINE PRÉDOMINANT : grec et copte.
AIRE GÉOGRAPHIQUE : Égypte.
CHRONOLOGIE : IVe siècle ap. J.-C.

PRINCIPAUX TEXTES ANCIENS : papyrus et ostraca grecs et coptes.
NOTIONS : christianisme – θύω – προσκυνέω.

P. H.

892—CONNELLY (J. B.), *Portrait of a Priestess. Women and Ritual in Ancient Greece*, Princeton, University Press, 2007, XV-415 p.

RÉSUMÉ : Les chapitres suivent le parcours d'une prêtresse ou, du moins, d'une desservante du culte : formation, costume et attributs, actes à l'intérieur et hors du sanctuaire, émoluments et privilèges, mort. Toutes les sources sont interrogées. Le chapitre 6 sur les processions et les sacrifices mentionne les moments de prière, surtout lorsque la procession arrive à l'enceinte sacrée : la prêtresse récite une prière, les bras levés et les paumes des mains tournées vers le ciel (parfois, une seule main) ; la position à genoux est exceptionnelle. L'A., scrutant l'iconographie, s'attache surtout aux variantes de la position des bras et des mains.
LIEN AVEC LE THÈME DE LA PRIÈRE : secondaire.
DOMAINE PRÉDOMINANT : grec.
AIRE GÉOGRAPHIQUE : monde grec.
CHRONOLOGIE : de l'âge archaïque à l'époque hellénistique.
PRINCIPAUX TEXTES ANCIENS : Homère, *Iliade*, VI, 302-311 et *Odyssée*, IV, 759-767 – Eschyle, *Euménides*, 1-30.
NOTIONS : prêtresse – iconographie – sacrifice – procession – gestuelle.

B. S.

893—COTTIER (J.-F.) éd., *La prière en latin, de l'Antiquité au XVIᵉ siècle. Formes, évolutions, significations*, Turnhout, Brepols (Collection d'études médiévales de Nice, 6), 2006, 520 p.

RÉSUMÉ : Le volume est issu d'une table ronde de mai 2001 et d'un colloque de mai 2003, tous deux tenus à Nice. Parmi les domaines explorés, le monde étrusco-italique (voir Briquel n° **866**, Kircher n° **964** et Guittard n° **938**), Rome (Freyburger n° **918**, Dupont n° **907** et Gaide n° **923**) et la conversion de la prière païenne (Chapot n° **889**).
LIEN AVEC LE THÈME DE LA PRIÈRE : principal.

B. S.

894—CUGUSI (P.), « *Manus lebo contra deum* », *Invigilata Lucernis*, 29, 2007, p. 85-90.

RÉSUMÉ : L'A. examine quelques inscriptions invoquant une divinité sous la forme d'une brève malédiction et accompagnées de deux mains gravées, levées vers le ciel pendant la prière ; cette attitude est attestée chez les auteurs (*lebo* = *leuo*).

LIEN AVEC LE THÈME DE LA PRIÈRE : principal.

DOMAINE PRÉDOMINANT : latin.

AIRE GÉOGRAPHIQUE : Rome et Voie Appienne.

CHRONOLOGIE : IIe-IIIe siècles ap. J.-C.

PRINCIPAUX TEXTES ANCIENS : *CIL* VI, 25075, 14098b et 14099.

NOTIONS : gestuelle – iconographie – *defixio*.

B. S.

895—D'ANNA (G.), « La dottrina epicurea del piacere et l'*Inno a Venere* di Lucrezio », *Atti della Accademia Nazionale dei Lincei, Classe di Scienze morali, storiche e filologiche. Rendiconti*, 9e s., 19, 2008, p. 663-694.

RÉSUMÉ : On sait que l'ouverture du *De natura rerum* de Lucrèce par un hymne à Vénus est paradoxale, puisque ce traité est un exposé de la doctrine d'Épicure et que celle-ci considère que les dieux n'ont aucune action sur ce monde. L'A. propose une explication en se fondant sur des études ayant fait apparaître la différence entre plaisir « catastématique » et plaisir « cinétique ». Le premier se définit comme la santé du corps et la tranquillité de l'âme, c'est-à-dire l'absence de souffrance physique et de trouble de l'âme. L'ataraxie ainsi réalisée est le sommet du plaisir et celui qui la vit n'a plus rien à désirer. Le second s'obtient en satisfaisant un désir naturel non nécessaire : entre dans cette catégorie le plaisir sexuel. L'A. considère que c'est de ce plaisir que veut parler Lucrèce : le poète ne croit en aucune façon à l'existence des dieux tels qu'ils sont par exemple présentés chez Homère, mais sa Vénus est une allégorie du plaisir « cinétique » de l'amour, comme cela peut être déduit de la description d'animaux allant en tous sens pour satisfaire leurs désirs sexuels.

LIEN AVEC LE THÈME DE LA PRIÈRE : secondaire.

DOMAINE PRÉDOMINANT : latin.

AIRE GÉOGRAPHIQUE : Rome.

CHRONOLOGIE : Ier siècle av. J.-C.

PRINCIPAUX TEXTES ANCIENS : Lucrèce, *La nature*, I, 1-28 ; 926-934 ; IV, 617-621.

NOTIONS : hymne – désir – Vénus.

G. F.

896—DASEN (V.) et PIÈRART (M.) éd., « Ἰδίᾳ καὶ δημοσίᾳ. *Les cadres privés et publics de la religion grecque antique*, Liège, Centre international d'étude de la religion grecque antique (*Kernos*, suppl. 15), 2005, XVI-316 p.

RÉSUMÉ : La frontière tracée pour le culte entre privé et public ne résiste pas bien à l'examen des pratiques sociales et civiques, qui révèle de nombreuses interférences. Plusieurs cas sont analysés, de l'époque géométrique à l'Empire romain, dans des contextes variés (politique, rôle des femmes, littérature, funérailles, mystères, associations culturelles, sanctuaires). La prière est envisagée ici et là (voir Index) et plus particulièrement par Donnay n° **904**.
LIEN AVEC LE THÈME DE LA PRIÈRE : secondaire.
AIRE GÉOGRAPHIQUE : Grèce.
CHRONOLOGIE : de la Grèce archaïque à l'époque romaine.
NOTIONS : prière privée – prière publique.

B. S.

897—DAVIES (M.), « Hermes the Helper Figure : *Odyssey* 10. 275-308 », *Prometheus*, 34, 2008, p. 27-32.

RÉSUMÉ : L'article est une analyse structuraliste de la rencontre d'Ulysse avec Hermès dans le chant X de l'*Odyssée* (v. 275-308). En utilisant les catégories et sous-catégories définies par V. Propp dans sa *Morphologie du conte*, l'A. identifie dans Hermès qui apparaît à Ulysse les caractères spécifiques de la figure de l'Aide, *Helper Figure*, typique des récits populaires. En effet, dans le cadre de cette rencontre avec le héros, le dieu montre une indépendance d'action, par rapport au vouloir de Zeus, et une physionomie originale qui le mettent dans une situation d'anomalie par rapport au déroulement normal d'une rencontre héros-divinité. Les questions que le dieu pose à Ulysse en ouverture de son discours, la plante aux pouvoirs magiques qu'il lui offre pour se défendre de Circé πολυφάρμακος, ainsi que la solitude du héros, le décor de la rencontre représenté par un bois et l'aspect soudain de l'apparition d'Hermès, font en sorte que la scène peut être considérée comme un exemple véritable d'entrée en action de la *Helper Figure*, selon tous les paramètres de la tradition des récits populaires. Des parallèles existent avec la littérature latine (Virgile), italienne (Dante) et norvégienne (*Handismál*).
LIEN AVEC LE THÈME DE LA PRIÈRE : secondaire.
DOMAINE PRÉDOMINANT : grec.
AIRE GÉOGRAPHIQUE : monde grec.
CHRONOLOGIE : VIIIe siècle av. J.-C.
PRINCIPAUX TEXTES ANCIENS : Homère, *Odyssée*, X, 275-308.
NOTIONS : don – épiclèse – héros – magie – conte.

L. Q.

898—DE HARO SANCHEZ (M.), « Catalogue des papyrus iatromagiques grecs », *Papyrologica Lupiensia*, 13, 2004, p. 37-60.

RÉSUMÉ : L'A. présente une liste d'une soixantaine de papyrus iatromagiques grecs élaborée sur le modèle du *Catalogue des papyrus littéraires grecs et latins* du CEDOPAL. Les papyrus exclusivement iatromagiques sont classés selon les genres suivants : I. Formulaires. II. Amulettes païennes, juives et chrétiennes. III. Charmes et amulettes contre les scorpions. IV. Autres textes rédigés en vue de l'obtention d'une guérison. Les maladies que ces textes sont chargés de repousser sont variées : inflammation des amygdales, maux de tête, maux d'oreille, maux d'yeux, tuméfaction de la luette, épilepsie, mal de pied ; la majorité des papyrus sont évasifs et traitent « toutes les maladies » et la fièvre. Certains sont destinés à lutter contre les animaux, à savoir contre leurs morsures, comme celle des puces, ou leurs piqûres, en particulier celle du scorpion, très représenté. Ces textes sont soit des amulettes, soit des formulaires, le plus souvent issus de textes plus importants. Certains des papyrus prennent la forme d'une prière (comme 6039.1 Amulette chrétienne contre les maux) ou d'épîtres religieuses (6043.3 Amulette chrétienne gréco-copte contre la souffrance d'Épimachè sous forme de lettre d'Abgar à Jésus). Plus généralement, ces textes sont des témoignages de la croyance qu'une parole et un écrit pouvaient détourner un phénomène physique tel que la maladie. Ces formules étaient quelquefois versifiées pour accroître leur pouvoir. (1871 en hexamètres).

LIEN AVEC LE THÈME DE LA PRIÈRE : principal.

AIRE GÉOGRAPHIQUE : Égypte : Oxyrhynque, Antinoé, Hermopolis, Abousir el Melek, Ismant el-Kharab (Kellis), Théadelphie (?), Aboutig (?), Tebtynis, Fayoum ?, Karanis, Fustat.

CHRONOLOGIE : Ier siècle av. J.-C. - VIe siècle ap. J.-C.

PRINCIPAUX TEXTES ANCIENS : *Catologue des payrus littéraires grecs et latins* (CEDOPAL), n°s 1871-6101.

NOTIONS : christianisme – magie – médecine – prière privée.

A. H.

899 – DEL HENAR VELASCO LÓPEZ (M.), « Registro ritual en el *Himno a Deméter* », LÓPEZ EIRE (A.) et RAMOS GUERREIRA (A.) éd., *Registros lingüísticos en las lenguas clásicas*, Salamanque, Universidad de Salamanca (Classica Salmanticensia, 3), 2004, p. 379-400.

RÉSUMÉ : L'*Hymne homérique à Déméter* se prête bien à la recherche des sources rituelles de la littérature, perceptibles dans le style, le lexique, les allusions et références. Un thème ressort, celui de la piété et du respect envers la déesse, exprimés par diverses épithètes (σεμνή, χρυσάορος, πότνια...). Les répétitions dans l'hymne sont caractéristiques d'un rituel. Le décor : importance des fleurs, liées au réveil de la nature ; les détails topographiques correspondent au site d'Éleusis. Enfin, les descriptions de la danse et de l'épiphanie ; les traits de Déméter sont ceux de la déesse du culte.

LIEN AVEC LE THÈME DE LA PRIÈRE : secondaire.

DOMAINE PRÉDOMINANT : grec.

AIRE GÉOGRAPHIQUE : Éleusis.

CHRONOLOGIE : Ve siècle av. J.-C.

PRINCIPAUX TEXTES ANCIENS : *Hymne homérique à Déméter.*
NOTIONS : vocabulaire – épithète – hymne – épiphanie – Déméter.

B. S.

900—DICKIE (M. W.), « Divine Epiphany in Lucian's Account of the Oracle of Alexander of Abonuteichos », *Illinois Classical Studies*, 29, 2004, p. 159-182.

RÉSUMÉ : L'article fait partie d'une collection d'essais sur les épiphanies divines dans le monde antique. Le but de l'A. est de montrer que les écrivains de l'époque impériale qui décrivent les sentiments, les réactions et les paroles des hommes ayant éprouvé l'expérience de la présence d'un dieu suivent tous une forme littéraire concrète. L'A. emploie comme base de son étude le portrait d'Alexandre d'Abonuteichos qu'a composé Lucien et examine aussi des parallèles grecs et latins. Il commence par les récits d'épiphanies mensongères (Alexandre et Pérégrinos chez Lucien, l'apparition de Médée à Pélias chez Diodore de Sicile), les récits d'épiphanies véridiques (Asclépios dans les *Métamorphoses*, XV d'Ovide, la prière de Nestor dans l'*Odyssée*, III) et les histoires d'hommes que l'on a pris pour des dieux (Paul et Barnabé dans les *Actes*, les protagonistes du roman grec et latin). La prière est une des réactions des hommes qui assistent à une épiphanie divine. Ensuite l'A. s'occupe des éléments de l'épiphanie narrative : étonnement, peur, adoration, vénération (qui accompagne souvent la prière), acclamation, salutation, *makarismoi* (parfois dans le cadre d'une prière ou envers le témoin d'une épiphanie divine), prière et sacrifice (presque jamais séparés ; les hommes qui ont éprouvé une épiphanie divine se sentent choisis par le dieu, mais sans être sûrs que le dieu est content ou non de ce qu'il voit), relation entre l'épiphanie et l'initiation aux mystères.
LIEN AVEC LE THÈME DE LA PRIÈRE : principal.
DOMAINE PRÉDOMINANT : grec.
AIRE GÉOGRAPHIQUE : Abonotique en Paphlagonie.
CHRONOLOGIE : seconde moitié du IIᵉ siècle ap. J.-C.
PRINCIPAUX TEXTES ANCIENS : Lucien, *Alexandre ou le faux prophète* et *Sur la mort de Pérégrinos* – Diodore de Sicile, IV, 51, 1-4 – Ovide, *Métamorphoses*, XV, 675-682 – Homère, *Odyssée*, III, 371-384 – Nouveau Testament, *Actes des apôtres*, 14, 8-13 – Apulée, *Métamorphoses*, IV, 28, 3.
NOTIONS : Alexandre d'Abonuteichos – épiphanie – θάμβος – proscynèse – proscynème – ἀνακράζειν – ἀσπάζεσθαι – μακαρισμός – sacrifice – initiation.

O. K.

901—DIELEMAN (J.), *Priests, Tongues, and Rites. The London-Leiden Magical Manuscripts and Translation in Egyptian Ritual (100-300 CE)*, Leyde, Brill (Religions in the Graeco-Roman World, 153), 2005, XIV-342 p.

RÉSUMÉ : Cette version remaniée d'une thèse soutenue en 2003 à Leyde est une étude paléographique et sociolinguistique de deux papyrus magiques bilingues (rédigés en grec et en démotique) des premiers siècles de notre ère. Les deux documents (*P.Leid.* I, 384 et *P.Brit.Mus.* 10070 ; *P.Leid.* I, 383) constituent une unité, en fonction de leur contenu et de leur forme, et proviennent du même milieu que le *Corpus Hermeticum*. La coexistence d'éléments rituels égyptiens, grecs et juifs pose plusieurs questions sur l'origine et l'usage des incantations conservées. En examinant étape par étape la procédure de l'exécution des manuscrits, l'A. montre que le corpus des textes grecs a dû être copié et compilé au sein d'un scriptorium hiératique égyptien à partir d'une matière première locale. Ainsi, la présence des termes, des rites, des connaissances scientifiques et des croyances grecs est considérée comme un effort d'appropriation de l'image de l'Égypte conçue par les Grecs et du pouvoir mystique d'une langue extérieure.
LIEN AVEC LE THÈME DE LA PRIÈRE : principal.
DOMAINE PRÉDOMINANT : égyptien et grec.
AIRE GÉOGRAPHIQUE : Alexandrie et Thèbes.
CHRONOLOGIE : IIe-IIIe siècles ap. J.-C.
Principaux textes anciens : *P.Leid.* I, 384 – *P.Brit.Mus.* 10070 – *P.Leid.* I, 383.
NOTIONS : bilinguisme – formule – hermétisme – incantation – magie – malédiction – nom divin – politique – vœu – rite.

C. R.

902—DIETERLE (M.), *Dodona. Religionsgeschichtliche und historische Untersuchungen zur Entstehung und Entwicklung des Zeus-Heiligtums,* Hildesheim, Olms (Spudasmata, 116), 2007, VIII-450 p.

RÉSUMÉ : Le célèbre temple de Dodone, où Zeus rendait des oracles, se trouve à environ 15 kilomètres au sud-ouest de l'actuelle ville de Ioannina, dans une vallée montagneuse élevée. L'A. observe que c'est le plus ancien lieu de culte de Zeus et fait valoir que c'est le grand dieu qui y produisait des oracles et non Apollon. Le temple est déjà cité par Homère. Un nombre important de points, parmi ceux qui sont abordés et analysés dans ce livre, sont à mettre en lien avec la prière : ainsi de multiples ex-voto, reproduits, des inscriptions votives détaillées, des objets votifs, notamment sous la forme plastique de personnes et d'animaux, et des statues de Zeus lançant la foudre. On notera aussi la présence d'une liste de sources concernant le sanctuaire, notamment littéraires, et un appendice sur le culte du chêne (« Die Eiche und ihr Kult »).
LIEN AVEC LE THÈME DE LA PRIÈRE : principal.
DOMAINE PRÉDOMINANT : grec.
AIRE GÉOGRAPHIQUE : Grèce.
CHRONOLOGIE : VIIIe-IIe siècle av. J.-C.
PRINCIPAUX TEXTES ANCIENS : Homère, *Iliade*, XVI, 225-250 ; *Odyssée*, XIV, 327-330.
NOTIONS : oracle – ex-voto – Zeus.

G. F.

903—DIGNAS (B.) et TRAMPEDACH (K.) éd., *Practitioners of the Divine. Greek Priests and Religious Officials from Homer to Heliodorus*, Washington, Center for Hellenic Studies et Cambridge (Ma.), Harvard University Press, 2008, XII-285 p.

RÉSUMÉ : L'introduction de A. Henrichs s'attache à la terminologie et met l'accent sur l'impropriété des termes modernes dérivés de *presbuteros* et *presbyter*, liés au christianisme et mal adaptés à la pluralité des situations sacerdotales dans l'Antiquité païenne, qui connaissait, par exemple, *hiereus* et *sacerdos*. La prière est un des actes des « desservants du culte », avec le sacrifice, les offrandes, les consécrations et les vœux, comme il est rappelé d'emblée (p. 9). Toutefois, l'ouvrage ne mentionne qu'occasionnellement des prières, pour s'attacher à la formation des fonctionnaires du culte, à leur rôle social et à quelques figures. A. Chaniotis (p. 17-34), précisant leur niveau d'expertise, montre que le recrutement procédait par tirage au sort, élection, vente aux enchères ou hérédité et conclut que la compétence, sauf dans le dernier cas, s'acquérait avec le temps. Les contributions suivantes s'attachent au personnel de l'Artémision d'Éphèse, à celui des cultes de Sarapis et de Déméter ; de cette dernière, B. Dignas (p. 55-72) mentionne les épiphanies et présente les hiérophantes. À propos de l'iconographie, R. von den Hoff (p. 107-141) rappelle l'attitude de l'orant, main tendue vers la statue de la divinité. Pour l'époque impériale romaine, on s'attarde sur le prêtre philosophe, issu de l'élite sociale, et le *theios anèr*, avec Calasiris chez Héliodore. Enfin, quelques figures de devins et leur image, dans l'histoire qui reconnaît les capacités de certains et dans Homère qui les entoure de scepticisme.
LIEN AVEC LE THÈME DE LA PRIÈRE : secondaire.
DOMAINE PRÉDOMINANT : grec et latin.
AIRE GÉOGRAPHIQUE : monde gréco-romain.
CHRONOLOGIE : VIIIe siècle av. J.-C. - IIIe / IVe siècle ap. J.-C.
PRINCIPAUX TEXTES ANCIENS : plusieurs auteurs, dont Héliodore, *Éthiopiques* et, pour les épiphanies, l'*Hymne homérique à Déméter*, 188-211 ; 256-280 – Plutarque, *Timoléon*, 8 ; *Pyrrhus*, 34 – *I.Priene* 196.
NOTIONS : prêtre – culte – vocabulaire – épiphanie – philosophie – divination – hiérophante – Artémis – Déméter – Sarapis.

B. S.

904—DONNAY (G.), « Εὔχετ'ἔπειτα στὰς μέσῳ ἕρκεϊ (*Iliade* Π 231, Ω 306) », DASEN et PIÉRART n° **896**, p. 1-11.

RÉSUMÉ : La même expression apparaît dans deux scènes de l'*Iliade* (XVI, 231 ; XXIV, 306) : lors d'une prière, l'orant répand le vin d'une coupe en regardant vers le ciel (Achille, après la mort de Patrocle, décide de reprendre le combat ; Priam s'apprête à quitter son palais pour racheter à Achille le cadavre d'Hector). Il s'agit d'un rituel identique (p. 1-2), celui de la libation précédant le départ d'un guerrier, qui trouve des parallèles ailleurs encore dans l'*Iliade ;* il est également représenté sur des vases. Ce rituel se déroule dans l'espace domestique et relève de la dévotion privée. Les prières d'Achille et de Priam sont adressées à Zeus, mais il n'est pas possible (ici comme ailleurs dans les poèmes homériques) d'attribuer à ce dernier une épiclèse fonctionnelle : Zeus Herkeios semble peu probable.

LIEN AVEC LE THÈME DE LA PRIÈRE : principal.

AIRE GÉOGRAPHIQUE : Grèce.

CHRONOLOGIE : VIIIe siècle av. J.-C.

PRINCIPAUX TEXTES ANCIENS : Homère, *Iliade*, XVI, 231 ; XXIV, 306 ; passim.

NOTIONS : prière privée – épiclèse – Zeus – ἑρκεῖος.

B. S.

905—DUBOURDIEU (A.), « Nommer les dieux : pouvoir des noms, pouvoir des mots dans les rituels du *uotum*, de l'*euocatio*, et de la *deuotio* dans la Rome antique », *Archiv für Religionsgeschichte*, 7, 2005, p. 183-197.

RÉSUMÉ : L'A. s'intéresse aux trois rituels du *uotum*, de l'*euocatio* et de la *deuotio* qui, contrairement à la prière, instaurent un véritable contrat au sens juridique du terme entre les hommes et des dieux. L'objet de cette étude est de définir la portée performative de l'énonciation du nom de la divinité dans ces rituels. L'A. procède à une étude du formulaire et de son vocabulaire spécifique, comme *nuncupare* : le nom du dieu n'est pas systématiquement donné et peut être remplacé par une périphrase, mais, dans les deux cas, le but est une prise de possession par la parole pour contraindre le dieu à accepter le marché qu'on lui propose. L'A. conclut que, si l'énoncé du nom de la divinité ou son équivalent est indispensable au caractère performatif de la parole dans ces rituels, c'est néanmoins « l'ensemble de la cérémonie qui enserre les dieux dans les liens du contrat proposé ». Par ce contrat, l'homme est placé dans une position d'égalité, voire de supériorité par rapport aux dieux, ce qui n'est pas le cas dans la prière.

LIEN AVEC LE THÈME DE LA PRIÈRE : principal.

DOMAINE PRÉDOMINANT : latin.

AIRE GÉOGRAPHIQUE : monde romain.

CHRONOLOGIE : République et Empire.

PRINCIPAUX TEXTES ANCIENS : *CFA* – Tite-Live, V, 21 et VIII, 9, 1-8 – Macrobe, *Saturnales*, III, 9, 7-13 – Festus, 176 Lindsay – Varron, *De la langue latine*, VI, 60 et VII, 8.

NOTIONS : formule – nom divin – vœu – *uotum* – *euocatio* – *deuotio*.

J. S.

906—DUNAND (F.), « La guérison dans les temples », *Archiv für Religionsgeschichte*, 8, 2006, p. 4-24.

RÉSUMÉ : L'A. insiste sur une spécificité égyptienne : la médecine peut être pratiquée par un même individu à la fois dans les temples et hors de ceux-ci. Les remèdes utilisés ne diffèrent pas d'un lieu à l'autre, puisque la maladie est toujours considérée comme ayant une origine non naturelle ; les formules rituelles sont alors employées pour apaiser le dieu ou le démon responsable. L'A. étudie ensuite la pratique de l'incubation thérapeutique, sans doute d'origine grecque, ainsi que l'utilisation de « statues guérisseuses » (p.15), destinées à recevoir des inscriptions magiques (non étudiées ici), et des stèles et amulettes d' « Horus sur les crocodiles ». L'Égypte voit coexister des pratiques grecques et égyptiennes : les dieux Sarapis et Isis, puis, aux époques ptolémaïque et romaine, Imhotep et Amenhotep, dotés d'un pouvoir médical auquel les Égyptiens accordaient une grande confiance.

LIEN AVEC LE THÈME DE LA PRIÈRE : secondaire.
DOMAINE PRÉDOMINANT : égyptien et grec.
AIRE GÉOGRAPHIQUE : Égypte.
CHRONOLOGIE : XVI⁰ siècle av. J.-C. - IVᵉ siècle ap. J.-C.
NOTIONS : culte – hymne – médecine – rite.

A. G.

907—DUPONT (F.), « Dramaturgie de la prière dans la tragédie romaine. Un exemple : *Médée* de Sénèque », COTTIER n° **893**, p. 95-105.

RÉSUMÉ : La prière romaine étant liée à un rite performatif, quelle est la valeur d'une prière au théâtre, puisqu'elle est privée de son contexte rituel ? Les imitations de prières peuvent être simples (sur le modèle de Caton) ou élaborées (Horace, *Carmen saeculare*). Chez Sénèque, la prière est soit l'expression de l'impuissance des personnages (Médée, dans le prologue, exécrant le mariage de Jason et Créüse), soit efficace au sein de la fiction théâtrale où le mot est tout-puissant (à la fin, Médée magicienne et le cadeau qui va tuer Créüse).
LIEN AVEC LE THÈME DE LA PRIÈRE : principal.
AIRE GÉOGRAPHIQUE : Rome.
CHRONOLOGIE : IIᵉ siècle av. J.-C. - Iᵉʳ siècle ap. J.-C.
PRINCIPAUX TEXTES ANCIENS : Sénèque, *Médée*, 1-18 ; 685-745.
NOTIONS : théâtre – magie.

B. S.

908—EIDINOW (E.), *Oracles, Curses, and Risk among the Ancient Greeks*, Oxford, University Press, 2007, XVI-516 p.

RÉSUMÉ : L'originalité de cette étude est d'associer étroitement les oracles et les malédictions comme deux activités complémentaires, deux stratégies permettant aux anciens Grecs d'exprimer et de gérer leur anxiété face à l'incertitude et aux risques de la vie quotidienne. Ceux qui consultaient les oracles voulaient s'assurer qu'ils faisaient le bon choix en sollicitant l'aide des dieux, alors que ceux qui recouraient aux défixions étaient déjà dans une situation de danger et voulaient, en contraignant les dieux, limiter les dommages que leurs rivaux pouvaient leur infliger. En s'appuyant sur les documents épigraphiques et les textes littéraires, l'A. analyse la vision grecque du risque (chap. 1), la divination et les institutions oraculaires (chap. 2), comme prolégomènes aux deux grandes parties de son ouvrage : les oracles (chap. 3-6) et les malédictions (chap. 7-12), en concluant sur une distinction prégnante : les consultants ne perdaient pas leur autonomie, car leurs questions étaient soigneusement structurées pour contraindre les réponses possibles de l'oracle, alors que ceux qui utilisaient les défixions semblaient avoir peu de contrôle sur les événements. La prière est essentiellement étudiée dans la partie consacrée aux oracles : les consultants utilisaient souvent la formule interrogative : « à quel dieu dois-je adresser mes prières pour (réussir mon projet) ? » On trouve cette question surtout dans les rubriques « santé / maladie », « prospérité / sécurité », « enfants », « biens personnels », ce qui suggère que ces domaines de la vie quotidienne étaient considérés comme plus dépendants de la volonté des dieux que d'autres. Plus rarement, certains oracles prennent la forme de prières : les consultants supplient les dieux. L'anxiété est plus grande, quand le consultant utilise le vocatif dans sa prière. En revanche, les défixions doivent être distinguées de la prière utilisée dans le domaine judiciaire.

LIEN AVEC LE THÈME DE LA PRIÈRE : secondaire.

DOMAINE PRÉDOMINANT : grec.

AIRE GÉOGRAPHIQUE : Grèce (toutes les régions, mais surtout Delphes, Dodone, Attique, Béotie) – Grande Grèce – Asie Mineure (Carie, Cnide, Didymes) – rives de la mer Noire (surtout Olbia) – Croatie – Cyrénaïque – Espagne – Macédoine.

CHRONOLOGIE : VIe-Ier siècle avant J.-C. pour l'étude des documents épigraphiques (mais plusieurs développements historiques remontent aux VIIIe et VIIe siècles avant J.-C., et l'A. rappelle que la pratique de la défixion s'étend du VIe siècle avant J.-C. au VIIIe siècle de notre ère.)

PRINCIPAUX TEXTES ANCIENS : 1) Textes épigraphiques : oracles de Dodone, de Delphes, de Didymes – *DT* – *DTA* – papyri magiques. 2) Textes littéraires : Hérodote – Thucydide – Platon – Xénophon – Plutarque – Pausanias.

NOTIONS : oracle – imprécation – malédiction – *defixio* (κατάδεσμος) – risque (κίνδυνος) – magie – sanctuaire – compétition – émotion – envie (φθόνος).

T. G.

909—FAIN (G. L.), « Callimachus' *Hymn to Artemis* and the Tradition of Rhapsodic Hymn », *Bulletin of the Institute of Classical Studies*, 47, 2004, p. 45-56.

RÉSUMÉ : L'A. suit le plan de l'hymne qu'il analyse par groupes de vers pour mettre en évidence la référence constante, bien qu'indirecte et ironique, aux hymne rhapsodiques attribués à Homère (particulièrement l'*Hymne à Apollon*) : brève introduction et narration longue. Toutefois, aux v. 110-112, l'hymne de Callimaque redémarre avec une invocation à Artémis.

LIEN AVEC LE THÈME DE LA PRIÈRE : secondaire.

DOMAINE PRÉDOMINANT : grec.
AIRE GÉOGRAPHIQUE : monde grec.
CHRONOLOGIE : IIIe siècle av. J.-C.
PRINCIPAUX TEXTES ANCIENS : Callimaque, *Hymne à Artémis* – *Hymne homérique à Apollon*.
NOTIONS : hymne – invocation – Artémis – Apollon.

B. S.

910—FARAONE (C. A.), « In the Horn of an Ox : a Curious Hexametrical Curse from Hellenistic Cyrene (SGD 150) », *Mene*, 4. 2004, p. 51-62.

RÉSUMÉ : La *defixio* de plomb trouvée à Cyrène et invoquant *Tycha* (Tyché) se termine par une phrase qui intrigue : « Je dépose ces <mots> dans une corne de bœuf et sous la terre grise. » La tablette invoque Perséphone qui, avec sa mère Déméter, est fort honorée à Cyrène. Mais l'adjectif gris (πολιός) ne convient pas à la terre. Il pourrait s'agir de la mer ; la substitution paraît explicable au plan paléographique (p. 57). De plus, une analyse détaillée de toute la *defixio* relève des allusions marines et il existe des parallèles de malédictions jetées à l'eau. Dès lors, l'A. lit la fin de l'hexamètre : « ... et sous la mer grise », allusion à Tyché invoquée en tant que divinité marine.
LIEN AVEC LE THÈME DE LA PRIÈRE : principal.
DOMAINE PRÉDOMINANT : grec.
AIRE GÉOGRAPHIQUE : Cyrène.
CHRONOLOGIE : seconde moitié du IIIe siècle av. J.-C.
PRINCIPAUX TEXTES ANCIENS : *SGD* 150.
NOTIONS : *defixio* – Tyché.

B. S.

911—FARAONE (C.A.), « Twisting and Turning in the Prayer of the Samothracian Initiates (Aristophanes *Peace* 276-279) », *Museum Helveticum*, 62, 2005, p. 30-50.

RÉSUMÉ : L'A. propose une nouvelle interprétation des paroles de Trygée dans la *Paix* (v. 276-279), notamment du vers 279, considéré généralement comme une plaisanterie *para prosdokian*, sans importance pour l'intrigue ou pour les idées comiques développées dans la pièce. À la lumière d'inscriptions et de statuettes magiques et religieuses, ainsi que de textes d'auteurs, l'A. démontre qu'il conviendrait de traduire le dernier vers par « (C'est à présent un bon moment pour prier que) les pieds de celui qui approche (Kudoimos) soient tordus en arrière ». Trygée lancerait ainsi un appel à un initié de Samothrace pour empêcher Kudoimos, le personnage dangereux, d'agir, grâce à un rituel ou une prière. Cette interprétation donnerait plus d'importance au vers dans la pièce, puisque celui-ci ferait écho à l'intrigue elle-même.
LIEN AVEC LE THÈME DE LA PRIÈRE : principal.

DOMAINE PRÉDOMINANT : grec.
AIRE GÉOGRAPHIQUE : monde grec.
CHRONOLOGIE : vers 400 av. J.-C.
PRINCIPAUX TEXTES ANCIENS : Aristophane, *Paix*, 276-279 – Homère, *Iliade*, V, 385-391 – Pausanias, V, 18, 1.
NOTIONS : formule – guerre – imprécation – magie – théâtre.

E. S.

912—FARAONE (C.A.), « Notes on Four Inscribed Magical Gemstones », *Zeitschrift für Papyrologie und Epigraphik,* 160, 2007, p. 158-159.

RÉSUMÉ : L'A. propose une lecture et une interprétation des inscriptions en grec figurant sur quatre pierres :
1. WHITING (M.) *apud* HENIG (M.) et MACGREGOR (A.), *Catalogue of the Engraved Gems and Finger-rings in the Ashmolean Museum,* Oxford, 2004, p. 124, n°13.10.
2. *Ibid.*, p. 126, n° 13.21.
3. MICHEL (S.), *Bunte Sterne-Dunkle Bilder : "Magische Gemmen",* Munich, 2001, p. 35, n° 23, pl. 4.
4. *Ibid.*, n° 146.
LIEN AVEC LE THÈME DE LA PRIÈRE : principal.
DOMAINE PRÉDOMINANT : grec.
AIRE GÉOGRAPHIQUE : monde gréco-romain.
CHRONOLOGIE : période romaine.
PRINCIPAUX TEXTES ANCIENS : gemmes magiques.
NOTIONS : magie.

E. S.

913—FARAONE (C. A.) et RIFE (J. L.), « A Greek Curse against a Thief from the Koutsongila Cemetery at Roman Kenchreai », *Zeitschrift für Papyrologie und Epigraphik*, 160, 2007, p. 141-157.

RÉSUMÉ : Édition, traduction et commentaire d'une *defixio* récemment découverte. Sont mentionnées les divinités chthoniennes *Bia, Moira* et *Anankè ;* au début et à la fin, invocation à *Abrasax*. Dirigée contre un voleur, fils, ou affranchi, ou esclave de Caecilius, la tablette a pour but de cacher et dissimuler la victime dans toutes les parties de son corps. L'A. insiste sur l'aspect extrajudiciaire de cette tablette censée résoudre un conflit privé.
LIEN AVEC LE THÈME DE LA PRIÈRE : principal.
DOMAINE PRÉDOMINANT : grec.
AIRE GÉOGRAPHIQUE : Kenchreai (port E. de Corinthe).
CHRONOLOGIE : fin du Ier ou du IIIe siècle ap. J.-C.
PRINCIPAUX TEXTES ANCIENS : KM 043 (*defixio* de Kenchreai).

NOTIONS : *defixio* – prière juridique – divinités chtoniennes – Abrasax.

B. S.

914—FÉVRIER (C.), « *Diis placandis* : les destinataires de la *procuratio prodigiorum* », *Kentron*, 24, 2008, p. 164-181.

RÉSUMÉ : À Rome, le prodige révèle aux hommes qu'il y a rupture de la *pax deorum.* Cette situation nécessite la mise en œuvre d'une cérémonie d'expiation, une *procuratio,* étymologiquement « prise en charge (par les autorités) » (du prodige). La cérémonie n'a pas de valeur de divination, mais elle a deux objectifs : d'une part, éliminer la souillure, cause de la colère divine ; d'autre part, se concilier à nouveau la faveur des dieux, *placare deos.* C'est sur ce point que porte l'étude ; plus spécialement, qui sont les dieux destinataires de la cérémonie ? L'A. montre que, originellement, le champ d'application de la *supplicatio* expiatoire s'étend à l'ensemble des *pulvinaria,* c'est-à-dire à l'ensemble des reposoirs portant des effigies des dieux et placés sans doute devant la plupart des sanctuaires de la Ville lors de la cérémonie. Cette approche globalisante de l'expiation des prodiges, caractéristique du pragmatisme romain, va pourtant ensuite progressivement céder le pas à la procédure inverse : mettre un nom sur la divinité jugée courroucée, avant de l'apaiser. L'A. estime que deux textes surtout permettent de désigner deux divinités ou groupes de divinités : d'une part, Tellus, à la suite d'un tremblement de terre (texte de Florus), d'autre part, la triade agraire de l'Aventin, c'est-à-dire Cérès, Liber et Libera (texte de Tite-Live). Cette évolution apparaît à partir du IIIe siècle et traduit le souci de précision et d'efficacité des prêtres, qui s'attachaient à identifier de façon précise les dieux irrités, afin de célébrer comme il convenait les cérémonies adéquates.
LIEN AVEC LE THÈME DE LA PRIÈRE : principal.
DOMAINE PRÉDOMINANT : latin.
AIRE GÉOGRAPHIQUE : Rome.
CHRONOLOGIE : IIIe siècle av. J.-C.
PRINCIPAUX TEXTES ANCIENS : Florus, I, 14, 2 – Tite-Live, XLI, 28, 2.
NOTIONS : prodige – *procuratio* – *supplicatio* – Tellus – Cérès.

G. F.

915—FLETCHER (J.), « A Trickster's Oaths in the *Homeric Hymn to Hermes* », *American Journal of Philology*, 129, 2008, p. 19-46.

RÉSUMÉ : Selon l'hymne homérique, Hermès prête des serments trompeurs devant Apollon et Zeus. Dans le contexte de la narration, ces actes marquent le passage de l'âge enfantin vers l'âge adulte, et l'entrée du dieu dans le panthéon olympien. Les serments prêtés par les divinités établissent leurs qualités et posent leurs sphères d'action et de compétence. Dans d'autres poèmes et dans la tragédie, ainsi que dans l'*Hymne homérique à Hermès*, le serment tisse des liens d'amitié entre les parties engagées, hommes ou dieux ; cet acte avait une connotation initiatique et caractérisait le passage des jeunes hommes, les éphèbes, à la maturité.

LIEN AVEC LE THÈME DE LA PRIÈRE : secondaire.
DOMAINE PRÉDOMINANT : grec.
AIRE GÉOGRAPHIQUE : monde grec.
CHRONOLOGIE : Grèce archaïque et classique.
PRINCIPAUX TEXTES ANCIENS : *Hymne homérique à Hermès.*
NOTIONS : hymne – serment – théâtre – Hermès – Apollon – Zeus.

M. Ta.

916—FORD (A.), « The Genre of Genres : Paeans and Paian in Early Greek Poetry », *Poetica. Zeitschrift für Sprach- und Literaturwissenschaft*, 38, 2006, p. 277-295.

RÉSUMÉ : La première partie de cet article envisage la définition de la poésie lyrique en tant que genre littéraire. Après avoir passé en revue les différentes interprétations proposées par les savants modernes, l'A. souligne les discontinuités entre d'une part l'époque archaïque et la première époque classique, quand les types de poésie étaient distingués principalement sur la base du contexte social et des occasions dans lesquelles avait lieu la performance, et d'autre part l'époque hellénistique, où le genre littéraire devint un ensemble de propriétés, notamment formelles, d'un ensemble de textes. La deuxième partie de l'article est consacrée à la question plus spécifique de la définition du péan. Les circonstances dans lesquelles les péans pouvaient être exécutés, aussi bien que les modalités et les fonctions du chant, varièrent si grandement qu'il est difficile d'isoler des caractéristiques universelles que tous les péans partagent. À travers l'examen de textes significatifs, l'A. suggère que l'élément fondamental pour définir le genre est représenté par la présence de l'épiclèse Παιάν.

LIEN AVEC LE THÈME DE LA PRIÈRE : secondaire.
DOMAINE PRÉDOMINANT : grec.
AIRE GÉOGRAPHIQUE : monde grec.
CHRONOLOGIE : VIIIe-IIe siècle av. J.-C.
PRINCIPAUX TEXTES ANCIENS : Homère, *Iliade*, I, 472-474 – Timothée, *Perses* dans *PMG* 791 et 800) – Sappho, fr. 44 Voigt – Pindare, fr. 128c Snell-Maehler – Bacchylide, 17 – Proclus ap. Photius, *Bibliothèque* (Bekker), 320a 20-24.
NOTIONS : péan – hymne – Παιάν – Apollon.

C. P.

917—FRENSCHKOWSKI (M.), « Zauberworte : linguistische und sprachpsychologische Beobachtungen zur spätantiken Griechischen und Römischen Magie », *Annali di storia dell'esegesi*, 24, 2007, p. 323-366.

RÉSUMÉ : L'A. examine de nombreuses formules des papyrus magiques, les invocations aux dieux et les expressions qui expriment la rencontre avec la divinité.
LIEN AVEC LE THÈME DE LA PRIÈRE : secondaire.
DOMAINE PRÉDOMINANT : grec et latin.
AIRE GÉOGRAPHIQUE : Méditerranée.
CHRONOLOGIE : Bas-Empire.
PRINCIPAUX TEXTES ANCIENS : *PGM*, passim – Marcellus Empiricus, *Des médicaments* – Quintus Serenus, *Liber medicinalis*, 935-940.
NOTIONS : magie – invocation – Abrasax.

B. S.

918—FREYBURGER (G.), « Recherches récentes sur la prière romaine », COTTIER n° **893**, p. 85-94.

RÉSUMÉ : Se basant sur la première édition de la *Bibliographie analytique de la prière grecque et romaine*, l'A. esquisse les tendances de la recherche. Prière officielle : ses aspects formel, rituel et juridique ; la gestuelle ; le lexique ; les types (*carmen* des origines, *uotum*, hymne). Prière non officielle : personnelle ; inspirée par la magie (*defixiones* et liens avec d'autres types de prières) ; murmurée ; initiée. Le panorama des études publiées entre 1898 et 1998 attire aussi l'attention sur les aspects esthétiques et ornementaux de la récitation des prières.
LIEN AVEC LE THÈME DE LA PRIÈRE : principal.
AIRE GÉOGRAPHIQUE : Rome.
CHRONOLOGIE : Rome païenne.
NOTIONS : prière privée – prière publique – gestuelle – vocabulaire – magie.

B. S.

919—FREYBURGER (G.), « Représentations religieuses. 'Causes' de trois grands rites de la religion romaine archaïque », CHASSIGNET (M.) éd., *L'étiologie dans la pensée antique*, Turnhout, Brepols (Recherches sur les rhétoriques religieuses, 9), 2008, p. 273-281.

RÉSUMÉ : L'A. rappelle les étapes d'un sacrifice et la relation hiérarchisée qu'il établit entre les dieux et les hommes. Parmi les formules prononcées, l'invocation aux dieux *macte esto* implique que la puissance divine est *accrue* par le sacrifice : cet accroissement est la motivation du sacrifice. Ensuite, la prise d'auspices (*inauguratio*) : c'est l'accroissement inverse, dans la soumission à la divinité. Enfin, l'extispicine, avec prière d'agrément divin de la fressure (*litatio*), est un autre signe de soumission aux dieux.
LIEN AVEC LE THÈME DE LA PRIÈRE : principal.
DOMAINE PRÉDOMINANT : latin.
AIRE GÉOGRAPHIQUE : Italie.

CHRONOLOGIE : Royauté et République romaine.
PRINCIPAUX TEXTES ANCIENS : Caton, *De l'agriculture*, 132, 134, 139 et 141 –
Tite-Live, I, 18, 6-10 – *CIL* VI, 32323 (Jeux séculaires d'Auguste).
NOTIONS : étiologie – sacrifice – divination – *inauguratio* – *litatio*.

B. S.

920—FROSCHAUER (H.) et RÖMER (C.E.) éd., *Zwischen Magie und Wissenschaft : Ärzte und Heilkunst in den Papyri aus Ägypten*, Vienne, Phoibos (Nilus, 13), 2007, VII-139 p.

RÉSUMÉ : Abondamment illustré, ce catalogue d'exposition, érudit et destiné à un large public, couvre une période d'environ 4000 ans (68 n^{os}) de l'histoire de la médecine égyptienne et, mais seulement passim, de ses rapports avec la magie (p. 8, 12, 52 ; n°s 51-62 : amulettes). Papyrus, peintures, statuettes, amulettes, instruments chirurgicaux, etc., sont convoqués au fil des chapitres, axés sur un problème ou une époque précise.
LIEN AVEC LE THÈME DE LA PRIÈRE : secondaire.
DOMAINE PRÉDOMINANT : grec, démotique, arabe et copte.
AIRE GÉOGRAPHIQUE : Égypte gréco-romaine et arabe.
CHRONOLOGIE : de l'époque hellénistique au début du Moyen Âge.
PRINCIPAUX TEXTES ANCIENS : papyri de Vienne – Dioscoride.
NOTIONS : médecine – magie.

B. S.

921—FURLEY (W. D.), « Prayers and Hymns », OGDEN n° **1012**, p. 117-131.

RÉSUMÉ : Prières et hymnes expriment le désir constant de communiquer avec le divin. Telle est la position de l'A., qui n'ignore pas les réactions sceptiques. En procession vers les temples, des chœurs entonnaient hymnes et péans et souvent dansaient. Dans les simples prières, le souci esthétique n'était pas toujours présent. Ce qui est commun à ces formes de communication avec les dieux est l'espérance de la χάρις. Pour que la prière soit exaucée, il existe deux catégories de moyens. Le rituel, d'abord : sacrifice avec hymne et prière (exemples chez Aristophane et Théocrite). Les procédés rhétoriques, ensuite, servent à persuader les dieux ; hymnes et prières ont une structure tripartite (invocation, argument et prière proprement dite). L'A. insiste sur la réciprocité (*da quia dedi*) et l'arétalogie : l'évocation des prouesses divines est une invitation à leur renouvellement au bénéfice de l'orant (témoignage de Sappho). L'A. termine par un survol des termes courants pour désigner hymnes et prières.
LIEN AVEC LE THÈME DE LA PRIÈRE : principal.
DOMAINE PRÉDOMINANT : grec.
AIRE GÉOGRAPHIQUE : monde grec.
CHRONOLOGIE : époque classique.

PRINCIPAUX TEXTES ANCIENS : Aristophane, *Oiseaux*, 848-903 – Théocrite, II (*Magiciennes*) – Sappho, *Ode à Aphrodite* (fr. 1 Diehl).
NOTIONS : hymne – sacrifice – chœur – rhétorique – communication – χάρις.

B. S.

922—FYNTIKOGLOU (V.) et VOUTIRAS (E.), « Das römische Gebet », *Thesaurus cultus et rituum antiquorum. 3* n° **1065**, p. 151-179.

RÉSUMÉ : Les A. s'interrogent sur l'origine des prières, qui occupaient une place importante. Les destinataires de la prière romaine, prononcée dans les temps anciens à n'importe quel endroit (croyance aux *numina*), sont les dieux principaux et les puissances de la nature. Les prières prononcées dans des endroits saints, tel le Capitole, étaient considérées comme ayant la plus grande force. En cas de danger, les femmes participent en priant. Les A. examinent la structure linguistique, les théonymes, les coutumes et les rites de la prière. Elle suppose la pureté et le silence. La gestuelle de la prière comprend le mouvement rythmique, la coutume de se couvrir la tête, de tourner le corps à droite après avoir prié, le geste de toucher (surtout dans le cas des prières adressées à la Terre Mère), de lever les mains et les yeux vers le ciel, d'embrasser les images des dieux, de se mettre à genoux ou de se tenir debout ainsi que le geste rare de frapper à la porte d'un temple. Dans les rites romains, la prière est prononcée de préférence à voix haute, avec des mots bien choisis et une prononciation soignée, exception faite des prières officielles d'*Iguvium,* sans doute prononcées silencieusement. L'article examine aussi la place de la prière dans le culte des morts, la prière de vengeance, la place des offrandes, la parodie et la prière philosophique, pourtant rare dans la littérature romaine. Enfin sont données les sources littéraires en traduction allemande (p. 170-175), les sources épigraphiques (p. 175-178) et iconographiques (p. 178-179).
LIEN AVEC LE THÈME DE LA PRIÈRE : principal
DOMAINE PRÉDOMINANT : latin.
AIRE GÉOGRAPHIQUE : monde romain.
CHRONOLOGIE : IIIe s. av. J.-C. - IVe ap. J.-C.
PRINCIPAUX TEXTES ANCIENS : Varron, *De la langue latine* – Servius, *Sur les Géorgiques* et *Sur l'Enéide* – Macrobe, *Saturnales* – Caton, *De l'agriculture* – Tite-Live – Pline l'Ancien, *Histoire naturelle*.
NOTIONS : adoration – gestuelle – danse – dédicace – Jeux séculaires – supplication – vengeance.

A. D.

923—GAIDE (F.), « Usages de la parole dans les *precationes, carmina* et *incantamenta* des textes thérapeutiques latins », COTTIER n° **893**, p. 107-118.

RÉSUMÉ : L'A. étudie quinze formules (reproduites en appendice) adressées à une plante, à un animal (dont un organe est prélevé), à la maladie elle-même. Parfois, c'est une courte histoire, dite pour qu'elle se reproduise : un dieu s'est guéri ou a découvert un remède. Il y a aussi des formules volontairement incompréhensibles. Les Anciens attribuaient à ces formules, très travaillées mais non magiques, un caractère performatif lorsqu'elles étaient dites dans certaines conditions.
LIEN AVEC LE THÈME DE LA PRIÈRE : principal.
AIRE GÉOGRAPHIQUE : Rome.
CHRONOLOGIE : IIe siècle av. J.-C. - Ve siècle ap. J.-C.
PRINCIPAUX TEXTES ANCIENS : Pline l'Ancien, *Histoire naturelle*, XXIV, 176 ; XXVII, 100 et 131 – Marcellus Empiricus, *Des médicaments*, VIII, 191 ; XIV, 68 ; XV, 11 et 102 ; XXII, 41 ; XXXI, 33 – Ps.-Antonius Mysa – Caton, *De l'agriculture*, 160 – Quintus Serenus, *Liber medicinalis*, 935-940 – *Physica Plinii Sangallensis*, interpolations n°s 10 et 41 – Théodore Priscien, *Euporista* (Rose 1894), interpolations, p. 341, l. 12-15.
NOTIONS : médecine – formule.

B. S.

924—GAIFMAN (M.), « Visualized Rituals and Dedicatory Inscriptions on Votive Offerings to the Nymphs », *Opuscula. Annual of the Swedish Institutes in Athens and Rome*, 1, 2008, p. 85-103.

RÉSUMÉ : L'A. étudie des cas d'offrandes faites aux Nymphes, et analyse en particulier les conséquences, sur le plan religieux, de l'étroite relation, porteuse de sens, entre leurs éléments visuels et textuels. L'étude de la tablette de Pitsá et de reliefs votifs sculptés attiques invite à penser que l'association entre image et écrit permet une expression dédicatoire fondée sur un acte de piété individuelle. Ces artefacts témoignent d'une volonté de perpétuer par des *semata* le souvenir de l'acte rituel, sans pour autant en être une image absolument fidèle. Leur présence dans des endroits précis a participé à la consécration de ces lieux aux Nymphes et a permis la continuation du culte sur la durée.
LIEN AVEC LE THÈME DE LA PRIÈRE : principal.
DOMAINE PRÉDOMINANT : grec.
AIRE GÉOGRAPHIQUE : Grèce – Corinthe – Attique.
CHRONOLOGIE : V^e-IVe siècles av. J-C.
PRINCIPAUX TEXTES ANCIENS : néant.
NOTIONS : culte – dédicace – iconographie – lieu et temps – prière privée – vœu.

A. G.

925—GAILLARD-SEUX (P.), « La place des incantations dans les recettes médicales de Pline l'Ancien », SCONOCCHIA (S.) et CAVALLI (F.) éd., *Lingue tecniche del greco e del latino 4. Testi medici latini* *antichi, Le parole della medicina : lessico e storia*, Bologne, Pàtron (Edizioni e saggi, fuori serie, 9), 2004, p. 83-98.

RÉSUMÉ : Malgré son aversion notoire pour la magie, Pline présente, dans la partie médicale de l'*Histoire naturelle*, un certain nombre d'incantations. Les choix pliniens s'expliquent par une croyance relative au pouvoir des mots, fondée sur l'opinion commune, la caution d'autorités romaines éminentes, et l'efficacité reconnue de quelques rites. Malgré des réticences, Pline semble surtout avoir retenu ce qui, dans la magie, était « susceptible de servir l'homme » (p. 98).
LIEN AVEC LE THÈME DE LA PRIÈRE : principal.
DOMAINE PRÉDOMINANT : latin.
AIRE GÉOGRAPHIQUE : monde romain.
CHRONOLOGIE : Ier siècle ap. J-C.
PRINCIPAUX TEXTES ANCIENS : Pline, *Histoire naturelle*, II, 140-141 ; XXVIII, 10-29.
NOTIONS : formule – incantation – magie.

A. G.

926—GALÁN VIOQUE (G.), « La invocación a la luna como motivo erótico en la literatura griega e latina », *Myrtia*, 19, 2004, p. 115-130.

RÉSUMÉ : L'article traite, sur la base d'une quinzaine de passages issus de la littérature gréco-latine, de la relation qui s'est développée entre la Lune, et les pouvoirs qui lui sont attribués, et les amoureux dans l'Antiquité. L'A. examine différentes invocations de l'astre (qui apparaît sous différents noms, comme Séléné, Hécate, tandis qu'Isis ou Diane peuvent également être identifiées à la Lune) qui renvoient au domaine tant magique que littéraire. L'A. en arrive à la conclusion que l'invocation de la Lune, qui relève traditionnellement d'un rituel magique destiné à aider des amoureux, s'est épisodiquement transformée, au moins depuis le Ve siècle avant J.-C. et jusqu'à l'époque de Sénèque, en un motif érotique dans la littérature gréco-latine (allusion à la beauté de l'astre, mention de son histoire d'amour avec Endymion, etc.).
LIEN AVEC LE THÈME DE LA PRIÈRE : principal.
DOMAINE PRÉDOMINANT : grec.
AIRE GÉOGRAPHIQUE : monde gréco-romain.
CHRONOLOGIE : époque gréco- romaine.
PRINCIPAUX TEXTES ANCIENS : Méléagre de Gadara, *Épigrammes* dans *Anthologie palatine*, V, 165 et 191 – Pindare, fr. 104 Snell-Maehler – Euripide, *Hippolyte porte-couronne*, fr. 1 Jouan-Van Looy – Théocrite, *Idylles*, II – Philodème de Gadara, *Épigrammes* dans *Anthologie palatine*, V, 123 – Properce, I, 3, 31-33 ; III, 16, 15 ; 20, 13-14 – Ovide, *Héroïdes*, XVIII, 59-74 – Horace, *Épodes*, V, 51-82 – Sénèque, *Médée*, 740-848 ; *Phèdre* 406-423.
NOTIONS : désir – invocation – magie – rite – Lune.

M. V.

927—GAMBERALE (L.), « Noterelle su *Fedra* in Seneca (e in Ovidio). A proposito della preghiera a Diana, *Phaedr.* 406 ss. », DEGL'INNOCENTI PIERINI (R.) et al., *Fedra. Versioni e riscritture di un mito classico (Atti del Convegno AICC, Firenze, 2-3 aprile 2003)*, Florence, Polistampa, 2007, p. 57-84.

RÉSUMÉ : L'article présente une série de notes sur la prière à Diane que l'on trouve dans la *Phèdre* de Sénèque. Ces notes contiennent des remarques dramaturgiques (sur l'intervention atypique du chœur, par exemple), mais surtout des remarques littéraires sur les rapports intertextuels de cette *Phèdre* avec l'*Hippolyte voilé* d'Euripide, œuvre perdue dont Sénèque reprend la forme, et surtout avec la quatrième *Héroïde* d'Ovide. La critique philologique a tendance à observer en priorité comment le théâtre romain antique reconstruit, à sa manière, les modèles grecs aujourd'hui perdus ou fragmentaires. Le présent article met en avant les rapports directs entre les œuvres qui ont été conservées et considère que la *Phèdre* de Sénèque n'est pas seulement une réélaboration de la tragédie grecque perdue, mais qu'elle doit beaucoup à la médiation d'Ovide et à sa réécriture tragico-élégiaque du mythe dans l'*Héroïde* IV. Les exemples à l'appui sont nombreux et précis. Un appendice sur la question de l'inceste de Phèdre clôt l'article (p. 80).
LIEN AVEC LE THÈME DE LA PRIÈRE : secondaire.
DOMAINE PRÉDOMINANT : latin.
AIRE GÉOGRAPHIQUE : Rome.
CHRONOLOGIE : Ier siècle ap. J.-C.
PRINCIPAUX TEXTES ANCIENS : Sénèque, *Phèdre,* 406 et suiv. – Ovide, *Héroïdes,* IV – Euripide, *Hippolyte voilé*.
NOTIONS : théâtre – Diane.

C. Me.

928—GAVOILLE (L.), *Oratio ou la parole persuasive. Étude sémantique et pragmatique*, Louvain, Peeters (Bibliothèque d'études classiques, 53), 2007, II-442 p. (chapitre III).

RÉSUMÉ : Dans cette analyse sémique de la parole, il est occasionnellement traité de la prière ; le chapitre III, « Sens religieux : *orare deum* » (après le chapitre II, « Le sens profane de *orare* »), observe que « prier » n'est pas un sens fondamental de *orare* (*contra* Ernout-Meillet) : ainsi *orare per precem*. Le contexte de *orare* va désigner deux types de prière. 1- La demande de grâce, à rapprocher de λίσσομαι, « supplier », mais non de *litare* qui est lié à un sacrifice. 2- La prière argumentée : plaider sa cause auprès d'un dieu, à rapprocher de εὔχομαι et non de ἀράομαι qui vise plutôt à susciter une puissance (Aubriot-Sévin n° **23**). *Orare* peut désigner aussi une simple demande, propitiatoire, sans argumentation. D'autres termes sont analysés : *uenerari* (vise à charmer la divinité), *precari* (demande performative), *quaeso* (demande liée à une offrande). L'A. rappelle aussi l'influence de l'esprit juridique des Romains (p. 133).

LIEN AVEC LE THÈME DE LA PRIÈRE : principal.

DOMAINE PRÉDOMINANT : latin.

AIRE GÉOGRAPHIQUE : monde romain.

CHRONOLOGIE : IIᵉ-Iᵉʳ siècles av. J.-C.

PRINCIPAUX TEXTES ANCIENS : Plaute, *Charançon*, 270-273 ; *Soldat fanfaron*, 1228-30.

NOTIONS : *oro – lito – ueneror – precor – quaeso* – vocabulaire.

B. S.

929—GINESTE (M.-F.), « Les métamorphoses de l'hymne dans les panégyriques de Claudien : de l'hymne à la victoire à l'éloge du héros (*Stil.* 3, 205-222) », LEHMANN n° **976**, p. 521-540.

RÉSUMÉ : Dans l'analyse littéraire, historique et politique de cet extrait du *Panégyrique pour le consulat de Stilicon*, il est occasionnellement question de la prière (p. 525, 529) ; le panégyrique adopte la structure ternaire de l'hymne (invocation, arétalogie et prière finale), qui se caractérise aussi par un sentiment religieux sincère.

LIEN AVEC LE THÈME DE LA PRIÈRE : secondaire.

AIRE GÉOGRAPHIQUE : Empire romain.

CHRONOLOGIE : autour de 400 ap. J.-C.

PRINCIPAUX TEXTES ANCIENS : Claudien, *Panégyrique pour le consulat de Stilicon*, III, 205-222.

NOTIONS : hymne – politique.

B. S.

930—GIORDANO-ZECHARYA (M.), « Ritual Appropriateness in Seven Against Thebes : Civic Religion in a Time of Ware », *Mnemosyne*, 4ᵉ s., 59, 2006, p. 53-74.

RÉSUMÉ : Dans la première partie de la tragédie d'Eschyle, la confrontation d'Étéocle et du Chœur reflète deux attitudes religieuses sur fond de genre (« gender ») : le premier refuse l'attitude de conformité rituelle des femmes ; en d'autres termes, le sacrifice et la prière s'opposent à la supplication et à la prière de lamentation. Le fond du problème est que les soldats-citoyens en guerre n'ont que faire d'une religion démoralisante.

LIEN AVEC LE THÈME DE LA PRIÈRE : principal.

DOMAINE PRÉDOMINANT : grec.

AIRE GÉOGRAPHIQUE : Grèce classique.

CHRONOLOGIE : Vᵉ siècle av. J.-C.

PRINCIPAUX TEXTES ANCIENS : Eschyle, *Sept contre Thèbes*, 69-77 ; 79-98.

NOTIONS : sacrifice – supplication – εὐχή – λιτή.

B. S.

931—GLINISTER (F.), « Women, Colonisation and Cult in Hellenistic Central Italy », *Archiv für Religionsgeschichte*, 8, 2006, p. 89-104.

RÉSUMÉ : Le panorama donné ici inclut quelques terres cuites votives, inspirées par la dévotion à l'époque hellénistique. Le rôle des femmes est relevé. Il s'agit parfois d'une demande de protection ou d'un remerciement : en l'absence d'inscription sur l'ex-voto, la nature de l'objet offert (comme un organe humain, p. 93) permet une interprétation, qui n'est pas univoque ; les auteurs anciens sont très peu loquaces sur ce sujet.
LIEN AVEC LE THÈME DE LA PRIÈRE : secondaire.
AIRE GÉOGRAPHIQUE : Italie centrale.
CHRONOLOGIE : époque hellénistique.
PRINCIPAUX TEXTES ANCIENS : néant.
NOTIONS : ex-voto.

B. S.

932—GOEKEN (J.), « L'origine des dieux dans l'hymnographie grecque en prose », CHASSIGNET (M.) éd., *L'étiologie dans la pensée antique*, Turnhout, Brepols (Recherches sur les rhétoriques religieuses, 9), 2008, p. 203-219.

RÉSUMÉ : L'origine et la naissance sont des lieux obligés de l'éloge d'un dieu, en prose comme en vers, appelé *hymnos* par les rhéteurs anciens, qui en avaient fait un exercice d'école. La description des origines annonce celle des bienfaits que le dieu accorde, son arétalogie. Malgré une hostilité envers le genre, Platon, dans le *Banquet*, fut une référence dès l'Antiquité ; les interlocuteurs de ce dialogue montrent les variations et la part d'invention que peut connaître l'éloge d'un dieu, ici Éros. L'*Arétalogie de Maronée* (éloge d'Isis), vers 100 ap. J.-C., modifie les données traditionnelles et hellénise une divinité égyptienne. Les précisions de rhéteurs comme Aelius Aristide et Ménandre montrent également les adaptations que connaît le récit de la naissance d'une divinité et qui révèlent un peu les motivations d'un éloge.
LIEN AVEC LE THÈME DE LA PRIÈRE : secondaire.
DOMAINE PRÉDOMINANT : grec.
AIRE GÉOGRAPHIQUE : Grèce.
CHRONOLOGIE : époques classique et hellénistique.
PRINCIPAUX TEXTES ANCIENS : Platon, *Banquet*, 177a et suiv. – *Arétalogie de Maronée* (Grandjean, 1975) – Aelius Aristide – Ménandre le Rhéteur.
NOTIONS : hymne – éloge – arétalogie – Éros – Isis.

B. S.

933—GRAF (F.), « Untimely Death, Witchcraft and Divine Vengeance : a Reasoned Epigraphical Catalog », *Zeitschrift für Papyrologie und Epigraphik,* 162, 2007, p. 139-150.

RÉSUMÉ : L'A. étudie le lien entre la mort prématurée des jeunes gens, la magie et l'appel à la vengeance divine : le lien entre ces trois notions vient de ce que le dédicataire des inscriptions sur lesquelles est fondée l'enquête estime que le jeune défunt a été victime de procédés magiques et qu'il demande aux dieux d'en punir l'initiateur. L'A. présente un important corpus d'inscriptions surtout grecques, mais aussi latines, dont il rappelle le contenu et donne les formules les plus significatives. La part de la prière est importante dans cette étude, car les imprécations adressées aux dieux à l'encontre de l'auteur présumé du meurtre y occupent une grande place. Ces imprécations sont souvent adressées à Hélios ou Sol, ou à des divinités infernales, ou encore à des divinités comme Némésis. Le motif de la punition sollicitée est souvent mentionné : poison administré, violence exercée, emploi de formules magiques, usage de mains frauduleuses, etc. Mais le motif n'est pas toujours indiqué et, dans ce cas, l'A. considère que la seule présence de l'imprécation permet de penser qu'il s'agit du même contexte. Un symbole accompagne maintes fois l'imprécation : celui de deux bras tendus avec des mains ouvertes (« Fluchhände »). On considère souvent qu'il symbolise l'appel à la vengeance divine. L'A. estime que cela est vrai dans un certain nombre de cas, mais que, dans d'autres, le geste peut avoir d'autres significations, notamment celle d'un simple geste de prière.
LIEN AVEC LE THÈME DE LA PRIÈRE : principal.
DOMAINE PRÉDOMINANT : grec.
AIRE GÉOGRAPHIQUE : Empire romain.
CHRONOLOGIE : IIe-IIIe siècles ap. J.-C. principalement.
PRINCIPAUX TEXTES ANCIENS : Inscriptions diverses, le plus souvent tirées de F. Cumont, *Memorie della Pontificia Accademia Romana di Archeologia*, n.s., 1, 1923, p. 65-80.
NOTIONS : imprécation – malédiction – gestuelle – Hélios – Sol – Némésis.

G. F.

934—GRAF (F.) et JOHNSTON (S. I.) éd., *Ritual Texts for the Afterlife. Orpheus and the Bacchic Gold Tablets*, Londres, Routledge, 2007, X-246 p.

RÉSUMÉ : L'ouvrage présente le texte de 39 tablettes d'or trouvées dans des tombes depuis la fin du XIXe siècle, auxquelles s'ajoutent en annexe divers textes bachiques sur des supports divers (dessins, miroirs, papyrus…). Le texte des tablettes se réduit à un mot ou s'étend sur plusieurs vers (20 pour la plus longue). Ces textes sont établis, traduits et commentés : rappel des interprétations passées et nouvelle interprétation. Les premiers savants qui se sont intéressés à l'orphisme ne connaissaient pas les tablettes d'or et les découvertes archéologiques ont amené un changement de perspective. Les tablettes s'appuient sur un mythe dionysiaque déjà constitué à l'époque homérique et pourtant étonnamment absent de la tradition littéraire. Dans ce mythe, Dionysos est fils de Perséphone, lié à l'apparition et au devenir de la race humaine. L'origine de ce mythe et du culte qui en dérive est recherchée. La prière contenue dans les tablettes se compose principalement d'acclamations s'appuyant sur des formules rituelles au rythme essentiellement dactylique. La valeur musicale de ces formules, rattachées à la pensée orphico-pythagoricienne et non à la magie, est relevée.

LIEN AVEC LE THÈME DE LA PRIÈRE : secondaire.
DOMAINE PRÉDOMINANT : grec.
AIRE GÉOGRAPHIQUE : monde antique.
CHRONOLOGIE : IVe siècle av. J.-C. - IIIe siècle ap. J.-C.
PRINCIPAUX TEXTES ANCIENS : corpus des tablettes bachiques en or (Bacchic Gold Tablets).
NOTIONS : formule – poésie – invocation – musique – immortalité – orphisme – Dionysos.

V. S.

935—GREEN (C. M. C.), *Roman Religion and the Cult of Diana at Aricia*, Cambridge, University Press, 2006, XXVI-347 p.

RÉSUMÉ : L'A. traite d'abord la présence de Diane dans l'art et la littérature. La Diane romaine est distincte de celle d'Aricie, au S.-E. de Rome, dans les monts Albains, dont le sanctuaire, ainsi qu'au lac de Nemi, proche, connut un fort développement. Les différences de culte entre Rome et Aricie reflètent une rivalité politique. Le culte de Diane à Aricie est étudié dans la seconde partie (rôle de médiateur du roi-prêtre des bois ; puissances subordonnées à Diane...). La troisième partie envisage les relations entre Diane et les fidèles, dans le domaine des soins aux malades et de la lutte contre les différentes folies (cf. Oreste). L'A., en conclusion, tâche de préciser le contenu de la dévotion envers Diane : à propos des naissances, de l'éducation, des traumatismes corporels et psychiques, les ex-voto sont des demandes ou des remerciements, émanant parfois de grands, Tibère, Claude, Hadrien, de riches citoyens.

LIEN AVEC LE THÈME DE LA PRIÈRE : secondaire.
DOMAINE PRÉDOMINANT : latin.
AIRE GÉOGRAPHIQUE : Aricie (Italie).
CHRONOLOGIE : VIe siècle av. J.-C. - IIe siècle ap. J.-C.
PRINCIPAUX TEXTES ANCIENS : Lucain, *Guerre civile*, III, 86 et VI, 75 – inscriptions.
NOTIONS : guérison – rameau d'or – Diane – Oreste.

B. S.

936—GREENE (E. S.), « Revising Illegitimacy : The Use of Epithets in the 'Homeric Hymn to Hermes'», *Classical Quarterly*, n.s., 55, 2005, p. 343-349.

RÉSUMÉ : Dans l'*Hymne à Hermès*, le dieu gagne progressivement sa place parmi les Olympiens et l'utilisation des épithètes est à l'image de ce processus. Au fur et à mesure qu'Hermès accomplit les actions qui le caractérisent (vol des vaches d'Apollon, invention de la lyre…), les épithètes spécifiques au contexte se multiplient, reflets des *timai* du dieu qui justifient son rang d'Olympien et lui valent la reconnaissance de sa mère Maïa, de son frère Apollon et de son père Zeus. Selon l'A., dans le proème, les épithètes constituent un « compte bancaire » dans lequel le dieu puisera au cours du récit pour constituer son identité. Les épithètes dans l'invocation liminaire aux Muses, notamment, évoquent son ascendance, son lieu de naissance, ses futurs lieux de culte et son rôle principal sur l'Olympe, celui de messager. Parmi ces épithètes, la première par ordre d'apparition et par ordre d'importance est « fils de Zeus et de Maïa ». C'est de celle-ci que le poète saluera le dieu à la fin du poème.
LIEN AVEC LE THÈME DE LA PRIÈRE : secondaire.
DOMAINE PRÉDOMINANT : grec.
AIRE GÉOGRAPHIQUE : Grèce.
CHRONOLOGIE : VIᵉ siècle av. J.-C.
PRINCIPAUX TEXTES ANCIENS : *Hymne homérique à Hermès*.
NOTIONS : hymne – formule – épithète.

J. R.

937—GREENLAND (F.), « 'Deuotio Iberica' and the Manipulation of Ancient History to Suit Spain's Mythic National Past », *Greece and Rome*, 2ᵉ s., 53, 2006, p. 235-251.

RÉSUMÉ : L'A. met en parallèle le sacrifice de P. Decius Mus (Tite-Live, VIII, 9, 5-10) et le sauvetage de Sertorius par sa suite ibère quelque trois cents ans plus tard (Plut., *Sert.* 14, 5 et Salluste, *Hist.* I, 112 et I, 125). Le premier est présenté par les Anciens comme une *devotio ducis,* le second comme un exemple de *devotio Iberica.* Les deux *devotiones* ne sont pas identiques ; *la devotio Iberica*, bien que pouvant se référer à un fait réel, peut être interprétée comme une pratique inventée par des historiens modernes, à l'époque franquiste, afin d'étayer une image idéalisée de l'Espagne antique.
LIEN AVEC LE THÈME DE LA PRIÈRE : secondaire.
AIRE GÉOGRAPHIQUE : Espagne.
CHRONOLOGIE : République romaine.
PRINCIPAUX TEXTES ANCIENS : Tite-Live, VIII, 9, 5-10 – Plutarque, *Sertorius,* 14, 5 – Salluste, *Histoires,* I, 112 et 125.
NOTIONS : sacrifice – *deuotio.*

M. C.

938—GUITTARD (C.), « Aux origines de la prière latine. Préhistoire et formation de la *precatio* dans le monde italique », COTTIER n° **893**, p. 55-81.

RÉSUMÉ : Un bilan rapide du monde italique précède l'analyse du *uotum* de 217 av. J.-C. rapporté par Tite-Live, caractéristique de la langue juridico-religieuse des Romains. Les inscriptions osques et messapiennes présentent, mais avec des contenus différents, des formules identiques. Les livres des collèges religieux, à Rome, contenaient les formules (e.a. de prières) organisant leur vie, transmises avec un grand conservatisme ; il faut signaler ici les livres des Pontifes, connus grâce à Aulu-Gelle. Par rapport à ces *libri*, les *commentarii* sont une sorte de jurisprudence religieuse. Le plan de la prière archaïque : litanie, dont les *indigitamenta*, qui se maintiendront (voir le début des *Géorgiques* de Virgile, etc.), avant la demande. Peut-on parler de *carmen* dès les origines ? Rôle de la danse, de la *tibia*, du rythme binaire des textes, présence du vers saturnien sont évoqués dans ce vaste panorama.
LIEN AVEC LE THÈME DE LA PRIÈRE : principal.
AIRE GÉOGRAPHIQUE : Rome.
CHRONOLOGIE : République romaine.
PRINCIPAUX TEXTES ANCIENS : Tite-Live, XXII, 10, 2-6 – Inscriptions osques et messapiennes – Aulu-Gelle, *Nuits attiques*, XIII, 23 – *FPL* 1-3 – *Chant des frères Arvales*, CIL VI, 2104.
NOTIONS : *indigitamenta* – chœur – formule.

B. S.

939—GUITTARD (C.), « La notion d'archaïsme à Rome : l'exemple des formules de prières latines », *Ktèma*, 31, 2006, p. 155-165.

RÉSUMÉ : Il est difficile d'établir un corpus « archaïque » de la prière dans la religion romaine, compte tenu de la disparition des archives religieuses et du caractère tardif des sources. On peut toutefois prendre en compte le témoignage des dialectes italiques (en particulier les *Tables Eugubines*), les prières du *De Agricultura* de Caton, les rituels conservés fidèlement par Tite-Live ou Macrobe (*euocatio*, *deuotio*, rituel des Fétiaux), les fragments des Saliens ou le *Chant des frères Arvales*. Les prières ont connu diverses formes d'adaptation et de modernisation, si bien qu'on ne saurait parler de conservatisme, d'obscurantisme rendant les formules incompréhensibles : les Romains ont toujours compris les prières qu'ils adressaient aux dieux. L'archaïsme des formulaires repose sur le respect de la tradition et plusieurs textes laissent deviner différents niveaux d'élaboration au cours du temps, de manière à ce que les formulaires demeurent compréhensibles.
LIEN AVEC LE THÈME DE LA PRIÈRE : principal.
AIRE GÉOGRAPHIQUE : Rome – Italie.
CHRONOLOGIE : époque archaïque romaine.

PRINCIPAUX TEXTES ANCIENS : *Tables Eugubines* – Caton, *De l'agriculture*, 132, 139, 141 et 314 – fr. des Saliens – *CFA* – Tite-Live – Macrobe.
NOTIONS : chant – formule – rite.

M. C.

940—GUITTARD (C.), Carmen *et prophéties à Rome*, Turnhout, Brepols (Recherches sur les rhétoriques religieuses, 6), 2007, 369 p.

RÉSUMÉ : Le *carmen*, « formule religieuse » rythmée avec précision, est un des modes d'expression privilégiés de la prière romaine avant le christianisme. Il frappe souvent par son apparence archaïque, mystérieuse, voire magique. Cette étude précise de la notion de *carmen* oraculaire prend pour objet les liens entre le *carmen* et la divination : la divination inspirée, objet de méfiance dans la religion romaine, est acceptée à partir du moment où la parole des dieux est transcrite en une forme fixe et inaltérable. L'ouvrage examine d'abord les aspects techniques du *carmen*, en particulier la métrique du latin archaïque, et étudie les attestations les plus anciennes de ce type de prière : le *Chant des prêtres Saliens,* le *Chant des frères Arvales* et les *carmina* du corpus de Caton l'Ancien, qui reprend des *praecepta rustica* et *medica* ainsi que des prières issues des croyances des paysans du Latium. L'A. étudie également le *carmen* pris dans une autre acception, celle de « parole prophétique », en tant que parole émanant de la divinité elle-même, telle qu'on la conçoit dans le cadre de la divination italique et des *Livres sibyllins*. Le dernier chapitre est consacré aux oracles de la divination étrusque et aux *responsa* des haruspices.
LIEN AVEC LE THÈME DE LA PRIÈRE : principal.
DOMAINE PRÉDOMINANT : latin.
AIRE GÉOGRAPHIQUE : Rome.
CHRONOLOGIE : IIIe siècle av. J.-C. - IIIe siècle ap. J.-C.
PRINCIPAUX TEXTES ANCIENS : *Chants des prêtres Saliens* – *Chant des frères Arvales* – Caton, *De l'agriculture.*
NOTIONS : *carmen* – poésie – formule – divination – oracle – haruspice – *indigitamenta.*

C. Me.

941—HALUSZKA (A.), « Sacred Signified : the Semiotic of Statues in the *Greek Magical Papyri* », *Arethusa,* 41, 2008, p. 479-494.

RÉSUMÉ : L'A. dénonce une opinion largement répandue, selon elle, chez les historiens des religions : les Grecs croyaient que certaines représentations divines servaient de réceptacle pour la divinité ; des savants supposent aussi que des rituels d'animation étaient utilisés à l'occasion pour appeler les dieux dans des représentations particulières. Ces savants s'appuient notamment sur certains textes d'incantation réunis dans le corpus *Greek Magical Papyri.* L'A. s'élève contre cette idée en défendant la thèse suivante : nous avons dans ce corpus peu de témoignages de rituels d'animation proprement dits, en particulier de rituels qui invitent une divinité à entrer dans une statue. Par ailleurs, il est possible de mieux comprendre les rituels en considérant les statues antiques comme des objets qui se réfèrent à la divinité sans nécessairement définir une relation spécifique entre la statue physique et le dieu qu'elle représente. Certaines statues, à l'occasion, pouvaient être animées rituellement, mais elles n'avaient pas besoin d'être animées pour accomplir leurs fonctions. L'article est donc un essai pour comprendre ces incantations et ces statues en utilisant un modèle sémiotique. L'A. opère une distinction entre les images gravées et les statues en trois dimensions. Elle conclut : dans les gestes rituels, qu'il s'agisse de magie, de culte public ou de dévotion privée, les Grecs ne croyaient pas nécessairement que l'entité divine se trouvait dans la représentation quand ils accomplissaient le rituel, mais ils croyaient plutôt à l'existence et à la présence de cette entité grâce au pouvoir référentiel de l'image, qui servait de point central tout au long du rituel. Dans un appendice à l'article, l'A. examine quatre textes qui pourraient plus particulièrement faire penser à un rituel d'animation (*PGM* IV, 3125-71 ; V, 370-446 ; VII, 862-918 ; XII, 14-95).

LIEN AVEC LE THÈME DE LA PRIÈRE : principal.

DOMAINE PRÉDOMINANT : grec.

AIRE GÉOGRAPHIQUE : monde grec.

CHRONOLOGIE : l'Antiquité.

PRINCIPAUX TEXTES ANCIENS : BETZ (H.D.), *The Greek Magical Papyri in Translation Including the Demotic Spells*, Chicago, 1986.

NOTIONS : culte – iconographie – incantation – magie – prière privée.

E. S.

942—HARDIE (A.), « Sappho, the Muses, and Life after Death », *Zeitschrift für Papyrologie und Epigraphik*, 154, 2005, p. 13-32.

RÉSUMÉ : Les fragments de Sappho récemment découverts montrent une langue influencée par le culte, la dévotion pour les Muses et l'espérance de l'immortalité littéraire. Ce culte des Muses, auquel les générations suivantes semblent avoir accordé une dimension sacrée, trouve des parallèles littéraires et fut pratiqué par un chœur de jeunes filles, une manière d'école organisée par Sappho. Associé aux fleurs et trouvant des points de comparaison avec des vases attiques de la fin du VIe siècle, le culte des Muses peut être rapproché des cultes à mystères.

LIEN AVEC LE THÈME DE LA PRIÈRE : secondaire.

DOMAINE PRÉDOMINANT : grec.

AIRE GÉOGRAPHIQUE : Grèce.

CHRONOLOGIE : seconde moitié du VIIe siècle av. J.-C.

PRINCIPAUX TEXTES ANCIENS : Sappho, fr. 55 et 150 Diehl ; *P.Köln* 21351 et 21376.

NOTIONS : culte – immortalité – poésie – Muses – Thalie.

B. S.

943—HARRAUER (H.) et PINTAUDI (R.), « Neue magische Gemmen », *Analecta papyrologica*, 16-17, 2004-2005, p. 139-158 ; HARRAUER (H.), « Eine unedierte Gemme », *ibid.*, p. 159-165.

RÉSUMÉ : Une quinzaine de gemmes magiques grecques sont décrites. Les inscriptions éventuelles sont éditées, traduites et commentées ; diverses divinités sont invoquées, avec parfois des formules ou des épithètes sous forme abrégée ou déformée. Les comparaisons avec d'autres gemmes et des papyrus magiques permettent des interprétations. N° 1 φνεβεν (un seigneur des sources), n° 2 Horos χνουχι, n° 6 Ororiouth (dieu protecteur des femmes), n° 7 διαφύλασσε adressé à Sarapis, n° 8 νικαροπλήξ, n° 13 Aphrodite ἀρσενόθηλυ βίαμ πλήω et au v° νειχαροπλήξ (mot magique désignant un démon) Ἀρρωρίφρασις. La gemme inédite du second article fait ici trente-deux lignes. Les sept lettres de la l. 1 et la première lettre des l. 1-7 sont toutes des voyelles, symboles des sept planètes ; l. 8 ΙΑΩ (Yahvé), qualifié aux l. 8-9 πολιεπιου (cf. πολυεπίουρος, néologisme d'après ἐπίουρος, « gardien », d'où « Wächter über alles », « le meilleur des gardiens » ?) ; l. 11-12 (toujours à Yahvé) ὦ μέγας ἁγνεύς (« grosser Reiniger », « ô grand purificateur ») ; il y a une figure (un bateau avec Harpocrate) et des lettres magiques.
LIEN AVEC LE THÈME DE LA PRIÈRE : principal.
DOMAINE PRÉDOMINANT : grec.
AIRE GÉOGRAPHIQUE : Méditerranée.
CHRONOLOGIE : Empire romain.
PRINCIPAUX TEXTES ANCIENS : gemmes magiques : collections privées ; collection Tamerit (ST), n°s 56, 58 et 59.
NOTIONS : invocation – épiclèse – christianisme (rapport avec le) – πολυεπίουρος – ἁγνεύς.

B. S.

944—HARTWIG (A.), « Interpretative Notes on Aristophanes' *Thesmophoriazusae* », *Philologus*, 152, 2008, p. 49-64.

RÉSUMÉ : L'A. propose une nouvelle interprétation des vers 981-982 des *Thesmophories* d'Aristophane. Le chœur ne s'adresserait pas à lui-même, mais aux dieux, afin que ceux-ci le rétribuent pour leur chant et leur danse ; χάρις soulignerait ainsi la réciprocité de l'échange entre les deux parties.
LIEN AVEC LE THÈME DE LA PRIÈRE : secondaire.
DOMAINE PRÉDOMINANT : grec.
AIRE GÉOGRAPHIQUE : Grèce.
CHRONOLOGIE : Ve siècle av. J.-C.
PRINCIPAUX TEXTES ANCIENS : Aristophane, *Thesmophories*, 981-982.
NOTIONS : chant – chœur – danse – remerciement – théâtre.

A. G.

945—HARVEY (P. B.), « Religion and Memory at Pisaurum », SCHULTZ et HARVEY n° **1055**, p. 117-136.

RÉSUMÉ : Cet article recherche les origines d'un culte étrange à Jupiter *Latius* attesté au IIe siècle ap. J.-C. à Pisaurum. Il part de l'étude d'une série de cippes de la même colonie, remontant sans doute à la fin du IIIe siècle ou au début du IIe siècle av. J.-C. Ils sont dédiés à des divinités dont certaines ont un culte bien attesté à Rome, et d'autres en Italie centrale, *Salus*, *Fides*, Junon *Lucina*, *Fortuna*, *Mater Matuta*, Apollon, *Marica*, Diane, *Lebro*, *Feronia*, etc. et constituent un panthéon représentatif des origines des premiers habitants de la colonie de Pisaurum. Le culte de Jupiter *Latius* attesté au Haut-Empire serait alors un lointain souvenir des anciennes fêtes de la Ligue Latine. L'A. pense même qu'il pourrait refléter l'intérêt, peut-être relayé dans la colonie par la *gens Aufidia*, d'Antonin le Pieux pour les cultes antiques du Latium.
LIEN AVEC LE THÈME DE LA PRIÈRE : secondaire.
DOMAINE PRÉDOMINANT : latin.
AIRE GÉOGRAPHIQUE : Pisaurum et Italie centrale.
CHRONOLOGIE : IIIe/IIe siècle av. J.-C. - IIe siècle ap. J.-C.
PRINCIPAUX TEXTES ANCIENS : *CIL* I^2, 368-381 ; XI, 6310 = *ILS* 3082.
NOTIONS : Jupiter *Latius* – Pisaurum – Ligue latine.

A. A.-M.

946—HICKSON-HAHN (F.), « The Politics of Thanksgiving », KONRAD (C. F.) éd., *Augusto augurio. Rerum humanarum et divinarum commentationes in honorem Jerzy Linderski*, Stuttgart, Steiner, 2004, p. 31-51.

RÉSUMÉ : La supplication gratulatoire pour l'anniversaire de la victoire de Scipion contre Hannibal est décrite par Tite-Live (XXXVIII, 51) ; cette évocation, quelle que soit son historicité, montre l'importance au Ier siècle av. J.-C. de cette forme de *supplicatio*, associée au triomphe. Les prières d'action de grâces, selon l'A., sont un sujet négligé par la recherche et pourtant bien attesté, tout comme les demandes préalables à une expédition militaire. Sont alors détaillées leur thématique (talent militaire, ennemi défait, troupes sauves, butin et triomphe), les imbrications du politique et du religieux (le chef militaire est honoré comme un dieu).
LIEN AVEC LE THÈME DE LA PRIÈRE : principal.
DOMAINE PRÉDOMINANT : latin.
AIRE GÉOGRAPHIQUE : monde romain.
CHRONOLOGIE : IIIe-Ier siècle av. J.-C.
PRINCIPAUX TEXTES ANCIENS : Tite-Live, XXXVIII, 51, 7-11 ; XXIX, 27, 2-4 – *CIL* VI, 2074 = *CFA* 62, 25-32 – Plaute, *Perse*, 753-757.
NOTIONS : *supplicatio* – sacrifice – guerre – vœu.

B. S.

947—Hickson-Hahn (F.), « *Ut diis immortalibus honos habeatur* : Livy's Representation of Gratitude to the Gods », Barchiesi (A.), Rüpke (J.) et Stephens (S. A.) éd., *Rituals in Ink* : *a Conference on Religion and Literary Production in Ancient Rome,* Stuttgart, Steiner, 2004, p. 99-113.

Résumé : L'A. de cette contribution a écrit un livre fondamental sur la prière romaine : *Roman prayer language. Livy and the Aeneid of Vergil,* Stuttgart, Teubner, 1993 (voir n° **257**). Il pose cette fois l'importante question suivante : comment expliquer que, alors que l'œuvre de Tite-Live donne 48 prières de demande, elle n'en donne aucune d'action de grâces au style direct ? Bien plus, pour mentionner les prières d'action de grâces, l'historien latin se contente d'une brève phrase indiquant les raisons de la reconnaissance du peuple romain. L'A. explique cette situation par le fait que Tite-Live préfère manifestement indiquer, contrairement à Plaute, les formes actives et visuelles de la gratitude : *supplicationes* gratulatoires, processions triomphales, jeux, inaugurations de temples. Il préfère en somme insister sur l'importance de l'*honos* accordé à la divinité, à l'accumulation de ces marques de reconnaissance, plutôt que sur l'expression verbale de l'action de grâces qui lui était adressée.
Lien avec le thème de la prière : principal.
Domaine prédominant : latin.
Aire géographique : Rome.
Chronologie : Époque augustéenne.
Principaux textes anciens : Tite-Live, I, 12, 4-6 ; XXVII, 51, 8-9 ; XXXVIII, 51, 7-11 ; XLI, 28, 8-9 ; XLV, 39, 11.
Notions : remerciement – demande – procession – jeux.

G. F.

948—Hickson-Hahn (F.), « Performing the Sacred : Prayers and Hymns », Rüpke n° **1044**, p. 235-248.

Résumé : Quelques notions générales, tout d'abord : la prière accompagnait tous les actes rituels (Pline l'Ancien, *Histoire naturelle*, XXVIII, 10) ; les formules étaient importantes et il faut regretter la perte des livres spécialisés ; les limites entre religion et magie n'ont pas la netteté prise plus tard. Le mot *carmen* retient l'attention : visant prière, hymne, formule magique aussi bien que poésie, *carmen* évoque le pouvoir des mots, des formules, des répétitions et du rythme. L'A. passe en revue les types de prière, les occasions, les lieux publics et privés, avec chaque fois des extraits. L'exemple d'une des plus anciennes prières connues (*CFA* 296) montre les points communs aux hymnes et aux prières ; les Jeux séculaires offrent d'autres exemples de ces affinités entre prières et hymnes. Enfin, la parodie de Plaute (*Perse*, 753-757) illustre les liens entre prière et politique ; une prière peut légitimer une politique.
Lien avec le thème de la prière : principal.
Domaine prédominant : latin.

AIRE GÉOGRAPHIQUE : monde romain.
CHRONOLOGIE : général.
PRINCIPAUX TEXTES ANCIENS : Caton, *De l'agriculture*, 132, 134, 139 et 141 – Plaute, *Carthaginois*, 1274-76 ; *Perse*, 753-757 – Horace, *Chant séculaire*, 1-8 – Tite-Live, I, 24, 6-8 – *CFA* 296 = *CIL* VI, 2104 ; *CFA* 48 = *CIL* VI, 32363, 45-52.
NOTIONS : prière privée – prière publique – hymne – rite – formule – politique.

B. S.

949—HOUGHTON (L. B. T.), « Horace, Odes I, 10 – A Very Literary Hymn », *Latomus*, 66, 2007, p. 636-641.

RÉSUMÉ : Faut-il, à la suite d'E. Fraenkel, dissocier le plan poétique de la sensibilité religieuse dans cet hymne à Mercure ? L'A. commente les traits attribués à Mercure, qui trouvent des parallèles étroits avec Homère et Alcée. Cette ode, placée à un endroit clé du livre I (comme souvent la dixième pièce d'un recueil), a une visée nettement littéraire, perceptible peut-être aussi dans les v. 7-8 où il est dit que Mercure est habile à composer (*condere*) par de joyeux larcins tout ce qu'il lui plaît ; les larcins, ce sont les emprunts aux devanciers : Horace se situe dans une tradition littéraire hymnique.
LIEN AVEC LE THÈME DE LA PRIÈRE : secondaire.
AIRE GÉOGRAPHIQUE : Rome.
CHRONOLOGIE : 40 av. J.-C.
PRINCIPAUX TEXTES ANCIENS : Horace, *Odes*, I, 10.
NOTIONS : hymne – Mercure.

B. S.

950—HUFFMON (H. B.), « The Oracular Process : Delphi and the Near East », *Vetus Testamentum*, 57, 2007, p. 449-460.

RÉSUMÉ : Un lien historique ne peut pas être établi, sur le plan oraculaire, entre le Proche-Orient ancien (monde biblique, Mésopotamie, Anatolie) et Delphes, bien que de nombreux témoignages épigraphiques et littéraires existent pour ce dernier site. L'A. entreprend alors une étude comparative ; il signale les rapprochements possibles entre Grèce et Proche-Orient à propos du recrutement des devins et prophètes, ainsi que de séances oraculaires (la façon d'entrer ou non en contact avec la divinité, la forme de la réponse, p. 453 sq.).
LIEN AVEC LE THÈME DE LA PRIÈRE : secondaire.
AIRE GÉOGRAPHIQUE : Grèce et Proche-Orient.
CHRONOLOGIE : Ier millénaire av. J.-C.
NOTIONS : oracle – extase – Delphes – Proche-Orient – judaïsme.

B. S.

951—HUMMEL (P.), « Langue(s) rituelle(s), formulaire collectif et formulaire individuel dans la littérature grecque archaïque », *Maia*, 57, 2005, p. 265-275.

RÉSUMÉ : La religion grecque, sans dogmes ni textes sacrés, exprime la prière à travers la poésie. L'hymne constitue sa forme la plus élevée et le péan le genre le plus fréquent. Ces hymnes sont chantés par la communauté à la fin d'une cérémonie sacrificielle. L'A. remarque que la prière n'est jamais personnelle, même si elle est individuelle, car elle respecte les modèles que les prêtres imposent et ne s'éloigne pas des idées reçues par l'éducation et acceptées par la cité. Elle s'inscrit dans le cadre de la religion civique et du culte rendu dans les sanctuaires de chaque cité. L'A., renvoyant à F. Buffière, note que la poésie d'Homère constitue pour les jeunes Grecs un apprentissage de la nature des dieux grecs. La littérature est indissociablement liée à la religion, comme c'est le cas par exemple dans la *Théogonie* d'Hésiode. La poésie plonge ses racines dans les actes du culte. Par la suite, l'A. examine le cas de la poésie archaïque. Le récit d'éloge, dans le cas où il s'adresse à un dieu, présente une structure poétique. La prière, le chant et le sacrifice sont considérés comme des devoirs à accomplir envers les dieux.
LIEN AVEC LE THÈME DE LA PRIÈRE : principal.
DOMAINE PRÉDOMINANT : grec.
AIRE GÉOGRAPHIQUE : Grèce.
CHRONOLOGIE : époque archaïque.
PRINCIPAUX TEXTES ANCIENS : Homère, *Iliade* et *Odyssée* – Hésiode, *Théogonie*.
NOTIONS : poésie – péan – hymne.

A. D.

952—JACQUES (S.), « Le discours d'Isis et la deuxième prière de Lucius dans les *Métamorphoses* d'Apulée : deux hymnes d'inspiration arétalogique », LEHMANN n° **976**, p. 507-520.

RÉSUMÉ : La seconde prière de Lucius à Isis (*Métamorphoses*, XI, 25, 1-6) comporte une formulation apparentée aux hymnes arétalogiques. C'est ce que révèlent des parallèles précis (mots grecs transposés en latin, idées semblables) portant sur les bienfaits isiaques ; ces derniers concernent la santé et la prospérité, la miséricorde et la maîtrise du destin (p. 513-518).
LIEN AVEC LE THÈME DE LA PRIÈRE : principal.
AIRE GÉOGRAPHIQUE : Empire romain.
CHRONOLOGIE : IIe siècle ap. J.-C.
PRINCIPAUX TEXTES ANCIENS : Apulée, *Métamorphoses*, XI, 25, 1-6.
NOTIONS : hymnes arétalogiques – Isis.

B. S.

953—JAILLARD (D.), *Configuration d'Hermès. Une 'théogonie hermaïque'*, Liège, Centre international d'étude de la religion grecque antique (*Kernos*, suppl. 17), 2007, 292 p.

RÉSUMÉ : Même si un doute plane sur son statut à sa naissance (entre humain et divin), dû à la retraite de sa mère Maïa fuyant la compagnie des dieux bienheureux, Hermès, fils de Zeus, naît immortel. Toutefois, et au contraire des partages instaurés par Zeus, son ascendance titanique l'apparente à un monde proche des hommes. Malgré la rareté des détails topographiques, l'*Hymne homérique à Hermès* présente une géographie panhellénique. Hermès n'est pas un dieu mineur, trop proche des hommes pour être pleinement divin ; il est l'intermédiaire entre les hommes et les dieux ; sa présence est forte dans les grandes médiations : sacrifice, rite, inspiration poétique et prophétique. En plusieurs endroits, il est question de prière, particulièrement p. 95-96 : les λιταί, « prières désirées », attestent la puissance médiatrice et conciliatrice d'Hermès.
LIEN AVEC LE THÈME DE LA PRIÈRE : secondaire.
DOMAINE PRÉDOMINANT : grec.
AIRE GÉOGRAPHIQUE : monde grec.
CHRONOLOGIE : général.
PRINCIPAUX TEXTES ANCIENS : *Hymne homérique à Hermès* – Homère, *Odyssée*, XIV, 420 et suiv. – Apollodore d'Athènes, scholie à l'*Odyssée*, XXIII, 198.
NOTIONS : hymne – λιτή – Hermès.

B. S.

954—JAILLARD (D.), « Plutarque et la divination : la piété d'un prêtre philosophe », *Revue de l'histoire des religions*, 224, 2007, p. 149-169.

RÉSUMÉ : Cet article rappelle que Plutarque, l'un des deux prêtres d'Apollon à Delphes pendant une trentaine d'années, fut non seulement un philosophe, mais aussi un praticien du rituel, un acteur du processus oraculaire. Ainsi les réflexions du sage s'ancrent dans l'expérience du prêtre de Delphes, comme le prouve l'analyse de l'accident qui entraîna la mort d'une pythie peu après « une consultation au cours de laquelle on a quelque peu joué avec les règles rituelles en vigueur » : les questions soulevées par cette mort mettent en cause les savoirs du praticien et stimulent les spéculations du philosophe. Plus généralement, lorsque Plutarque étudie les rapports entre les hommes et les dieux, « les préoccupations du prêtre respectueux des traditions ancestrales et celles du philosophe platonisant se rejoignent ». Le Chéronéen préserve la piété ancestrale et défend l'*hosiotès* traditionnelle, avec tous ces rites scrupuleusement accomplis, « contre les deux attitudes contradictoires qui la menacent, la superstition (*deisidaimonia*) et l'impiété (*athéotès*) ». La première consiste dans des idées fausses sur les dieux ; la seconde résulte d'un discours qui bouleverse les fondements de la tradition et nuit aux relations entre les hommes et les dieux. Dans ce contexte, l'A. évoque le rôle de la prière en citant un passage du traité *Sur Isis et Osiris* : comme l'examen philosophique sur la divination participe de l'acte de piété qu'est la recherche de la vraie nature des dieux, il faut prier les dieux « d'accorder à notre recherche, dans la mesure où l'homme peut y atteindre, la connaissance de leur propre nature » (351c). La prière, pour Plutarque, est donc un moyen permettant d'accéder à la connaissance du divin. Toutefois, l'essentiel du rapport entre piété et philosophie ne se joue pas entre foi et raison, mais entre enjeux de la pratique rituelle et spéculation théorique. En réfléchissant sur ces enjeux du rite et en les expliquant, le philosophe accomplit la piété ancestrale.

LIEN AVEC LE THÈME DE LA PRIÈRE : secondaire.

DOMAINE PRÉDOMINANT : grec.

AIRE GÉOGRAPHIQUE : Delphes.

CHRONOLOGIE : Ier-IIe siècles ap. J.-C.

PRINCIPAUX TEXTES ANCIENS : Plutarque.

NOTIONS : divination – oracle – piété – rite.

T. G.

955—JAKOV (D.) et VOUTIRAS (E.), « Gebet, Gebärden und Handlungen des Gebetes. Das Gebet bei den Griechen », *Thesaurus cultus et rituum antiquorum.3* n° **1065**, p. 105-141.

RÉSUMÉ : Après une préface qui donne une introduction générale sur la prière grecque, l'article est divisé en six paragraphes détaillant les différents aspects de la prière et dressant un catalogue. Le premier paragraphe traite de la définition et de la terminologie. Le deuxième concerne les fondements et les effets de la prière et est composé de cinq sections relatives à l'identité et à la présentation de l'orant, au destinataire, au lieu de la prière, à son objet et à son exaucement. Le troisième paragraphe traite de la structure et de la formation linguistique de la prière. Le quatrième paragraphe compte six sections relatives aux différents rites et usages : les préparatifs, les gestes, les modalités de réalisation (silencieuse ou à haute voix), la présence d'un prêtre, le lien avec d'autres actions cultuelles, la prière du matin et du soir. Le cinquième comporte cinq sections sur des aspects particuliers : l'*hikesia*, la malédiction, les cultes chtoniens, le vœu et le remerciement, la vengeance. Enfin, le sixième paragraphe étudie les formes de parodie de la prière et les réflexions philosophiques et morales. Le catalogue est composé de deux parties : sources littéraires, épigraphiques et papyrologiques ; témoignages figurés, eux-mêmes subdivisés : vases, *pinakes*, reliefs, statues et statuettes.

LIEN AVEC LE THÈME DE LA PRIÈRE : principal.

DOMAINE PRÉDOMINANT : grec.

AIRE GÉOGRAPHIQUE : monde grec.

CHRONOLOGIE : général.

PRINCIPAUX TEXTES ANCIENS : nombreuses références.

NOTIONS : culte – vocabulaire – gestuelle – lieu et temps – voeu – remerciement – malédiction – parodie – supplication – philosophie – iconographie.

S. C.

956—JOHNSTON (S. I.) éd., *Religions of the Ancient World. A Guide*, Cambridge (Mass.), Harvard University Press, 2004, XIX-697 p.

RÉSUMÉ : Écrit par de nombreux spécialistes, cet ouvrage d'introduction brosse d'abord un panorama par thèmes, puis par régions (non exclusivement du monde classique, Égypte, Mésopotamie, Israël, Anatolie, etc. étant traités) ; il s'intéresse ensuite à des questions spécifiques, dont « Prières, hymnes, incantations et imprécations » (p. 349-369). Dans ce chapitre, les A., C. A. Faraone pour la Grèce, J. M. Turfa pour l'Étrurie, C. Newlands pour Rome et D. Krueger pour le christianisme définissent, chacun en deux pages, les concepts et les illustrent par de courts textes traduits ; ils procurent quelques titres en guise de bibliographie d'orientation.
LIEN AVEC LE THÈME DE LA PRIÈRE : secondaire.
DOMAINE PRÉDOMINANT : grec et latin.
AIRE GÉOGRAPHIQUE : Méditerranée ancienne.
CHRONOLOGIE : 3000 av. J.-C. - 500 ap. J.-C.
PRINCIPAUX TEXTES ANCIENS : nombreuses références.
NOTIONS : christianisme (rapports avec le) – hymne – imprécation – incantation.

P. P.

957—JOHNSTON (S. I.), *Ancient Greek Divination*, Oxford, Wiley-Blackwell (Blackwell Ancient Religions), 2008, XII-193 p.

RÉSUMÉ : L'A. propose une étude générale sur la pratique de la divination en axant principalement son discours sur la Grèce antique. Il opère une distinction entre les oracles « institutionnels » et les devins « indépendants » (*manteis*). Les premiers, qui se sont caractérisés par leur ample diffusion dans le monde panhellénique, sont envisagés à travers leurs exemples les plus représentatifs, comme ceux de Delphes, de Dodone (chap. 2), mais également les oracles de Claros, de Didymes et d'autres encore, comme les oracles d'incubation, celui de Prophonius (Lébadée), etc. (chap. 3). Les devins « indépendants » qui ont, par définition, bénéficié d'une réputation plus modeste durant l'époque antique, sont étudiés d'après les sources écrites relatives aux époques archaïque, classique et hellénistique (chap. 4). Enfin, le chapitre 5 est consacré à un type particulier de devin, bien souvent qualifié de magicien, qui inclut la catégorie des spécialistes à qui l'on attribue la rédaction des « papyrus grecs magiques », une compilation d'écrits relatifs à des rites de magie, et dont la datation s'étend du Ier siècle avant J.-C. au Ve siècle de notre ère.
LIEN AVEC LE THÈME DE LA PRIÈRE : secondaire.
DOMAINE PRÉDOMINANT : grec.
AIRE GÉOGRAPHIQUE : Grèce et Asie Mineure.
CHRONOLOGIE : époques archaïque, classique, hellénistique et romaine.
PRINCIPAUX TEXTES ANCIENS : nombreuses références
NOTIONS : divination – magie – oracle – rite – sacrifice.

M. V.

958—JOHNSTON (S. I.) et STRUCK (P. T.), *Mantikê. Studies in Ancient Divination*, Leyde, Brill (Religions in the Graeco-Roman World, 155), 2005, 322 p.

RÉSUMÉ : Si on la distingue de la magie, avec laquelle elle a des affinités, la divination n'est pas un pur produit irrationnel ; le panorama de la recherche montre, surtout depuis Vernant (*Divination et rationalité*, 1974), qu'institutionnalisée et même officielle (la consultation des augures avant toute action du Sénat romain, par exemple), la divination ne manque pas de rationalité. Après cette introduction de Johnston, W. Burkert (p. 29-49) situe la divination entre énigme et épiphanie : une connaissance sollicitée et d'origine divine vient à l'homme ; le contact avec les dieux est établi. La divination par les sorts : F. Graf (p. 51-97) s'attache aux astragales (os de mouton ou leur imitation en bronze, ivoire...) ; leur lancer se terminait par une combinaison correspondant à une divinité ; il fallait alors se reporter à un des 56 oracles dont nous possédons les inscriptions du IIe siècle ap. J.-C. (traduites en fin d'article) ; le premier mot est le nom d'un dieu ; l'oracle s'adresse au consultant. W. E. Klingshirn (p. 99-128) explique que les *Sortes Sangallenses*, recopiées encore vers 600 ap. J.-C. malgré la condamnation de plusieurs conciles, offraient au devin une liste de réponses. D'autres articles étudient les relations entre poésie et divination (les énigmes dont se moque Aristophane), les relations des chresmologues (utilisant les oracles passés) et des devins avec les gens de pouvoir et, toujours en Grèce, la nécromancie, moins pratiquée, selon Johnston (p. 296), que la divination : la relation avec les dieux est préférée à celle des morts.
LIEN AVEC LE THÈME DE LA PRIÈRE : secondaire.
DOMAINE PRÉDOMINANT : grec et latin.
AIRE GÉOGRAPHIQUE : monde antique.
CHRONOLOGIE : de la période archaïque grecque à l'Empire romain.
PRINCIPAUX TEXTES ANCIENS : Sophocle, *Œdipe roi* – Aristophane, *Oiseaux*, 959 et suiv. ; *Paix*, 1 et suiv. – Cicéron, *De la divination* – Apulée, *Métamorphoses*, IX, 8 – Inscriptions d'Anatolie (sur le lancer des astragales ; maintenant éd. Nollé, 2007) – *Sorte Sangallenses*.
NOTIONS : divination – oracle – magie – nécromancie – épiphanie – christianisme (rapport avec le) – χρησμολόγος.

B. S.

959—JOLY (D.) et VAN ANDRINGA (W.), « Une prière de magicien sur deux objets rituels découverts à Chartres », *Cahiers du Centre Gustave-Glotz*, 17, 2006, p. 323-324.

RÉSUMÉ : Les A. rendent compte de la découverte archéologique en 2005 d'une inscription sur deux brûle-parfums à Chartres. Ils identifient ces objets comme faisant partie d'un mobilier liturgique à usage privé. L'inscription portée sur ces deux objets rituels est à caractère magique, prononcée par un magicien qui s'adresse directement aux dieux. L'intérêt de cette inscription réside dans le fait qu'elle prend la forme d'une recommandation, ce qui échappe au cadre habituel des formules magiques connues jusqu'alors (papyri et défixions), et qu'elle s'inscrit dans un rite domestique.

LIEN AVEC LE THÈME DE LA PRIÈRE : principal.
DOMAINE PRÉDOMINANT : latin.
AIRE GÉOGRAPHIQUE : Chartres (Gaule).
CHRONOLOGIE : fin du Ier siècle ap. J-C.
PRINCIPAUX TEXTES ANCIENS : inscription sur brûle-parfum.
NOTIONS : magie – recommandation – rite.

S. R.

960—JUSTUS (C. F.), « What is Indo-European about Hittite Prayers ? », HUTTER (M.) et HUTTER-BRAUNSAR (S.) éd., *Offizielle Religion, lokale Kulte und individuelle Religiosität*, Münster, Ugarit, 2004, p. 269-283.

RÉSUMÉ : Des prières hittites et spécialement de l'*arkuwar* sont comparées avec Homère et Virgile ; les points communs sont relevés : courte invocation aux dieux, conformité à une condition préalable devant entraîner une faveur divine. L'A. décèle là une division tripartite commune (invocation, narration et demande). Il relève des tournures semblables (succession d'impératif et de subjonctif, de nominatif et de vocatif ; la tournure conditionnelle). À côté de la motivation logique de type *do ut des*, il détecte l'influence de la magie. Enfin, il tâche de préciser la composante indo-européenne.
LIEN AVEC LE THÈME DE LA PRIÈRE : principal.
DOMAINE PRÉDOMINANT : hittite, grec et latin.
AIRE GÉOGRAPHIQUE : Anatolie et Rome.
CHRONOLOGIE : IIe millénaire - Ier siècle av. J.-C.
PRINCIPAUX TEXTES ANCIENS : Homère, *Iliade*, I, 37-42 – Virgile, *Énéide*, II, 689-691.
NOTIONS : invocation – magie – hittite.

B. S.

961—KEAVENEY (A.), « Sulla and the Games of Hercules », *L'Antiquité classique*, 74, 2005, p. 217-223.

RÉSUMÉ : L'A. réfute un certain nombre d'affirmations contenues dans un article de T.P. Wiseman consacré aux Jeux d'Hercule (« The Games of Hercules », E. BISPHAM et C. SMITH éd., *Religion in Archaic and Republican Rome and Italy*, Édimbourg, 2000). Il revient sur la dévotion de Sylla pour Hercule, sur ses prétendus rapports avec la sibylle de Cumes, et enfin sur la question des Jeux d'Hercule. Il conclut que c'est à Sylla que l'on doit le statut privilégié de ces Jeux.
LIEN AVEC LE THÈME DE LA PRIÈRE : secondaire.
AIRE GÉOGRAPHIQUE : Rome.

CHRONOLOGIE : République romaine.
NOTIONS : jeux.

M. C.

962—KERNEIS (S.), « Les ongles et le chaudron. Pratiques judiciaires et mentalités magiques en Gaule romaine », *Revue historique de droit français et étranger*, 83, 2005, p. 155-181.

RÉSUMÉ : Les 14 lamelles de *defixio* découvertes dans l'amphithéâtre de Trèves ont pour contexte des litiges entre soldats et population civile. Outre une invocation aux dieux se lisent des échos de la procédure romaine ; l'accusation était vérifiée par l'ordalie du chaudron, réservée aux soldats qui, à ce stade, ne pouvaient pas subir la torture. Les tablettes du dépôt de l'amphithéâtre furent rédigées soit avant l'épreuve soit après elle. Quelques extraits sont analysés et l'annexe 5 édite quatre tablettes, avec corrections et restitutions.
LIEN AVEC LE THÈME DE LA PRIÈRE : principal.
DOMAINE PRÉDOMINANT : grec, latin et celtique.
AIRE GÉOGRAPHIQUE : Trèves (Gaule).
CHRONOLOGIE : IIe-IVe siècle ap. J.-C.
PRINCIPAUX TEXTES ANCIENS : CIL XIII, additamenta 11340-III-XIII.
NOTIONS : *defixio – Lenus* Mars.

B. S.

963—KIERNAN (P.), « Britische Fluchtafeln und 'Gebete um Gerechtigkeit' als öffentliche Magie und Votivrituale », BRODERSEN et KROPP n° **867**, p. 99-114.

RÉSUMÉ : Partisan d'un fonctionnement psychosomatique de la magie, l'A. donne une présentation générale des tablettes de défixion et considère après d'autres que la plupart sont des prières juridiques. La Grande Bretagne a livré 250 *defixiones*, provenant principalement de Bath (*Sulis* Minerve) et Uley (Mercure). Comparable avec le *Chant des frères Arvales*, le rituel est étudié : la *nuncupatio* est une prière précisant les conditions de l'offrande, le bénéfice espéré et la date qui libère du vœu (*solutio*). Le rituel d'accomplissement des vœux est ensuite examiné.
LIEN AVEC LE THÈME DE LA PRIÈRE : principal.
DOMAINE PRÉDOMINANT : latin.
AIRE GÉOGRAPHIQUE : Grande Bretagne.
CHRONOLOGIE : époque impériale romaine.
PRINCIPAUX TEXTES ANCIENS : RIB 215, 306 et 2059 – *defixio* de Kelvedon (Essex) (*AE* 1959, 157) – *Tab. Sulis*, passim.
NOTIONS : *defixio* – prière juridique – offrande – vœu – *nuncupatio* – *solutio* – remerciement.

B. S.

964—KIRCHER (C.), « La prière dans les Tables Eugubines », COTTIER n° **893**, p. 37-54.

RÉSUMÉ : L'A. reprend (voir Kircher n° **290**) l'analyse de la table VI (Lepsius 1833) contenant la prière ombrienne adressée à Jupiter Grabovien lors du sacrifice du premier bœuf et dont elle fournit, en annexe, texte, traduction et annotations. Cette prière très élaborée a trois séquences. 1 : invocation et expiation préalable. 2 : double requête (purification et protection). 3 : invocation finale. Des comparaisons sont faites avec Caton et des prières latines, indo-iraniennes et indo-européennes.
LIEN AVEC LE THÈME DE LA PRIÈRE : principal.
AIRE GÉOGRAPHIQUE : Ombrie.
CHRONOLOGIE : IIe-Ier siècles av. J.-C.
PRINCIPAUX TEXTES ANCIENS : *Tables eugubines*, VIa 22-34 – Caton, *De l'agriculture*.
NOTIONS : demande – sacrifice – Jupiter Grabovien.

B. S.

965—KIRICHENKO (A.), « *Hymnus invicto* : The Structure of Mithraic Cult Images with Multiple Panels », *Göttinger Forum für Altertumswissenschaft*, 8, 2005, p. 1-15.

RÉSUMÉ : L'article débute par un état de la question concernant l'étude des représentations de Mithra. Aucune source littéraire existante ne permet d'en donner une interprétation plausible et certaine, en raison du symbolisme complexe de l'art mithriaque, d'où la profusion d'analyses divergentes et, de fait, arbitraires. L'A. choisit de considérer les images du culte mithriaque, celle du tauroctone ainsi que les panneaux latéraux des reliefs mithriaques, en se demandant si elles relèvent d'une narration picturale du mythe ou d'un tout autre genre de discours visuel. Partant du principe que le culte de Mithra était pratiqué à Rome parmi d'autres cultes étrangers appartenant au même milieu culturel, l'A. s'attache à l'étude des mentions mythologiques dans les hymnes adressés à d'autres dieux. Ainsi, l'hymne orphique à Artémis évoque la biographie mythique de la déesse sans suivre l'ordre chronologique, car son but premier est de prier la divinité, non de narrer son histoire. Ce mépris de l'ordre chronologique se retrouve également dans certaines incantations des hymnes magiques égyptiens, dans certaines épigrammes de l'*Anthologie palatine* et dans les arétalogies isiaques. La conclusion est que l'ordre chronologique confus des panneaux latéraux des reliefs mithriaques a sans doute été inspiré par des textes similaires, dans la mesure où certains fragments de prières mithriaques semblent très proches des hymnes qui ont été mentionnés plus haut. À l'instar d'un hymne, chaque image du culte mithriaque était conçue comme un portrait intemporel du dieu représenté, afin de le rendre propice et de lui adresser une prière.
LIEN AVEC LE THÈME DE LA PRIÈRE : principal.
DOMAINE PRÉDOMINANT : grec et latin.

AIRE GÉOGRAPHIQUE : Empire romain.
CHRONOLOGIE : Antiquité tardive.
PRINCIPAUX TEXTES ANCIENS : *Hymnes orphiques* (Quandt), 29 (à Artémis) – *Anthologie palatine,* IX, 524-525.
NOTIONS : hymne – mystères – iconographie – Mithra.

C. Me.

966—KLEDT (A.), *Die Entführung Kores. Studien zur Athenisch-Eleusinischen Demeterreligion,* Stuttgart, Steiner (Palingenesia, 84), 2004, 204 p.

RÉSUMÉ : L'ouvrage a pour but d'établir, à la lumière du cas de l'Attique, que le culte rendu à Déméter dépasse le seul domaine de l'agriculture : le mythe du rapt de Coré (Perséphone) montre en particulier que ce culte concerne aussi le passage des jeunes filles athéniennes du statut de jeune fille à celui d'épouse et de mère. Des rites d'initiation avaient lieu à l'occasion des *Skira*. La prière n'est pas étudiée en tant que telle dans cette enquête, mais plusieurs passages de l'*Hymne homérique à Déméter* sont cités, en particulier les vers 268 et 269, où la déesse dit d'elle même : « Je suis Déméter, qui reçoit de grands honneurs et qui est le plus grand réconfort et la plus grande joie pour les immortels et les mortels ».
LIEN AVEC LE THÈME DE LA PRIÈRE : secondaire.
DOMAINE PRÉDOMINANT : grec.
AIRE GÉOGRAPHIQUE : Attique.
CHRONOLOGIE : époques archaïque et classique.
PRINCIPAUX TEXTES ANCIENS : *Hymne homérique à Déméter*, 268-269.
NOTIONS : hymne – initiation – Déméter – Coré.

G. F.

967—KLEIN (F.), « Les citations des *Géorgiques* et de l'*Énéide* dans l'épigramme XIV du *Catalepton* : intertextualité et poétique », *Revue des études latines*, 85, 2007, p. 81-103

RÉSUMÉ : L'épigramme XIV du *Catalepton* de l'*Appendix Vergiliana*, qui se présente comme une prière de Virgile à Vénus pour le bon achèvement de l'*Énéide*, est émaillée de citations des *Géorgiques* et de l'*Énéide*. Ces citations renvoient à des passages précis des deux œuvres et enrichissent cette prière de nouvelles significations, en contribuant à faire du voyage d'Énée la triple métaphore de la composition de l'épopée virgilienne, des difficultés de l'entreprise épique et de la *deductio* littéraire de la Grèce à l'Italie. Qu'elle soit authentique ou non, cette prière a une tonalité toute virgilienne : l'épiclèse des lieux de culte de Vénus est empruntée à l'*Énéide*, ainsi que la description de ses autels ; la structure de la prière et l'énumération des offrandes font songer à la prière d'Énée à Phébus au livre VI ou à celle d'Ascagne à Jupiter au livre IX ;

enfin, l'invocation à la déesse – *adsis o Cytherea* – reproduit un mouvement virgilien, que l'on retrouve dans la prière à Pan qui ouvre le premier livre des *Géorgiques* et dans deux prières adressées par Énée à Mercure et au Tibre.
LIEN AVEC LE THÈME DE LA PRIÈRE : secondaire.
DOMAINE PRÉDOMINANT : latin.
AIRE GÉOGRAPHIQUE : Rome.
CHRONOLOGIE : Iᵉʳ siècle av. J.-C.
PRINCIPAUX TEXTES ANCIENS : Pseudo-Virgile, *Appendix Vergiliana* : *Catalepton*, XIV – Sappho, fr. 5, 1-2 Voigt – *Anthologie palatine*, V, 11 et 17 ; IX, 143 et 144 – Tibulle, II, 5, 39-42 – Horace, *Odes*, I, 3, 1-6.
NOTIONS : culte – offrande – épiclèse – Vénus.

J. R.

968—KRASILNIKOFF (J. A.), « Pan, Attica and Religious Invocation from the Persian Wars to the End of the Fourth Century BC », RASMUSSEN (A. H. et S. W.) éd., *Religion and Society. Rituals, Resources and Identity in the Ancient Graeco-Roman World*, Rome, Quasar (Analecta Romana Instituti Danici, suppl. 40), 2008, p. 189-200.

RÉSUMÉ : Avant la bataille de Marathon, les Athéniens s'adressent à Philippidès pour obtenir l'aide de sa cité, Sparte. Celle-ci tarde à répondre. Pan apparaît alors à Philippidès, errant et embarrassé, lui dit sa bienveillance et apporte son aide aux Athéniens qui seront vainqueurs des Perses, Pan ayant répandu chez ces derniers la panique. L'A. cherche le rapport de cet épisode avec l'introduction du culte de Pan en Attique.
LIEN AVEC LE THÈME DE LA PRIÈRE : secondaire.
DOMAINE PRÉDOMINANT : grec.
AIRE GÉOGRAPHIQUE : Grèce.
CHRONOLOGIE : 490 av. J.-C.
PRINCIPAUX TEXTES ANCIENS : Hérodote, VI, 100-103.
NOTIONS : épiphanie – Pan.

B. S.

969—KREUTZ (N.), *Zeus und die griechischen Poleis. Topographische und religionsgeschichtliche Untersuchungen von archaischer bis in hellenistische Zeit*, Rahden, Marie Leidorf (Tübinger archäologische Forschungen, 3), 2007, XIV-307 p.

RÉSUMÉ : Voici un vaste répertoire topographique (une quarantaine de sites) du monde grec et de la triade capitoline. Les épithètes de Zeus sont relevées au fur et à mesure de la description des sanctuaires et reprises dans une liste (tableau 1) mentionnant époque, lieu, type de construction et épithète accolée au nom de Zeus. *Olympios* arrive en tête (15 mentions), suivi de *Polieus, Naios* et *Sôter*

(4 pour chaque épithète), *Agoraios*, *Eleutherios*, *Diktaios*, *Herkeios*, *Hypatos*. Plusieurs adjectifs viennent d'un toponyme : *Larisaios* (Larisa, acropole d'Argos), *Thasios* (Thasos)... Au total, vingt-sept épithètes.

LIEN AVEC LE THÈME DE LA PRIÈRE : secondaire.

DOMAINE PRÉDOMINANT : grec et latin.

AIRE GÉOGRAPHIQUE : monde grec et Rome.

CHRONOLOGIE : époques archaïque, classique et hellénistique.

PRINCIPAUX TEXTES ANCIENS : inscriptions.

NOTIONS : culte – épithète – Zeus – Jupiter.

B. S.

970—KROPP (A.), « *'Defigo Eudemum : necetis eum'* : Kommunikations-muster in den Texten antiker Schadenzauberrituale », BRODERSEN et KROPP n° **867**, p. 81-97.

RÉSUMÉ : Après une présentation générale des *defixiones*, de leur mode de fabrication, des motivations et, bien qu'il ne s'agisse pas d'un culte organisé, du rituel (d'après *PGM* V, 305 et suiv.), la *defixio* de Carnuntum (Pannonie) est transcrite, traduite et analysée. Considérée comme une prière juridique, elle débute par une invocation à *Dis Pater* (Pluton), *Veracura* (= *Eracura*, transcription du grec *Hèra koura* ; une *Iuno inferna* ?) et Cerbère. L'A. commente la phraséologie caractéristique de ces tablettes d'exécration, avant de s'interroger sur les traits d'un *defigens*, qui est dans une situation de communication avec les dieux (cf. Apulée, *Apologie*, 26, 6 : *communio loquendi cum dis*) ; cette situation, étrange à nos yeux, met le *defigens* dans la capacité de contrarier l'existence d'un autre, sous forme plus préventive que vengeresse (voir n° **639**). Le côté performatif qui doit être, comme ici, analysé en détail est essentiel dans les *defixiones* et se retrouve ailleurs dans la religion romaine (v.g. le sacrifice : voir n° **311**).

LIEN AVEC LE THÈME DE LA PRIÈRE : principal.

DOMAINE PRÉDOMINANT : latin.

AIRE GÉOGRAPHIQUE : Carnuntum (Pannonie).

CHRONOLOGIE : fin du IIe siècle ap. J.-C.

PRINCIPAUX TEXTES ANCIENS : *PGM* V, 305 et suiv. – *DT* 139 – *defixio* de Carnuntum (*AE* 1929, 228).

NOTIONS : *defixio* – prière juridique – *Dis Pater* – *Eracura* – Cerbère.

B. S.

971—KROPP (A.), « Versprachlichung von Schadenzauberritualen in der römischen Antike », ARIAS ABELLAN (C.) éd., *Latin vulgaire – latin tardif. VII. Actes du VIIe colloque international sur le latin vulgaire et tardif. Séville, 2-6 septembre 2003,* Séville, Universidad de Sevilla (Colección Actas, 54), 2006, p. 387-397.

RÉSUMÉ : Cet article étudie le niveau linguistique de certaines formules rituelles récurrentes dans les *tabulae defixionum* et met en valeur l'apport de ce genre de documentation à la connaissance du latin vulgaire.
LIEN AVEC LE THÈME DE LA PRIÈRE : secondaire.
DOMAINE PRÉDOMINANT : latin.
AIRE GÉOGRAPHIQUE : monde romain
CHRONOLOGIE : Empire romain.
PRINCIPAUX TEXTES ANCIENS : *defixiones*.
NOTIONS : *defixio* – formule – vocabulaire.

A. A.-M.

972—KROPP (A.), *Defixiones. Ein aktuelles Corpus lateinischer Fluchtafeln dfx*, Spire, Kartoffeldruck – Verlag K. Brodersen, 2008, 14-[397] p.

RÉSUMÉ : La base de données accompagnant l'ouvrage du même A. (n° **973**) trouve ici une version papier. L'introduction présente les *defixiones* (support matériel et contenu) avant l'examen des recueils existants de tablettes de défixion : Audollent (n° **26**) éditait 304 tablettes grecques et latines en 1904 (et renvoyait aux plus de 200 tablettes d'Attique éditées en 1897 par Wünsch dans ses *DTA* = *IG* III, 3). Donc, plus de 500 tablettes étaient alors éditées ; aujourd'hui, on en a plus de 1 600 (p. 6), dont 579 en latin et l'A. en publie ici 382 (p. 7), le solde étant indéchiffrable ou inédit. Le critère de classement est géographique (tableau p. 14). L'A. intervient environ 90 fois dans la description et la datation ; l'autopsie a parfois été pratiquée. Les fiches indiquent lieu de découverte, bibliographie, support matériel, motivation et transcriptions (en latin vulgaire d'origine, puis en latin classique).
LIEN AVEC LE THÈME DE LA PRIÈRE : principal.
DOMAINE PRÉDOMINANT : latin.
AIRE GÉOGRAPHIQUE : monde romain.
CHRONOLOGIE : Empire romain.
PRINCIPAUX TEXTES ANCIENS : *defixiones* (*dfx* Kropp 2008).
NOTIONS : *defixio* – prière juridique.

B. S.

973—KROPP (A.), *Magische Sprachverwendung in Vulgärlateinischen Fluchtafeln* (*defixiones*), Tübingen, Narr (ScriptOralia, 135, Reihe A : Altertumswissenschaftliche Reihe, 39), 2008, 341 p. + 1 CD-ROM.

RÉSUMÉ : Le CD-ROM contient la base de données aux formats FileMaker Pro et pdf (en version papier : Kropp n° **972**). Le livre étudie le corpus des tablettes de défixion latines, non seulement sous l'angle de leur production (à l'aide de manuels de magie) ou de leur utilisation (dans des cimetières ou des sanctuaires), mais aussi du point de vue de l'évolution de la langue latine et des

théories de la communication et du pouvoir performatif des mots. Une liste des dieux invoqués est dressée, de même que sont pris en considération les thèmes récurrents dans ce genre de prières.
LIEN AVEC LE THÈME DE LA PRIÈRE : principal.
DOMAINE PRÉDOMINANT : latin.
AIRE GÉOGRAPHIQUE : monde romain.
CHRONOLOGIE : IIᵉ siècle av. J.-C. - Vᵉ siècle ap. J.-C.
PRINCIPAUX TEXTES ANCIENS : corpus de 382 *defixiones*.
NOTIONS : *defixio* – malédiction – magie – communication.

P. H.

974—LAPINI (W.), « Posidippo, ep. 51 Austin-Bastianini », *Philologus*, 149, 2005, p. 233-243.

RÉSUMÉ : Cette épigramme de Posidippe est un *epitymbion* pour la mort d'une jeune fille ; très lacunaire, elle soulève différents problèmes d'interprétation. En particulier, le sujet des actions décrites aux vers 1-2 est débattu et l'A., à travers une analyse détaillée du texte, invite à considérer la ville de Karyai comme un sujet personnifié. Parmi les autres points difficiles du texte, l'A. analyse le vers 5 pour lequel il propose une segmentation différente de la *scriptio continua*, et donc une nouvelle lecture du vers qui soulignerait le caractère de continuité de la mélodie.
LIEN AVEC LE THÈME DE LA PRIÈRE : secondaire.
DOMAINE PRÉDOMINANT : grec.
AIRE GÉOGRAPHIQUE : monde grec.
CHRONOLOGIE : IVᵉ-IIIᵉ siècles av. J.-C.
PRINCIPAUX TEXTES ANCIENS : Posidippe, *Épigrammes*, 51 Austin-Bastianini.
NOTIONS : vocabulaire – mort.

S. C.

975—LARSON (J.), *Ancient Greek Cults. A Guide*, Londres, Routledge, 2007, XIV-305 p.

RÉSUMÉ : L'exposé se concentre sur les dieux et leurs lieux de culte, les plus répandus et les mieux connus, sans négliger les apports étrangers, les évolutions et les variétés locales. Les dieux ainsi que les héros apparaissent dans leur spécificité et leurs relations mutuelles, dans le déroulement de leurs différents cultes ; des épiclèses sont mentionnées. La description des rites et des mythes s'appuie sur les sources littéraires et autres. L'A. recense différents types de prière, selon le lieu, le moment et le but, mais sans détails ni extraits.
LIEN AVEC LE THÈME DE LA PRIÈRE : secondaire.
DOMAINE PRÉDOMINANT : grec.
AIRE GÉOGRAPHIQUE : monde grec.
CHRONOLOGIE : époques archaïque et classique.

PRINCIPAUX TEXTES ANCIENS : nombreuses références.
NOTIONS : culte – épiclèse – héros.

B. S.

976—LEHMANN (Y.) éd., *L'hymne antique et son public*, Turnhout, Brepols (Recherches sur les rhétoriques religieuses, 7), 2007, XX-727 p.

RÉSUMÉ : Issu d'un colloque organisé par les universités de Strasbourg et de Naples, l'ouvrage se présente comme une enquête plurielle visant à analyser principalement la dimension sociologique de l'hymne dans l'Antiquité – tant il est vrai que cette forme suprême d'éloge, qui constitue un rite social plutôt qu'un genre littéraire, ressortit, depuis les origines jusqu'à l'époque chrétienne, à une célébration collective de personnes et de choses par des communautés ou des groupes aussi bien religieux que civiques. L'exploration – comparatiste et critique – porte sur l'ensemble du domaine de l'Antiquité avec ses composantes égyptienne, orientale, grecque, romaine et byzantine. Davantage : on s'est intéressé également à la survie de l'hymne antique à la Renaissance et aux temps modernes. Il s'agissait de souligner la continuité, par-delà la grande rupture entre christianisme et paganisme, d'une tradition rhétorico-encomiastique relative à la glorification des êtres supérieurs. (Voir les notices particulières pour six contributions : n[os] **862**, **929**, **952**, **1033**, **1052** et **1077**.)
LIEN AVEC LE THÈME DE LA PRIÈRE : principal.
DOMAINE PRÉDOMINANT : grec et latin.
AIRE GÉOGRAPHIQUE : Inde védique – Proche-Orient ancien – Grèce et Rome antiques – Byzance – Saint-Empire Romain Germanique – France.
CHRONOLOGIE : Antiquité classique – Renaissance (Réforme) – Contre-Réforme.
PRINCIPAUX TEXTES ANCIENS : Hymnes védiques (passim) – Bible hébraïque (passim) – *Évangile de Jean*, 1, 14-18 – *Hymne homérique à Déméter* – Sophocle, *Antigone*, 1115-1154 – Ménandre le Rhéteur – Aelius Aristide, *Discours* – *Corpus Hermeticum*, I-XII et XII, 17 – Synésios de Cyrène, *Hymnes* – Syméon le Nouveau Théologien, *Hymnes*, 1-15 – *Chant des prêtres Saliens* – *Chant des frères Arvales* – Horace, *Chant séculaire* – Apulée, *Métamorphoses*, XI, 5-6 et 25, 1-6 – Claudien, *Panégyrique sur le consulat de Stilicon* – Rutilius Namatianus, *Sur son retour*, I, 48-164.
NOTIONS : chœur – christianisme (rapport avec le) – culte – dithyrambe – éloge – hymne – imprécation – incantation – Jeux séculaires – mystères – nom divin – parodie – philosophie (hermétisme, platonisme, stoïcisme) – procession – prière publique – rhétorique – rite – sacrifice – serment – supplication – théâtre – vœu.

Y. L.

977—LHÔTE (E.), *Les lamelles oraculaires de Dodone,* Genève, Droz (École Pratique des Hautes Études, Sciences historiques et philologiques, Hautes Études du monde gréco-romain, 36), 2006, XV-454 p.

RÉSUMÉ : Corpus de 167 lamelles oraculaires découvertes autour du chêne sacré de Zeus à Dodone. L'introduction livre une histoire du déchiffrement de ces lamelles, en posant les problèmes de conservation et de datation ; l'ouvrage se clôt par la présentation du corpus et la justification d'un classement thématique. Chaque lamelle du corpus est présentée : taille de la lamelle, statut, datation, différentes éditions, fac-similé, transcription, notes critiques et traduction. 17 lamelles sur 167 traduisent une démarche publique, les autres relèvent de la sphère privée et portent sur des préoccupations très concrètes (mariage, emprunt d'argent, moissons…). Quelques lamelles conservent la réponse sur le revers. Dans les Études synthétiques qui constituent la dernière partie du livre, la démarche d'analyse est surtout paléographique et philologique, attentive à l'élément dialectal. La procédure d'interrogation de l'oracle n'est pas le sujet principal de l'A., qui propose cependant certaines hypothèses. On trouve également une analyse des formules stéréotypées servant à interroger l'oracle et une étude de l'épiclèse de Zeus à Dodone (*Naios* ou *Naos*). L'ouvrage propose encore une carte figurant le rayonnement de Dodone en fonction de l'origine géographique des consultants.

LIEN AVEC LE THÈME DE LA PRIÈRE : principal.

DOMAINE PRÉDOMINANT : grec.

AIRE GÉOGRAPHIQUE : Dodone.

CHRONOLOGIE : VIe-IIe siècle av. J.-C.

PRINCIPAUX TEXTES ANCIENS : Corpus de 167 lamelles oraculaires de Dodone.

NOTIONS : oracle – épiclèse – formule – *defixio* – Zeus.

C. Me.

978—LÓPEZ EIRE (A.), « Lenguaje, ritual y poesía », *Logo*, 7, 2004, p. 63-86.

RÉSUMÉ : Cet article de linguistique pragmatique souligne les rapports analogiques entre poésie et rituel (ce dernier antérieur à la poésie), entre rite et action (parler, c'est faire). Paroles, gestes, musique, chant et danse : autant d'imitations performatives d'actions. L'A. cite quelques applications : sacrifice, magie, rites d'initiation et de passage, fêtes athéniennes, compétitions sportives et théâtrales. Il souligne la fonction rituelle de la poésie : Homère et Pindare, malgré les différences de sujets ; il emprunte aussi ses exemples au théâtre, aux *Hymnes homériques*... La fonction politico-sociale des mythes et des rites est mise en avant, dans un contexte antique où profane et sacré étaient mêlés. Enfin, les liens entre rite et poésie sont replacés dans le contexte aristotélicien de la *mimèsis*, avant quelques considérations sur l'actualité de ces liens.

LIEN AVEC LE THÈME DE LA PRIÈRE : secondaire.

DOMAINE PRÉDOMINANT : grec.

AIRE GÉOGRAPHIQUE : Grèce.

CHRONOLOGIE : Grèce archaïque et classique.

PRINCIPAUX TEXTES ANCIENS : Homère – Pindare – *Hymnes homériques*.

NOTIONS : rite – poésie – compétition – fête – théâtre.

B. S.

979—LUCK (G.), *Arcana mundi. Magic and the Occult in the Greek and Roman Worlds* : *a Collection of Ancient Texts,* 2e éd., Baltimore, John Hopkins University Press, 2006, XVII-544 p. (1ère éd., 1985).

RÉSUMÉ : Anthologie de textes latins et grecs regroupés thématiquement dans six chapitres : magie, miracles, démonologie, divination, astrologie et alchimie. Chaque chapitre débute par une introduction du thème abordé et chaque texte est précédé d'une notice explicative. L'introduction générale présente la magie dans l'Antiquité. L'épilogue étudie la persistance de la magie antique dans le monde chrétien des premiers siècles après J.-C. et dans le monde byzantin. Un appendice traite de l'usage des substances psychoactives dans les pratiques occultes.
LIEN AVEC LE THÈME DE LA PRIÈRE : secondaire.
DOMAINE PRÉDOMINANT : latin et grec.
AIRE GÉOGRAPHIQUE : monde gréco-romain.
CHRONOLOGIE : VIIIe siècle av. J.-C. - IVe siècle ap. J.-C.
PRINCIPAUX TEXTES ANCIENS : nombreuses références.
NOTIONS : astrologie – alchimie – démon – divination – magie.

C. Me.

980—MACHIN (A.), « Temps et serments dans le théâtre de Sophocle », *Connaissance hellénique*, 107, 2006, p. 36-40.

RÉSUMÉ : Un serment se compose de quatre parties : invocation, proposition jurée, promesse et prière (ou imprécation). La première et la quatrième parties font référence au divin : on touche l'autel, un objet sacré ou la bête sacrifiée ; le serment est ainsi garanti de durer. Il se place sous le temps à la fois des dieux, cyclique et subi par l'homme, et des hommes, linéaire et agi. Illustration avec le théâtre de Sophocle, dont la référence aux dieux est toujours explicite.
LIEN AVEC LE THÈME DE LA PRIÈRE : secondaire.
DOMAINE PRÉDOMINANT : grec.
CHRONOLOGIE : époque classique grecque.
PRINCIPAUX TEXTES ANCIENS : Sophocle.
NOTIONS : serment – invocation – imprécation.

B. S.

981—MAGGIANI (A.) et RAFANELLI (S.), « La preghiera in Etruria », *Thesaurus cultus et rituum antiquorum. 3* n° **1065**, p. 142-150.

RÉSUMÉ : L'aspect méticuleux du culte étrusque, relevé par les auteurs latins, entraîne le formalisme des prières, que l'on peut connaître par les auteurs anciens, les monuments figurés et les inscriptions ; le *Liber linteus*, qui était devenu bandelettes d'une momie égyptienne, livrant la moitié environ de l'original, contient les détails des rituels, dont plusieurs prières aux affinités reconnues avec les prières romaines. L'article caractérise la prière étrusque : Invocation aux dieux, avec leur épithète. Lieu et attitude de l'orant : une main touche l'autel, l'autre le visage ; bras baissés et paumes des mains tournées vers la terre ; ou encore un bras en avant, paume tournée vers l'avant. Silence rituel, attesté avec imprécision. Libation. Objet de la prière : cérémonie d'expiation (*procuratio*) de la foudre, *supplicatio*, vœu, *defixio* (qui ne nomme pas de dieu). Acceptation de l'offrande : un oiseau l'emporte...La prière est subdivisée en cinq parties (et non trois : Rix n° **424**), au style rapide, rigoureux et répétitif, comparé au *Chant des frères arvales* : invocation aux dieux, offrande, auteur de l'offrande, vœu et nouvelle invocation. Les sacrifices étaient accompagnés de prières. En appendice, une prière d'Ombrie, sur les *Tables Eugubines* (cf. n⁰ˢ **215** et **290**).

LIEN AVEC LE THÈME DE LA PRIÈRE : principal.
DOMAINE PRÉDOMINANT : étrusque et latin.
AIRE GÉOGRAPHIQUE : Étrurie – Ombrie.
CHRONOLOGIE : VIe-Ier siècle av. J.-C.
PRINCIPAUX TEXTES ANCIENS : Pline, *Histoire naturelle*, II, 140 – Sénèque, *Questions naturelles*, II, 49, 3 – *Liber linteus Zagrabiensis* (*CIE* Suppl. I) – *ET*.
NOTIONS : invocation – gestuelle – offrande – vœu – sacrifice – libation – *defixio* – *procuratio* – *supplicatio*.

B. S.

982—MALTOMINI (F.), « Due nuovi testi di magia rurale », *Zeitschrift für Papyrologie und Epigraphik,* 164, 2008, p. 159-183.

RÉSUMÉ : L'étude a pour objet l'examen de deux lamelles de plomb provenant d'Asie Mineure, probablement de Bithynie, et qui sont conservées dans une collection privée de Münster. Elles ont été incisées par une même main et réalisées pour Damatrios, un chrétien et riche propriétaire terrien qui a vécu au IVe siècle. Les pièces métalliques comportent deux prières du propriétaire adressées au Christ afin d'obtenir des récoltes abondantes, la protection de ses cultures, de son bétail et des hommes. Il s'agit sans aucun doute d'amulettes, arborant un texte de magie rurale, qui étaient probablement placées sur la propriété qu'elles devaient protéger. La lamelle A (section 4-8) comporte une évocation qui semble peu compatible avec le milieu chrétien, car elle se réfère au char du Soleil, au fleuve Océan et à la Lune. L'A. affirme que cette partie, clairement isolée du reste du texte, appartenait à une recette magique païenne antérieure et dont le formulaire a été incorporé, par le graveur, dans la prière « magique » chrétienne de Damatrios. L'article se clôture sur la présentation d'un index des textes grecs et latins de magie rurale actuellement connus.

LIEN AVEC LE THÈME DE LA PRIÈRE : principal.
DOMAINE PRÉDOMINANT : grec.
AIRE GÉOGRAPHIQUE : Asie Mineure.
CHRONOLOGIE : IVe siècle ap. J.-C.

PRINCIPAUX TEXTES ANCIENS : lamelles de plomb de Bithynie (?) (Münster, coll. privée).
NOTIONS : amulette – magie – christianisme (rapport avec le) – Soleil.

M. V.

983—MANGANARO PERRONE (G.), « Magia 'benefica' nella Sicilia tardoantica », *Epigraphica*, 69, 2007, p. 263-286.

RÉSUMÉ : Portant des inscriptions magiques et destinées à protéger contre des maux variés et obscurs, pierres, gemmes, médailles et amulettes étaient répandues dans l'Empire romain. L'A. s'attache à la Sicile du centre est, où se mêlent paganisme, judaïsme et christianisme. Deux tablettes d'exorcisme sont éditées et traduites ; d'autres documents de magie bénéfique sont présentés, ornés parfois de figures apotropaïques et de lettres magiques (extrémités recourbées, etc.).
LIEN AVEC LE THÈME DE LA PRIÈRE : secondaire.
DOMAINE PRÉDOMINANT : grec.
AIRE GÉOGRAPHIQUE : Sicile.
CHRONOLOGIE : V^e-VIe siècles ap. J.-C.
PRINCIPAUX TEXTES ANCIENS : tablettes d'exorcisme de Noto et Modica – amulettes – gemmes.
NOTIONS : magie – exorcisme – christianisme (rapport avec le) – judaïsme.

B. S.

984—MARCO SIMÓN (F.) et RODÀ DE LLANZA (I.), « Sobre una *defixio* de Sisak (Croacia) al dios fluvial *Savus* con mención del Hispano L. Licinius Sura », *Mene*, 8, 2008, p. 105-132.

RÉSUMÉ : Une *defixio* juridique en plomb trouvée près de Sisak en Croatie, dans un affluent de la Save, invoque le dieu fluvial *Sauus* et la vieille déesse latine *Tacita Muta*. L'A. édite, transcrit (en se démarquant plusieurs fois des éditeurs précédents), traduit et commente cette *defixio*. Une offrande à un fleuve n'a rien d'étonnant ; *Tacita Muta*, elle, est liée à la magie (les ennemis sont rendus muets) ainsi qu'aux cultes infernaux où le silence est important. La *defixio* doit venir d'autochtones lésés dans leurs intérêts fonciers (partage de terres avec des vétérans ?), politiques peut-être aussi, par les personnages exécrés. Cela s'inscrit dans le contexte plus général de la colonie romaine de *Siscia* (Sisak) qui suscita de nombreux mouvements commerciaux et militaires, entre autres d'Espagnols, dont L. Licinius Sura, collaborateur bien connu de Trajan et nommé dans la *defixio*.
LIEN AVEC LE THÈME DE LA PRIÈRE : principal.
DOMAINE PRÉDOMINANT : latin.
AIRE GÉOGRAPHIQUE : Sisak (Croatie) et Pannonie Supérieure.
CHRONOLOGIE : début du IIe siècle ap. J.-C.

PRINCIPAUX TEXTES ANCIENS : *AIJ* 255-257, n° 557.
NOTIONS : *defixio* – politique – *Tacita Muta* – Save.

B. S.

985—MARKS (R. D.), « *Per uulnera regnum* : Self-destruction, Self-sacrifice and *deuotio* in Punica 4-10 », *Ramus,* 34, 2005, p. 127-151.

RÉSUMÉ : Dans les livres III à X des *Punica* de Silius Italicus, les défaites romaines ainsi que la mort sur le champ de bataille de plusieurs chefs sont subtilement présentées comme autant de rituels de *deuotio*, qui apaiseront les dieux furieux de la décadence de la *uirtus* et qui assureront à Rome, à travers les épreuves, le *regnum* sur le monde.
LIEN AVEC LE THÈME DE LA PRIÈRE : secondaire.
DOMAINE PRÉDOMINANT : latin.
AIRE GÉOGRAPHIQUE : Rome.
CHRONOLOGIE : IIIe siècle av. J.-C. et Ier siècle ap. J.-C.
PRINCIPAUX TEXTES ANCIENS : Silius Italicus, *Punica*, III-X.
NOTIONS : *deuotio*.

A. A.-M.

986—MARSTON (J. M.), « Language of Ritual Cursing in the Binding of Prometheus », *Greek, Roman and Byzantine Studies*, 47, 2007, pp. 121-133.
RÉSUMÉ : L'article soutient qu'à l'époque de la première représentation du *Prométhée enchaîné* d'Eschyle, le supplice du Titan pouvait être interprété en fonction des rituels magiques des défixions. Les actions et le langage d'Héphaïstos et de Kratos, qui est considéré comme l'incarnation du pouvoir de Zeus, peuvent leur attribuer respectivement les rôles de l'intermédiaire et du client. De plus, les conditions et les enjeux de la rivalité entre Zeus et Prométhée évoquent les situations qui avaient rendu courante la pratique de la défixion dans la vie politique athénienne du Ve siècle. À l'appui de sa démonstration, l'A. note qu'une mauvaise compréhension des vers d'Hésiode (*Théogonie*, 615-616), qui se réfèrent au mythe de Prométhée, pourrait constituer le préalable pour l'association du châtiment de Prométhée à ce genre des rites. Le contenu d'une tablette de défixion trouvée à Égine, citant les noms de Kratos et de Bia, est également discuté.
LIEN AVEC LE THÈME DE LA PRIÈRE : principal.
DOMAINE PRÉDOMINANT : grec.
AIRE GÉOGRAPHIQUE : Athènes.
CHRONOLOGIE : Ve siècle av. J.-C.
PRINCIPAUX TEXTES ANCIENS : Eschyle, *Prométhée enchaîné* – Hésiode, *Théogonie* – DTA.
NOTIONS : *defixio* – politique – Bia – Héphaïstos – Kratos – Prométhée – Zeus.

C. R.

987—MARTIN (A.), « 'Souviens-toi de moi dans tes saintes prières' : témoins tardifs de la vitalité du datif grec », *Zeitschrift für Papyrologie und Epigraphik*, 144, 2003, p. 177-180.

RÉSUMÉ : Le datif, dont l'usage tend à décliner dès le début de notre ère, manifeste toutefois encore des signes de vitalité à l'époque protobyzantine, notamment dans un emploi où il concurrence le génitif, à savoir après des verbes signifiant « se souvenir de (μιμνήσκομαι), faire mention de (μνημονεύω) », en particulier dans des formules épistolaires où l'expéditeur se recommande au bon souvenir du destinataire, du type : « Souviens-toi de moi dans tes saintes prières.» De cet emploi, déjà signalé en son temps par L. Radermacher (*Neutestamenltiche Grammatik*, Tübingen, 1925², p. 131), l'A. présente plusieurs autres attestations, papyrologiques et épigraphiques, en général datées du IVᵉ au VIIᵉ siècle ap. J.-C. et chrétiennes. Pour l'A., la convergence de ces attestations montre qu'il ne saurait s'agir d'erreurs de scribes ou de graveurs ; selon lui, un tel emploi peut s'expliquer par le sens originel du datif, qui exprime la personne à l'avantage de qui se réalise l'action exprimée par le verbe ; « Souviens-toi de moi dans tes prières » équivaut à : « Prie pour moi ».
LIEN AVEC LE THÈME DE LA PRIÈRE : secondaire.
DOMAINE PRÉDOMINANT : grec.
AIRE GÉOGRAPHIQUE : Égypte et Moyen-Orient.
CHRONOLOGIE : IVᵉ-VIIᵉ siècle ap. J.-C.
PRINCIPAUX TEXTES ANCIENS : *P.Heid.* I, 6 – *P.Brux.* Inv. E. 7158, 23-26 – *P.Fouad* 89, 5-6 – *P.Berl. Sarisch.* 16, 6 – *IGLS* IV, 1897, 1 ; XXI, 2149, 2 – *SEG* XXXII, 1517, 1-5 – *IG* XIV, 158 – H. Grégoire, *Recueil des inscriptions grecques chrétiennes d'Asie Mineure*, I (Paris 1922), n° 233, 1-3.
NOTIONS : christianisme – formule – prière privée – grammaire.

C. C.

988—MARTIN (M.), *Magie et magiciens dans le monde gréco-romain*, Paris, Errance (Collection des Hespérides), 2005, 291 p.

RÉSUMÉ : Bien qu'occultée dans l'Antiquité par d'autres disciplines comme la philosophie, la magie fut très développée et présente dans la vie quotidienne et intellectuelle. Grâce à elle, tout peut s'accomplir. Le recours aux simples, aux incantations, aux sacrifices et aux prières contraint les forces naturelles, souvent dans le désir de nuire (sorcellerie), d'où la distinction d'avec la théurgie. L'A. examine toutes les sources, spécialement les papyrus et tablettes de *defixio* ; dans de nombreuses œuvres littéraires, il décèle allusions, témoignages et savoirs liés à la magie. Un paragraphe (p. 208-221) précède l'examen des rites magiques (chapitre VI) et analyse le « pouvoir des mots ». Les prières et surtout les incantations ont un pouvoir surnaturel. C'est d'abord le charme de la voix (Orphée, Circé, les Sirènes, les sorcières). Invoquant les divinités chtoniennes et de la nuit au début de la cérémonie, les magiciens veulent contraindre la divinité ;

il mêlent des traits mystérieux : cris rituels, formules incompréhensibles faites d'assonances et d'onomatopées, dont la littérature témoigne (p. 217) et dont Jamblique tenta une explication ; recours à des symboles secrets empruntés à des objets de la vie quotidienne, aux lettres de l'alphabet dont les extrémités sont arrondies... Toutefois, les prières des magiciens ont des affinités avec les prières canoniques, comme le montre le *Chant des frères Arvales* (n° **652**).

LIEN AVEC LE THÈME DE LA PRIÈRE : principal.

DOMAINE PRÉDOMINANT : grec et latin.

AIRE GÉOGRAPHIQUE : monde antique.

CHRONOLOGIE : VIIIe siècle av. J.-C. - IVe siècle ap. J.-C.

PRINCIPAUX TEXTES ANCIENS : Théocrite, II (*Magiciennes*), 10-16 – Lucain, *Guerre civile*, VI, 523-527 ; 695-705 – Jamblique, *Les mystères*, VII, 4-6 – *Chant des frères Arvales* – PGM IV, 2320-2332 ; 2560-2621 ; VIII, 1-60 ; XXXVI, 35-68.

NOTIONS : magie – incantation – contrainte – théurgie – *defixio* – Hécate.

B. S.

989—MARTINA (A.), « La violenta giustizia di Zeus (Aeschyl. *Agam.* 182-183) », *Aevum*, 81, 2007, p. 9-47.

RÉSUMÉ : Une interprétation philologique minutieuse du texte de l'hymne à Zeus de l'*Agamemnon* d'Eschyle (v. 160-183) fournit la clé pour interpréter l'ensemble de la trilogie : la loi suprême de Zeus, de portée universelle, est une χάρις βίαιος (« faveur violente ») qui conduit à la sagesse à partir de l'expérience de la souffrance, au μάθος au travers du πάθος. Ce concept s'éclaire à la lumière d'autres passages de la littérature grecque, en particulier deux fragments de Solon et Pindare.

LIEN AVEC LE THÈME DE LA PRIÈRE : secondaire.

DOMAINE PRÉDOMINANT : grec.

AIRE GÉOGRAPHIQUE : Grèce ancienne.

CHRONOLOGIE : Ve siècle av. J.-C.

PRINCIPAUX TEXTES ANCIENS : Eschyle, *Agamemnon,* 160-183 ; *Euménides* – Solon, fr. 24, 15-17 Diehl (= 36 West) – Pindare, fr. 152 Bowra (= 160 Snell).

NOTIONS : hymne – chœur.

P. P.

990—MARTÍNEZ ASTORINO (P.), « La construcción de la espontaneidad y del sentido en el carmen LXXVI de Catulo », *Myrtia,* 22, 2007, p. 105-115.

RÉSUMÉ : Fondée sur les études critiques les plus récentes et les plus pertinentes de l'oeuvre de Catulle, l'analyse du *Carmen* 76 vise à démontrer que le spontanéisme créateur qui sous-tend la pièce – présenté généralement comme une faiblesse stylistique voire une faute de goût – représente au contraire une forme raffinée d'expressivité subjective. De fait, la charge esthétique de cette poésie éminemment « personnelle » – sensible notamment dans la prière initiale – permet de réfuter la thèse communément reçue de l'échec littéraire de Catulle dans le poème. La valorisation, dans une prière aux dieux, des plus hautes vertus romaines comme la *pietas* et la *fides* ressortit à la défense et illustration de tout un système de valeurs politico-religieuses.

LIEN AVEC LE THÈME DE LA PRIÈRE : secondaire.

DOMAINE PRÉDOMINANT : latin.

AIRE GÉOGRAPHIQUE : Rome.

CHRONOLOGIE : 1ère moitié du Ier siècle av. J.-C.

PRINCIPAUX TEXTES ANCIENS : Catulle, 76.

NOTIONS : amour – invocation – mort – prière privée – supplication – *pietas* – *fides*.

Y. L.

991—MASTROCINQUE (A.), « Le apparizioni del dio Bes nella tarda antichità : a proposito dell'iscrizione di Gornea », *Zeitschrift für Papyrologie und Epigraphik*, 153, 2005, p. 243-248.

RÉSUMÉ : Trouvée dans le camp romain de Gornéa, établi sur la rive gauche du Danube à la fin du IIIe siècle ap. J.-C., l'inscription de onze vers est éditée, traduite et analysée. Il doit s'agir d'une prière motivée par une situation qui est aujourd'hui diversement interprétée ; l'A. songe à une rupture de fiançailles ou à la mort d'une fiancée. Pour obtenir à nouveau que Bès ne soit pas malfaisant, la prière pourrait s'adresser à Osiris auquel Bès était lié.

LIEN AVEC LE THÈME DE LA PRIÈRE : principal.

DOMAINE PRÉDOMINANT : latin.

AIRE GÉOGRAPHIQUE : Gornéa (Roumanie).

CHRONOLOGIE : IVe siècle ap. J.-C.

PRINCIPAUX TEXTES ANCIENS : *IDR* III, 1, 30 = *AE* 1981, 721 et 1982, 836.

NOTIONS : mort – Bès – Osiris.

B. S.

992—MASTROCINQUE (A.), « Pregare Ialdabaoth (il Dio seduto sul settimo cielo nelle preghiere magiche), SFAMENI GASPARRO (G.) éd., *Modi di comunicazione tra il divino e l'umano*, Cosenza, Lionello Giordano (Hierá, 7. Themes and Problems of the History of Religion in Contemporary Europe, 2), 2005, p. 191-222.

RÉSUMÉ : L'A. analyse la conception de la divinité et du cosmos dans des prières transmises par les papyrus magiques grecs (en particulier en analysant les papyrus suivants : *PGM* XXII b 1 ; IV 1007-1030 ; 1167-1226). À partir de ces textes, on peut reconstruire une structure identique au niveau de la doctrine, structure de caractère astrologique et enrichie avec des éléments qui proviennent de traditions religieuses différentes. L'A. remarque la présence de certains éléments dans ces prières, en particulier : la figure d'un Dieu qui est identifié avec le Soleil, la position du Dieu au nord, le nom Ialdabaoth. Ces prières sont liées principalement à la gnose et l'A. détermine des corrélations entre le polythéisme païen (en particulier le texte *Sur Hélios-Roi* de Julien l'Apostat), les doctrines astrologiques chaldéennes (voir par exemple la division du cosmos en sept sphères) et le judaïsme. Par contre, on ne trouve pas d'éléments chrétiens. L'A. souligne que ces textes mettent en évidence la nécessité de bien définir et appeler les divinités, avec des noms grecs, juifs ou magiques.

LIEN AVEC LE THÈME DE LA PRIÈRE : principal.

AIRE GÉOGRAPHIQUE : Égypte romaine.

CHRONOLOGIE : IVe siècle ap. J.-C.

PRINCIPAUX TEXTES ANCIENS : *PGM* XXIIb1 ; IV, 1007-1030 ; 1167-1226.

NOTIONS : culte – magie – épiclèse – judaïsme – gnose.

S. C.

993—MASTROCINQUE (A.), « Late Antique Lamps with 'defixiones'», *Greek, Roman and Byzantine Studies*, 47, 2007, p. 87-99.

RÉSUMÉ : Des travaux menés en 1999 et en 2000 ont permis de mettre au jour, piazza Euclide à Rome, la source sacrée d'Anna Perenna. Ayant fait l'objet d'un culte depuis le Ier siècle av. J.-C. au moins, la fontaine qui était associée à la source a ensuite été comblée au tournant des IVe et Ve siècles. Parmi le matériel archéologique, des défixions sur des lamelles en plomb (et une en cuivre) ont été trouvées dans sept lampes inutilisées et datées de la première moitié du IVe siècle. En se basant sur plusieurs découvertes similaires faites à Némée notamment, où de nombreuses lampes, anépigraphes toutefois, ont été découvertes dans des citernes, l'A. suggère que l'acte de jeter une lampe doit être perçu comme une forme de magie agressive. En effet, les Nymphes, divinités couramment associées aux bassins et aux nymphées, sont devenues dans l'Antiquité tardive, sous l'influence chrétienne, des démons féminins. Les lamelles provenant de Rome, qui étaient positionnées dans les lampes à l'emplacement de la mèche, devaient symboliser une âme humaine et être destinées à stopper une personne. L'acte de jeter une lampe dans une fontaine, devenue le royaume des démons païens, devait ainsi représenter un homicide symbolique.

LIEN AVEC LE THÈME DE LA PRIÈRE : principal.

DOMAINE PRÉDOMINANT : latin.

AIRE GÉOGRAPHIQUE : Rome.

CHRONOLOGIE : Antiquité tardive.

PRINCIPAUX TEXTES ANCIENS : lamelles de plomb, Rome, piazza Euclide.

NOTIONS : adoration – *defixio* – magie.

M. V.

994—MASTROCINQUE (A.) éd., *Sylloge gemmarum gnosticarum*, Rome, Istituto Poligrafico e Zecca dello Stato (Bollettino di numismatica. Monografia, 8, 2, 2), 2008, 246 p.

RÉSUMÉ : Plus de quatre cents gemmes gnostiques (ou magiques, des amulettes) ont été retenues dans ce catalogue abondamment illustré ; ces pièces sont conservées dans plusieurs villes italiennes, mais leur origine, si elle est connue, est diverse et parfois hors d'Italie. Certaines gemmes portent une inscription, transcrite, traduite et annotée. Les dieux sont gréco-romains, égyptiens plus souvent ; Ἰάω (Yahvé) est invoqué aussi, de même que le magique *Abrasax*. Les invocations contiennent vœux (Pérouse 6...), demandes (Florence 111, Pérouse 1, Venise [Mus. civ. Correr] 12) ou encore remerciements. Lettres et signes magiques, symboles des sept planètes se rencontrent aussi.
LIEN AVEC LE THÈME DE LA PRIÈRE : secondaire.
DOMAINE PRÉDOMINANT : grec.
AIRE GÉOGRAPHIQUE : Méditerranée.
CHRONOLOGIE : Empire romain.
PRINCIPAUX TEXTES ANCIENS : gemmes magiques.
NOTIONS : magie – gnosticisme – théonymes – épiclèse – demande – vœu – astrologie – christianisme (rapport avec le).

B. S.

995—MATHIEU (N.), « Au nom des dieux : à la campagne comme à la ville ? Identité et romanité de dévots dans les Gaules d'après l'épigraphie », *Caesarodunum*, 37-38, 2003-2004, p. 429-465.

RÉSUMÉ : Sont étudiées environ 200 inscriptions non urbaines, accompagnant sanctuaires, autels, statues, objets de culte et ex-voto, principalement du IIe siècle ap. J.-C. ; leur répartition géographique accuse quelques inégalités, dûment signalées. De nombreux documents sont cités par courts extraits et l'attention se porte sur les noms des dédicants (listes en annexe) ; la nomenclature de citoyen romain l'emporte modérément sur la nomenclature pérégrine. La manière d'invoquer les dieux, la nomenclature et le rang social des dévots sont semblables aux documents urbains.
LIEN AVEC LE THÈME DE LA PRIÈRE : secondaire.
DOMAINE PRÉDOMINANT : latin.
AIRE GÉOGRAPHIQUE : Gaule romaine.
CHRONOLOGIE : IIe-IIIe siècles ap. J.-C.
PRINCIPAUX TEXTES ANCIENS : *CIL* XIII, passim – *ILTG*, passim.
NOTIONS : ex-voto – offrande – vœu.

B. S.

996—MATTHEY (P.), « Retour sur l'hymne 'arétalogique' de Karpocrate à Chalcis », *Archiv für Religionsgeschichte*, 9, 2007, p. 191-222.

RÉSUMÉ : L'inscription (*SIRIS* 88) étudiée, traduite et analysée concerne le culte d'Isis à Chalcis vers 300 ap. J.-C. L'A. aborde plusieurs problèmes d'interprétation : quelles sont les parts égyptienne, locale et d'adaptation d'un hymne plus ancien ? Karpocrate est ici, en grec, le dieu égyptien Harpocrate ; il se présente à ses fidèles et décline ses qualités ainsi que ses pouvoirs. Dès lors, s'agit-il d'un hymne ou seulement d'une arétalogie à la première personne ? L'A. examine aussi la date controversée de l'inscription et les fonctions de ce Karpocrate, exprimées par une série d'épiclèses qui le rapprochent de Dionysos et d'Apollon.
LIEN AVEC LE THÈME DE LA PRIÈRE : secondaire.
DOMAINE PRÉDOMINANT : grec.
AIRE GÉOGRAPHIQUE : Chalcis (Eubée).
CHRONOLOGIE : fin du IIIe ou début du IVe siècle ap. J.-C.
PRINCIPAUX TEXTES ANCIENS : *SIRIS* 88 – Plutarque, *Isis et Osiris*, 358d-e, 377b-c et 378b-c.
NOTIONS : arétalogie – hymne – épiclèse – épiphanie – Harpocrate – Isis.

B. S.

997—MEDDA (E.), « Aristofane e un inno a rovescio : la potenza di Pluto in Pl. 124-221 », *Philologus*, 149, 2005, p. 12-27.

RÉSUMÉ : Le dialogue entre Chrémyle et son esclave Carion est une parodie de prière et d'hymne, relevée antérieurement (n° **291**), mais qui n'a jamais connu d'analyse approfondie. L'A. relève la finesse des procédés comiques, la parodie du langage religieux (détournements de sens), l'ambiguïté des répliques qui présentent Ploutos, l'inversion des rôles : Ploutos est vieux, aveugle et accepte l'aide de Chrémyle, un mortel ; une sorte de *da ut dem* adressé par le dieu à un mortel.
LIEN AVEC LE THÈME DE LA PRIÈRE : principal.
DOMAINE PRÉDOMINANT : grec.
AIRE GÉOGRAPHIQUE : Grèce.
CHRONOLOGIE : 388 av. J.-C.
PRINCIPAUX TEXTES ANCIENS : Aristophane, *Ploutos*, 124-221.
NOTIONS : hymne – parodie – Ploutos.

B. S.

998—MELIADÒ (C.), « P Chic 1061 = P LitGoodspeed 2 : proposte di lettura ed interpretazione », *Zeitschrift für Papyrologie und Epigraphik*, 150, 2004, p. 49-58.

RÉSUMÉ : L'A. propose une nouvelle édition du texte d'un papyrus littéraire, retrouvé en plusieurs fragments, qui fut acquis au Caire en 1900 par Goodspeed et dont l'*editio princeps* remonte à 1903. Fruit d'une copie de l'original, il comporte un poème consacré à Arsinoé-Aphrodite et date de la fin du IIe siècle ou du début du IIIe. L'œuvre a été interprétée par le premier éditeur (Goodspeed, 1903 et 1908) comme la production d'une école alexandrine du IIe siècle avant notre ère qu'il faut peut-être considérer comme un épithalame en l'honneur du mariage entre Arsinoé II et Ptolémée II Philadelphe ou bien, selon Powell (1918), comme un ensemble d'hymnes consacrés à Arsinoé, Apollon et Dionysos. Selon l'A., ce serait plutôt un hymne dédié à Arsinoé-Aphrodite, sans que l'on puisse exclure qu'il s'agit d'une composition en l'honneur des deux souverains, mais nullement à l'occasion de leur mariage, car Arsinoé apparaît déjà comme déifiée sous la forme Arsinoé-Aphrodite.
LIEN AVEC LE THÈME DE LA PRIÈRE : secondaire.
DOMAINE PRÉDOMINANT : grec.
AIRE GÉOGRAPHIQUE : Égypte.
CHRONOLOGIE : époque hellénistique.
PRINCIPAUX TEXTES ANCIENS : *P.Chic.* 1061.
NOTIONS : hymne – Aphrodite – Arsinoé – Ptolémée II Philadelphe.

M. V.

999—MICHALOPOULOS (A. N.), « Fighting against a Witch : the Importance of Magic in Hypsipyle's Letter to Jason (Ov., *Her.* 6) », *Mene*, 4, 2004, p. 95-122.

RÉSUMÉ : Bien qu'il juge la magie sans utilité en amour (*Art d'aimer*, II, 99 et suiv., etc.), Ovide lui fait une place dans son œuvre et particulièrement dans la sixième héroïde : Hypsipyle ne voit dans Médée qu'une *uenefica* (19, 85-93) ; dans la douzième héroïde, Médée parle plutôt d'*ars* (*magica*) (2, 167) ou de *medicamina* (15, etc.) et non de *uenena*. Pour Hypsipyle, Médée est une Furie, elle détourne le cours de la Lune, provoque des éclipses de Soleil, arrête les cours d'eau, déplace les rochers (cf. Orphée : originalité d'Ovide), recueille les ossements, pratique l'envoûtement et les malédictions (*deuouet*, 91), elle perce des effigies avec une aiguille. L'intertexte (Apollonios de Rhodes, Euripide, les autre poètes augustéens) montre que l'Hypsipyle d'Ovide multiplie les traits de magie pour noircir Médée aux yeux de Jason (et son propre passé criminel à Lemnos, avec le massacre des maris). Ce n'est toutefois pas assez pour la calmer : à la fin (151-164), elle qui se prétend bonne, se livre à la magie qu'elle vient de condamner et maudit sa rivale dans une *defixio* en règle, invoquant Jupiter *iustus*, avec les mots et une syntaxe caractéristiques.
LIEN AVEC LE THÈME DE LA PRIÈRE : secondaire.
DOMAINE PRÉDOMINANT : grec et latin.
AIRE GÉOGRAPHIQUE : monde antique.
CHRONOLOGIE : Ier siècle av. J.-C.
PRINCIPAUX TEXTES ANCIENS : Ovide, *Héroïdes*, VI (surtout 151-164).

NOTIONS : *defixio* – prière juridique – magie.

B. S.

1000—MIKALSON (J. D.), *Ancient Greek Religion*, Oxford, Blackwell (Blackwell Ancient Religions), 2005, XIV-225 p.

RÉSUMÉ : Dans ce panorama de la religion grecque, la prière est plusieurs fois mentionnée, à titre d'élément important du culte, de pair avec les sacrifices (passim). La prière, comme les offrandes, vise à obtenir l'aide des dieux (p. 49-50). Les dieux étant spécialisés par leurs épithètes fonctionnelles, l'orant doit choisir l'épithète qui convient à la situation, s'il veut que sa prière soit efficace (p. 33). Aristophane offre une parodie des prières qui ouvraient les séances de l'assemblée du peuple (p. 176-177). L'A. analyse le mécanisme et la signification des ex-voto (p. 14-15) et souligne l'importance des serments dans la vie publique (p. 177-178).
LIEN AVEC LE THÈME DE LA PRIÈRE : secondaire.
DOMAINE PRÉDOMINANT : grec.
AIRE GÉOGRAPHIQUE : monde grec.
CHRONOLOGIE : général.
PRINCIPAUX TEXTES ANCIENS : Hésiode, *Les travaux et les jours*, 465 et 726 – Aristophane, *Thesmophories*, 295-371 – Platon, *Euthyphron*, 14b – Isocrate, *Panégyrique*, 43 – Isée, *Sur la succession de Chiron* (8), 16 – Démosthène, *Contre Timocrate* (24), 149-151 – Lycurgue, *Contre Léocrate*, 79 – Isidôros, *Premier hymne à Isis*.
NOTIONS : ex-voto – politique – prière publique – sacrifice – serment.

L. P.

1001—MOORE (T. J.), « Confusing the Gods : Plautus, *Cistellaria* 512-527 », KONRAD (C. F.) éd., *Augusto augurio. Rerum humanarum et divinarum commentationes in honorem Jerzy Linderski*, Stuttgart, Steiner, 2004, p. 53-67.

RÉSUMÉ : L'échange entre la *lena* Melaenis et le jeune Alcesimarchus, amoureux contrarié de la fille de cette *lena*, est une parodie de prière (déjà Chapot et Laurot n° **615**, p. 242). L'A. identifie les dieux invoqués (e.a. *Iouis supremi filia* 513 : il s'agit non de Minerve, mais de Junon ; *eius* 514 et *illius* 515 : Junon, et non Jupiter), attribue des répliques (516 : Melaenis parle) et examine des problèmes textuels. Cette parodie de prière a trois caractéristiques. *Copia* : Alcesimarchus ne respecte ni les tournures ni l'ordre, invoquant d'abord tous les dieux, *supremi atque inferi, medioxumi* (512), au lieu de commencer par le dieu que son serment concerne ; ensuite, il invoque Junon, puis Jupiter (l'ordre inverse prévaut), utilise des épithètes généalogiques grecques au lieu de romaines. Autre caractéristique, les *tricôla* (effet comique, 522). Enfin, abus de l'anaphore *ita*. Alcesimarchus tient des propos assez confus (assimilant *meretrix* et *matrona...*).

LIEN AVEC LE THÈME DE LA PRIÈRE : principal.
DOMAINE PRÉDOMINANT : latin.
CHRONOLOGIE : fin du IIIe siècle av. J.-C.
PRINCIPAUX TEXTES ANCIENS : Plaute, *Cassette*, 512-527.
NOTIONS : parodie – épithète – serment – comédie.

B. S.

1002—MORAND (A.-F.), « Oppositions et jeux phoniques dans les 'Hymnes Orphiques' » , KOLDE (A.), LUKINOVICH (A.) et REY (A.-L.) éd., Κορυφαίῳ ἀνδρί : *mélanges offerts à André Hurst,* Genève, Droz (Recherches et rencontres, 22), 2005, p. 223-233.

RÉSUMÉ : Dans le texte à première vue assez dépouillé que sont les *Hymnes orphiques*, il s'agit, à partir des jeux phoniques, de relever les figures polaires ou les oxymores, l'importance accordée aux sons dans le genre rituel de l'hymne en général et dans les *Hymnes orphiques* en particulier, où ils aident à comprendre les croyances.
LIEN AVEC LE THÈME DE LA PRIÈRE : secondaire.
DOMAINE PRÉDOMINANT : grec.
AIRE GÉOGRAPHIQUE : Asie mineure.
CHRONOLOGIE : Ier-IIIe siècle av. J.-C.
PRINCIPAUX TEXTES ANCIENS : *Hymnes Orphiques*.
NOTIONS : hymne – poésie – rite.

A. A.-M.

1003—MOTTE (A.), « L'expression de l'émotion musicale dans les *Hymnes homériques* de l'époque archaïque », *Kernos*, 21, 2008, p. 155-172.

RÉSUMÉ : L'allégresse est continue dans la partie délienne de l'*Hymne à Apollon* ; « la marche rythmée et le chant inspiré du péan » (p. 162) de la suite pythique et de la procession vers Delphes sont compris comme une manière d'entrer en communion étroite avec le dieu (v. 514-519). Dans l'*Hymne à Hermès*, l'emprise de la musique tirée de la lyre est décrite de façon expressive (v. 418 et suiv.) et fait l'admiration du frère aîné, Apollon, qui pardonne alors à Hermès le vol des vaches. Ici, les hommes sont absents : la musique est chose divine (p. 169), mais les dieux en ont fait cadeau aux hommes pour qu'ils entrent en contact avec eux.
LIEN AVEC LE THÈME DE LA PRIÈRE : secondaire.
DOMAINE PRÉDOMINANT : grec.
CHRONOLOGIE : époque archaïque grecque.

PRINCIPAUX TEXTES ANCIENS : *Hymnes homériques à Apollon et à Hermès.*
NOTIONS : musique – émotion – hymne.

B. S.

1004—MOYER (I. S.), « Notes on Re-reading the Delian Aretalogy of Sarapis (IG XI.4,1299) », *Zeitschrift für Papyrologie und Epigraphik*, 166, 2008, p. 101-107

RÉSUMÉ : L'A. propose une révision de la date de l'inscription (fin du IIIe ou début du IIe siècle av. J.-C., d'après la paléographie), ainsi que plusieurs nouvelles lectures pour l'hymne à Sarapis qu'elle contient.
LIEN AVEC LE THÈME DE LA PRIÈRE : principal.
DOMAINE PRÉDOMINANT : grec.
AIRE GÉOGRAPHIQUE : Délos.
CHRONOLOGIE : IIIe/IIe siècle av. J.-C.
PRINCIPAUX TEXTES ANCIENS : *Arétalogie de Sarapis de Délos* (*IG* XI, 4, 1299).
NOTIONS : arétalogie – hymne – Sarapis.

P. H.

1005—MURRAY (P.) et WILSON (P. J.) éd., *Music and the Muses* : *The Culture of Mousike in the Classical Athenian City,* Oxford, University Press, 2004, XIII-438 p.

RÉSUMÉ : Treize spécialistes étudient la musique dans l'Athènes classique. A. Hardie (p. 11-37) cherche à déterminer le rôle joué par les Muses ou plutôt la μουσική dans les cultes à mystère. B. Kowalzig (p. 39-65) met en valeur la place importante occupée dans l'État athénien par les chœurs. I. Rutherford (p. 67-90) s'est intéressé à la fonction impartie à la musique et aux θεωρίαι dans les relations d'Athènes avec les autres cités, en particulier Délos et Delphes et leurs sanctuaires. P. Ceccarelli (p. 91-117) propose une réflexion sur les connotations religieuses d'une danse mal connue, la pyrrhique. E. Stehle (p. 121-155) jette une lumière originale sur la prière dans les chœurs de la tragédie, en approfondissant la notion de rituel et en soulignant que celui-ci n'est jamais représenté dans une pièce pour lui-même, mais en liaison avec les thèmes du drame. C. Calame (p. 157-184) étudie divers aspects de la voix du chœur dans les comédies d'Aristophane. Les deux essais suivants sont centrés sur la musique nouvelle qui se développe à Athènes à la fin du Ve siècle : A. Barker (p. 185-204) émet ainsi l'hypothèse que le Rossignol des *Oiseaux* d'Aristophane incarnerait les ridicules de cette musique, tandis qu'E. Csapo (p. 207-248) trace un vaste tableau de la révolution musicale que connut cette époque. R. Wallace (p. 249-267), par un examen de la carrière du musicien Damon, conseiller de Périclès, revient aux liens dans la pensée antique entre musique et vie politique de la cité, comme P. Wilson (p. 269-306) qui montre comment la musique traditionnelle athénienne, apollinienne, symbolisait dans l'esprit d'un Platon l'ordre dans la cité, alors que la musique nouvelle, celle de l'*aulos*, apparaissait représentative d'un désordre démocratique et dionysiaque. A. Ford (p. 309-336) se concentre pour sa part sur le rôle tenu par la μουσική dans l'éducation grecque à partir du livre VIII de la *Politique* d'Aristote. V. Wohl (p. 337-363) propose, notamment à partir du *Banquet* de Xénophon, un essai consacré à la musique et à la danse de banquet. Le volume s'achève sur un article de P. Murray (p. 365-389) qui interroge la figure des Muses elles-mêmes et le rôle structurant qui a pu être le leur à Athènes dans la création artistique et intellectuelle, non seulement poétique et historique, mais aussi rhétorique et philosophique. Le thème de la prière apparaît un peu dans l'étude de I. Rutherford, mais surtout dans les articles de A. Hardie (musique et cultes à mystère), P. Ceccarelli (sur la pyrrhique) et E. Stehle (les chœurs de la tragédie).

LIEN AVEC LE THÈME DE LA PRIÈRE : secondaire.

DOMAINE PRÉDOMINANT : grec.

AIRE GÉOGRAPHIQUE : Athènes.

CHRONOLOGIE : Ve siècle av. J.-C.

PRINCIPAUX TEXTES ANCIENS : Xénophon – Euripide – Aristophane – Platon – Aristote.

NOTIONS : musique – chœur – politique – tragédie – danse – mystères – Apollon – Dionysos.

A. A.-M.

1006—NAIDEN (F. S.), *Ancient Supplication*, Oxford, University Press, 2006, XIV-426 p.

RÉSUMÉ : Tour d'horizon détaillé de la pratique de la supplication, dont les quatre étapes sont définies dans le chapitre 1 : démarche du suppliant auprès du supplié (*supplicandus*) ; gestes (possibles, car ils ne sont pas toujours attestés et les paroles peuvent les remplacer) ; présentation argumentée de la requête ; enfin, la réponse du supplié. Panorama de la recherche (e.a. Gould n° 222). Les chapitres 2-3 analysent chacune des quatre étapes, dont la troisième est particulièrement détaillée : importance de la forme que revêt la requête, différences entre genres littéraires. Parmi les nombreux textes mentionnés, parfois cités, les supplications adressées aux dieux. Soit la réponse du supplié est positive et l'hospitalité accordée à l'exclu, la *xenia*, en est une conséquence ; avec les dieux pour témoins, le supplié donne des garanties ; la sincérité du suppliant est une condition dirimante. Soit la réponse du supplié est négative (l'A. a calculé un nombre équivalent des deux types de réponse) : expulsion du suppliant et même parfois sa mise à mort en cas de violation du rituel. Les chapitres 4-5 examinent l'aspect juridique en Grèce et, plus complexe, à Rome, où naît la notion de clémence (distincte du pardon habituel) ; les magistrats puis l'empereur sont des *supplicandi*. Le dernier chapitre montre que la supplication, pratique quasi légale, ultime recours pour certains, pourrait être comparée aux droits de l'homme aujourd'hui. Les appendices classent par auteurs les actes de supplication, avec les identités du suppliant et du supplié (ce dernier est parfois un dieu), les mots grecs et latins désignant la démarche (*supplex*, ἱκέτης et mots apparentés, λίσσομαι...) et les gestes (auprès d'un autel, mains tendues, prosternation vers les pieds ou les genoux), enfin le type de réponse.

LIEN AVEC LE THÈME DE LA PRIÈRE : principal.

DOMAINE PRÉDOMINANT : grec et latin (occasionnellement, hébreu et proche-oriental).

AIRE GÉOGRAPHIQUE : monde gréco-romain.

CHRONOLOGIE : VIIIe siècle av. J.-C. - Empire romain.

PRINCIPAUX TEXTES ANCIENS : Homère, *Iliade*, I, 495-530 ; *Odyssée*, XIII, 226-351 ; XXII, 310 et suiv. – Eschyle, *Euménides*, 1-93 ; 276-488 ; *Suppliantes*, 1-624 – Sophocle, *Œdipe roi*, 19-21 ; *Œdipe à Colone*, 1156-1205 – Euripide, *Andromaque*, 1-412 ; *Ion*, 1255-1613 ; *Suppliantes*, 1-361 – Xénophon, *Anabase*, I, 6, 7 – Thucydide, I, 126-127 – Pausanias, VII, 1, 8 – Plutarque, *Histoires d'amour* (CUF, t. X), 774f – Philostrate, *Vie d'Apollonios de Tyane*, IV, 11 – Plaute, *Cordage*, 559-869 – Tite-Live, XXX, 20, 6 – Virgile, *Énéide*, VI, 42-155 – Ovide, *Fastes*, IV, 317-327 ; *Métamorphoses*, IX, 413-417 – Sénèque, *Hercule furieux*, 202-523.

NOTIONS : supplication – rite – gestuelle – droit – ἱκεσία.

B. S.

1007—NEMETI (S.), « Magische Inschriften aus Dakien », *Latomus*, 64, 2005, p. 397-403.

RÉSUMÉ : L'article porte sur quatre gemmes trouvées en Dacie. Deux d'entre elles présentent sur une face une figure divine de Genius, aux pieds en forme de serpent et tête de coq, les deux autres des inscriptions. Leur examen montre que, contrairement à une opinion reçue, il ne s'agit pas d'instruments de la gnostique basilidienne, mais d'instruments magiques, en relation avec la magie médicinale, commune à l'ensemble de l'Empire romain.

LIEN AVEC LE THÈME DE LA PRIÈRE : secondaire.

AIRE GÉOGRAPHIQUE : Dacie.

CHRONOLOGIE : Empire romain.

PRINCIPAUX TEXTES ANCIENS : gemmes magiques.

NOTIONS : magie – médecine.

M. C.

1008—NEUMANN-HARTMANN (A.), « Der Paian des Philodamos an Dionysos und der Ausbruch des 4. Heiligen Krieges », *Museum Helveticum*, 61, 2004, p. 9-31.

RÉSUMÉ : L'A. discute le *Péan à Dionysos* de Philodamos et aborde deux questions précises : Qui fut le commanditaire du poème ? Quel est le rapport du poème avec son contexte historique ? Après avoir passé en revue la bibliographie sur le sujet (1895-2001), l'A. présente le texte du péan, où figurent une biographie de Dionysos (str. 1-6), une justification de l'introduction du culte de Dionysos dans le sanctuaire d'Apollon au IVᵉ siècle av. J.-C. (str. 6-11), une demande visant à ce que les auditeurs acceptent Dionysos à Delphes (str. 12) et, après chaque strophe, un refrain demandant à Dionysos de protéger Delphes. Selon l'A., la première exécution du péan aurait eu lieu à Delphes, durant la fête des Théoxénies du printemps 339, quelques mois avant le début de la quatrième guerre sacrée (automne 339), à un moment où les tensions et la rivalité grandissante entre les membres de l'amphictyonie menaçaient l'unité de celle-ci. Les commanditaires possibles seraient les prêtres et les citoyens de Delphes, peut-être aussi certains hiéromnémons de l'amphictyonie, mais certainement pas les représentants d'Athènes ou d'Amphissa ni leurs alliés. Le but du péan serait double : présenter l'introduction de Dionysos dans le sanctuaire de Delphes et prévenir les tensions au sein de l'amphictyonie, Dionysos devenant le dieu qui réconcilie les membres de l'amphictyonie entre eux.

LIEN AVEC LE THÈME DE LA PRIÈRE : secondaire.
AIRE GÉOGRAPHIQUE : Grèce centrale (Béotie, Thèbes, Orchomène, Eubée, Delphes, Attique, Athènes, Éleusis, Thessalie, Macédoine, Amphissa).
CHRONOLOGIE : IVᵉ siècle av. J.-C.
PRINCIPAUX TEXTES ANCIENS : Philodamos, *Péan à Dionysos* – Eschine, *Contre Ctésiphon*, 115-129 – Démosthène, *Sur la couronne* (18), 143-159 – Pausanias, X, 19, 4.
NOTIONS : péan – épiclèse – culte – Dionysos – Delphes – Théoxénies.

E. V.

1009—NISOLI (A. G.), « Parole segrete : le 'defixiones'», *Acme*, 60, 2007, fasc. 3, p. 36-46.

RÉSUMÉ : L'A. définit les *defixiones*, malédictions aux caractéristiques précises, dirigées contre un adversaire ou un rival, écrites habituellement sur des lamelles de plomb et déposées dans le sous-sol d'un sanctuaire dédié à une divinité chtonienne ou dans une tombe (souvent d'une personne morte soit prématurément soit par violence). Il s'agit de rendre inefficace l'adversaire ; le *defigens* invoque la divinité et recourt à des formules que l'A. relève par quelques exemples, y compris de malédictions à caractère juridique.
LIEN AVEC LE THÈME DE LA PRIÈRE : secondaire.
DOMAINE PRÉDOMINANT : grec.
AIRE GÉOGRAPHIQUE : monde grec.
CHRONOLOGIE : IVᵉ siècle av. J.-C. et suiv.
PRINCIPAUX TEXTES ANCIENS : *DT* et *DTA*, passim.
NOTIONS : *defixio* – prière juridique.

B. S.

1010—NOUSSIA (M.), « La preghiera del filosofo : Cratete Tebano, *SH* 359 », PRETAGOSTINI (R.) et DETTORI (E.) éd., *La cultura letteraria ellenistica : persistenza, innovazione, trasmissione*, Rome, Quasar, 2007, p. 125-139.

RÉSUMÉ : Cet article porte sur la prière contenue dans le fragment *SH* 359 de Cratès de Thèbes. L'A. analyse cette prière par rapport à son modèle principal, Solon, et par rapport aux autres éléments dérivés de différents auteurs. À travers une comparaison détaillée entre le vocabulaire utilisé par Cratès, Solon et d'autres, l'A. montre de quelle façon le texte de Cratès est une nouvelle élaboration en termes parodiques de différents éléments conventionnels et traditionnels. En même temps, Cratès transforme le texte en le personnalisant avec les idées du stoïcisme et l'A. met en évidence le sérieux du contenu et du message de la prière. Particulièrement important dans cette dernière perspective est le rapport du texte avec la prière de Socrate dans le *Phèdre* (279b-c) de Platon.
LIEN AVEC LE THÈME DE LA PRIÈRE : principal.
AIRE GÉOGRAPHIQUE : monde grec.
CHRONOLOGIE : VIIe-IIIe siècle av. J.-C.
PRINCIPAUX TEXTES ANCIENS : Cratès de Thèbes, *SH* 359 – Solon, *Élégie aux Muses* (fr. 1 Diehl = 1 G.-P. = 13 West) – Platon, *Phèdre*, 279b-c.
NOTIONS : philosophie – stoïcisme – demande – parodie – vocabulaire.

S. C.

1011—NUTI (A.), « Tra indagine etimologica ed isoglosse culturali : antico irlandese *occhan*, 'esortazione formale', 'preghiera', latino *iocus* e indeuropeo **iek-* », *Archivio glottologico italiano*, 88, 2003, p. 5-28.

RÉSUMÉ : L'A. décrit d'abord le riche vocabulaire de l'ancien irlandais pour exprimer l'exhortation et l'incitation des guerriers dans le combat, l'insulte envers l'adversaire ; il se concentre ensuite sur le terme *occhan* et les termes apparentés. L'A. distingue les termes *occhan, ochán, achan, ochen* de formes similaires, mais ayant les caractéristiques d'un langage moins articulé et parfois onomatopéique. Il montre que *occhan, ochán* et *achan* sont une exhortation guerrière et *ochen* une litanie de type religieux ou une prière, et qu'ils sont des formes plus complexes et formalisées liées à la ritualité. L'A. propose donc une étymologie commune de *occhan, ochán, achan, ochen* : **och-* qui viendrait de l'indo-européen **iok-/*iek-* avec la valeur de « parler » dans un contexte solennel et parfois lié à la prière. Le terme correspondant en latin, dérivé de la même racine indo-européenne, est *iocus* qui a perdu la valeur religieuse et rituelle et qui désigne une plaisanterie verbale. À ce propos, l'A. rappelle les *ioci militares* (et d'autres formes de *iocus*) en soulignant leur caractère rituel, leur forme conventionnelle et bien structurée. Des traces de la valeur religieuse peuvent être trouvées par exemple dans les *Tables Eugubines* où les formes *iuku* ou *iuka* signifient prière, formule religieuse.

LIEN AVEC LE THÈME DE LA PRIÈRE : secondaire.
DOMAINE PRÉDOMINANT : latin et vieil irlandais.
AIRE GÉOGRAPHIQUE : monde indo-européen.
CHRONOLOGIE : général.
PRINCIPAUX TEXTES ANCIENS : textes latins et en vieil irlandais.
NOTIONS : vocabulaire – guerre – rite – imprécation – *iocus*.

S. C.

1012—OGDEN (D.) éd., *A Companion to Greek Religion*, Oxford, Blackwell (Blackwell Companions to the Ancient World), 2007, XXI-497 p.

RÉSUMÉ : À l'instar des volumes de la collection, il s'agit d'un recueil d'études couvrant une thématique large et ambitionnant de faire le point des recherches. Le cadre chronologique va de l'époque archaïque à l'âge hellénistique. Parmi les vingt-sept contributions, il convient de distinguer ici la 3ᵉ partie, « Communication avec le divin », qui débute avec W. D. Furley (voir n° **921**) sur les prières et les hymnes. J. N. Bremmer (p. 132-144), examinant les étapes et les variations spatiales et temporelles du sacrifice, évoque la prière qui précède immédiatement ce dernier et en est une partie obligée (p. 136) ; le but premier est la communication avec les dieux. Pour P. Bonnechère (p. 145-159), la divination est une constante chez l'homme : interroger les dieux sur le futur, mais aussi sur le passé et le présent, et parfois à propos de la vie quotidienne la plus banale. Sur le mode d'une relation personnelle, le dieu est interrogé et accepte de communiquer certaines connaissances ; la divination est simplement ce qui permet à l'homme d'être réceptif (voir l'*Hymne homérique à Apollon*) ; toutefois, les modes de réception sont divers, avec les risques de manipulation des oracles, d'ambiguïté, de charlatanisme... D'où, l'importance de la formulation (p. 148). Nombre des oracles qui nous sont parvenus furent rédigés après l'évènement, mais ils sont intéressants comme reflets des mentalités. Le prophète, dépossédé de sa conscience (*ekphrôn*), parle sous l'inspiration du dieu (l'enthousiasme). Dans les autres parties, deux chapitres encore ont la prière en marge : B. Dignas (p. 163-177), décrivant la vie quotidienne d'un sanctuaire, évoque avec Hérondas les fidèles et M. W. Dickie (p. 357-370), sur la magie, présente les *defixiones* sur lamelles de plomb.
LIEN AVEC LE THÈME DE LA PRIÈRE : principal.
DOMAINE PRÉDOMINANT : grec.
AIRE GÉOGRAPHIQUE : monde grec.
CHRONOLOGIE : 776-30 av. J.-C.
PRINCIPAUX TEXTES ANCIENS : *Hymne homérique à Apollon*, 247-293 – Hérondas, *Mimes*, IV.
NOTIONS : communication – sacrifice – divination – magie – sanctuaire – *defixio*.

B. S.

1013—OLIVIERI (O.), « L''Inno ad Apollo Ptoios' di Pindaro (Hymn. frr. 51 a-d Maehl.) », *Quaderni Urbinati di cultura classica*, n. s., 76, 2004, p. 55-69.

RÉSUMÉ : L'A. étudie l'*Hymne à Apollon Ptoios* de Pindare. Elle présente les données archéologiques du temple dédié au héros local Ptoios sur le mont de Béotie homonyme, les variations qu'apporte Pindare au mythe de l'installation du dieu Apollon sur ce mont Ptoion, la fondation du sanctuaire et de l'oracle apollinien. Elle démontre que Pindare, poète intéressé par les mythes et les cultes de sa cité natale, Thèbes, remanie considérablement la généalogie canonique du héros local Ptoios (faisant de lui le fils d'Apollon) et accepte la présence du prophète thébain Ténéros dans le sanctuaire apollinien du mont Ptoion, afin de soutenir les revendications hégémoniques de Thèbes sur le sanctuaire et de complaire à ses commanditaires thébains.
LIEN AVEC LE THÈME DE LA PRIÈRE : secondaire.
DOMAINE PRÉDOMINANT : grec.
AIRE GÉOGRAPHIQUE : Thèbes (Béotie).
CHRONOLOGIE : période archaïque.
PRINCIPAUX TEXTES ANCIENS : Pindare, fr. 51a-d Snell-Maehler.
NOTIONS : hymne – culte – oracle – Apollon Ptoios – Ptoios – Ténéros.

E. V.

1014—OUDOT (E.), « Une fête athénienne méconnue dans le *Panathénaïque* d'Aelius Aristide (§ 363 Lenz-Behr / § 368 Dindorf) », BRILLET-DUBOIS (P.) et PARMENTIER (E.) éd, *Φιλολογία. Mélanges offerts à Michel Casevitz*, Lyon, Maison de l'Orient et de la Méditerranée (Collection- 35 ; série littéraire et philosophique, 9), 2006, pp. 269-276.

RÉSUMÉ : Dans le long éloge d'Athènes qui figure au cœur du *Panathénaïque*, Aelius Aristide évoque les manifestations religieuses et les cultes liés à la cité. La mention d'une « procession pythiade » pose un problème d'interprétation, car elle renvoie aux Pythia, les jeux proprement delphiques, dont la paternité n'était pas athénienne. Le rapprochement avec des sources épigraphiques (décrets de remerciement adressés par les autorités de l'amphictyonie à la guilde des technites dionysiaques athéniens, et deux péans, composés par les technites Athènaios et Liménios) permet de lire Πυθαΐδα dans le texte d'Aristide au lieu de Πυθιάδα. Il s'agirait donc de la *Pythaïde*, procession solennelle, organisée par les Athéniens, qui devait se rendre de l'Acropole au sanctuaire de Delphes pour offrir à Apollon Pythien des sacrifices, des manifestations artistiques et des hymnes. Cette correction permet d'éclairer le propos d'Aristide, à savoir la célébration du rôle d'Athènes dans le culte d'Apollon.
LIEN AVEC LE THÈME DE LA PRIÈRE : secondaire.
DOMAINE PRÉDOMINANT : grec.

AIRE GÉOGRAPHIQUE : Athènes et Delphes.
CHRONOLOGIE : Ve siècle av. J.-C. - IIIe siècle ap. J.-C.
PRINCIPAUX TEXTES ANCIENS : Aelius Aristide, *Panathénaïque*, 363 Lenz-Behr = 368 Dindorf.
NOTIONS : éloge – procession – Apollon – Pythaïde.

C. P.

1015—PACE (G.), « Le preghiere del coro nel *Reso* », MEDAGLIA (S. M.) éd., *Miscellanea in ricordo di Angelo Raffaele Sodano*, Naples, Guida (Università degli Studi, Salerno. Quaderni del Dipartimento di Scienze dell'Antichità, 29), 2004, p. 247-277.

RÉSUMÉ : Dolon décide de sortir de Troie pour espionner les Grecs et, en fait, aussi pour en tuer ; Rhésos, roi thrace, aidera les Troyens (*Iliade*, X). Euripide met dans la bouche du Chœur une invocation à Hermès (216-218), « prince des voleurs », ce qui correspond à un des aspects du dieu (et de Dolon). La prière à Apollon (224-232), de plan ternaire (invocation, demande et motivation), est typiquement homérique ; ses épithètes correspondent à un culte troyen et aux fonctions d'Apollon, guide et archer ; la motivation peut se résumer en *da quia dedisti* : Apollon est *pancratès*, épiclèse réservée à Zeus. Les v. 342-379 ne sont pas une prière, mais un hymne, louange de Rhésos, homme aux origines divines comparé à Zeus *phanaios* (355) et *eleutherios* (358) ; son arrivée est comme une épiphanie ; comparé à Arès, il est, à la fin, *theos*. Les prières sont replacées par l'A. dans le déroulement de l'action tragique, elle-même comparée au récit d'Homère.
LIEN AVEC LE THÈME DE LA PRIÈRE : principal.
DOMAINE PRÉDOMINANT : grec.
AIRE GÉOGRAPHIQUE : Grèce.
CHRONOLOGIE : Ve siècle av. J.-C.
PRINCIPAUX TEXTES ANCIENS : Euripide, *Rhésos* – Homère, *Iliade*, X.
NOTIONS : invocation – hymne – épiclèse – épiphanie – guerre – Apollon – Hermès.

B. S.

1016—PACE (G.), « Alcesti, la migliore delle madri : tra Hestia e Admeto », *Paideia*, 61, 2006, p. 365-387.

RÉSUMÉ : Comment Alceste peut-elle concilier son devoir de mère et le sacrifice de sa vie en échange de la vie sauve de son mari, Admète ? Euripide met dans sa bouche une prière à Hestia, sous forme de supplication (*hikesia*, 163-169) : se jetant aux pieds (*prospitnô*) de sa statue (?), elle lui confie ses fils, l'appelant Hestia *despoina ;* ce mot est une épiclèse de Perséphone, une allusion à une situation commune entre la vie et la mort. Le rite (159-161 : ablutions...) est semblable à celui du mariage : Alceste songe au maintien de la famille. Son discours à Admète (280-325), imprégné de procédés rhétoriques, est analogue à une prière : le souci de la famille et l'avenir de ses fils. Ainsi, dans ces deux passages, Alceste cherche à concilier ses devoirs de mère et d'épouse, en obtenant l'aide et l'assentiment d'Hestia comme d'Admète.

LIEN AVEC LE THÈME DE LA PRIÈRE : principal.

DOMAINE PRÉDOMINANT : grec.

PRINCIPAUX TEXTES ANCIENS : Euripide, *Alceste*, 163-169 ; 280-325.

NOTIONS : supplication – ἱκεσία – Hestia *despoina*.

B. S.

1017—ΠΑΠΑΔΟΓΙΑΝΝΑΚΗ (PAPADOGIANNAKI) (E.), « Ο θρήνος στους *Πέρσες* του Αισχύλου: οι απαρχές του επιτάφιου λόγου » (O thrênos stous *Perses* tou Aischylou : oi aparches tou epitafiou logou), *Αριάδνη (Ariadnè)* 11, 2005, pp. 76-89.

RÉSUMÉ : Dans les *Perses* d'Eschyle, les thrènes ne sont pas exécutés par des femmes et leur thématique diffère de celle des κομμοί d'autres tragédies, car ils ne se réfèrent pas à un seul défunt connu, mais à plusieurs morts anonymes. L'A. compare leur structure, ainsi que les éléments qui résultent de la gestuelle décrite, à la forme et à la pratique des oraisons funèbres qui étaient prononcées en public à Athènes après la réglementation du deuil imposée par les lois de Solon. Les motifs similaires des chants des *Perses* et de l'*Oraison funèbre* de Lysias sont notamment mis en vedette.

LIEN AVEC LE THÈME DE LA PRIÈRE : secondaire.

DOMAINE PRÉDOMINANT : grec.

AIRE GÉOGRAPHIQUE : Athènes.

CHRONOLOGIE : V^e-IVe siècles av. J.-C.

PRINCIPAUX TEXTES ANCIENS : Démosthène, *Oraison funèbre* – Eschyle, *Perses* – Hérodote, *Histoires* – Lysias, *Oraison funèbre* – Platon, *Ménéxène* – Thucydide.

NOTIONS : chœur – éloge – formule – gestuelle – guerre – κομμός – politique – rhétorique.

C. R.

1018—PARCA (M.) et TZANETOU (A.) éd., *Finding Persephone. Women's Rituals in the Ancient Mediterranean*, Bloomington, Indiana University Press (Studies in Ancient Folklore and Popular Culture), 2007, XIV-327 p.

RÉSUMÉ : Quatorze contributions cherchent à préciser l'identité religieuse et sociale des femmes dans l'Antiquité classique, que A. Tzanetou, d'emblée et survolant la recherche actuelle, montre acteurs à part entière du rite. La vision principalement masculine des rituels féminins est assez négative : *Lysistrata* a un parfum de scandale, mais offre, selon J. Neils, un bon point d'observation de la présence féminine dans des rituels (les femmes sont *aletrides*, *kanephoroi*, *arrephoroi*) ; la participation de jeunes filles peut être rapprochée des rites de passage, comme pour les garçons. Les monuments figurés, où la présence d'hétaïres est difficilement rejetable, concernent Aphrodite *et* la fertilité. Sont ensuite étudiés : les femmes dans la tragédie grecque, les chants des femmes au travail vus comme des actes rituels, les pratiques magiques à propos de l'utérus vagabond dans le Corpus hippocratique, le culte de Déméter qui montre une intimité entre femmes lors des Thesmophories et des mystères d'Éleusis (à Athènes, des hommes sont cooptés). Enfin, D. Leitao étudie la dédicace à Ilithyie d'une statue (perdue) d'un enfant adopté à Paros ; les parents adoptifs, dans cette dédicace, s'approprient en fait un culte habituellement réservé aux femmes. Pour la partie romaine, le rituel du mariage est confronté à la loi. C. E. Schultz montre que les femmes romaines appartenant à l'élite utilisaient les rites pour s'immiscer, sous la République, dans la politique. E. D'Ambra constate que le culte de Diane, si l'on suit les dédicaces de Nemi, n'était pas réservé aux seules femmes.

LIEN AVEC LE THÈME DE LA PRIÈRE : secondaire.

DOMAINE PRÉDOMINANT : grec et latin.

AIRE GÉOGRAPHIQUE : monde gréco-romain.

CHRONOLOGIE : de la Grèce archaïque à l'Empire romain.

PRINCIPAUX TEXTES ANCIENS : Aristophane, *Lysistrata* – *Hymne homérique à Déméter* – *IG* XII (5) 199 (dédicace à Ilithyie).

NOTIONS : femmes – rituel – magie – mystères – Thesmophories – Déméter – Ilithyie.

B. S.

1019—PARKER (R.), « One Man's Piety : The Religious Dimension of the *Anabasis* », LANE FOX (R.) éd., *The Long March. Xenophon and the Ten Thousand*, New Haven-Londres, Yale University Press, 2004, p. 131-153.

RÉSUMÉ : L'A. prend comme point de départ le livre de A.-J. Festugière sur la religion personnelle chez les Grecs (1954). Il souligne l'omission de Xénophon dans cette étude et affirme par contre l'intérêt que l'oeuvre de Xénophon présente comme point d'observation de la religion. Parmi les traits caractéristiques de la religiosité de Xénophon, l'A. met en évidence son rationalisme, qui interprète le phénomène religieux à travers des critères de type rationnel : les dieux agissent rationnellement et leurs indications ont toujours un sens, donc il est tout à fait naturel de les honorer. Xénophon s'en remet aux dieux quand les limites de la raison ne permettent pas de comprendre et d'interpréter la réalité, et par conséquent d'agir. L'A. analyse les différents thèmes présents dans l'*Anabase*, en particulier la divination et le rapport entre religion et morale. Il montre l'importance fondamentale de la divination dans les moments critiques de l'expédition en analysant les passages les plus importants. Xénophon agit religieusement en essayant en même temps de réaliser ses intentions. Il utilise aussi la religion pour justifier des décisions ou des actions controversées. Au terme de l'étude, l'omission par le P. Festugière apparaît probablement due au fait que la religiosité de Xénophon n'entre pas dans une conception spirituelle, mais dans une vision personnelle et rationnelle selon laquelle il est possible d'entretenir un rapport avec les dieux.

LIEN AVEC LE THÈME DE LA PRIÈRE : principal.
DOMAINE PRÉDOMINANT : grec.
AIRE GÉOGRAPHIQUE : Grèce.
CHRONOLOGIE : IVe siècle av. J.-C.
PRINCIPAUX TEXTES ANCIENS : Xénophon, *Anabase*.
NOTIONS : demande – libation – sacrifice – remerciement – oracle – guerre.

S. C.

1020—PARKER (R.), « πατρῷοι θεοί : The Cults of Sub-Groups and Identity in the Greek World », RASMUSSEN (A. H. et S. W.) éd., *Religion and Society. Rituals, Resources and Identity in the Ancient Graeco-Roman World*, Rome, Quasar (Analecta Romana Instituti Danici, suppl. 40), 2008, p. 201-214.

RÉSUMÉ : Les *patrôoi theoi* sont les dieux (et les déesses) honorés traditionnellement dans une cité. L'étude de *patrôos*, épithète accolée à un dieu invoqué sur des inscriptions d'autels, a été réalisée pour trois sites, Thasos, Cos et le Panayir Dagh (au-dessus d'Éphèse). Un dieu *patrôos* est lié à un groupe (complément au génitif), défini par ses ancêtres ; l'A. s'intéresse plus particulièrement aux groupes à l'intérieur d'une cité, les *patrai* (« phratries »).

LIEN AVEC LE THÈME DE LA PRIÈRE : secondaire.
DOMAINE PRÉDOMINANT : grec.
AIRE GÉOGRAPHIQUE : Thasos, Cos et Éphèse.
CHRONOLOGIE : Grèce classique et hellénistique.
PRINCIPAUX TEXTES ANCIENS : Inscriptions de Thasos, Cos et Éphèse.
NOTIONS : *patrôoi theoi* (πατρῷοι θεοί) – culte.

B. S.

1021—PEDRINA (M.), « Tendre les mains, toucher du regard : Télèphe et Dryas », BODIOU (L.), FRÈRE (D.) et MEHL (V.) éd., *L'expression des corps. Gestes, attitudes, regards dans l'iconographie antique,* Rennes, Presses universitaires, 2006, p. 299-310.

RÉSUMÉ : L'A. analyse le caractère ambigu de la figure du suppliant, « victime contraignante » (p. 303) qui réclame une aide au supplié tout en lui imposant d'agir, par un contact avec son intimité — réelle ou symbolique. À travers les exemples de Télèphe et Dryas, richement illustrés de sept figures de coupes et cratères, l'A. montre l'étroitesse des liens entre la supplication et les gestes de reconnaissance. L'étude des représentations de ces épisodes mythiques lui permet de souligner la valeur performative de la gestuelle supplicatoire, qui se présente, de manière accentuée dans le cadre de l'iconographie, comme un véritable relais visuel des paroles de l'*hikétès*.

LIEN AVEC LE THÈME DE LA PRIÈRE : principal.
DOMAINE PRÉDOMINANT : grec.
AIRE GÉOGRAPHIQUE : Grèce.
CHRONOLOGIE : V^e-IVe siècles av. J-C.
PRINCIPAUX TEXTES ANCIENS : Eschyle, *Suppliantes* – Euripide, *Suppliantes*.
NOTIONS : gestuelle – iconographie – supplication.

A. G.

1022—PELLEGRINI (J.), « Note sur la double description de la *bugonia* au chant IV des *Géorgiques* (295-314 et 538-547) », *Latomus*, 66, 2007, p. 336-341.

RÉSUMÉ : Les divergences entre les deux versions de l'origine des abeilles (*bugonia*) chez Virgile ont intrigué les Modernes. La première *bugonia* est située avant l'*epyllion* (v. 295-314), la seconde à la fin de celui-ci (v. 538-547). Si la nature magique de la première *bugonia* est communément admise, le rituel pratiqué par Aristée divise les commentateurs. Une étude du rituel de la deuxième *bugonia* permet à l'A. d'arriver à la conclusion que le rituel de cette dernière s'apparente à un sacrifice conventionnel romain : ses divergences avec la *bugonia* magique décrite auparavant correspondent à une différence de statut entre les deux pratiques.

LIEN AVEC LE THÈME DE LA PRIÈRE : secondaire.
DOMAINE PRÉDOMINANT : latin.
AIRE GÉOGRAPHIQUE : Italie.
CHRONOLOGIE : Ier siècle av. J.-C.
PRINCIPAUX TEXTES ANCIENS : Virgile, *Géorgiques*, IV, 295-314 et 538-547.
NOTIONS : *bugonia* – magie – sacrifice – rite.

M. E.

1023—PERNOT (L.) « Le sacrifice dans la littérature grecque de l'époque impériale », GEORGOUDI (S.), KOCH PIETTRE (R.) et SCHMIDT (F.) éd., *La cuisine et l'autel* : *les sacrifices en questions dans les sociétés de la Méditerranée ancienne*, Turnhout, Brepols (Bibliothèque de l'École des Hautes Études, Sciences religieuses, 124), 2005, p. 317-328.

RÉSUMÉ : L'A. examine comment la pratique et la conception du sacrifice de l'époque impériale sont illustrées par la littérature grecque de cette époque. La prière n'intervient que marginalement dans cette enquête. On y relève toutefois le cas significatif suivant : dans le texte du troisième *Discours sacré* d'Aelius

Aristide, 37-39, cité et analysé p. 321-322, texte rapportant une expérience vécue de sacrifice, l'auteur grec parle des supplications et processions qui eurent lieu à Mytilène lors des importants tremblements de terre qui frappaient la cité (§ 38). Il mentionne ensuite le rêve qu'il fit, dans lequel il se tenait debout devant l'autel de Zeus et demandait au dieu suprême un signe pour savoir comment il devait, pour sa part, procéder. Il obtint ce signe, s'exécuta par un sacrifice et obtint la fin des tremblements de terre. L'A. souligne l'importance documentaire de ce texte concernant les conceptions religieuses d'un intellectuel du IIe siècle, du fait que les *Discours sacrés* sont « un acte de révélation religieuse, en quelque sorte » (p. 323).

LIEN AVEC LE THÈME DE LA PRIÈRE : secondaire.

DOMAINE PRÉDOMINANT : grec.

AIRE GÉOGRAPHIQUE : Asie Mineure.

CHRONOLOGIE : IIe siècle ap. J.-C.

PRINCIPAUX TEXTES ANCIENS : Aelius Aristide, *Discours sacrés*, III, 37-39.

NOTIONS : supplication – demande – procession – rêve – divination.

G. F.

1024—PERNOT (L.), « Au-delà de Babel : le langage de la louange et de la prière », *Millenium*, 2, 2005, p. 63-77.

RÉSUMÉ : Se développant dans l'Empire romain, dont la cohésion admettait la « pluralité des traditions et des cultes locaux », le christianisme s'oriente vers une rhétorique de la proclamation d'une vérité révélée, qui doit être moins prouvée que, donc, affirmée ; récits, paraboles, images et citations bibliques authentifient l'expérience personnelle. Entre christianisme et paganisme, y a-t-il une identité de langage, même appliquée à des réalités différentes ? L'A. étudie trois formes d'expression. La pratique de l'hymne est commune ; Pline le Jeune en fut frappé et l'analyse relève les points communs : recours à l'arétalogie (brève), remerciement, épithètes et épiclèses (avec des adjectifs communs, comme *sôter* et *monos*, p. 70 !). Ensuite, la louange de soi-même, pour mieux souligner la puissance divine. Enfin, la prière, déjà étudiée par Hammann (n° **247**), montre, entre paganisme et christianisme, des ressemblances (lexique, moments et lieux, gestes, division tripartite : invocation, arétalogie et demande), mais aussi des différences tenant aux conceptions religieuses. L'existence de liens transversaux entre les modes d'expression religieuse est réelle.

LIEN AVEC LE THÈME DE LA PRIÈRE : principal.

DOMAINE PRÉDOMINANT : grec et latin.

AIRE GÉOGRAPHIQUE : Empire romain.

CHRONOLOGIE : premiers siècles ap. J.-C.

PRINCIPAUX TEXTES ANCIENS : Pline le Jeune, *Lettres*, X, 96, 7 – Aelius Aristide, *Hymne à Athéna* – *Actes des Apôtres*, 4, 24-30 – *Apocalypse de Jean*, 15, 3-4 – *Épîtres aux Corinthiens*, II, 12 – *Évangile de Luc*, 1, 46-55.

NOTIONS : christianisme (rapport avec le) – éloge – hymne – σωτήρ – μόνος.

B. S.

1025—PERNOT (L.), « The Rhetoric of Religion », *Rhetorica*, 24, 2006, p. 235-254.

RÉSUMÉ : Le pouvoir des mots, avec ses connotations persuasives et surnaturelles, devient un pouvoir autre, touchant au divin. L'A. (après n° **752**) distingue deux directions d'analyse. Le discours sur les dieux : par le récit et l'éloge, qui étaient des exercices de rhétorique. La prédication relève du genre délibératif. Savoir nommer les dieux implique la connaissance de leur origine et de leurs pouvoirs (rôle des épiclèses). Les images aident à exprimer le tout autre. Les auteurs païens parlent peu du discours venant des dieux, sauf lors de prophéties et d'oracles ; les cris inarticulés sont le fait de prophétesses ; les prophètes tiennent un discours moins obscur. Deuxième direction, les discours aux dieux, comme la prière, structurée (invocation, arétalogie et demande) ainsi que diverse (selon son objet, la situation, l'argumentation, la gestuelle, le niveau stylistique). L'hymne : l'A. reprend les arguments (voir n° **1024**) qui montrent les affinités formelles entre paganisme et christianisme. Finalement, quelle est la nature de cette rhétorique appliquée à la religion ? Le cas d'Aelius Aristide illustre très bien la dimension inspirée de cet art : en songe, Asclépios lui indique des remèdes contre sa maladie (sans doute psychosomatique), lui prodigue conseils et modèles de discours. Et Aristide devient un grand sophiste, qui n'oubliera pas sa dette envers Asclépios.
LIEN AVEC LE THÈME DE LA PRIÈRE : principal.
DOMAINE PRÉDOMINANT : grec.
AIRE GÉOGRAPHIQUE : monde antique.
CHRONOLOGIE : général.
PRINCIPAUX TEXTES ANCIENS : Platon, *Timée*, 28c – *Épître aux Colossiens*, 3, 16 – Aelius Aristide, *Discours sacrés*.
NOTIONS : rhétorique – hymne – oracle – rêve – christianisme (rapport avec le) – Asclépios.

B. S.

1026—PERNOT (L.), « Seconda Sofistica e Tarda Antichità », *Koinonia*, 30-31, 2006-2007, p. 7-18 = (avec quelques retouches et l'ajout d'un paragraphe à la fin de 3.2, p. 39) « La Seconde Sophistique et l'Antiquité tardive », *Classica*, 19, 2006, p. 30-44 = « Druga Sofistyka. Stan badan i nowe perspektywy », *Theologica Wratislaviensia*, 1, 2006, p. 19-31.

RÉSUMÉ : La notion d'Antiquité tardive (IIIe-VIIe siècle) se rencontre déjà dans la Seconde Sophistique (Ier-IIIe siècle). En effet, si les sophistes de cette époque, comme leurs prédécesseurs, se caractérisent par la référence à la Grèce archaïque et classique, par leur rôle social et politique (hommes de savoir et de pouvoir, succès de conférenciers), il convient d'ajouter, surtout pour le IIe siècle ap. J.-C., leurs dévotions intimes et exacerbées. Aelius Aristide est un bon exemple, qui toute sa vie exprima sa reconnaissance envers Asclépios : c'est ce dieu qui, en rêve, lui montra comment surmonter ses problèmes de santé et devenir un grand sophiste. De plus, par le charme de leurs discours, les sophistes paraissaient détenir un pouvoir magique, comparable au portrait de l'homme saint, répandu à l'époque tardive. Mais il y a de grandes différences : la Seconde Sophistique, malgré des contacts avec le judaïsme et le christianisme, fut majoritairement païenne. Enfin, et bien qu'il ne s'agisse souvent que de témoignages, les sophistes pratiquèrent des formes littéraires que l'on associe généralement à l'Antiquité tardive (récits de rêves, roman, autobiographie, hymnes...).

LIEN AVEC LE THÈME DE LA PRIÈRE : secondaire.

DOMAINE PRÉDOMINANT : grec.

AIRE GÉOGRAPHIQUE : Empire romain.

CHRONOLOGIE : Ier-IIIe siècle ap. J.-C.

PRINCIPAUX TEXTES ANCIENS : Philostrate, *Vies des sophistes* – Aelius Aristide, *Discours sacrés* et *Hymnes*.

NOTIONS : seconde sophistique – christianisme (rapport avec le) – magie – vénération – guérison.

B. S.

1027—PERNOT (L.), « Le serment par les combattants des guerres médiques », PERNOT (L.), *L'Ombre du Tigre. Recherches sur la réception de Démosthène*, Naples, M. D'Auria (Speculum. Contributi di filologia classica), 2006, p. 177-238 (chapitre IV).

RÉSUMÉ : Ce chapitre est la version revue d'un article (n° **753**) retraçant l'histoire de la réception du passage de Démosthène, « un sommet du discours *Sur la Couronne* » (§ 208), où les ancêtres sont invoqués comme des dieux (p. 210, 231) et dont le XXe siècle jugea la longue célébrité fondée sur des considérations purement rhétoriques (creuses). L'A. examine la cinquantaine d'appréciations favorables pour en montrer la valeur critique.

LIEN AVEC LE THÈME DE LA PRIÈRE : secondaire.

DOMAINE PRÉDOMINANT : grec.

AIRE GÉOGRAPHIQUE : monde grec et romain.

CHRONOLOGIE : général.

PRINCIPAUX TEXTES ANCIENS : Démosthène, *Sur la couronne* (18), 208.

NOTIONS : invocation – serment – rhétorique.

B. S.

1028—PETROVIĆ (I.), « ΦΑΡΜΑΚΕΥΤΙΡΙΑ ohne ΦΑΡΜΑΚΟΝ: Überlegungen zur Komposition des zweiten Idylls von Theokrit », *Mnemosyne*, 4e s., 57, 2004, p. 421-444.

RÉSUMÉ : L'A. estime que la seconde idylle de Théocrite reflète les pratiques et les textes magiques contemporains du poète. Il identifie un rapport tout particulier entre l'idylle de Théocrite et les défixions, textes magiques comparables aux prières juridiques, puisque l'amour sans réciprocité est perçu comme une injustice. Lorsque Simaetha décrit son amour pour Delphis, elle se présente comme la personne trahie par l'amant, dans le but d'obtenir la compassion de Séléné et de demander à la déesse qu'elle garantisse l'exécution de la justice, consistant essentiellement dans le retour de Delphis ; l'A. identifie des indices de l'amateurisme de Simaetha en matière de techniques magiques, avant de passer à la discussion de la possibilité de guérir les passions amoureuses par la poésie.

LIEN AVEC LE THÈME DE LA PRIÈRE : principal.
DOMAINE PRÉDOMINANT : grec.
CHRONOLOGIE : IIIe siècle av. J.-C.
PRINCIPAUX TEXTES ANCIENS : Théocrite, *Idylles,* II et XI.
NOTIONS : magie – prière juridique – amour.

E. V.

1029—PETROVIĆ (I. et A.), « Look who is talking now ! Speaker and Communication in Greek Metrical Sacred Regulations », STAVRIANOPOULOU n° **1058**, p. 151-179.

RÉSUMÉ : Les prescriptions rituelles sont étudiées sur un catalogue de 26 inscriptions (références et résumé du contenu), du IIIe siècle av. J.-C. au IIIe siècle ap. J.-C. Leur forme est souvent oraculaire (question en prose posée à un dieu, qui répond en vers), mais on trouve aussi des hymnes et des prières (n°s 5 et 26). Les formes de communication dans les oracles sont l'absence de seconde personne, de rares vocatifs, un style net et répétitif, le caractère général des prescriptions issues d'un problème particulier, l'exigence de pureté. Ces traits se retrouvent dans les prescriptions non oraculaires (e.a. la pureté et l'expression gnomique), qui ne se confondaient dès lors pas avec d'autres textes : l'autorité d'un dieu s'exprime. De plus, ces inscriptions étaient placées dans un lieu sacré. Les traits des prescriptions rituelles oraculaires se retrouvent dans des épigrammes.

LIEN AVEC LE THÈME DE LA PRIÈRE : secondaire.
AIRE GÉOGRAPHIQUE : Grèce.
CHRONOLOGIE : IIIe siècle av. J.-C – IIIe siècle ap. J.-C.
PRINCIPAUX TEXTES ANCIENS : *SGO*, passim – *LSCG Suppl.* 108 – *I.Lindos* 484 et 487 – *Anthologie palatine*, XIV, 71 et 74.
NOTIONS : oracle – hymne – formule – Apollon.

B. S.

1030—PIRENNE-DELFORGE (V.), *Retour à la source. Pausanias et la religion grecque*, Liège, Centre international d'étude de la religion grecque antique (*Kernos*, suppl. 20), 2008, 411 p.

RÉSUMÉ : Le récit par Pausanias de son voyage en Grèce est une source de connaissance de la religion grecque, mais une source qui procède de choix fermement assumés ; l'A. montre la portée de ces choix et les replace dans leur contexte. P. 137-142 : imprécations, prières et hymnes (incantations) sont mentionnés par Pausanias, qui ne donne pas de détails sur leurs contenus respectif.
LIEN AVEC LE THÈME DE LA PRIÈRE : secondaire.
AIRE GÉOGRAPHIQUE : Grèce.
CHRONOLOGIE : IIᵉ siècle ap. J.-C.
PRINCIPAUX TEXTES ANCIENS : Pausanias.
NOTIONS : imprécation – hymne.

B. S.

1031—PIRONTI (G.), *Entre ciel et guerre. Figures d'Aphrodite en Grèce ancienne*, Liège, Centre international d'étude de la religion grecque antique (*Kernos*, suppl. 18), 2007, 336 p.

RÉSUMÉ : L'A. s'attache à montrer les facettes multiples d'une déesse pourtant confinée à une conception réductrice de l'*erôs ;* le montrent ses liens anciens avec Arès, les différentes formes de *mixis* relevant de la compétence de la fille d'Ouranos... Il est plus d'une fois question de prière : on voit ainsi (p. 252-256), d'après Simonide et quelques autres auteurs, les femmes de Corinthe supplier Aphrodite de susciter chez leurs maris « l'éros de la bataille contre les barbares », à la veille de Salamine, ou encore (p. 125 et n. 86), chez Euripide, la prière que le chœur adresse à Aphrodite, qui n'est pas un hymne désabusé (*contra* les p. 126-127 de Chapot et Laurot n° **615**), mais une exaltation des pouvoirs de la déesse.
LIEN AVEC LE THÈME DE LA PRIÈRE : secondaire.
DOMAINE PRÉDOMINANT : grec.
AIRE GÉOGRAPHIQUE : monde grec.
CHRONOLOGIE : général.
PRINCIPAUX TEXTES ANCIENS : Homère – Hésiode – Simonide, *Épigrammes*, 137 B – Athénée, XIII, 573c-d – Pindare, fr. 122 Maehler – Plutarque, *De la malignité d'Hérodote*, 39 – Scholie à Pindare, *Olympiques*, 3, 32b – Euripide, *Hippolyte*, 1268-81.
NOTIONS : guerre – supplication – μίξις – Aphrodite – Éros.

B. S.

1032—POCCETTI (P.), « La maledizione delle attività di parola nei testi magici greci e latini », ΑΙΩΝ. *Annali dell'Istituto Universitario Orientale di Napoli. Dipartimento di Studi del Mondo Classico e del Mediterraneo Antico, Sezione linguistica*, 27, 2005, p. 333-375.

RÉSUMÉ : Partant des témoins que constituent les tablettes de défixion, l'A. propose une étude lexicale des différents termes utilisés lors de l'acte magique. Il s'attache à deux aspects de cet acte : d'une part les mots pour dire la pratique magique, d'autre part la malédiction touchant à l'acte même de parler. L'A. met en évidence le rôle prépondérant, tant dans la langue grecque que dans la langue latine, de certains préfixes (κατά et *de*, par exemple) employés dans la composition de nombreux mots exprimant la magie : les composés ainsi obtenus acquièrent une force que ne possèdent pas les formes simples. Dans un deuxième temps, l'A. insiste sur la faculté et l'activité de la parole comme cible de la malédiction. Certaines récurrences lui permettent de conclure au lien étroit qui existait à haute époque entre la langue, dans toutes ses acceptions, et la connaissance que les Anciens avaient du système articulatoire. L'A. puise aussi bien aux sources grecques et latines qu'aux témoignages des langues italiques (osque, volsque, ombrien). Enfin, une bibliographie est proposée à l'issue de cet article, comportant 38 titres.
LIEN AVEC LE THÈME DE LA PRIÈRE : principal.
DOMAINE PRÉDOMINANT : grec et latin.
AIRE GÉOGRAPHIQUE : monde gréco-romain.
PRINCIPAUX TEXTES ANCIENS : tablettes de défixion – Pline, *Histoire naturelle*, XXVIII, 10 et 17 – Festus – Aulu-Gelle, *Nuits attiques*, XVII, 2, 17 – Lucrèce – Aristophane.
NOTIONS : *defixio* – magie – malédiction.

S. R.

1033—PRENNER (A.), « Le public complice d'une fiction. La prière au dieu Mars dans l'*In Rufinum* de Claudien », LEHMANN n° **976**, p. 541-553.

RÉSUMÉ : Il s'agit de la prière à Mars que Claudien, *In Rufinum*, I, 334-339, met dans la bouche de Stilicon lors des désordres de Thrace en 395. Or Stilicon était vraisemblablement chrétien, du moins un Vandale christianisé. Le but de Claudien est en fait d'insérer l'épisode dans une épopée traditionnelle, avec l'invocation classique du chef militaire au dieu de la guerre avant la bataille ; ce paganisme purement littéraire ne devait pas choquer la cour de Milan : l'épopée est chrétienne, mais encore fortement marquée par la tradition classique. Une analyse détaillée de ces quelques vers montre leur caractère hymnographique (e.a. les *indigitamenta* de Mars, faits d'allusions géographiques précises et opportunes). La prière finale de Stilicon, mise dans la perspective globale de l'*In Rufinum*, révèle un réalisme politique (la stabilité du monde romain), mais sous une forme elle aussi artificielle, littéraire (l'offrande des dépouilles opimes), et insère Stilicon dans la tradition romaine.
LIEN AVEC LE THÈME DE LA PRIÈRE : principal.
AIRE GÉOGRAPHIQUE : Empire romain.
CHRONOLOGIE : 395 ap. J.-C.
PRINCIPAUX TEXTES ANCIENS : Claudien, *Contre Rufin*, I, 334-339.

NOTIONS : hymne – *indigitamenta* – christianisme – politique – don.

B. S.

1034—PRESCENDI (F.), *Décrire et comprendre le sacrifice. Les réflexions des Romains sur leur propre religion à partir de la littérature antiquaire*, Stuttgart, Steiner (Potsdamer Altertumswissenschaftliche Beiträge, 19), 2007, 284 p.

RÉSUMÉ : Comment les Romains se représentaient-ils le sacrifice ? L'A. interroge les exégètes anciens et les mythes, dont elle compare les données avec les recherches actuelles. Étant « l'acte central de tout rituel religieux », le sacrifice permet d'atteindre « le fond de leur pensée religieuse » (p. 5). L'absence de dogme dans la religion romaine entraîne différentes interprétations des mythes, au gré des préoccupations d'un moment ou d'un lieu (exemple de *Mater Matuta*, p. 9). La première partie définit le sacrifice en tant que rite, « canal de communication entre les mondes humain et divin » (p. 24) ; les hommes expriment aux dieux des demandes, des remerciements... Sont ensuite décrites les phases d'un sacrifice : procession (avec musique de flûtes), *praefatio* (libation d'encens et de vin accompagnée d'invocations aux divinités), *immolatio* (pâte salée répandue sur la tête de la victime et prière aux divinités), abattage, *extispicium* (inspection des organes internes et *litatio* indiquant que le sacrifice est accepté par les dieux), cuisson des *exta*, offrande des *exta* et banquet. L'A. a prévenu (p. 12) qu'elle n'accordait guère de place dans son exposé à la communication orale avec les dieux durant les sacrifices, car « croire, c'est faire et dire » (cf. Scheid n° **1051** dans la ligne duquel l'A. se range) et les exégètes romains ne détaillent pas : les dieux invoqués à chaque étape du sacrifice sont seuls mentionnés ; ces prières donnent la signification des gestes accomplis. La terminologie latine du sacrifice est alors rassemblée. La seconde partie reprend les étapes du sacrifice, expliquées par les exégèses antiques ; on retiendra ici le recueillement préalable à l'invocation des dieux et l'obligation de se couvrir la tête (p. 75 et suiv.) ; le sacrifice divinatoire, où « la volonté des dieux se révèle à travers les entrailles » (p. 117), doit être distingué du sacrifice consacrant à la divinité le principe vital (*anima*) de la victime afin d'apaiser la divinité. La troisième et dernière partie présente et interprète plusieurs mythes relatant des sacrifices : les hommes tentent parfois de contrecarrer le pouvoir absolu des dieux ; le sacrifice apparaît comme « une mise en scène ritualisée d'un ordre hiérarchique » (p. 251) : les dieux au sommet, puis les hommes et enfin les victimes.
LIEN AVEC LE THÈME DE LA PRIÈRE : principal.
DOMAINE PRÉDOMINANT : latin.
AIRE GÉOGRAPHIQUE : monde romain.
CHRONOLOGIE : général.
PRINCIPAUX TEXTES ANCIENS : Pline, *Histoire naturelle*, XXVIII, 10 – Caton, *De l'agriculture*, 134 et 141 – Sénèque, *Œdipe*, 299-397 – Lucain, *Guerre civile*, I,

605-638 – Denys d'Halicarnasse, *Antiquités romaines*, VII, 72, 15-18 – Plutarque, *Numa*, 14, 4-5.
NOTIONS : sacrifice – offrande – procession – invocation – gestuelle – *litatio* – *praefatio*.

B. S.

1035—PUCCI (P.), *Inno alle Muse (Esiodo,* Teogonia, *1-115)*, Pise et Rome, Serra (Filologia e critica, 96), 2007, 143 p.

RÉSUMÉ : L'introduction retient surtout le caractère étonnant de cet hymne aux Muses et sa structure : huit parties, dont la dernière (104-115) est une prière. Le commentaire s'attache au lexique de cette prière, aux liens avec le reste de l'hymne, avec l'ensemble de la *Théogonie* et avec Homère. Ces v. 104-115, finement travaillés, sont bien d'Hésiode. Le texte grec est accompagné d'une traduction vers par vers, où l'A. marque une préférence, expliquée dans le commentaire, pour les majuscules : Terre, Ciel, Nuit, etc. (106 sq.), même aux v. 108-110, où il pourrait s'agir, toutefois, de phénomènes naturels ; ailleurs (571), il est permis d'hésiter.
LIEN AVEC LE THÈME DE LA PRIÈRE : principal.
AIRE GÉOGRAPHIQUE : Grèce.
CHRONOLOGIE : env. 700 av. J.-C.
PRINCIPAUX TEXTES ANCIENS : Hésiode, *Théogonie*, 1-115.
NOTIONS : hymne – Muses – Zeus.

B. S.

1036—PUIGGALI (J.), « *Δαίμων* et les mots de la même famille dans les *Antiquités romaines* de Denys d'Halicarnasse », *Latomus,* 64, 2005, p. 626-630.

RÉSUMÉ : L'A. commence par répertorier les différents termes de la famille de *daimôn* présents chez Denys, ainsi que leur signification respective. Puis il examine la conception que Denys se fait des *daimones* à travers différentes entrées : invocation et culte, nature, localisation, fonctions, théories particulières. Il conclut : la démonologie de Denys est assez banale et sommaire. Denys « conçoit les démons comme des êtres intermédiaires et associe le plus souvent démon à *theos*. Les démons sont invoqués dans des serments ; ils sont l'objet d'un culte ; ils prennent soin d'une cité, d'un endroit donné, bienveillants pour les hommes vertueux, redoutables pour les méchants. Denys connaît la théorie du démon personnel et la doctrine des démons-âmes. Sa démonologie est conforme à celle du médio-platonisme, à une différence près : il admet l'existence de démons personnels mauvais ».
LIEN AVEC LE THÈME DE LA PRIÈRE : secondaire.
DOMAINE PRÉDOMINANT : gréco-latin.
AIRE GÉOGRAPHIQUE : monde grec et romain.

CHRONOLOGIE : seconde moitié du Ier siècle av. J.-C.
PRINCIPAUX TEXTES ANCIENS : Denys d'Halicarnasse, *Antiquités romaines*, I, 77, 3.
NOTIONS : démon – culte – platonisme – serment.

E. S.

1037—QUACK (J. F.), « Griechische und andere Dämonen in den spätdemotischen magischen Texten », SCHNEIDER (T.) éd., *Das Ägyptische und die Sprachen Vorderasiens, Nordafrikas und der Ägäis*, Münster, Ugarit, 2004, p. 427-507.

RÉSUMÉ : L'A. cerne les problèmes de transposition de l'égyptien au grec démotique et de ce dernier au grec littéraire. Imprécisions et pertes sont constatées. Les alphabets démotique et grec sont décrits (p. 433), ainsi que les variations phonétiques. Un document oraculaire, lié aux *uoces magicae*, mêle des éléments égyptiens, juifs et grecs ; invoquant différents dieux (quatre ne sont pas identifiés ; Zeus Hélios est invoqué avec le plus d'insistance), il affirme attendre une réponse vraie, sans mensonge (p. 468-471). Le reste de l'article (p. 472-507) est un index des noms magiques, avec leurs variantes.
LIEN AVEC LE THÈME DE LA PRIÈRE : secondaire.
DOMAINE PRÉDOMINANT : égyptien et grec démotique.
AIRE GÉOGRAPHIQUE : Égypte.
CHRONOLOGIE : Empire romain.
PRINCIPAUX TEXTES ANCIENS : *p.Mag.LL.* 7, 19-24.
NOTIONS : magie – démon – judaïsme – théonymes – Zeus Hélios.

B. S.

1038—RATTI (S.), « Rutilius Namatianus, Aelius Aristide et les chrétiens », *Antiquité tardive*, 14, 2006, p. 235-244.

RÉSUMÉ : L'A. réfute la filiation qui est généralement opérée entre le discours 26 d'Aelius Aristide (conférence « en l'honneur de Rome ») et le *De reditu suo* de Rutilius Namatianus, bien qu'ils célèbrent chacun l'universalisme romain et qu'ils fassent l'éloge de Rome, respectivement aux IIe et Ve siècles (composition du *De reditu suo* en 417). Or, l'œuvre de Rutilius Namatianus se place dans un contexte de rivalité intellectuelle qui existait entre les païens et les chrétiens au début du Ve siècle, notamment en ce qui concerne le culte des dieux *Sol*, Cybèle et Isis. La polémique présente dans la partie du *carmen* (*De reditu suo*) consacrée à l'éloge de Rome doit plutôt viser, selon l'A., les chrétiens et elle doit ainsi être lue comme une réponse aux textes chrétiens militants de saint Jérôme et Macrobe.
LIEN AVEC LE THÈME DE LA PRIÈRE : secondaire.
DOMAINE PRÉDOMINANT : latin.
CHRONOLOGIE : Ve siècle ap. J.-C.

PRINCIPAUX TEXTES ANCIENS : Aelius Aristide, *Discours*, XXVI Keil – Jérôme, *Commentaire à Isaïe* – Macrobe, *Saturnales* – Rutilius Namatianus, *Sur son retour.*
NOTIONS : christianisme (rapport avec le) – Cybèle – Isis – *Roma* – *Sol.*

M. V.

1039—RICHARDSON (N. J.), « The *Homeric Hymn to Hermes* », FINGLASS (P. J.), COLLARD (C.) et RICHARDSON (N. J.) éd., *Hesperos. Studies in Ancient Greek Poetry Presented to M. L. West*, Oxford, University Press, 2007, p. 83-91.

RÉSUMÉ : Parmi les *Hymnes homériques*, sans aucun doute *l'Hymne à Hermès* (n° 4) révèle une allure fort originale. Toutefois, même si les savants ont souvent rencontré des difficultés pour expliquer certains points incohérents, choisir les leçons correctes et repérer d'éventuels ajouts tardifs, les lignes principales de la narration sont tout à fait claires. L'A. met en exergue le jeu de parallélismes, typique de la technique narrative grecque archaïque, qui anime la structure de cet hymne. Il reste des éléments du langage et des épisodes de l'histoire difficiles à suivre et comprendre, mais, pour l'A., l'*Hymne à Hermès* est le seul des *Hymnes homériques* à présenter des caractères typiques de l'humour et de la poésie comique : un langage proche de la langue populaire et quotidienne, des personnages proches de la vie réelle, jusqu'à l'humanisation des deux dieux protagonistes, Hermès et Apollon. Les relations désormais certaines avec l'*Hymne à Apollon*, composé pendant le VIe siècle av. J.-C., posent la question de la datation ; l'A. pense que l'*Hymne à Apollon* est plus ancien et prestigieux que l'*Hymne à Hermès*, dont l'auteur devait avoir une familiarité avec le premier, familiarité capable de lui faire concevoir un ouvrage de réponse parodique à la grandeur et au sérieux de son devancier.
LIEN AVEC LE THÈME DE LA PRIÈRE : secondaire.
DOMAINE PRÉDOMINANT : grec.
AIRE GÉOGRAPHIQUE : monde grec.
CHRONOLOGIE : VIIIe-VIe siècle av. J.-C.
PRINCIPAUX TEXTES ANCIENS : *Hymne homérique à Hermès* – *Hymne homérique à Apollon.*
NOTIONS : hymne – comédie – parodie – vocabulaire.

L. Q.

1040—RIVES (J. B.), *Religion in the Roman Empire*, Malden (MA), Blackwell (Blackwell Ancient Religions), 2007, X-237 p.

RÉSUMÉ : Cette étude d'ensemble s'étend sur la définition et le vocabulaire du phénomène religieux dans l'Empire romain (p. 13-53), avant de s'intéresser aux pratiques provinciales ou alternatives, au rôle des dieux dans la vie courante (notamment lors d'invocations de leur puissance, p. 93 et suiv.) et aux dimensions politiques et sociales (au niveau des communautés ou de l'ensemble de l'Empire). La prière n'est évoquée que très occasionnellement, au détour d'une page, et en des termes généraux.

LIEN AVEC LE THÈME DE LA PRIÈRE : secondaire.
DOMAINE PRÉDOMINANT : latin.
AIRE GÉOGRAPHIQUE : Empire romain.
CHRONOLOGIE : 14 av. J.-C. - 313 ap. J.-C.
PRINCIPAUX TEXTES ANCIENS : nombreuses références.
NOTIONS : culte – invocation.

P. P.

1041—RODRÍGUEZ ALFAGEME (I.), « Estrategias de construcción del texto en Homero », LÓPEZ EIRE (A.) et RAMOS GUERREIRA (A.) éd., *Registros lingüísticos en las lenguas clásicas*, Salamanque, Universidad de Salamanca (Classica Salmanticensia, 3), 2004, p. 291-316.

RÉSUMÉ : La langue grecque possède une coordination variée (14 particules, d'après Denniston) dont la linguistique pragmatique s'empare ici pour six types de textes extraits du chant I de l'*Iliade* ; pour chacun est établi un schéma des marqueurs de coordination. Il s'agit, au début du chant, des réactions à l'intervention du devin Calchas et à la réclamation du prêtre Chrysès : supplication, menace, insulte, délibération, narration ; la prière de Chrysès (37-42) appelle la vengeance d'Apollon après les menaces lancées par Agamemnon qui ne veut pas rendre la fille de Chrysès ; l'A. voit dans le jeu des particules de coordination la marque du caractère solennel de cette prière.

LIEN AVEC LE THÈME DE LA PRIÈRE : secondaire.
DOMAINE PRÉDOMINANT : grec.
AIRE GÉOGRAPHIQUE : Grèce homérique.
CHRONOLOGIE : VIIIe siècle av. J.-C.
PRINCIPAUX TEXTES ANCIENS : Homère, *Iliade*, I.
NOTIONS : grammaire – vengeance – Apollon.

B. S.

1042—ROSENBERGER (V.), « Gifts and Oracles : Aspects of Religious Communication », RASMUSSEN (A. H. et S. W.) éd., *Religion and Society. Rituals, Resources and Identity in the Ancient Graeco-Roman World*, Rome, Quasar (Analecta Romana Instituti Danici, suppl. 40), 2008, p. 91-106.

RÉSUMÉ : Les allusions épigraphiques et littéraires permettent de préciser l'auteur d'un don et d'une question posée à l'oracle, le support (statue, inscription), le bénéficiaire (dieu, homme), l'objet du don et de la consultation (piété, bienveillance divine, succès, prospérité, efficacité de l'oracle...). L'A., par une série de cartes, montre l'origine, parfois lointaine, des dédicants à Delphes, Dodone, Livadia, Didymes et Claros.

LIEN AVEC LE THÈME DE LA PRIÈRE : secondaire.

DOMAINE PRÉDOMINANT : grec.

AIRE GÉOGRAPHIQUE : monde grec.

CHRONOLOGIE : époques grecque et romaine.

PRINCIPAUX TEXTES ANCIENS : Inscriptions de Delphes, Dodone, Livadia, Didymes et Claros.

NOTIONS : oracle – dédicace – offrande – Delphes.

B. S.

1043—RUDHARDT (J.), *Opera inedita. Essai sur la religion grecque. Recherches sur les Hymnes orphiques*, Liège, Centre international d'étude de la religion grecque antique (*Kernos*, suppl. 19), 2008, 346 p.

Essai sur la religion grecque – *RÉSUMÉ* : Comprendre ce que représentait vraiment pour les Grecs leur religion, le sens profond que celle-ci revêtait pour eux, paraît à l'A. proprement inaccessible. De l'extérieur du monde hellénique, ce sens est en effet insaisissable, dès lors que la religion grecque ne comporte pas de dogme ni de contenu de foi auxquels on puisse se référer. Quant à l'ambition de se placer à l'intérieur, elle est d'une certaine manière « délirante » pour un moderne. Pour permettre cependant à ce dernier de parvenir à une certaine « aperception » de la religion grecque, l'A. scrute la présence et l'emploi de trois mots-clés et de leurs dérivés, à savoir νόμος, εὐσέβεια et ἱερά. Ces mots montrent que la religion dans ses différentes manifestations, dont la prière, présente trois aspects : une tradition, l'expression d'une piété et un ensemble d'usages relatifs aux choses sacrées. Or les deux derniers aspects renvoient au premier, dans lequel paraît bien résider le seul critère pertinent pour tenter de délimiter le domaine religieux des Grecs, du moins pour la période envisagée.

LIEN AVEC LE THÈME DE LA PRIÈRE : secondaire.

DOMAINE PRÉDOMINANT : grec.

AIRE GÉOGRAPHIQUE : monde grec.

CHRONOLOGIE : périodes archaïque et classique.

PRINCIPAUX TEXTES ANCIENS : Hérodote, I, 132 – Platon, *Cratyle*, 400e – Hésiode, *Théogonie*, 104-115 – Homère, *Odyssée*, VI, 321-323 – Andocide, *Sur les mystères*, 98.

NOTIONS : culte – imprécation – lieu et temps – offrande – sacrifice – serment.

Recherches sur les Hymnes orphiques – *RÉSUMÉ* : Les *Hymnes orphiques* forment un ensemble homogène de 87 prières attribuées à Orphée, probablement utilisées par des communautés pratiquant des cultes à mystères attestés dans l'Asie Mineure à l'époque impériale. Les hymnes comprennent toujours une invocation et l'énoncé d'une demande, avec, entre ces deux parties, le plus souvent un développement intermédiaire au travers duquel l'invocation s'amplifie jusqu'à acquérir une sorte d'indépendance. Particulièrement dans le développement, l'orant nourrit les invocations en multipliant les épithètes et les appositions, en jouant de participiales et de relatives, voire de brèves indépendantes, en même temps que par un large usage des mots composés. C'est pour lui le moyen d'émouvoir la divinité sous ses divers aspects et d'agir sur ses différents pouvoirs. En même temps, cette multiplicité, par les ambiguïtés qui s'y associent au travers de la juxtaposition de mots pouvant entretenir entre eux des rapports subtils, ne laisse pas de faire une place au mystère. Ce double caractère de multiplicité et de mystère se retrouve dans le panthéon des hymnes sous la forme de la tendance à l'association, dans une même invocation, de plusieurs dieux, évoqués souvent de manière trop allusive pour qu'ils soient aisément discernables, et parfois même confondus, comme dans le cas de Protogonos, Zeus et Dionysos. De manière plus ou moins directe, 70 dieux se trouvent ainsi impliqués dans l'ensemble des *Hymnes*.

LIEN AVEC LE THÈME DE LA PRIÈRE : principal.
DOMAINE PRÉDOMINANT : grec.
AIRE GÉOGRAPHIQUE : monde grec.
CHRONOLOGIE : Empire romain.
PRINCIPAUX TEXTES ANCIENS : *Hymnes orphiques* – *Orphicorum fragmenta* (Kern) – *Hymnes homériques*.
NOTIONS : demande – épithète – hymne – invocation – mystères – orphisme.

C. C.

1044—RÜPKE (J.) éd., *A Companion to Roman Religion*, Oxford, Blackwell (Blackwell Companions to the Ancient World), 2007, XXX-542 p.

RÉSUMÉ : Comme le veut la collection, la thématique est large, incluant mithriacisme, judaïsme et christianisme ; on lit l'état des connaissances et les tendances de la recherche. La première partie est un cadre chronologique, de la Rome archaïque au Bas-Empire. Les cinq autres parties sont thématiques. Il convient de retenir ici le chapitre de Hickson Hahn sur la prière (n° **948**), dont d'autres contributions font une simple mention, à propos des sacrifices (J. Scheid, p. 263-271), des croyances (N. Belayche, p. 275-291, qui traite brièvement des *defixiones*), des épithètes (p. 50-51).
LIEN AVEC LE THÈME DE LA PRIÈRE : secondaire.
DOMAINE PRÉDOMINANT : latin.
AIRE GÉOGRAPHIQUE : monde romain.
CHRONOLOGIE : général.
PRINCIPAUX TEXTES ANCIENS : nombreuses références.
NOTIONS : invocation – sacrifice – serment – remerciement.

B. S.

1045—RÜPKE (J.) éd., *Antike Religionsgeschichte in räumlicher Perspektive*, Tübingen, Mohr Siebeck, 2007, VIII-247 p.

RÉSUMÉ : Une quarantaine de contributions présentent rapidement les résultats d'un vaste programme soutenu par la Deutsche Forschungsgemeinschaft et consacré aux rapports religieux entre centre et périphérie de l'Empire romain. Y a-t-il uniformisation, régionalismes ? Comment s'introduisent les cultes étrangers ? Les A. abordent une province ou, à l'échelle de l'Empire, un aspect précis : vocabulaire, élément religieux dans la littérature, variantes iconographiques, fonctions des temples, particularités régionales du culte impérial, adaptations en Grèce devenue romaine... Épisodiquement, il est question de culte ; une contribution (A. Chaniotis et G. F. Chiai, p. 117 sq.) s'attache à la communication avec les dieux dans les provinces orientales.
LIEN AVEC LE THÈME DE LA PRIÈRE : secondaire.
DOMAINE PRÉDOMINANT : gréco-latin.
AIRE GÉOGRAPHIQUE : Empire romain.
CHRONOLOGIE : Iᵉʳ siècle av. J.-C. - Vᵉ siècle ap. J.-C.
PRINCIPAUX TEXTES ANCIENS : nombreuses références – inscriptions votives.
NOTIONS : culte – périphérie.

B. S.

1046—RÜPKE (J.) éd., *Gruppenreligionen im römischen Reich. Sozialformen, Grenzziehungen und Leistungen*, Tübingen, Mohr Siebeck (Studien und Texte zu Antike und Christentum, 43), 2007, VII-212 p.

RÉSUMÉ : En marge du culte officiel existaient des associations religieuses assez informelles, nées d'initiatives personnelles et privées, sans clergé institué, mais disposées à intégrer la religion officielle ; la plupart de ces cultes n'étaient pas secrets et les autorités locales y participaient parfois, comme dans le cas de Mithra. Sont examinés : cultes matronaux de la République, cultes étrangers (i.e. différents du culte public) dans une maison particulière, cultes à mystères, Mithra en Germanie, Dionysos, Saturne, culte des premiers chrétiens.
LIEN AVEC LE THÈME DE LA PRIÈRE : secondaire.
DOMAINE PRÉDOMINANT : grec et latin.
AIRE GÉOGRAPHIQUE : Empire romain.
CHRONOLOGIE : Iᵉʳ-Vᵉ siècle ap. J.-C.
PRINCIPAUX TEXTES ANCIENS : inscriptions votives.
NOTIONS : culte – invocation – offrande – initiation – Dionysos – Mithra – Saturne.

B. S.

1047—SACCO (L.), « Devotio », *Studi romani*, 52, 2004, p. 312-352.

RÉSUMÉ : L'A. analyse le rituel de la *devotio*, c'est-à-dire le sacrifice préventif du *dux* en cas de grave danger pour l'armée romaine. On connaît trois cas de *devotio*, pratiqués par trois membres de la familie des *Decii*, au sujet desquels l'A. discute les témoignages. Il analyse de même plusieurs thèmes liés à la *devotio* : sa nature magique ; la douteuse relation du guerrier de Capistrano avec la *devotio* ; les formes de l'*evocatio* qui concerne les divinités de la ville prise ou détruite ; les rapports entre *devotio ducis* et *devotio hostium*, les témoignages de Tite-Live ; l'expression *cinctus Gabinus*, utilisée dans des contextes tant militaires que religieux ; les prétendues *devotiones* analogiques. L'analyse des thèmes ci-dessus énumérés porte l'A. à définir la *devotio*, selon un point de vue historico-rituel, un *unicum*, basé sur le rite et sur le *devovens-devotus* qui le célébrait.
LIEN AVEC LE THÈME DE LA PRIÈRE : secondaire.
DOMAINE PRÉDOMINANT : latin
AIRE GÉOGRAPHIQUE : Italie.
CHRONOLOGIE : IVe-IIIe siècles av. J.-C.
PRINCIPAUX TEXTES ANCIENS : Tite-Live, VIII, 9, 4-12 ; VIII, 10, 11-14 – Macrobe, *Saturnales*, III, 9, 9 et suiv. – Servius, *Sur l'Énéide*, VII, 612 – Tite-Live, V, 41, 2-3 ; VII, 6, 1-6 ; V, 46, 2-3.
NOTIONS : *deuotio – uotum* – sacrifice – *euocatio*.

L. S.

1048—SANZI (E.), « Magia e culti orientali V. Che ci fa il dio Mitra in un papiro magico-oracolare? Ovverosia note storico religiose intorno a *PGM* V, 1-53 », SFAMENI GASPARRO (G.) éd., *Modi di comunicazione tra il divino e l'umano. Tradizioni profetiche, divinazione, astrologia e magia nel mondo mediterraneo antico*, Cosenza, Lionello Giordano (Hierá, 7. Themes and Problems of the History of Religion in Contemporary Europe, 2), 2005, p. 355-383.

RÉSUMÉ : L'analyse de textes de prières magiques et d'inscriptions grecques, de même que d'objets les plus divers, montre la présence du nom de Mithra non pas en opposition à d'autres divinités, mais parfois en équivalence avec elles, pour souligner le dieu souverain de l'hénothéisme. Le nom de Mithra est redéfini et doté d'une fonction magique.
LIEN AVEC LE THÈME DE LA PRIÈRE : secondaire.
DOMAINE PRÉDOMINANT : grec.
AIRE GÉOGRAPHIQUE : Empire romain.
CHRONOLOGIE : IIe-IVe siècle ap. J.-C.
PRINCIPAUX TEXTES ANCIENS : *PGM* IV, 1708-1715 ; V, 1-54 – Inscriptions grecques – Aelius Aristide, *Hymne à Sarapis*, 34 – *P.Oxy.* VIII, 1149 ; IX, 1213.
NOTIONS : magie – Mithra.

L. S.

1049—SANZI (E.), «Magia e culti orientali IV. Tra maghi e sacerdoti : invocazioni di aiuto e richieste di successo nel mondo imperiale romano», *Koinonia,* 30-31, 2006-2007, p. 201-215.

RÉSUMÉ : L'A. rappelle la distinction entre deux types d'hénothéisme et montre que l'épigraphie d'époque impériale utilise les épithètes destinées aux nouvelles divinités orientales. Le culte de Sarapis témoigne des différentes qualités et prérogatives qui sont attribuées à ces dernières. L'A. souligne que la magie a aussi recours, dans ses formules, au syncrétisme pour invoquer des divinités de différents domaines. Typique de la religiosité populaire, le mélange de magie et de cultes officiels est présent dans le monde copte aussi.
LIEN AVEC LE THÈME DE LA PRIÈRE : secondaire.
DOMAINE PRÉDOMINANT : grec, latin et copte.
AIRE GÉOGRAPHIQUE : Empire romain.
CHRONOLOGIE : IIe-IVe siècle ap. J.-C.
PRINCIPAUX TEXTES ANCIENS : Apulée, *Métamorphoses*, XI, 5 – Inscriptions grecques – Aelius Aristide, *Hymne à Sarapis*, 34 – Suétone, *Vie de Vespasien*, 7 – *PGM* V, 3-13.
NOTIONS : hénothéisme – syncrétisme – Isis – Sarapis – épithète – magie.

L. S.

1050—SCHAAF (I.), « Zu P.Freib. 117d = PGM XXVb », *Zeitschrift für Papyrologie und Epigraphik*, 156, 2006, p. 179-182.

RÉSUMÉ : Document inédit dont le recto est une comptabilité en grec et le verso une *defixio* représentant Osiris et un orant.
LIEN AVEC LE THÈME DE LA PRIÈRE : secondaire.
DOMAINE PRÉDOMINANT : grec.
AIRE GÉOGRAPHIQUE : Qarara (Moyenne Égypte).
CHRONOLOGIE : vers 100 ap. J.-C.
PRINCIPAUX TEXTES ANCIENS : *PGM* XXVb.
NOTIONS : *defixio*.

B. S.

1051—SCHEID (J.), *Quand faire, c'est croire. Les rites sacrificiels des Romains*, Paris, Aubier (Collection historique), 2005, 348 p.

RÉSUMÉ : Sous le rite et son observance formaliste se cache une hiérarchie entre les hommes et les dieux, qui définit leurs relations ; le sacrifice, bien attesté, est un rite central, dont les éléments (lexique, séquences rituelles), analysés objectivement, révèlent des croyances. La première partie présente le *Commentaire des frères Arvales*, protocole annuel de cette confrérie religieuse ; l'A. mentionne occasionnellement les invocations, prières et hymnes qui ponctuaient les étapes du sacrifice (voir n° **1034**) ; les protocoles n'ont pas conservé les textes des prières, prononcées en même temps que les gestes (p. 38-39) ; « la prière apparaît clairement comme une redondance de l'immolation » (p. 54, à propos des Jeux séculaires) : le rite est parfait, car la prière donne sans ambiguïté le sens des gestes et elle est performative. Lors des sacrifices expiatoires (*piacula*), des dieux inférieurs aux fonctions très précises, les *indigitamenta*, sont invoqués pour répondre aux attentes des hommes ; ils sont comparables aux épiclèses des grandes divinités (p. 82). Les Jeux séculaires d'Auguste en 17 av. J.-C. et ceux de Septime Sévère en 204 ap. J.-C. font l'objet de la seconde partie. Leurs commentaires mentionnent et parfois citent les prières entre deux immolations ; ils précisent aussi l'objet de ces immolations. Troisième partie : le culte privé est peu attesté, à l'exception de Caton l'Ancien décrivant des sacrifices chez lui, avec invocations, offrandes et prières (p. 149, 156), selon un rite précis (et même complet pour les prières), proche des protocoles sacerdotaux : cultes public et privé ont des ressemblances. L'A. explique également sacrifices et banquets funéraires (au rituel assez mal connu), de même que les *Parentalia*, fête des morts. La quatrième et dernière partie aborde les liens entre sacrifice et banquet sur le plan de la participation des dieux, conviés au repas ; se pose aussi la question de l'abattage des animaux, rituel lors des fêtes et sans doute aussi hors de ces dernières. En conclusion, le rite est une obligation ; il est décrit, mais non expliqué ; chaque célébrant répondait de façon personnelle à la volonté divine (p. 280).

LIEN AVEC LE THÈME DE LA PRIÈRE : principal.

DOMAINE PRÉDOMINANT : latin.

AIRE GÉOGRAPHIQUE : monde romain.

CHRONOLOGIE : IIe siècle av. J.-C. - IIIe siècle ap. J.-C.

PRINCIPAUX TEXTES ANCIENS : *CFA*, passim – Commentaires des Jeux séculaires d'Auguste (Schnegg, 2002 = *CIL* VI, 32323-36) et de Septime Sévère (Pighi, 1965) – Caton, *De l'agriculture*, 50, 83, 132, 134, 139 et 141.

NOTIONS : sacrifice – offrande – rite – invocation – banquet – jeux – Jeux séculaires – *piaculum- indigitamenta*.

B. S.

1052—SCHEID (J.), « *Carmen* et prière. Les hymnes dans le culte public de Rome », LEHMANN n° **976**, p. 439-450.

RÉSUMÉ : La place des hymnes dans le culte peut être précisée par les protocoles (ou commentaires) épigraphiques, au IIIe siècle ap. J.-C., des frères Arvales et les protocoles des Jeux séculaires de 17 av. J.-C. et de 204 ap. J.-C. Les protocoles doivent remonter à un modèle plus ancien et montrent que l'hymne (*carmen aruale, c. saeculare*), œuvre d'art, n'est pas directement lié au culte, mais peut en être une conclusion ludique, au contraire de la prière (*precatio*), dont la formulation est traditionnelle (p. 443-446). *Carmen* et *precatio* sont parfois confondus, déjà chez les auteurs anciens.

LIEN AVEC LE THÈME DE LA PRIÈRE : principal.

AIRE GÉOGRAPHIQUE : Rome.
CHRONOLOGIE : Empire romain.
PRINCIPAUX TEXTES ANCIENS : *CFA* 100-101, 107, 114 – *Protocoles des Jeux séculaires* (Pighi), 1965, p. 164 sq.
NOTIONS : hymne – culte – *carmen* – *precatio* – Jeux séculaires.

B. S.

1053—SCHEID (J.) éd., *Rites et croyances dans les religions du monde romain*, Vandoeuvres-Genève, Fondation Hardt (Entretiens sur l'Antiquité classique, 53), 2007, X-329 p.

RÉSUMÉ : Ce livre rassemble huit contributions qui examinent la relation entre les rites et les croyances dans le monde gréco-romain. L'objectif consiste à s'interroger sur le sens du rite en général, étant donné qu'il se trouve à la base de toutes les religions anciennes. On citera plus particulièrement, parmi les sujets qui sont abordés, une réflexion consacrée au paradoxe qui caractérise la religion romaine, étant donné qu'elle ne semble exister que comme obligation rituelle, bien qu'elle laisse la place à de très nombreuses interprétations contradictoires (chap. II par J. Scheid) ; l'examen des stèles dites de confessions d'Anatolie, qui permet de traiter de la question relative aux pratiques religieuses dans les cités hellénophones (chap. III par N. Belayche) ; une étude dévolue à la présence des rites traditionnels dans le néoplatonisme durant l'Antiquité tardive (chap. IV par J.-M. Dillon) ; un essai sur la ritualisation des sentiments et des émotions dans le cadre des cultes et des mystères gréco-romains (chap. VI par P. Borgeaud).
LIEN AVEC LE THÈME DE LA PRIÈRE : secondaire.
DOMAINE PRÉDOMINANT : grec et romain.
AIRE GÉOGRAPHIQUE : monde gréco-romain.
CHRONOLOGIE : époque gréco-romaine.
PRINCIPAUX TEXTES ANCIENS : Aristote (nombreuses œuvres) – César, *Guerre des Gaules* – Cicéron, *De la nature des dieux* et *De la divination* – Damascios, *Vie d'Isodore* – Eusèbe de Césarée, *Histoire Ecclésiastique* – Plutarque, *Œuvres morales* et *Vies parallèles* – Strabon, *Géographie*.
NOTIONS : mystères – néoplatonisme – rite.

M. V.

1054—SCHOLZ (M.) et KROPP (A.), « 'Priscilla, die Verräterin' : eine Fluchtafel mit Rachegebet aus Gross-Gerau », BRODERSEN-KROPP n° **867**, p. 33-40 = SEITZ (G.) éd., *In Dienste Roms : Festschrift für Hans-Ulrich Nuber*, Remshalden, Greiner, 2006, p. 181-191.

RÉSUMÉ : Édition, traduction et commentaire d'une tablette de plomb qui a dû être enfouie, à la limite du *uicus* du camp, sous une maison, probablement celle de Priscilla. Cette dernière est l'objet de la malédiction, qui invoque Attis et la

Grande Mère du sanctuaire de Mayence ; les A. pensent classer cette tablette dans la catégorie des « prayers for justice ».

LIEN AVEC LE THÈME DE LA PRIÈRE : principal.
AIRE GÉOGRAPHIQUE : Germanie.
CHRONOLOGIE : fin Ier- début IIe siècle ap. J.-C.
PRINCIPAUX TEXTES ANCIENS : *defixio* de Gross-Gerau.
NOTIONS : *defixio* – prière juridique – Attis – Grande Mère (Mère des dieux).

B. S.

1055—SCHULTZ (C. E.) et HARVEY (P. B.) éd., *Religion in Republican Italy*, 2e éd., Cambridge, University Press (Yale Classical Studies, 33), 2008, XIV-299 p. (1re éd., 2006).

RÉSUMÉ : Le point de vue de l'ouvrage est surtout politique, institutionnel et social ; s'attachant à toute la péninsule italienne, il veille à distinguer les éléments proprement romains et les autres, étrusque, latin, italique, etc. Des dix contributions de spécialistes, se distinguent pour la prière celles qui touchent davantage à la communication avec les dieux : F. Glinister (p. 10-33) étudie les ex-voto anatomiques et leur répartition géographique. J. MacIntosh Turfa (p. 62-89) s'attache aux changements que connaît la religion étrusque au cours du IVe siècle av. J.-C. ; l'examen des offrandes, ex-voto, dédicaces, constructions de temples, scènes de peinture, du *Liber linteus* de Zagreb permet de comprendre l'étonnement des Romains devant un peuple si dévot, en lien personnel avec les dieux. Pour Rome et la périphérie, il convient de signaler P. B. Harvey sur les dédicaces de Pisaurum (voir n° **945**), W. E. Klingshirn (p. 137-161) sur le *sortilegus*, I. Edlund-Berry (p. 162-180) sur le caractère sacré de l'eau, même dans les cultes privés, et C. E. Schultz (p. 207-227) sur le culte de Junon *Sospita* durant la Guerre sociale, favorisé par le songe de Caecilia Metella.

LIEN AVEC LE THÈME DE LA PRIÈRE : secondaire.
DOMAINE PRÉDOMINANT : latin.
AIRE GÉOGRAPHIQUE : Rome et l'Italie.
CHRONOLOGIE : République romaine.
PRINCIPAUX TEXTES ANCIENS : en nombre, inscriptions comprises.
NOTIONS : devin – ex-voto – nature – périphérie – Junon *Sospita* – Étrurie.

B. S.

1056—SINEUX (P.), *Amphiaraos. Guerrier, devin et guérisseur*, Paris, Les Belles Lettres (Vérité des mythes, 28), 2007, 276 p.

RÉSUMÉ : L'A. étudie la figure mythologique d'Amphiaraos, devin et guerrier membre de l'expédition des Sept contre Thèbes, ainsi que le culte qui lui fut rendu, en tant que divinité oraculaire, dans son sanctuaire d'Oropos, à la frontière de l'Attique et de la Béotie. La prière était un des éléments du rituel en l'honneur d'Amphiaraos. Dans une loi sacrée, il est dit, à propos de la règlementation des sacrifices, que « le prêtre, quand il est présent, doit faire des prières sur les victimes (*hiera*) et les déposer sur l'autel ; quand il est absent, que celui qui sacrifie le fasse et que chacun personnellement fasse des prières sur ses propres *hiera* lors du sacrifice, mais que le prêtre le fasse pour des sacrifices publics » (p. 140). Dans le relief d'Archinos, le dédicant accomplit « le geste caractéristique de la prière, prononcée debout, main droite levée » ; ce geste « appuie la demande de la guérison » (p. 204-205). De manière comparable, à l'Asklépieion d'Athènes, des plaques représentent le dédicant « en prière » (p. 184). Dans les sanctuaires guérisseurs, les dédicaces portent souvent « la mention d'une expression (εὐξάμενος par exemple) qui indique qu'il s'agit bien de l'acquittement d'un vœu qui avait été fait auparavant dans une prière » (p. 178).

LIEN AVEC LE THÈME DE LA PRIÈRE : secondaire.

DOMAINE PRÉDOMINANT : grec.

AIRE GÉOGRAPHIQUE : Attique, Béotie.

CHRONOLOGIE : Vᵉ-IVᵉ siècles av. J.-C.

PRINCIPAUX TEXTES ANCIENS : IG VII, 235 – Démosthène, *Contre Midias*, 52 – Philostrate, *Vie d'Apollonios de Tyane*, I, 7-12.

NOTIONS : ex-voto – gestuelle – iconographie – médecine – oracle – sacrifice – Amphiaraos – Asclépios.

L. P.

1057—SOURVINOU-INWOOD (C.), *Hylas, the Nymphs, Dionysos and Others. Myth, Ritual, Ethnicity*, Stockholm, P. Astrøm (Acta Instituti Atheniensis Regni Sueciae, Series in-8°, 19), 2005, 421 p.

RÉSUMÉ : La structure de l'ouvrage est complexe, car il envisage aussi les cultes apparentés au mythe d'Hylas et pose la question, déjà abordée par Hérodote, du mélange des populations. Prenant ses distances avec la thèse de J. Hall, *Ethnic Identity in Greek Antiquity* (Cambridge, 1997), l'A. insiste sur des éléments autochtones intégrés dans le culte d'Hylas à Cios (Kios), colonie de Milet sur la côte S.-E. de la Propontide (chap. I). Le mythe et le rituel d'Hylas, dans la littérature et l'iconographie, sont analysés et l'insistance porte sur les Nymphes, qui font disparaître Hylas pour lui donner l'immortalité, et sur les « autres » : comme Hylas (qui, lui, ne meurt pas), ces derniers (Attis, Adonis...) ont disparu prématurément et sont devenus l'objet d'un rite de lamentation (chap. II-IV). La fête d'arrivée d'un dieu (*catagôgia*) est longuement analysée (chap. V), plus spécialement dans les cas de Dionysos ; les fidèles tâchent de percevoir les signes annonciateurs de cette épiphanie ; des invocations adressées à la divinité (p. 155, 160) ainsi que des hymnes (p. 156, 158) expriment aussi la présence du dieu ; de même, une procession déplace la statue du dieu et la ramène au temple : le dieu est arrivé. De nombreux mythes et rites de fondation et d'immortalité sont rapprochés d'Hylas (chap. VI-VII), dont la structure est typiquement grecque tout en intégrant (chap. VIII) des éléments anatoliens dans une mesure difficile à préciser (p. 366), ce qui explique l'absence du culte d'Hylas en dehors de Cios, culte élaboré lors de la fondation de cette colonie ou peu après. Reconstitués par comparaison avec d'autres mortels devenus dieux et objet de culte, les rituels d'Hylas sont plus spécialement analysés au chapitre VII ; à côté du sacrifice et des lamentations (inhabituelles dans les fêtes grecques d'arrivée), trois moments sont particulièrement importants dans la fête d'arrivée : quête d'Hylas, ensuite invocation près d'une source : trois fois, selon Antonius Liberalis, le prêtre invoque le nom d'Hylas et trois fois reçoit un écho (en un endroit choisi) : c'est l'arrivée d'Hylas.

LIEN AVEC LE THÈME DE LA PRIÈRE : secondaire.

DOMAINE PRÉDOMINANT : grec.

AIRE GÉOGRAPHIQUE : Asie Mineure.

CHRONOLOGIE : colonisation grecque.

PRINCIPAUX TEXTES ANCIENS : Callimaque, *Hymnes* – *Hymnes orphiques*, 30, 42, 45, 52, 53 – Apollonios de Rhodes, *Argonautiques*, I, 1221 et suiv. ; II, 780 et suiv. – Strabon, XII, 4, 3 – Antonius Liberalis, *Métamorphoses*, 26.

NOTIONS : épiphanie – fête d'arrivée – procession – sacrifice – lamentation – Hylas – Dionysos.

B. S.

1058—STAVRIANOPOULOU (E.) éd., *Ritual and Communication in the Graeco-Roman World*, Liège, Centre international d'étude de la religion grecque antique (*Kernos*, suppl. 16), 2006, 350 p.

RÉSUMÉ : Les rites sont étudiés dans leur fonction de communication : contact avec l'invisible et aussi expression des communautés humaines (v.g. à l'égard des morts). Les rituels, qui évoluent, établissent des hiérarchies entre les dieux et les hommes et entre les hommes eux-mêmes. Deux contributions concernent plus directement la relation avec la divinité (n[os] **871** et **1029**). Les douze autres contributions : la danse grecque (F. G. Naerebout, p. 37-67), élément des manifestations publiques, favorise l'attention des fidèles au culte. L'organisation d'un sanctuaire grec (J. Mylonopoulos, p. 69-110) répond au désir de communiquer avec les dieux : itinéraire des processions, lieux de sacrifice, emplacement théâtral des édifices... H. S. Versnel (p. 317-327) étudie trois rituels persuasifs, où fonctionnent libres associations et analogies : la créativité poétique des *defixiones* suscite des choses impossibles ; les Thesmophories attirent la fertilité (association terre et femme...) ; un évènement incompréhensible, heureux ou non, est une forme d'épiphanie. Pour la Grèce encore, le sanctuaire d'Artémis *Laphria* à Patras et son culte décrit par Pausanias (VII, 18, 8-13) ; les *leges sacrae* montrent la divinité donnant son avis par la voix des oracles ; les rites du serment ont des formes variées, mais, sur le fond, des similitudes (l'invocation aux dieux et l'exécration, p. 189 et suiv.) ; les rites, funéraires par exemple, n'excluent pas l'émotion, perceptible dans des incidents ou dans l'insistance de prescriptions, et il y a de véritables manipulations. Dans le vaste Empire romain, les variantes locales, l'abandon d'un rite (les oracles ont déçu, v.g.) ou sa restauration ont des causes qui ne sont pas toujours d'ordre religieux (choix d'un culte attirant les foules...) ; les acclamations d'une célébrité ont un aspect rituel, même si, dans l'exemple étudié (*P. Oxy.* I, 41), l'Océan, c'est-à-dire le Nil, est la seule référence religieuse (p. 305 et suiv.).

LIEN AVEC LE THÈME DE LA PRIÈRE : secondaire.

DOMAINE PRÉDOMINANT : grec et latin.

AIRE GÉOGRAPHIQUE : Méditerranée.

CHRONOLOGIE : de la Grèce archaïque à l'Empire romain.

PRINCIPAUX TEXTES ANCIENS : nombreuses références aux auteurs anciens – *I. Magnesia* (= *I. Magn. Mai.*) 100 A – *LSAM* 47 – *LSCG* 83.

NOTIONS : rite – communication – sanctuaire – procession – sacrifice – danse – serment – oracle – épiphanie – *defixio* – Thesmophories.

B. S.

1059—STEFANIW (B.), « Reading Revelation : Allegorical Exegesis in Late Antique Alexandria », *Revue de l'histoire des religions*, 224, 2007, p. 231-251.

RÉSUMÉ : L'interprétation allégorique pratiquée à Alexandrie dans l'Antiquité tardive part du principe que les textes traditionnels contiennent une révélation divine que le lecteur peut connaître en étudiant le sens allégorique. En effet, les auteurs de ces textes (Moïse, Platon, Homère...) sont considérés par les intellectuels alexandrins comme des visionnaires et des sages, qui ont compris la réalité ultime et l'ont transcrite dans des allégories à déchiffrer. C'est pourquoi le lecteur ou le commentateur doivent recourir à la contemplation et avoir reçu une éducation spirituelle et morale dans l'une des trois institutions culturelles alexandrines : l'école philosophique néoplatonicienne, l'école catéchétique chrétienne ou la formation monastique dans un monastère. En s'appuyant sur les commentaires d'Origène, Évagre le Pontique, Didyme l'Aveugle, Hermias et Olympiodore, l'A. étudie la méthode de l'interprétation allégorique, qui exige du lecteur une vraie aptitude à la réflexion : selon Évagre, le but de la vie monastique est semblable à celui de la vie philosophique, puisqu'il consiste à « contempler ce qui est », le but ultime de la philosophie néoplatonicienne. Pour y parvenir, il faut utiliser le *nous*, l'intellect, qui ne peut fonctionner correctement que lorsque le corps et les passions sont maîtrisés. C'est alors que la prière remplit tout son rôle : dans le traité d'Évagre sur la prière, la récitation des *Psaumes* calme les passions et apaise la dysharmonie du corps ; la prière incite l'intellect à assumer sa propre activité (§ 83) ; « la prière est la puissance qui convient à la dignité du *nous* : elle est la puissance et la fonction les plus hautes et les plus pures du *nous* » (§ 84). Ainsi, l'esprit perçoit la révélation divine contenue dans le texte. Selon Didyme, la prière est la préparation adaptée à l'étude des Écritures, dont la sagesse spirituelle ne peut être interprétée que par ceux qui y ont été préparés efficacement.

LIEN AVEC LE THÈME DE LA PRIÈRE : principal.

DOMAINE PRÉDOMINANT : grec.
AIRE GÉOGRAPHIQUE : Alexandrie (Égypte).
CHRONOLOGIE : IIIᵉ-VIᵉ siècle ap. J.-C.
PRINCIPAUX TEXTES ANCIENS : Origène – Évagre le Pontique – Didyme l'Aveugle
– Hermias – Olympiodore – Synésios de Cyrène – Plotin.
NOTIONS : allégorie – révélation – christianisme.

T. G.

1060—STEHLE (E.), « Prayer and Curse in Aeschylus' *Seven against Thebes* », *Classical Philology*, 100, 2005, p. 101-122.

RÉSUMÉ : L'article propose une lecture des *Sept contre Thèbes* à travers un examen de l'efficacité du discours religieux, et plus spécialement, de la prière, de sa violation ainsi que de la parole comme un présage (κληδών) et de la prière apotropaïque. La prière se caractérise par un type de discours et un comportement spécifiques (εὐφημία) qui procurent la bienveillance des dieux. Le comportement inverse est celui de δυσφημία. L'article observe que, dans les *Sept*, Étéocle et le chœur, s'adressant tous les deux aux dieux, passent d'un type de comportement à l'autre. Le cas d'Étéocle montre comment ce genre de basculement peut amener à la malédiction, forme de parole proche de la prière sur le plan linguistique, mais dont le contenu et le domaine d'action sont différents. Ces deux types de discours se révèlent avoir un rôle central pour le dénouement des *Sept*.
LIEN AVEC LE THÈME DE LA PRIÈRE : principal.
DOMAINE PRÉDOMINANT : grec.
AIRE GÉOGRAPHIQUE : monde grec.
CHRONOLOGIE : Grèce archaïque.
PRINCIPAUX TEXTES ANCIENS : Eschyle, *Les Sept contre Thèbes*.
NOTIONS : malédiction – théâtre – εὐφημία – κληδών.

M. Ta.

1061—STEINRÜCK (M.), « Célébrer et prier dans les *Hymnes homériques* : un critère », *Maia*, 58, 2006, p. 433-438.

RÉSUMÉ : En se référant à Platon, l'A. pose la question de savoir si les *Hymnes homériques* sont des prières. Dans quelle mesure ces poèmes, qui à partir de Diodore de Sicile sont appelés ὕμνοι, peuvent-ils être considérés comme des prières ? Si le critère définissant une prière est la requête, il est difficile de voir tous les hymnes comme des prières, car seuls certains d'entre eux présentent une requête explicite. Sur cette base, dans la collection des *Hymnes homériques*, l'A. distingue des hymnes-prières à proprement parler et, à côté de ceux-ci, des hymnes qui sont plutôt des éloges. En général, les hymnes qui prévoient une requête explicite sont introduits par la formule « je vais chanter » et la requête concerne effectivement ce que le chanteur veut atteindre par le biais de son chant. Au contraire, le groupe qui manque de requête explicite est introduit par la formule « chante, Muse » ; bien qu'en substance il puisse avoir le même but, toutefois il le poursuit à travers un autre moyen, un discours performatif différent qui n'est pas une prière, mais plutôt une énonciation purement laudative. Et ceci en accord avec le verbe employé, ὑμνεῖν, dont l'une des acceptions est « célébrer ».

LIEN AVEC LE THÈME DE LA PRIÈRE : principal.
DOMAINE PRÉDOMINANT : grec.
AIRE GÉOGRAPHIQUE : monde grec.
CHRONOLOGIE : avant 400 av. J.-C.
PRINCIPAUX TEXTES ANCIENS : *Hymne homériques*.
NOTIONS : hymne – formule – προοίμιον.

L. Q.

1062—STERBENC ERKER (D.), « Voix dangereuses et force des larmes : le deuil féminin dans la Rome antique », *Revue de l'histoire des religions*, 221, 2004, p. 259-291.

RÉSUMÉ : Il s'agit de montrer que, socialement et politiquement marginalisées, les femmes ont néanmoins un rôle important : lors d'un deuil, par leurs lamentations, qui poussent à la vengeance. Ou encore dans les moments critiques de la cité, leur rôle est prépondérant, quand elles accomplissent le rituel de supplication, les offrandes de vin et d'encens, les prières (p. 281-283), mains tendues vers le ciel, en pleurs... Par là, les femmes ont de bonnes relations avec les dieux, même si les auteurs anciens les présentent sous un jour négatif. Enfin, la participation active des femmes au rituel de supplication leur confère aussi un rôle politique.

LIEN AVEC LE THÈME DE LA PRIÈRE : principal.
DOMAINE PRÉDOMINANT : latin.
AIRE GÉOGRAPHIQUE : monde romain.
CHRONOLOGIE : époque classique.
PRINCIPAUX TEXTES ANCIENS : Tite-Live, III, 7, 7 ; XXVI, 9, 7 – Virgile, *Énéide*, I, 479-481 – Silius Italicus, VII, 75-85.
NOTIONS : mort – supplication – procession – femmes.

B. S.

1063—STROCKA (V. M.), « Wer beschenkt wen und warum ? », KIDERLEN (M.) et STROCKA (V. M.) éd., *Die Götter beschenken : antike Weihegaben aus der Antikensammlung der Staatlichen Museen zu Berlin*, Munich, Biering & Brinkman, 2005, p. 11-13.

RÉSUMÉ : L'A. présente le catalogue d'une exposition. La dépendance à l'égard de forces supérieures, bienfaisantes ou mauvaises, pousse l'homme à se les concilier ou à les écarter. Il existe trois formes de communication avec les forces supérieures : la prière, le sacrifice et l'offrande. L'A. caractérise succinctement chacune de ces formes avant d'établir une typologie des offrandes à partir des pièces exposées. Certaines offrandes ne sont pas un remerciement, mais une anticipation du résultat escompté, ou une expiation, un désir de réconciliation (après une fraude...). Les offrandes ne sont pas désintéressées, ont une valeur marchande et, bien visibles, assurent la renommée du donateur, individu ou cité.

LIEN AVEC LE THÈME DE LA PRIÈRE : secondaire.

AIRE GÉOGRAPHIQUE : Grèce.

CHRONOLOGIE : Grèce archaïque, classique et hellénistique.

NOTIONS : offrande – remerciement – anticipation – lieu – iconographie.

B. S.

1064—SYED (Y.), « Ovid's Use of the Hymnic Genre in the Metamorphoses », BARCHIESI (A.), RÜPKE (J.) et STEPHENS (S.A.) éd., *Rituals in Ink* : *A Conference on Religion and Literary Production in Ancient Rome,* Stuttgart, Steiner, 2004, p. 99-113.

RÉSUMÉ : L'article analyse la place du genre hymnique dans les *Métamorphoses* d'Ovide et explore la nature et l'importance des relations intertextuelles des *Métamorphoses* avec ce genre, en concentrant l'enquête sur deux passages du livre I. Il s'agit d'abord du récit de la querelle entre Cupidon et Apollon dans les vers 434 à 567, que l'A. met en rapport avec la querelle entre Hermès et Apollon dans l'*Hymne homérique à Hermès*. Il s'agit ensuite de la querelle entre Epaphus et Phaéton dans les vers 747 à 779, mise en rapport avec d'autres textes. Ces analyses n'abordent pas la question de la prière en elle-même, mais portent sur le genre hymnique.

LIEN AVEC LE THÈME DE LA PRIÈRE : secondaire.

DOMAINE PRÉDOMINANT : latin.

AIRE GÉOGRAPHIQUE : Rome.

CHRONOLOGIE : époque augustéenne.

PRINCIPAUX TEXTES ANCIENS : Ovide, *Métamorphoses,* I, 434-567 ; 747-779 – *Hymne homérique à Hermès.*

NOTIONS : hymne – Apollon – Cupidon – Hermès.

G.F.

1065—*Thesaurus cultus et rituum antiquorum (Thes CRA). 3, Divination, Prayer, Veneration, hikesia, asylia, Oath, Malediction, Profanation, Magic Rituals, and Addendum to vol. II : Consecration,* Los Angeles, J. Paul Getty Museum, 2005, XVIII-434 p.

RÉSUMÉ : Chacune des subdivisions de cette encyclopédie est précédée d'une table des matières détaillée, annonçant le développement des aspects suivants :

terminologie ; typologie ; sources littéraires, épigraphiques et iconographiques ; bibliographie. Voir, ici même, n° **955** pour la prière grecque (*Thes CRA* 3, p. 105-141), n° **981** pour la prière étrusque (p. 142-150), n° **922** pour la prière romaine (p. 151-179) et n° **879** pour l'*hikesia* (p. 193-216).

LIEN AVEC LE THÈME DE LA PRIÈRE : principal.

PRINCIPAUX TEXTES ANCIENS : toutes les références principales sont fournies.

B. S.

1066—THOM (J. C.), « Doing Justice to Zeus : On Texts and Commentaries », *Acta Classica*, 48, 2005, p. 1-21.

RÉSUMÉ : L'*Hymne à Zeus* de Cléanthe reproduit la division tripartite de l'hymne cultuel (invocation, argument et prière). Le ton de piété sincère se heurte à une objection : Zeus est le logos, un principe immanent au monde et à l'homme ; il n'est donc pas transcendant et lui adresser des prières est inutile. L'A. développe trois contre-objections. 1 : Zeus, chez Cléanthe, n'est pas une abstraction, mais un dieu, pourvu d'épithètes (p. 8-9), avec lequel on communique, comme dans la tradition depuis Homère. La terminologie stoïcienne est discrète : l'hymne n'est pas réservé aux philosophes de métier ; il emprunte à la mythologie. 2 : L'argument, certes stoïcien (le logos), n'enlève pas à Zeus son caractère personnel, garant de la justice, porteur de la foudre... 3 : Un stoïcien strict se passe de prières, puisqu'il lui suffit de se conformer à l'ordre de la nature ; en fait, il y recourt, à l'exemple de Sénèque, car son Dieu immanent est aussi transcendant. La prière stoïcienne est généralement de remerciement et de soumission à la volonté divine, au logos universel, à la providence ; dans l'*Hymne à Zeus*, elle est de demande : assistance et discernement de l'ordre du monde.

LIEN AVEC LE THÈME DE LA PRIÈRE : principal.

DOMAINE PRÉDOMINANT : grec.

CHRONOLOGIE : IIIe siècle av. J.-C.

PRINCIPAUX TEXTES ANCIENS : Callimaque, *Hymne à Zeus* – Sénèque, *Questions naturelles*, II, 35.

NOTIONS : hymne – épithète – stoïcisme – demande – transcendance – Zeus.

B. S.

1067—TODOUA (M.), « Empédocle : empêche-vents ou dompteur de mauvais génies ? Réflexions autour du fr. 111 Diels-Kranz », *Bulletin de l'Association Guillaume Budé,* 2005, p. 49-81.

RÉSUMÉ : Pendant plusieurs décennies, l'œuvre d'Empédocle donne lieu à grand nombre de discussions. Cependant, avec l'édition du papyrus de Strasbourg (*P.Strasb. Gr.* Inv. 1665-1666), des points de controverse, liés à la philosophie empédocléenne, sont apparus sous un jour nouveau. Les grandes œuvres d'Empédocle, *Poème physique* et *Catharmoi,* non seulement ne sont pas contradictoires, mais sont plutôt cohérentes entre elles. Dans le fr. 111, placé tout à la fin du *Poème physique* (Diels-Kranz), apparaît l'aspect religieux de la pensée d'Empédocle. Fidèle au culte des Vents, Empédocle prétend pouvoir diriger les souffles vengeurs. Il promet également le contrôle de la pluie. Les rites, visant à se débarrasser de la sécheresse, faisaient partie des obligations royales. Or, il a été suggéré qu'Empédocle se plaçait, à son tour, dans le rôle d'un βασιλεύς, pour qui la pratique de ce genre de rites aurait été tout à son honneur. Enfin, dans ce fr. 111, il est aussi question de ressusciter un homme trépassé. Toutefois, la promesse concernant la maîtrise des vents et celle de ressusciter un homme mort éclairent toutes les deux la théorie empédocléenne des souffles (πνεύματα), ce qui met en rapport le drame cosmique, décrit au long du *Poème physique*, avec la théorie des démons.

LIEN AVEC LE THÈME DE LA PRIÈRE : secondaire.
DOMAINE PRÉDOMINANT : grec.
AIRE GÉOGRAPHIQUE : Grèce et Italie du Sud.
CHRONOLOGIE : Vᵉ siècle av. J.-C.
PRINCIPAUX TEXTES ANCIENS : Empédocle, fr. 111 Diels-Kranz ; *Catharmoi*.
NOTIONS : magie – souffle – démon – culte – Éole.

M. T.

1068—TOMLIN (R. S. O.), « 'Remain like stones, unmoving, un-running' : Another Greek Spell against Competitors in a Foot-race », *Zeitschrift für Papyrologie und Epigraphik*, 160, 2007, p. 161-166.

RÉSUMÉ : Une *defixio* contre trois athlètes, dont les noms sont donnés. Le texte édité, traduit et commenté invoque des noms magiques, comme *Abrasax ;* sur le stade, le trio sera sans muscle, sans mouvoir les membres... Le texte est élaboré.
LIEN AVEC LE THÈME DE LA PRIÈRE : principal.
DOMAINE PRÉDOMINANT : grec.
AIRE GÉOGRAPHIQUE : Égypte (?)
CHRONOLOGIE : IVᵉ siècle ap. J.-C.
PRINCIPAUX TEXTES ANCIENS : *defixio* d'Égypte (?)
NOTIONS : *defixio – Abrasax*.

B. S.

1069—TORRES-GUERRA (J. B.), « Sobre la conclusión de los *Himnos Homéricos* y sus circunstancias de ejecución », *Minerva*, 16, 2002-2003, p. 39-44.

RÉSUMÉ : Parmi les *Hymnes homériques* courts, l'A. distingue entre les hymnes brefs (*Brief Hymns*) et les hymnes de moyenne longueur (*Middle Hymns*). Dans ce cadre, les caractéristiques des formules finales permettent d'identifier les occasions de la performance de ces poèmes : les *Middle Hymns* auraient été utilisés en tant que proèmes d'autres compositions, tandis que les *Brief Hymns* se présentent comme des prières.

LIEN AVEC LE THÈME DE LA PRIÈRE : principal.
DOMAINE PRÉDOMINANT : grec.
AIRE GÉOGRAPHIQUE : monde grec.
CHRONOLOGIE : avant 400 av. J.-C.
PRINCIPAUX TEXTES ANCIENS : *Hymnes homériques.*
NOTIONS : hymne – formule.

L. Q.

1070—TREMEL (J.), « Die Befragung des Orakels durch Athleten », *Nikephoros*, 17, 2004, p. 111-118.

RÉSUMÉ : Les athlètes interrogeaient très sérieusement les oracles sur l'issue des épreuves. On possède des documents plus ou moins légendaires sur des athlètes célèbres, leurs angoisses et le « dopage » des oracles, de même que sur les offrandes de remerciement après une victoire. Une inscription de Milet livre la consultation d'Apphion Héronas, d'Alexandrie, auprès de l'oracle de Didymes ; la réponse doit correspondre à une question concrète de l'athlète des taureaux. Toutefois, d'autres oracles posaient des problèmes d'interprétation, ce qui n'est pas nouveau ; les athlètes consultaient alors astrologues, interprètes des songes et mages.
LIEN AVEC LE THÈME DE LA PRIÈRE : principal.
DOMAINE PRÉDOMINANT : grec.
AIRE GÉOGRAPHIQUE : Delphes, Olympie, Dodone et Didymes.
CHRONOLOGIE : Ve siècle av. J.-C. - IIIe siècle ap. J.-C.
PRINCIPAUX TEXTES ANCIENS : Pline, *Histoire naturelle*, VII, 48, 152 – Pausanias, VI, 8, 3 – Pindare, *Olympiques*, VIII, 1 et suiv. – Philostrate, *Héroïques*, 292 et suiv. – Inscription de Milet (*SGO*, I, p. 118).
NOTIONS : athlétisme – oracle – divination.

B. S.

1071—TREMEL (J.), *Magia agonistica* : *Fluchtafeln im antiken Sport*, Hildesheim, Weidmann (Nikephoros. Beihefte, 10), 2004, 304 p.

RÉSUMÉ : Les oracles étaient interrogés par les athlètes sur l'issue des épreuves. L'A. a constitué un corpus de 100 tablettes de défixion : quatorze lieux de découverte répartis dans le monde méditerranéen, support (plomb, ostracon, papyrus), chronologie, contenu (parfois accompagné de dessins : silhouette, lettres magiques...). Un schéma de *defixio* se dégage : que l'adversaire, nommé, soit comme paralysé en pleine épreuve, avec l'aide de divinités chthoniennes, de démons et de formules exactes que le magicien fournira. L'A. tâche d'identifier et de décrire *defixus* et *defigens*. Suit l'édition du corpus : lieu de découverte de la tablette, date, bibliographie, transcription critique et traduction. Enfin, un *onomasticon* fournit les noms des *defixi* et des épreuves ; les noms des *factiones* du cirque apparaissent.

LIEN AVEC LE THÈME DE LA PRIÈRE : principal.
DOMAINE PRÉDOMINANT : grec et latin.
AIRE GÉOGRAPHIQUE : monde méditerranéen.
CHRONOLOGIE : VIe siècle av. J.-C. – début du VIe siècle ap. J.-C.
PRINCIPAUX TEXTES ANCIENS : *Defixionum tabellae agonisticae.*
NOTIONS : *defixio* – magie – athlétisme.

B. S.

1072—TRZCIONKA (S.), *Magic and the Supernatural in Fourth-Century Syria*, Londres et New York, Routledge, 2007, XI-220 p.

RÉSUMÉ : La séparation actuelle entre religion et magie donne de cette dernière une vue négative, alors qu'elle est, selon l'A., un des moyens d'entrer en communication avec les forces surnaturelles, dieux et démons, afin d'obtenir protection ou assistance dans des actions bonnes ou mauvaises : il y a donc complémentarité entre surnaturel et naturel. Le tableau de la Syrie et de la Palestine du IVe siècle ap. J.-C. met en jeu les autorités politiques, mais aussi des responsables chrétiens : Théodoret (évêque de Cyr, à l'E. d'Antioche, à partir de 423), Jean Chrysostome, Basile de Césarée et Jérôme à propos d'accusations de sorcellerie, d'amulettes et de *defixiones* lors de courses de chars, dans les relations amoureuses, pour se protéger du mauvais œil. Qui est possédé par le démon ? Comment être dépossédé ? Homme saint et magicien, enchanteur, astrologue sont opposés.
LIEN AVEC LE THÈME DE LA PRIÈRE : secondaire.
DOMAINE PRÉDOMINANT : grec et latin.
AIRE GÉOGRAPHIQUE : Syrie et Palestine.
CHRONOLOGIE : IVe-Ve siècles ap. J.-C.
PRINCIPAUX TEXTES ANCIENS : *defixiones*, ostraca et amulettes de Syrie et Palestine – *Code théodosien*, IX, 16 – Jean Chrysostome – Jérôme, *Vie d'Hilarion*, 17 et suiv. (*PL* 23, 36 et suiv.) – Théodoret, *Histoire des moines* (*Historia religiosa*), 3, 9 ; 8, 14 ; 13, 10-12 ; 14, 4.
NOTIONS : *defixio* – magie – démon – exorcisme – amulette – christianisme (rapport avec le).

B. S.

1073—UKLEJA (K.), *Der Delos-Hymnus des Kallimachos innerhalb seines Hymnensextetts*, Münster, Aschendorff (Orbis Antiquus, 39), 2005, VII-353 p.

RÉSUMÉ : L'A. détermine la structure de l'*Hymne à Délos*, sa place dans l'ensemble des six hymnes de Callimaque et les rapports avec d'autres récits de l'Apollon délien. Un chapitre analyse chacun des hymnes (V et VI, à Déméter,

très brièvement) et l'on retiendra ici que la prière finale de l'*Hymne à Zeus* (91-96) prend la forme inhabituelle et trompeuse d'une question (p. 35-37), l'attention portée aux épithètes des noms de dieux (reprises par l'index final), le relevé des thèmes et du lexique qui assurent des correspondances entre les six hymnes, également au niveau de la forme des prières (p. 99). Les autres chapitres (III-VIII) ont pour objet l'*Hymne à Délos* : par rapport à l'*Hymne homérique à Apollon*, Callimaque développe certains motifs, comme la colère d'Héra et la fuite de Léto. Ensuite, l'hymne est analysé par sections. 1-54 : le changement de nom, Astéria / Ortygie en Délos, et ce qu'en dit Pindare ; dès le v. 27, on passe au « Du-Stil ». Les v. 55-274 (fuite de Léto, naissance d'Apollon) sont analysés par segments symétriques (tableaux p. 218 et 305), avec le relevé des différents épisodes (comme l'épiphanie des v. 260 sq.), l'explication des noms propres et des thèmes mythologiques... Les v. 275-326 (description du rituel délien) confirment le nouveau statut d'Astéria : non plus une île erratique, flottante, mais Délos, la « brillante », centre (non géographique) du monde grec et « abondante en prières » (316).
LIEN AVEC LE THÈME DE LA PRIÈRE : secondaire.
DOMAINE PRÉDOMINANT : grec.
CHRONOLOGIE : VIIIe-IIIe siècle av. J.-C.
PRINCIPAUX TEXTES ANCIENS : Callimaque, *Hymnes* – *Hymne homérique à Apollon* – Pindare, *Péans* (Rutherford 2001), VIIb, 43-48 ; fr. 33 c-d Snell-Maehler 1989.
NOTIONS : hymne – épithète – *Du-Stil* – épiphanie – Apollon – Léto – Délos.

B. S.

1074—UNCETA GÓMEZ (L.), « *Litare* y la plegaria », CASCÓN DORADO (A.) et al. éd., *Donum amicitiae. Estudios en Homenaje al Profesor Vicente Picón García*, Madrid, Ediciones Universidad Autónoma de Madrid, 2008, p. 205-216.

RÉSUMÉ : Le rapprochement étymologique et sémantique entre λίσσομαι et *litare* est téméraire ; il impose des nuances (selon Bologna n° **57**). *Litare*, *litatio* : c'est l'examen des entrailles après le sacrifice, non à des fins divinatoires, mais comme *probatio* (vérifier que le sacrifice a été accepté), exprimée dans une formule adressée au dieu ; *litare* a donc un aspect de prière et a été rapproché d'*impetrare*. Par la suite, *litare* devint transitif, synonyme d'*immolare* (renvoi à C. MOUSSY, « La polysémie du verbe *litare* », *Bulletin de la Société de linguistique de Paris*, 87, 1992, p. 121-146).
LIEN AVEC LE THÈME DE LA PRIÈRE : principal.
AIRE GÉOGRAPHIQUE : Rome.
CHRONOLOGIE : IIe-Ier siècles av. J.-C.
PRINCIPAUX TEXTES ANCIENS : Tite-Live, VIII, 9, 1 – Caton, *De l'agriculture*, 141, 4.
NOTIONS : *litare* – sacrifice.

B. S.

1075—VAMVOURI RUFFY (M.), *La fabrique du divin. Les Hymnes de Callimaque à la lumière des Hymnes homériques et des Hymnes épigraphiques*, Liège, Centre international d'étude de la religion grecque antique (*Kernos*, suppl. 14), 2004, 326 p.

RÉSUMÉ : Dans le contexte alexandrin, Callimaque revisite la tradition hymnique. Ses hymnes aux dieux le montrent. L'A. compare ces six compositions à leurs prédécesseurs : les *Hymnes homériques* (à Apollon, Déméter, Aphrodite et Hermès), les hymnes cultuels épigraphiques (du IVe siècle av. J.-C. pour la plupart, liés au culte, ce sont des péans entonnés dans différents sanctuaires et exprimant la demande ou le remerciement d'une communauté). La comparaison se fait sur la structure (tripartite : invocation, arétalogie et prière) et le contenu, sur la relation entre le locuteur et la divinité, sur le lien entre le texte et les circonstances de son exécution. Si Callimaque emprunte à ses prédécesseurs, il innove aussi : mise en valeur de son activité poétique, rite parfois fictif, inégale bienveillance divine, allusions à la royauté ptolémaïque, références à la Grèce classique. Dans les hymnes, les moyens de persuader les dieux peuvent être rapprochés de ceux des prières, mais l'A. insiste sur les différences de contexte ; la forme aussi diffère : les hymnes sont en vers, souvent accompagnés de musique ; Platon n'avait pas raison de confondre hymnes et prières.
LIEN AVEC LE THÈME DE LA PRIÈRE : secondaire.
AIRE GÉOGRAPHIQUE : Grèce.
CHRONOLOGIE : VIIe-IIIe siècle av. J.-C.
PRINCIPAUX TEXTES ANCIENS : Callimaque, *Hymnes* – *Hymnes homériques* – péans.
NOTIONS : hymne – péan – musique.

B. S.

1076—VERCRUYSSE (M.), « Gebed tot Aphrodite (Sappho, Fragment 1). Griekse lyriek lezen en interpreteren in de klas », *Kleio*, 33, 2003-2004, p. 146-162.

RÉSUMÉ : Après des considérations pédagogiques et didactiques de l'étude de Sappho dans l'enseignement secondaire, l'A. commente le fr. 1 : la situation de communication (le moi de Sappho, Aphrodite et une femme innommée) ; les références temporelles et spatiales ; le développement du thème, traditionnel et comparable à celui de l'hymne (*inuocatio*, *pars epica* et *precatio*), avec la particularité d'un dialogue entre la poétesse et Aphrodite ; les aspects métriques, stylistiques et lexicologiques.
LIEN AVEC LE THÈME DE LA PRIÈRE : principal.
AIRE GÉOGRAPHIQUE : Grèce.
CHRONOLOGIE : fin du VIIe siècle av. J.-C.
PRINCIPAUX TEXTES ANCIENS : Sappho, *Ode à Aphrodite*, fg.1 Diehl, Voigt, Lobel-Page.
NOTIONS : Aphrodite – demande.

B. S.

1077—VIX (J.-L.), « A la découverte d'un nouvel hymne en prose en l'honneur d'Asclépios chez Aelius Aristide », LEHMANN n° **976**, p. 225-242.

RÉSUMÉ : Le discours d'Aelius Aristide pour les quatorze ans d'un de ses élèves, Apellas, issu d'une famille très influente de Pergame, contient un hymne à Asclépios. La structure et la thématique (p. 230-231) montrent en effet que l'éloge d'Apellas est étroitement mêlé à celui d'Asclépios, dieu particulièrement intime à Aelius, et se termine par une prière. Le discours d'éloge (en prose) a donc lui aussi une structure ternaire, semblable à celle d'un hymne (en vers comme en prose) : invocation, arétalogie et prière finale.
LIEN AVEC LE THÈME DE LA PRIÈRE : principal.
AIRE GÉOGRAPHIQUE : Pergame.
CHRONOLOGIE : IIe siècle ap. J.-C.
PRINCIPAUX TEXTES ANCIENS : Aelius Aristide, *Discours sacrés*, XXX.
NOTIONS : hymne – Asclépios.

B. S.

1078—VOLPE CACCIATORE (P.), « Le preghiere nell' 'Elettra' di Sofocle », *Lexis,* 23, 2005, p. 63-72.

RÉSUMÉ : L'A., avant d'analyser les prières présentes dans la tragédie sophocléenne, rappelle la prière d'Électre dans les *Choéphores* (124-148), qui est l'expression de son désir d'action et de vengeance. Cette prière a la configuration d'une invocation, d'une offre, d'une malédiction, d'une atteinte. D'ailleurs, les trois tragiques grecs mettent en scène plusieurs types de prière, dont intention, destination, occasion, etc. diffèrent. Les personnages tragiques sont souvent caractérisés par leurs prières. Dans *Électre*, la première prière de la fille d'Agamemnon est, au début (86), une invocation, puis elle devient une demande d'aide (110-120). Clytemnestre, d'ailleurs, adresse sa prière à Apollon, après des rêves ambigus (644 et suiv.). Le chœur (1063-1081) invoque Zeus et Thémis, tandis que la dernière prière d'Électre (1376-1383) est adressée au même dieu qui avait reçu les mots de Clytemnestre, Apollon.
LIEN AVEC LE THÈME DE LA PRIÈRE : principal.
DOMAINE PRÉDOMINANT : grec.
AIRE GÉOGRAPHIQUE : Grèce.
CHRONOLOGIE : Ve siècle av. J.-C.
PRINCIPAUX TEXTES ANCIENS : Sophocle, *Électre* – Eschyle, *Choéphores*, 124-148.
NOTIONS : invocation – don – malédiction – vengeance – Zeus – Apollon.

L. S.

1079—VOX (O.) éd., *Materiali di nomenclatura divina greca*, Lecce, Pensa Multimedia, 2008, 130 p.

RÉSUMÉ : Le livre est composé de quatre contributions relatives aux différentes façons de nommer les dieux dans la littérature grecque. Dans la première contribution, intitulée « Il ritratto di Eros in Meleagro AP 5.177 », M. Andreassi considère les épithètes érotiques attribuées à Éros par Méléagre dans l'épigramme 177 du livre V de l'*Anthologie palatine*. Dans la deuxième, « Liste di epiteti divini nei testi letterari greci e latini. Una raccolta », C. Rosato réunit des listes d'épithètes divines dans les textes littéraires grecs et latins. La troisième contribution, « Epiteti di collettività divine nelle tragedie di Eschilo » de A. Toma, concerne l'analyse des épithètes collectives utilisées par Eschyle dans ses tragédies. La dernière contribution, de O. Vox, « Nomenclatura divina in Giulio Polluce », examine la nomenclature divine dans l'*Onomasticon* de Julius Pollux.
LIEN AVEC LE THÈME DE LA PRIÈRE : principal.
AIRE GÉOGRAPHIQUE : monde gréco-romain.
CHRONOLOGIE : général.
PRINCIPAUX TEXTES ANCIENS : *Anthologie palatine*, V, 177 – Eschyle – Iulius Pollux, *Onomasticon*.
NOTIONS : épithète – Éros.

S. C.

1080—WALDNER (K.), « Les martyrs comme prophètes. Divinisation et martyre dans le discours chrétien des Ier et IIe siècles », *Revue de l'histoire des religions*, 224, 2007, p. 193-209.

RÉSUMÉ : Depuis au moins l'*Apologie* de Platon, l'A. constate que les professionnels de l'interprétation (devins) sont eux-mêmes interprétés par des méta-interprètes : « les philosophes, théologiens et lettrés se mettent à discuter du sens (et du non-sens) de la divination ». Dès le IIe siècle de notre ère, la méta-interprétation philosophique de la communication divine, devenue courante, va de pair avec une intensification scripturale du discours religieux : les experts de cette communication sont les ténors de la Seconde Sophistique, qui légitiment ainsi leur droit à l'autorité dans le dialogue avec le pouvoir philosophique. Pour y parvenir, ces intellectuels se situent toujours dans une position excentrée, comme le *theios anèr*, qui se distingue notamment par ses capacités divinatoires. De leur côté, les chrétiens veulent se démarquer par la prophétie, définie comme « la parole directement inspirée par Dieu et qui revendique le statut de vérité absolue ». L'A. exploite alors plusieurs exemples tirés de la littérature chrétienne des deux premiers siècles pour montrer que les chrétiens se différencient des autres en affirmant qu'ils possèdent des dons spirituels, surtout prophétiques. Ainsi, Paul se présente comme un pur marginal, qui possède un savoir divin, mais celui-ci n'est pas destiné aux puissants de ce monde, ce qui le distingue des sophistes comme Dion de Pruse. Paul, persécuté, annonce le portrait du martyr condamné à mort. En effet, les martyrs Ignace d'Antioche et Polycarpe de Smyrne se présentent comme des marginaux, doués du pouvoir de prophétie. Même si la prière n'est pas directement évoquée, cet article donne

des repères pour qui se propose d'étudier la prière dans le cadre de la méta-interprétation de la communication divine aux Ier et IIe siècles.
LIEN AVEC LE THÈME DE LA PRIÈRE : secondaire.
DOMAINE PRÉDOMINANT : grec et latin.
AIRE GÉOGRAPHIQUE : Alexandrie, Rome et Corinthe.
CHRONOLOGIE : IVe siècle av. J.-C – IIe siècle ap. J.-C.
PRINCIPAUX TEXTES ANCIENS : Platon, *Apologie de Socrate* – Dion de Pruse, *Discours*, XXXII (*Aux Alexandrins*) – Aelius Aristide, *Discours sacrés* – Artémidore, *Onirocriticon* – *Première épître aux Corinthiens* – Ignace d'Antioche – Philostrate, *Vie d'Apollonios de Tyane* – *Martyre de Polycarpe*.
NOTIONS : divination – communication – christianisme.

T. G.

1081—WALLENSTEIN (J.), « Personal Protection and Tailor-Made Deities : The Use of Individual Epithets », *Kernos*, 21, 2008, p. 81-95.

RÉSUMÉ : Des noms de mortels accompagnent, sous forme d'épithètes, des noms de dieux. Parmi les exemples cités, celui d'Isis Aphrodite *Dikaia* sur une inscription hellénistique de Délos : les deux fils d'un certain Dikaios, d'Athènes, associent la divinité à eux-mêmes et à leur famille. Cas unique où *dikaios* est associé à cette divinité, alors que l'on connaît des exemples pour d'autres dieux. Ces fils visent-ils Isis en tant que déesse juste ou bien lui accolent-ils leur nom pour exprimer une relation plus intime avec la déesse ? L'A. penche pour le second terme de l'alternative, en se référant à ce que l'on connaît de cette famille et, plus généralement, de la piété hellénistique, confiante dans l'intérêt bienfaisant qu'un dieu manifeste pour l'homme.
LIEN AVEC LE THÈME DE LA PRIÈRE : principal.
DOMAINE PRÉDOMINANT : grec.
AIRE GÉOGRAPHIQUE : Délos et Athènes.
CHRONOLOGIE : vers 100 av. J.-C.
PRINCIPAUX TEXTES ANCIENS : *I.Delos* 2158 ; 2040 (?)
NOTIONS : épithète – recommandation – Aphrodite – Isis.

B. S.

1082—WALLENSTEIN (J.), « Resources of Manpower. Magistrates' Dedications to Aphrodite », RASMUSSEN (A. H. et S. W.) éd., *Religion and Society. Rituals, Resources and Identity in the Ancient Graeco-Roman World*, Rome, Quasar (Analecta Romana Instituti Danici, 40), 2008, p. 139-150.

RÉSUMÉ : Voulues par des magistrats, gravées à la base de statues et répandues dans toute la Méditerranée, 62 inscriptions votives ont été retenues ; elles datent d'avant notre ère et ont fait l'objet de publications dispersées ; la présente synthèse relève les épithètes précisant à quel titre était invoquée Aphrodite, déesse aux multiples fonctions (l'amour et la sexualité, mais aussi la fécondité, la protection des marins, de la concorde civile...) : *nomophylakis, synarchis*... Bien que constituant un acte public, ces inscriptions peuvent contenir des allusions personnelles (à une association privée, à une fête, à la famille du magistrat). Le culte d'Aphrodite, très populaire sans être le plus important, laisse apparaître une relation plus directe et personnelle entre la divinité et l'homme ; quoique ce trait ne soit pas propre à cette déesse, les épithètes donnent parfois l'impression que les fidèles s'adressaient à une divinité nouvelle : le polythéisme rend possible « to create made-to-measure deities ».

LIEN AVEC LE THÈME DE LA PRIÈRE : secondaire.

DOMAINE PRÉDOMINANT : grec.

AIRE GÉOGRAPHIQUE : Méditerranée.

CHRONOLOGIE : époque hellénistique.

PRINCIPAUX TEXTES ANCIENS : *IG, SEG*, etc., passim.

NOTIONS : dédicace – ex-voto – épithète – prière publique – Aphrodite.

B. S.

1083—WILLIAMS (M. F.), « The New Posidippus Papyri and Propertius' Shipwreck Odes (Prop. 1.17 ; 3.7) », *Classica et Mediaevalia*, 57, 2006, p. 103-123.

RÉSUMÉ : Les deux élégies que Properce consacre au thème du naufrage trouvent de nombreux parallèles avec les poètes hellénistiques dont c'était un thème familier, mais plusieurs *topoi* de Properce sont fort proches de ceux de Posidippe : c'est ce que montre l'examen de papyrus récemment découverts. L'article cite les textes à mettre en parallèle, y compris pour l'invocation aux Néréides qui termine I, 17, où Properce compare l'amour à un voyage en mer. Il en va de même, en III, 7, pour la prière que Paetus, parti en mer par appât du gain, adresse mourant aux *Di maris*, et pour l'invocation finale adressée aux Néréides et à Thétis par Properce lui-même, bien décidé à éviter, en amour, le naufrage.

LIEN AVEC LE THÈME DE LA PRIÈRE : secondaire.

DOMAINE PRÉDOMINANT : grec et latin.

CHRONOLOGIE : IIIe et Ier siècles av. J.-C.

PRINCIPAUX TEXTES ANCIENS : Posidippe, XIV, 2-28 Austin-Bastianini (= *P.Mil. Vogl.* VIII, 309) ; *Anthologie latine*, V, 209 – Properce, I, 17, 25-28 ; III, 7, 57-72.

NOTIONS : invocation – amour – poésie – Néréides.

B. S.

1084—WULFRAM (H.), « Raum und Zeit in Kallimachos' Hymnos *Auf das Bad der Pallas* », *Göttinger Forum für Altertumswissenschaft*, 11, 2008, p. 135-160.

RÉSUMÉ : Les femmes d'Argos vont nettoyer la statue d'Athéna dans l'Inachos ; ce rituel fut ensuite appelé bain de Pallas. L'A. procède par groupes de vers, soulignant les aspects cultuels, bien antérieurs à Callimaque, d'un hymne destiné aux Grecs d'Égypte ; c'est une forme de *mimèsis* pour décrire un culte performatif. Les v. 33-44 invoquent la déesse et sa venue ; 55-56 : ce nouvel appel à la déesse souligne le caractère pressant de l'invocation ; l'épiphanie d'Athéna vient à la fin (137-142), avant la cérémonie elle-même du bain.

LIEN AVEC LE THÈME DE LA PRIÈRE : secondaire.

DOMAINE PRÉDOMINANT : grec.

AIRE GÉOGRAPHIQUE : Égypte ptolémaïque.

CHRONOLOGIE : IIIe siècle av. J.-C.

PRINCIPAUX TEXTES ANCIENS : Callimaque, *Pour les bains de Pallas* (*Hymnes*, 5) – Scholie à Callimaque, *Hymnes*, 5.

NOTIONS : hymne – invocation – épiphanie – culte – Athéna.

B. S.

1085—YPSILANTI (M.), « On the Design of Two Callimachean Priamels », *Philologus*, 152, 2008, p. 77-89.

RÉSUMÉ : L'A. étudie la figure rhétorique de la « priamèle » dans deux hymnes de Callimaque : l'hymne à Zeus et l'hymne à Délos. Par cette figure, le poète apporte un embellissement à ces écrits. L'A. montre comment elle se caractérise dans les deux textes par une structure de composition circulaire savante, puis dégage des caractéristiques propres pour son emploi dans chacun d'entre eux. Mais la « priamèle » permet en outre à Callimaque, au-delà de l'embellissement, d'établir des liens discrets entre les dieux célébrés (Zeus, Apollon) et Ptolémée Philadelphe. L'A. analyse dans le détail les procédés utilisés par Callimaque, à l'intérieur de la « priamèle », pour atteindre cet objectif.

LIEN AVEC LE THÈME DE LA PRIÈRE : principal.

DOMAINE PRÉDOMINANT : grec.

AIRE GÉOGRAPHIQUE : monde grec.

CHRONOLOGIE : IIIe siècle av. J.-C.

PRINCIPAUX TEXTES ANCIENS : Callimaque, *Hymne à Zeus* et *Hymne à Délos*.

NOTIONS : hymne – rhétorique – priamèle – Zeus – Apollon.

G. F.

1086—ZAVARONI (A.), « Osservazioni su Lares e Di Indigetes", *Grazer Beiträge*, 25, 2006, p. 181-199.

RÉSUMÉ : Dans son enquête théologique, l'A. commence par rappeler que le nom des Lares n'a pas d'étymologie claire. Il désigne, au singulier et le plus souvent au pluriel, des divinités protectrices du terroir. Cette définition a été obscurcie par les spéculations d'érudits anciens et modernes, qui tendaient à confondre les Lares avec des esprits infernaux : ainsi Paulus (p. 273 L.) repris par Ernout-Meillet (*DE*, *s.u. Lares*). Une autre source d'obscurcissement provient d'une interprétation tardive de nature mythologique. C'est ainsi qu'a été inventée une Mère des Lares appelée *Mania* chez Varron (*De la langue latine*, IX, 61), *Lara* chez Ovide

(*Fastes*, II, 615), *Mater Larum* dans la liturgie impériale des frères Arvales. De même, le rapprochement avec *(Acca) Larenti(n)a* n'est pas certain. Du reste, les Lares sont cités sous la forme de *Lases* (sans le rhotacisme du *s* intérieur) comme protecteurs de l'*ager Romanus* (« champs cultivés de Rome ») dans le *carmen* archaïque des frères Arvales. Au singulier, le *Lar familiaris* est le protecteur du domaine familial, que le *pater familias* vient saluer en premier lieu quand il arrive à sa maison de campagne (Caton, *De l'agriculture*, 2, 1) : il protège toute la *familia*, les personnes comme les esclaves. C'est également au *Lar familiaris* que le maître de maison offre une couronne pour que « cette demeure soit pour nous une source de biens, de bénédiction, de félicité, de bonne chance » (cf. Plaute, *L'Homme aux trois deniers*, 40-41). Autre pluralité divine demeurée inexpliquée : les *Di Indigetes*, présents comme intercesseurs dans la formule de prière récitée par le général romain qui se dévoue, lui et l'armée ennemie, aux dieux Manes et à la Terre (cf. Tite-Live, VIII, 9, 6).

LIEN AVEC LE THÈME DE LA PRIÈRE : secondaire.

DOMAINE PRÉDOMINANT : latin et indo-européen.

AIRE GÉOGRAPHIQUE : monde italique et romain.

CHRONOLOGIE : de l'époque archaïque au IVe siècle ap. J.-C.

PRINCIPAUX TEXTES ANCIENS : Servius, *Sur l'Énéide*, VI, 743 et suiv. – Macrobe, *Saturnales*, I, 10, 11-15 – Tite-Live, VIII, 9, 6.

NOTIONS : culte – formule – gestuelle (adoration) – libation – nom divin – offrande – *precor* – *indigitamenta* – *Di Indigetes*.

Y. L.

1087—ZELTCHENKO (V. V.), « IH IH ΠAIHON : Heraclid. Pont. fr. 158 Wehrli[2] и зллинистические поэты [et les poètes hellénistiques] », *Hyperboreus*, 13, 2007, p. 89-102 [en russe, avec résumé en français, p. 101-102].

RÉSUMÉ : Le refrain « Io Péan » de Callimaque (*Hymne à Apollon*, 21, 25, etc.) paraît typiquement alexandrin dans sa prosodie capricieuse et souple. Callimaque pourrait faire allusion à un passage du *Peri mousikès* d'Héraclide le Pontique où un triple « iè paian » est prononcé par Apollon ; cette expression, avec la quantité de la première syllabe des deux mots, est à l'origine de l'hexamètre et du trimètre ïambique. Ce cri rituel sera repris par d'autres auteurs.

LIEN AVEC LE THÈME DE LA PRIÈRE : secondaire.

DOMAINE PRÉDOMINANT : grec.

AIRE GÉOGRAPHIQUE : Grèce.

CHRONOLOGIE : IVe-IIIe siècles av. J.-C.

PRINCIPAUX TEXTES ANCIENS : Héraclide le Pontique, fr. 158 Wehrli[2] – Callimaque, *Hymne à Apollon* – Apollonios de Rhodes, *Argonautiques*, II, 702 – Ovide, *Art d'aimer*, II, 1.

NOTIONS : hymne – invocation – métrique – ἰὴ παιῆον – Péan.

(Notice réalisée d'après le résumé en français.)

B. S.

1088—ZWIERLEIN-DIEHL (E.), « Les intailles magiques », *Pallas*, 75, 2007, p. 249-262.

RÉSUMÉ : Étude très condensée des intailles magiques, véritables talismans doués de pouvoirs magiques, dont la zone de production est située à Alexandrie d'Égypte, durant l'époque impériale romaine. Les divinités représentées pouvaient être invoquées par simple prononciation de leur nom. Après avoir retracé l'histoire de la recherche sur ce sujet depuis le XVIIe siècle, l'A. procède à une analyse iconographique de trois types d'amulettes liées à la divinité suprême de la religion magique : le dieu solaire Bès Pantheos, manifestation du dieu solaire à quatre ailes, symbole de fertilité ; l'anguipède alectorocéphale, image du dieu Soleil cuirassé à tête de coq, qui était invoqué sous plusieurs noms, dont celui d'*Abrasax* ; enfin Chnoumis/Chnoubis, divinité à tête de lion radiée et corps de serpent.
LIEN AVEC LE THÈME DE LA PRIÈRE : secondaire.
DOMAINE PRÉDOMINANT : grec.
AIRE GÉOGRAPHIQUE : Alexandrie (Égypte).
CHRONOLOGIE : IIe-IIIe siècles ap. J.-C.
PRINCIPAUX TEXTES ANCIENS : intailles magiques.
NOTIONS : incantation – magie – Abrasax.

M. V.

TABLES ET INDEX

CHRONOLOGIE DE LA RECHERCHE
SUR LA PRIÈRE GRECQUE ET ROMAINE
(1898-2008)[1]

1898 - BURCKHARDT (J.), *Griechische Kultur-Geschichte. 1 : Der Staat und die Religion* : **79**

1899 - BOUCHÉ-LECLERCQ (A.), « *Deuotio* » : **61**

1899 - BOUCHÉ-LECLERCQ (A.), « *Indigitamenta* » : **62**

1900 - FAIRBANKS (A.), *A study of the Greek paean* : **172**

1900 - GLOTZ (G.), « Iusiurandum (Grèce) » : **218**

1900 - REINACH (T.), « Hymnus » : **412**

1902 - ENGELBRECHT (A.), « Zwei alte Gebetsformeln bei Macrobius » : **166**

1902 - HIRZEL (R.), *Der Eid. Ein Beitrag zu seiner Geschichte* : **260**

1902 - ROUSE (W. H. D.), *Greek votive offerings. An essay in the history of Greek religion* : **432**

1902 - WISSOWA (G.), *Religion und Kultus der Römer* : **550**

1903 - AUSFELD (C.), « De Graecorum precationibus quaestiones » : **27**

1903 - CRUSIUS (O.), « Dithyrambos » : **125**

1903 - WISSOWA (G.), « Deuotio » : **551**

1904 - AUDOLLENT (R.), *Defixionum tabellae praeter Atticas* : **26**

1905 - ZIEBARTH (E.), « Eid » : **561**

1905 - ZIEGLER (K.), *De precationum apud Graecos formis quaestiones selectae* : **564**

1906 - CUMONT (F.), *Les religions orientales dans le paganisme romain* : **127**

1906 - SUDHAUS (S.), « Lautes und leises Beten » : **490**

1906 - THULIN (C.), *Italische sakrale Poesie und Prosa. Eine metrische Untersuchung* : **507**

1907 - REINACH (T.), « Paean » : **413**

1907 - SCHMIDT (H.), *Veteres philosophi quomodo iudicauerint de precibus* : **458**

1907 - WISSOWA (G.), « Euocatio » : **552**

1908 - APPEL (G.), *De precationum Romanorum sermone* : **14**

1908 - BICKEL (E.), « Platonisches Gebetsleben » : **48**

1908 - HADZISTS (G. D.), « The significance of worship and prayer among the Epicureans » : **244**

1908 - STENZEL (J.), *De ratione, quae inter carminum epicorum prooemia et hymnicam Graecorum poesin intercedere uideatur* : **485**

---

[1] L'année indiquée, unique à des fins de présentation, est en principe celle de la première édition de l'ouvrage une fois complet (par exemple dans le cas d'une édition étalée sur plusieurs années, d'un recueil d'articles ou d'un dépouillement de périodique).

1909 - APPEL (G.), *De Romanorum precationibus* : **15**

1909 - KUETTLER (O.), *Precationes quomodo oratores ueteres usurpauerint in orationibus* : **301**

1909 - ZIEBARTH (E.), « Fluch » : **562**

1910 - STENGEL (P.), *Opferbräuche der Griechen* : **483**

1910 - WALTER (O.), « Kniende Adoranten auf attischen Reliefs » : **543**

1911 - FOWLER (W. W.), *The religious experience of the Roman people from the earliest times to the age of Augustus* : **188**

1911 - LEGRAND (P. E.), « Sacrificium (Grèce) » : **319**

1911 - SEGOND (J.), *La prière. Étude de psychologie religieuse* : **465**

1911 - TOUTAIN (J.), « Sacrificium (Rome) » : **509**

1911 - TOUTAIN (J.), « Supplicatio » : **508**

1912 - BUCHHOLZ (K.), *De Horatio hymnographo* : **77**

1912 - HEWITT (J. W.), « On the development of the thank-offering among the Greeks » : **254**

1913 - LATTE (K.), *De saltationibus Graecorum capita quinque* : **709**

1913 - MÜLLER (B.), Μέγας Θεός : **361**

1913 - NORDEN (E.), *Agnostos Theos. Untersuchungen zur Formengeschichte religiöser Rede* : **371**

1914 - BRÉMOND (A.), *La piété grecque* : **72**

1914 - RICHTER (F.), « Indigitamenta » : **416**

1914 - TRESP (A.), *Die Fragmente der griechischen Kultschriftsteller* : **514**

1914 - VALLOIS (R.), « Ἀραί » : **519**

1914 - WÜNSCH (R.), « Hymnos » : **558**

1915 - EITREM (S.), *Opferritus und Voropfer der Griechen und Römer* : **163**

1915 - TOUTAIN (J.), « Le vœu dans la religion des Grecs et des Romains » : **510**

1917 - GERNET (L.), *Recherches sur le développement de la pensée juridique et morale en Grèce* : **211**

1917 - HEILER (F.), « Die Körperhaltung beim Gebet. Eine religionsgeschichtliche Skizze » : **250**

1918 - CARTER (J. B.), « (Roman) Prayer » : **94**

1918 - HEILER (F.), *Das Gebet. Eine religionsgeschichtliche und religionspsychologische Untersuchung* : **251**

1918 - MAIR (A. W.), « (Greek) prayer » : **331**

1919 - KLOTSCHE (E. H.), *The supernatural in the tragedies of Euripides. As illustrated in prayers, curses, oaths, oracles, prophecies, dreams and visions* : **699**

1919 - TOUTAIN (J.), « Votum » : **511**

1920 - EITREM (S.), *Beiträge zur griechischen Religionsgeschichte* : **164**

1920 - GAGNÉR (A.), *De hercle, mehercle ceterisque id genus particulis priscae poesis latinae scenicae* : **207**

1920 - STENGEL (P.), *Die griechischen Kultusaltertümer* : **484**

1921 - PFISTER (F.), « Kultus » : **389**

1921 - VAN DER LEEUW (G.), « Die do-ut-des Formel in der Opfertheorie » : **523**

1922 - FRAENKEL (E.), *Plautinisches in Plautus* : **189**

1922 - STRITTMATTER (E. J.), « The range and forms of prayer in Aeschylus » : **487**

1922 - THEANDER (C.), « Ὀλολυγή und ἰά. Ein sprachanalytischer Beitrag zur Geschichte der ägäisch-hellenischen Kultur » : **504**

1922 - WIDE (S.), NILSSON (M. P.), « Griechische und römische Religion » : **549**

1923 - CORNFORD (F. M.), *Greek religious thought from Homer to the age of Alexander* : **118**

1923 - CUMONT (F.), « Il sole vindice dei delitti ed il simbolo delle mani alzate » : **126**

1924 - MAROT (K.), *Der Eid als Tat* : **334**

1924 - PFAFF (I.), « Exsecratio » : **386**

1924 - PFISTER (F.), « Epode » : **390**

1924 - VOLLGRAFF (W.), « Le péan delphique à Dionysos » : **539**

1925 - BALOGH (J.), « Lautes und leises Beten » : **33**

1925 - BESCHEWLIEW (W.), *Kritik der bisherigen Ansichten über den Gebrauch des Imperativs und Optativs im griechischen Gebet* : **44**

1925 - GRENIER (A.), *Le génie romain dans la religion, la pensée et l'art* : **229**

1925 - MEILLET (A.), « Remarques sur l'étymologie de quelques mots grecs » : **339**

1925 - STRITTMATTER (E. J.), « Prayer in the *Iliad* and the *Odyssey* » : **488**

1925 - ZIELINSKI (T.), *Religia hellenizmu* : **837**

1926 - KRUSE (B.), « Litaios » : **300**

1926 - MENSCHING (G.), *Das heilige Schweigen. Eine religions-geschichtliche Untersuchung* : **340**

1926 - SCHADEWALDT (W.), *Monolog und Selbstgespräch* : **442**

1926 - SCHMIDT (J.), « Litai » : **459**

1926 - ZIELINSKI (T.), *La religion de la Grèce antique* : **565**

1927 - BESCHEWLIEW (W.), « Der Gebrauch des Imperativus aoristi und praesentis im altgriechischen Gebet » : **45**

1927 - HEWITT (J. W.), « The terminology of gratitude in Greek » : **255**

1927 - HIRZEL (R.), *Der Name. Ein Beitrag zu seiner Geschichte im Altertum und besonders bei den Griechen* : **261**

1927 - SCHWENN (F.), *Gebet und Opfer. Studien zum griechischen Kultus* : **463**

1928 - HORNA (K.), *Die Hymnen des Mesomedes* : **269**

1928 - KAKRIDIS (J. T.), « Des Pelops und Iamos Gebet bei Pindar » : **283**

1929 - BRÉMOND (A.), « Un texte de Proclus sur la prière et l'union divine (*in Tim.*, 64 et suiv., éd. Diehl, I, 207 et suiv.) » : **73**

1929 - HAUSSMANN (W.), KITTEL (G.), KLEINKNECHT (H.), WEINREICH (O.), Πάνθειον. *Religiöse Texte des Griechentums* : **248**

1929 - PFEIFFER (R.), « Gottheit und Individuum in der frühgriechischen Lyrik » : **387**

1929 - WEINREICH (O.), *Zwei Abhandlungen zur Religions- und Literaturgeschichte* : **546**

1929 - ZINGERLE (J.), « Ἀκοαί » : **566**

1930 - BURISS (E. E.), « The magic elements in Roman prayers » : **82**

1930 - BURISS (E. E.), « The objects of a Roman prayer » : **83**

1930 - DÖLGER (F. J.), « Vorbeter und Zeremoniar. Zu *monitor* und *praeire*. Ein Beitrag zu Tertullians *Apologeticum* XXX, 4 » : **631**

1930 - MÜLDER (D.), « Götteranrufungen in *Ilias* und *Odyssee* » : **360**

1930 - PEEK (W.), *Der Isishymnus von Andros und verwandte Texte* : **381**

1930 - PFISTER (F.), *Die Religion der Griechen und Römer, mit einer Einführung in die vergleichende Religionswissenschaft. Darstellung und Literaturbericht* : **391**

1930 - QUASTEN (J.), *Musik und Gesang in den Kulten der heidnischen Antike und christlichen Frühzeit* : **408**

1931 - BETHE (E.), *Der homerische Apollonhymnos und das Prooimion* : **46**

1931 - FRAENKEL (E.), « Der Zeushymnus im Agamemnon des Aischylos » : **190**

1931 - LAVEDAN (P.), *Dictionnaire illustré de la mythologie et des antiquités grecques et romaines* : **313**

1931 - PFIFFNER (P. E.), *Die Götteranrufungen in den Werken der drei Tragiker, in den Komödien des Aristophanes und in den Dialogen Platons und Xenophons* : **388**

1931 - WISSOWA (G.), « Supplicationes » : **553**

1932 - AUDIAT (J.), « L'hymne d'Aristonoos à Hestia » : **25**

1932 - BAILEY (C.), *Phases in the religion of Ancient Rome* : **31**

1932 - BECKMANN (P. J. T.), *Das Gebet bei Homer* : **39**

1932 - BLASZCZAK (W.), *Götteranrufung und Beteuerung. Untersuchungen zu volkstümlichen Ausdrucksformen in der griechischen Literatur* : **49**

1932 - CHAPOUTHIER (F.), « De la bonne foi dans la dévotion antique » : **104**

1932 - FESTUGIÈRE (A.-J.), « Foi ou formule dans le culte d'Isis ? » : **177**

1932 - GERNET (L.), « You-you, en marge d'Hérodote : le cri rituel » : **212**

1932 - GERNET (L.), BOULANGER (A.), *Le génie grec dans la religion* : **214**

1932 - KEYSSNER (K.), *Gottesvorstellung und Lebensauffassung im griechischen Hymnus* : **287**

1933 - ALTHEIM (F.), *Römische Religionsgeschichte* : **10**

1933 - BUCHSEL (F.), « Ἀρά » : **78**

1933 - DEICHGRAEBER (K.), « Hymnische Elemente in der philosophischen Prosa der Vorsokratiker » : **134**

1933 - GREEVEN (H.), « Εὔχομαι, προσεύχομαι, προσευχή » : **228**

1933 - MAAS (P.), *Epidaurische Hymnen* : **328**

1933 - MEYER (H.), *Hymnische Stilelemente in der frühgriechischen Dichtung* : **343**

1933 - MILNE (H. J. M.), « A Prayer for Charaxus » : **346**

1933 - SCHLESINGER (E.), *Die griechische Asylie* : **457**

1934 - DIEHL (E.), « Das *Saeculum*, seine Riten und Gebete » : **153**

1934 - GRAJEW (F.), *Untersuchungen über die Bedeutung der Gebärden in der griechischen Epik* : **225**

1934 - LAWSON (J.C.), « The evocation of Darius (Aesch., *Persae* 607-693) » : **711**

1934 - NESTLE (W.), *Die griechische Religiosität in ihren Grundzügen und Hauptvertretern von Homer bis Proklos* : **367**

1934 - VAN HERTEN (J. C. A.), *Θρησκεία, εὐλάβεια, ἱκέτης. Bijdrage tot de kennis der religieuze terminologie in het grieksch* : **525**

1934 - VOLLGRAFF (W.), « Une offrande à Enyalios » : **540**

1935 - BRAUNE (H.), *Περὶ εὐχῆς. Veterum de precibus sententiae* : **66**

1935 - MEUNIER (M.), *Hymnes philosophiques* : **342**

1935 - MURRAY (G.), *Five stages of Greek religion* : **365**

1935 - PICARD (C.), « La prière aux mains basses pour les dieux chthoniens » : **393**

1936 - PICARD (C.), « Le geste de la prière funéraire en Grèce et en Étrurie » : **394**

1936 - SCOTT (K.), *The imperial cult under the Flavians* : **464**

1937 - BORGNET (M.), *Les prières et les hymnes dans Sophocle* : **58**

1937 - CASTER (M.), *Lucien et la pensée religieuse de son temps* : **98**

1937 - DELCOURT (M.), « Les suppliants et leurs rameaux au début d'*Œdipe Roi* » : **137**

1937 - KLEINKNECHT (H.), *Die Gebetsparodie in der Antike* : **291**

1937 - LAKE (A. K.), « The *supplicatio* and *Graecus ritus* » : **305**

1937 - WEGNER (M.), « Ololyge » : **545**

1938 - DELCOURT (M.), « La pureté des éléments et l'invocation de Créüse » : **138**

1938 - KERN (O.), *Die Religion der Griechen* : **286**

1938 - SCHILLING (R.), « Les origines de la Vénus romaine » : **449**

1938 - WITTMANN (W.), *Das Isisbuch von Apuleius. Untersuchungen zur Geistesgeschichte des 2. Jahrhunderts* : **555**

1939 - CAMERON (A.), « Sappho's prayer to Aphrodite » : **92**

1939 - DÉONNA (W.), « Le genou, siège de force et de vie et sa protection magique » : **624**

1939 - MARIQUE (C. M.), *Gestes et attitudes de la prière dans la religion grecque de l'époque homérique à la fin de l'époque classique* : **333**

1939 - NOCK (A. D.), « A feature of Roman religion » : **743**

1939 - NORDEN (E.), *Aus altrömischen Priesterbüchern* : **372**

1939 - STOW (H.-H.), *Greek athletics and festivals in the fifth century* : **486**

1939 - TURCHI (N.), *La religione di Roma antica* : **515**

1940 - COOK (A. B.), *Zeus. A study in ancient religion* : **116**

1940 - ZIEBARTH (E.), « Fluchtafeln » : **563**

1941 - DEUBNER (L.), *Ololyge und Verwandtes* : **152**

1941 - NILSSON (M. P), *Geschichte der griechischen Religion* : **369**

1942 - BLUMENTHAL (A. V.), « Paian » : **50**

1942 - DELCOURT (M.), *Légendes et cultes de héros en Grèce* : **139**

1942 - KERÉNYI (C.), *Die antike Religion. Eine Grundlegung* : **285**

1942 - SOURY (G.), *Aperçus de philosophie religieuse chez Maxime de Tyr, platonicien éclectique. La prière - la divination - le problème du mal* : **481**

1945 - JACKSON (J. E.), *Prayer in ancient and modern religions* : **272**

1945 - REVERDIN (O.), *La religion dans la cité platonicienne* : **414**

1946 - BOLELLI (T.), « Interpretazione di ἀρά, ἀράομαι » : **55**

1946 - FESTUGIÈRE (A.-J.), *Épicure et ses dieux* : **178**

1946 - FRITZ (K. VON), « Greek prayers » : **199**

1946 - LEWY (H.), « A Latin Hymn to the Creator ascribed to Plato » : **714**

1946 - RIESENFELD (H.), « Remarques sur les hymnes magiques » : **421**

1946 - ROSE (H.-J.), *Ancient Greek religion* : **781**

1947 - BASANOFF (V.), Euocatio. *Étude d'un rituel militaire romain* : **577**

1947 - BENVENISTE (E.), « L'expression du serment dans la Grèce ancienne » : **41**

1947 - DUMORTIER (J.), *La religion grecque* : **158**

1948 - DAVID (M.), *La religion romaine* : **131**

1948 - GRENIER (A.), *Les religions étrusque et romaine* : **230**

1948 - OHM (T.), *Die Gebetsgebärden der Völker und das Christentum* : **374**

1948 - VAN DER LEEUW (G.), *La religion dans son essence et ses manifestations* : **524**

1949 - ALLEN (A. W.), « Solon's prayer to the Muses » : **9**

1949 - DES PLACES (E.), *Pindare et Platon* : **142**

1949 - FESTUGIÈRE (A.-J.), « À propos des arétalogies d'Isis » : **644**

1949 - GOLDSCHMIDT (V.), *La religion de Platon* : **220**

1949 - POHLENZ (M.), *Die Stoa. Geschichte einer geistigen Bewegung* : **399**

1950 - BAUMSTARK (A.), « Abendgebet » : **34**

1950 - BEVAN (E.), *Later Greek religion* : **47**

1950 - BORNKAMM (G.), *Mensch und Gott in der griechischen Antike* : **59**

1950 - DALY (L. W.), « Vota publica pro salute alicuius » : **128**

1950 - FESTUGIÈRE (A.-J.), « Une formule conclusive dans la prière antique » : **180**

1950 - GRUNDMANN (W.), « Aufwärts-abwärts » : **233**

1950 - LEUMANN (M.), *Homerische Wörter* : **322**

1951 - DELATTE (A.), « Le baiser, l'agenouillement et le prosternement de l'adoration chez les Grecs » : **135**

1951 - JAMESON (M. H.), « The hero Echetlaeus » : **274**

1951 - JEANMAIRE (H.), *Dionysos. Histoire du culte de Bacchus* : **275**

1952 - FESTUGIÈRE (A.-J.), « Postscriptum sur ναί » : **181**

1952 - PASOLI (E.), « Rapporti tra uomo e divinità in un carme di Catullo e in un canticum di Plauto » : **378**

1952 - YERKES (R. K.), *Le sacrifice dans les religions grecque et romaine et dans le judaïsme primitif* : **835**

1953 - CHANTRAINE (P.), « Un tour archaïque chez Pindare » : **102**

1953 - HALKIN (L.), *La supplication d'action de grâces chez les Romains* : **246**

1954 - DE WITT (N. W.), *Epicurus and his philosophy* : **133**

1954 - FESTUGIÈRE (A.-J.), *La révélation d'Hermès Trismégiste* : **179**

1954 - FESTUGIÈRE (A.-J.), *Personal religion among the Greeks* : **182**

1954 - KLUG (W.), *Untersuchungen zum Gebet in der frühgriechischen Lyrik* : **292**

1954 - KOTTING (B.), « Blickrichtung » : **295**

1954 - SCHILLING (R.), *La religion romaine de Vénus, depuis les origines jusqu'au temps d'Auguste* : **455**

1954 - VERDENIUS (W. J.), « Platons Gottesbegriff » : **530**

1955 - CALAME (C.), « Ἀράομαι » : **86**

1955 - FABRE (P.), *La religion romaine* : **171**
1955 - HARVEY (A. E.), « The classification of Greek lyric poetry » : **679**
1955 - NILSSON (M. P.), « Sur un drame d'Eschyle et la quête dans le culte grec » : **370**
1955 - RITOÓK (Z.), « Εὔχομαι » : **423**
1955 - WEINSTOCK (S.), « Valetudo » : **547**
1955 - ZUNTZ (G.), « On the Hymns in *Corpus Hermeticum* XIII » : **567**
1956 - FESTUGIÈRE (A.-J.), « La signification religieuse de la *parodos* des *Bacchantes* » : **183**
1956 - KULLMANN (W.), *Das Wirken der Götter in der Ilias. Untersuchungen zur Frage der Entstehung des homerischen « Götterapparats »* : **302**
1956 - WÜST (E.), « Erinys » : **559**
1957 - BAYET (J.), *Histoire politique et psychologique de la religion romaine* : **35**
1957 - DES PLACES (E.), « Hymnes grecs au seuil de l'ère chrétienne » : **143**
1957 - DI NOLA (A. M.), *La Preghiera dell' Uomo. Antologia delle preghiere di tutti i tempi e di tutti i popoli* : **628**
1958 - ALEXIOU (S.), « La déesse minoenne aux bras élevés » : **8**
1958 - BOLLACK (J.), « Styx et serments » : **56**
1958 - BOWRA (C. M.), « A prayer to the Fates » : **63**
1958 - FESTUGIÈRE (A.-J.), « Vraisemblance psychologique et forme littéraire chez les Anciens » : **645**
1958 - MOHRMANN (C.), *Études sur le latin des chrétiens* : **349**
1958 - PIGHI (G. B.), *La poesia religiosa romana* : **761**
1958 - RUDHARDT (J.), *Notions fondamentales de la pensée religieuse et actes constitutifs du culte dans la Grèce classique. Étude préliminaire pour aider à la compréhension de la piété athénienne au IVe s.* : **434**
1959 - CONOMIS (N. C.), « On the oath of the Athenian ephebes » : **115**
1959 - DÉONNA (W.), *Un divertissement de table, « À cloche-pied »* : **625**
1959 - DES PLACES (E.), « La preghiera nella poesia classica della Grecia antica » : **144**
1959 - DES PLACES (E.), « La prière cultuelle dans la Grèce ancienne » : **145**
1959 - HOOGMA (R. P.), *Der Einfluss Vergils auf die Carmina latina epigraphica. Eine Studie mit besonderer Berücksichtigung der metrisch-technischen Grundsätze der Entlehnung* : **682**
1959 - MOUTSOPOULOS (E.), « Une philosophie de la musique chez Eschyle » : **358**
1959 - MOUTSOPOULOS (E.), *La musique dans l'œuvre de Platon* : **359**
1960 - BEAUJON (E.), *Le dieu des suppliants. Poésie grecque et loi de l'homme* : **37**
1960 - CHARBONNEAUX (J.), FESTUGIÈRE (A.-J.), FABRE (P.), NILSSON (M. P.), *Histoire générale des religions. 1. : Les primitifs, l'Ancien Orient, Les Indo-Européens, L'Antiquité classique* : **105**
1960 - DES PLACES (E.), « La prière des philosophes grecs » : **146**
1960 - LATTE (K.), *Römische Religionsgeschichte* : **311**
1960 - MINTON (W. W.), « Homer's invocations of the Muses : traditional patterns » : **347**

1960 - SERVAIS (J.), « Les suppliants dans la loi de Cyrène » : **468**

1960 - SKUTSCH (O.), « *Enniana* III 3. *Annals* 208-10 and the formula of *devotio* » : **804**

1961 - BETZ (H. D.), *Lukian und das Neue Testament. Religionsgeschichtliche und paränetische Parallelen. Ein Beitrag zum Corpus hellenisticum Novi Testamenti* : **585**

1961 - MÜLLER (D.), *Ägypten und die griechischen Isis-Aretalogien* : **362**

1961 - PASTORINO (A.), *Religiosità romana dalle Storie di Tito Livio* : **379**

1962 - BOYANCÉ (P.), « *Fides* et le serment » : **64**

1962 - CITTI (V.), *Il linguaggio religioso e liturgico nelle tragedie di Eschilo* : **111**

1962 - LAAGER (J.), « Epiklesis » : **303**

1962 - MINTON (W. W.), « Invocation and catalogue in Hesiod and Homer » : **348**

1962 - ROSENMAYER (T. G.), « Plato's prayer to Pan (*Phaedrus* 279 B8-C3) » : **782**

1963 - ACCAME (S.), « L'invocazione alla Musa e la "verità" in Omero e in Esiodo » : **1**

1963 - ADRIANI (M.), *Rettorica e religione. Note sulla morfologia della parola sacra* : **5**

1963 - BRILLIANT (R.), *Gesture and rank in Roman art (The use of gestures to denote status in Roman sculpture and coinage)* : **75**

1963 - CHAMOUX (F.), *La civilisation grecque à l'époque archaïque et classique* : **99**

1963 - FUGIER (H.), *Recherches sur l'expression du sacré dans la langue latine* : **200**

1963 - GRASSI (C.), « Imperativo presente e aoristo nelle preghiere agli dei » : **227**

1964 - ENGELMANN (H.), *Die delische Sarapisaretalogie* : **167**

1964 - FREIER (H.), *Caput velare* : **191**

1964 - ROBERT (L.), « La déesse de Hiérapolis Castabala à l'époque gréco-romaine » : **427**

1964 - WAGENVOORT (H.), « Orare, precari » : **541**

1965 - BRANDT (E.), *Gruss und Gebet. Eine Studie zu Gebärden in der minoisch-mykenischen und frühgriechieschen Kunst* : **65**

1965 - CITRON (A.), *Semantische Untersuchung zu σπένδεσθαι, σπένδειν, εὔχεσθαι* : **110**

1965 - HALDANE (J. A.), « A scene in the *Thesmophoriazusae* (295-371) » : **677**

1965 - NEUMANN (G.), *Gesten und Gebärden in der griechischen Kunst* : **368**

1965 - SCHILLING (R.), « Die Sinnbezogenheit des Wortes Venus zu seinem Stammver wandtenformen » : **450**

1965 - WEST (M. L.), « The Dictaean hymn to the Kouros » : **548**

1966 - BAKKER (W. F.), *The Greek imperative. An investigation into the aspectual differences between the present and aorist imperatives in Greek prayer from Homer up to the present day* : **32**

1966 - BRELICH (A.), *Introduzione alla storia delle religioni* : **590**

1966 - CASABONA (J.), *Recherches sur le vocabulaire des sacrifices en grec, des origines à la fin de l'époque classique* : **610**
1966 - CORLU (A.), *Recherches sur les mots relatifs à l'idée de prière d'Homère aux Tragiques* : **117**
1966 - CRAHAY (R.), *La religion des Grecs* : **122**
1966 - DUMÉZIL (G.), *La religion romaine archaïque, suivi d'un appendice sur La religion des Étrusques* : **157**
1966 - LUMPE (A.), « Exemplum » : **327**
1967 - BAFFIONI (G.), « La preghiera presso gli Etruschi » : **30**
1967 - BERGSON (L.), « The Hymn to Zeus in Aeschylus' Agamemnon » : **582**
1967 - BOCCASSINO (R.) (éd.), *La preghiera* : **52**
1967 - DES PLACES (E.), « La preghiera nella Grecia antica » : **147**
1967 - ERNOUT (A.), MEILLET (A.), *Dictionnaire étymologique de la langue latine. Histoire des mots* : **168**
1967 - ESSER (H. P.), *Untersuchungen zu Gebet und Gottesverehrung der Neuplatoniker* : **169**
1967 - FESTUGIÈRE (A.-J.), *Hermétisme et mystique païenne* : **646**
1967 - FÜHRER (R.), *Formproblem-Untersuchungen zu den Reden in der frühgriechischen Lyrik* : **201**
1967 - GIACOMELLI (G.), « La preghiera nell'Italia antica » : **215**
1967 - KOPPERSCHMIDT (J.), *Die Hikesie als dramatische Form. Zur motivischen Interpretation des griechischen Dramas* : **294**
1967 - PIGHI (G. B.), « La preghiera romana » : **396**
1967 - PIGHI (G. B.), *La religione romana* : **395**
1967 - RIST (J. M.), *Plotinus : the road to reality* : **779**
1967 - SCHMITT (R.), *Dichtung und Dichtersprache in indo-germanischer Zeit* : **460**
1967 - SERRA ZANETTI (P.), « La preghiera nei misteri » : **467**
1967 - SERVAIS (J.), « Στέμματ'ἔχων ἐν χερσίν. *Iliade*, A 14 » : **469**
1967 - SULLIVAN (F. A.), « *Tendere manus* : gestures in the *Aeneid* » : **812**
1967 - UNGER (K.), *Religion und Mythos in der frühen griechischen Lyrik : Sappho - Alkaios - Solon* : **516**
1968 - BERGMAN (J.), *Ich bin Isis. Studien zum memphitischen Hintergrund der griechischen Isisaretalogien* : **43**
1968 - DES PLACES (E.), « Deux études sur la prière en Grèce » : **148**
1968 - GERNET (L.), *Anthropologie de la Grèce antique* : **213**
1968 - GRIFFITHS (J. G.), « Luna and Ceres » : **231**
1968 - HOMMEL (H.), *Ciceros Gebetshymnus an die Philosophie (Tusc. V 5)* : **267**
1968 - KRICHER (T.), « Sapphos Ode an Aphrodite » : **299**
1968 - MAUSS (M.), *Œuvres. 1 : Les fonctions sociales du sacré* : **336**
1968 - SCHILLING (R.), « Religions de Rome, 1 » : **451**
1969 - ADKINS (A. W. H.), « Εὔχομαι, εὐχωλή, and εὖχος in Homer » : **4**
1969 - BABUT (D.), *Plutarque et le stoïcisme* : **28**
1969 - BENVENISTE (É.), *Le vocabulaire des institutions indo-européennes* : **42**
1969 - BERNAND (A. & É.), *Les inscriptions grecques (et latines) de Philae* : **583**

1969 - DES PLACES (É.), *La religion grecque. Dieux, cultes, rites et sentiment religieux dans la Grèce antique* : **149**

1969 - LATACZ (J.), Compte rendu de CORLU (A.), *Recherches sur les mots relatifs à l'idée de prière d'Homère aux Tragiques*, et de CITRON (A.), *Semantische Untersuchung zu σπένδεσθαι, σπένδειν, εὔχεσθαι* : **309**

1969 - LONGO (V.), *Aretalogie nel mondo greco. 1 : Epigrafi e papiri* : **326**

1969 - SCHILLING (R.), « Religions de Rome, 2 » : **452**

1969 - SOKOLOWSKI (F.), *Lois sacrées des cités grecques* : **480**

1969 - SPEYER (W.), « Fluch » : **482**

1970 - FESTUGIÈRE (A.-J.), « Les proscynèmes de Philae » : **647**

1970 - HORN (W.), *Gebet und Gebetsparodie in den Komödien des Aristophanes* : **268**

1970 - LOHMANN (D.), *Die Komposition der Reden in der Ilias* : **325**

1970 - PLESCIA (J.), *The oath and perjury in ancient Greece* : **398**

1970 - PRÉAUX (J.), « L'hymne à Jupiter de Valérius de Sora » : **768**

1971 - BOCCALI (G.), « Le fonti indeuropee del lessico religioso latino » : **51**

1971 - BURIAN (P. H.), *Suppliant drama. Studies in the form and interpretation of five Greek tragedies* : **80**

1971 - DE RUYT (F.), « L'agenouillement dans l'iconographie antique de la prière. À propos d'un ex-voto romain découvert à Alba Fucens en 1970 » : **132**

1971 - GERACI (G.), « Ricerche sul Proskynema » : **661**

1971 - GOMBRICH (E. H.), « Le geste et l'expression rituels dans l'art » : **221**

1971 - JACKSON (B. D.), « The prayers of Socrates » : **271**

1971 - KOPPERSCHMIDT (J.), « Die Hikesie als dramatische Form » : **702**

1971 - LANGHOLF (V.), *Die Gebete bei Euripides und die zeitliche Folge der Tragödien* : **308**

1971 - ROBERT (L.), « Un oracle gravé à Oinoanda » : **428**

1971 - SCHILLING (R.), « L'originalité du vocabulaire religieux latin » : **453**

1971 - SZANTYR (A.), « Über einige Fälle der semantischen Attraktion im Lateinischen. Zu *orare, obsecrare, obtestari, uenerari*, und zum *gratus*-Problem » : **497**

1971 - WITT (R. E.), *Isis in the Graeco-Roman world* : **554**

1972 - AGOZZINO (T.), « Una preghiera gnostica pagana e lo stile lucreziano nel IV secolo (Tiberiano, 4 *P.L.M.* III p. 267 Baehrens) » : **568**

1972 - BURIAN (P.), « Supplication and hero cult in Sophocles' *Ajax* » : **81**

1972 - FRISK (H.), *Griechisches etymologisches Wörterbuch* : **198**

1972 - HALDANE (J. A.), « Barbaric cries (*Pe.* 633-639) » : **678**.

1972 - JAMES (A. W.), « The Zeus hymns of Cleanthes and Aratus » : **273**

1972 - KÖVES-ZULAUF (T.), *Reden und Schweigen : Römische Religion bei Plinius Major* : **297**

1972 - PERPILLOU (J.-L.), « La signification du verbe εὔχομαι dans l'épopée » : **385**

1972 - PREISENDANZ (K.), « Fluchtafel (Defixion) » : **402**

1972 - PRIVITERA (G. A.), « Il peana sacro ad Apollo » : **770**

1972 - SEVERUS (E. VON), « Gebet I » : **470**

1972 - SIEWERT (P.), *Der Eid von Plataiai* : **472**

1972 - VANDERLIP (V.), *The four Greek hymns of Isodorus and the cult of Isis* : **528**

1972 - WAGENVOORT (H.), « Wesenszüge altrömischer Religion » : **542**

1973 - CALAME (C.), « Essai d'analyse sémantique des rituels grecs » : **87**

1973 - GOULD (J. P.), « Ἱκετεία » : **222**

1973 - JEANNERET (R.), *Recherches sur l'hymne et la prière chez Virgile. Essai d'application de la méthode d'analyse tagménique à des textes littéraires de l'Antiquité* : **276**

1973 - PASTORINO (A.), *La religione romana* : **749**

1974 - ALEXIOU (M.), *The ritual lament in Greek tradition* : **571**

1974 - BABUT (D.), *La religion des philosophes grecs* : **29**

1974 - BURIAN (P.), « Suppliant and saviour : Oedipus at Colonus » : **598**

1974 - CALAME (C.), « Réflexions sur les genres littéraires en Grèce archaïque » : **603**

1974 - EISENHUT (W.), « Votum » : **162**

1974 - FREYBURGER (G.), « Essai d'explication du sens gratulatoire de la *supplicatio* » : **192**

1974 - SWOBODA (M.), « De precationibus et aliis interpositionibus lyricis in Vergilii Aeneide occurrentibus » : **492**

1974 - VAN STRATEN (F. T.), « Did the Greeks kneel before their gods ? » : **526**

1974 - VERMEULE (E. T.), *Götterkult* : **821**

1975 - CROTTY (K. M.), *Pindaric begginings : the uses of structure in Pindar* : **619**

1975 - DANIELEWICZ (J.), « Pieśni hymniczne Horacego » : **621**

1975 - GRANDJEAN (Y.), *Une nouvelle arétalogie d'Isis à Maronée* : **226**

1975 - GRIFFITHS (J. G.), *Apuleius of Madauros : the Isis-book (Metamorphoses, book XI)* : **232**

1975 - HEYOB (S. K.), *The cult of Isis among women in the Graeco-Roman world* : **256**

1975 - KARADIMITRIOU (A. K.), « Le suppliant dans la Grèce ancienne » : **284**

1975 - LANG (M. L.), « Reason and purpose in Homeric prayers » : **307**

1975 - MONTANARI (F.), in : *Orfismo in Magna Grecia* : **730**

1975 - ROMILLY (J. DE), *Magic and rhetoric in ancient Greece* : **780**

1976 - DANIELEWICZ (J.), *Morfologia hymnu antycznego* : **622**

1976 - FESTUGIÈRE (A.-J.), « Ἀνθ᾽ ὧν : la formule "en échange de quoi" dans la prière grecque hellénistique » : **184**

1976 - GALLOTTA (B.), « Serapide a Menfi » : **208**

1976 - HENRICHS (A.), « *Despoina Kybele*. Ein Beitrag zur religiosen Namenkunde » : **252**

1976 - KINDSTRAND (J. F.), *Bion of Borysthenes : a collection of the fragments with introduction and commentary* : **289**

1976 - KOTTING (B.), « Gelübde » : **296**

1976 - LAZZARINI (M. L.), « Le formule delle dediche votive nella Grecia arcaica » : **314**

1976 - LE GALL (J.), « Euocatio » : **315**

1976 - MICHEL (O.), KLAUSER (T.), « Gebet II (Fürbitte) » : **344**

1976 - MÜLLNER (L. C.), *The meaning of Homeric εὔχομαι through its formulas* : **364**

1976 - PÉPIN (J.), « Prière et providence au IIe siècle (Justin, *Dial.* I 4) » : **750**

1976 - SCHLUNK (R. R.), « The theme of the suppliant-exile in the Iliad » : **797**

1976 - SZEPES (E.), « Magic elements in the prayers of the Hellenistic magic papyri » : **499**

1976 - TUPET (A.-M.), *La magie dans la poésie latine, I. Des origines à la fin du règne d'Auguste* : **815**

1976 - VERSNEL (H. S.), « Two types of Roman *deuotio* » : **822**

1977 - BOLOGNA (M. P.), « Gr. λίσσομαι e lat. *litare* » : **57**

1977 - BURKERT (W.), *Griechische Religion der archaischen und klassischen Epoche* : **84**

1977 - DANIELEWICZ (J.), « De Ovidii *Hymno in Bacchum Metamorphosibus* inserto » : **623**

1977 - DURANTE (M.), « Lettura del *Saliare Numae Carmen* » : **636**

1977 - FESTUGIÈRE (A.-J.), *La vie spirituelle en Grèce à l'époque hellénistique ou Les besoins de l'esprit dans un monde raffiné* : **185**

1977 - FREYBURGER (G.), « La supplication d'action de grâces dans la religion romaine archaïque » : **193**

1977 - PINTAUDI (R.), « Invocazione a Seth-Typhon » : **397**

1977 - PULQUERIO FUTRE (M.), « As oraçoes no *Ion* de Euripides » : **407**

1977 - ROBERT (J. & L.), « Bulletin épigraphique » : **426**

1977 - SIEWERT (P.), « The ephebic oath in fifth century Athens » : **473**

1977 - SMYTH (H. W.), « Inno » : **479**

1977 - SWOBODA (M.), « De Propertii elegiis hymnos imitantibus » : **493**

1977 - TEIXIDOR (J.), *The pagan god. Popular religion in the Greco-Roman Near East* : **502**

1978 - DESCHAMPS (L.), « Le rêve et la prière chez Tibulle ou la poésie du subjonctif » : **150**

1978 - DUNANT (C.), « Sus aux voleurs ! Une tablette en bronze à inscription grecque du musée de Genève » : **159**

1978 - FREYBURGER (G.), « *Gratias agere*. Histoire et constitution de l'action de grâces chrétienne » : **195**

1978 - FREYBURGER (G.), « La supplication d'action de grâces sous le Haut-Empire » : **194**

1978 - MAHÉ (J.-P.), *Hermès en Haute-Égypte. Les textes hermétiques de Nag Hammadi et leurs parallèles grecs et latins* : **330**

1978 - PANCIERA (S.), « Il materiale epigrafico dallo scavo di S. Stefano Rotondo » : **375**

1978 - RADKE (G.), « Aspetti religiosi ed elementi politici nel *Carmen Saeculare* » : **775**

1978 - ROBERT (L.), « Malédictions funéraires grecques » : **429**

1978 - SCHILLING (R.), « Le *carmen* de l'*euocatio* » : **454**

1978 - SCHWABL (H.), « Zeus » : **462**

1979 - CLAY (D.), « Socrates' prayer to Pan » : **113**

1979 - CLINTON (L. K.), « The hymn to Zeus, πάθει μάθος and the end of the parodos of Agamemnon » : **114**

1979 - EBNER (A.), « Ἀρητήρ » : **161**

1979 - EBNER (A.), « Ἀρή » : **160**

1979 - JOUAN (F.), « Rites et croyances : quelques problèmes chez Pindare et Eschyle » : **277**

1979 - MANFREDINI (A.), « Il "carmen saeculare" di Orazio » : **718**

1979 - RISCH (E.), « Zur altlateinischen Gebetssprache » : **422**

1979 - ROLLANT (N.), « Ὅρκος et sa famille. Le rituel de la prestation de serment dans l'*Iliade* et l'*Odyssée* d'Homère » : **430**

1979 - SWOBODA (M.), « De fragmentis precatorio-hymnicis apud Vergilium et poetas latinos minores occurrentibus » : **494**

1979 - TEIXIDOR (J.), *The pantheon of Palmyra* : **503**

1980 - BODSON (L.), « La prière pour les animaux » : **53**

1980 - CHANTRAINE (P.), *Dictionnaire étymologique de la langue grecque. Histoire des mots* : **103**

1980 - GUITTARD (C.), « L'expression du verbe de la prière dans le *carmen* latin archaïque » : **234**

1980 - HAMMANN (A.), « La prière chrétienne et la prière païenne, formes et différences » : **247**

1980 - LABARBE (J.), « La prière "contestataire" dans la poésie grecque » : **304**

1980 - LÉTOUBLON (F.), « Le vocabulaire de la supplication en grec : performatif et dérivation délocutive. *Hikétes* et *hikáno*, *lite* et *líssomai* » : **321**

1980 - MALAISE (M.), « La piété personnelle dans la religion isiaque » : **332**

1980 - MOTTE (A.), « La prière du philosophe chez Platon » : **353**

1980 - RIES (J.), LIMET (H.) (éds.), *L'expérience de la prière dans les grandes religions* : **420**

1980 - SIMON (M.), « Prière du philosophe et prière chrétienne » : **475**

1980 - SWOBODA (M.), « De fragmentis precatorio-hymnicis apud poetas imperatorum aetate florentes » : **495**

1981 - BENOÎT (P.), « La prière dans les religions gréco-romaines et dans le christianisme primitif » : **40**

1981 - BREMER (J. M.), « Greek Hymns » : **67**

1981 - GUITTARD (C.), « Aspects épiques de la première décade de Tite-Live : le rituel de la *deuotio* » : **671**

1981 - GUITTARD (C.), « L'expression du délit dans le rituel archaïque de la prière » : **235**

1981 - HADOT (P.), *Exercices spirituels et philosophie antique* : **242**

1981 - HOFFMANN (Z.), « Gebetsparodien in Plautus' Komödien » : **265**

1981 - JANKO (R.), « The structure of the *Homeric Hymns :* a study in genre » : **687**

1981 - JOUAN (F.), « L'évocation des morts dans la tragédie grecque » : **693**

1981 - LEHMANN (Y.), *La religion romaine* : **320**

1981 - MACMULLEN (R.), *Paganism in the Roman Empire* : **329**

1981 - MEIJER (P. A.), « Philosophers, intellectuals and religion in Hellas » : **338**

1981 - ROBERT (F.), *La religion grecque* : **425**

1981 - SWOBODA (M.), DANIELEWICZ (J.), *Modlitwa i Hymn w poezji rzymskiej : prayer and hymn in Roman poetry* : **496**
1981 - VAN STRATEN (F. T.), « Gifts for the gods » : **527**
1981 - VERSNEL (H. S.), « Religious mentality in ancient prayer » : **531**
1981 - WÜLFING (P.), « Hymnos und Gebet. Zur Formengeschichte der älteren griechischen Hymnendichtung » : **557**
1982 - ANDERSEN (Ø.), « Litai und Ehre : Zu Ilias IX, 513 sq. » : **12**
1982 - BUXTON (R.), *Persuasion in Greek tragedy. A study of Peitho* : **85**
1982 - HAEFFNER (G.), « Die Philosophie vor dem Phänomen des Gebets » : **245**
1982 - MUSSIES (G.), « Cascelia's prayer » : **740**
1982 - PEDRICK (V.), « Supplication in the *Iliad* and the *Odyssey* » : **380**
1982 - RACE (W. H.), « Aspects of rhetoric and form in Greek hymns » : **409**
1982 - VERMASEREN (M. J.), « La sotériologie dans les *Papyri Graecae Magicae* » : **820**
1983 - DORSCH (K. D.), *Götterhymnen in den Chorliedern der griechischen Tragiker. Form, Inhalt und Funktion* : **155**
1983 - REYNEN (H.), *Εὔχεσθαι und seine Derivate bei Homer* : **415**
1984 - ALVAR (J.), « La formula de la *evocatio* y su presencia en contextos desacralizadores » : **572**
1984 - AUBRIOT (D.), « Les *Litai* d'Homère et la *Dikè* d'Hésiode » : **16**
1984 - BÄUMER (Ä.), « Die Macht des Wortes in Religion und Magie (Plin., *Nat. Hist.* 28, 4-29) » : **578**
1984 - BODSON (L.), « Prière en Grèce, 1 » : **54**
1984 - FERRARO (V.), « Sulla nuova Alcesti, v. 3, e sui modi d'invocare il dio nelle preghiere » : **176**
1984 - GUITTARD (C.), « Tite-Live, Accius et le rituel de la *devotio* » : **672**
1984 - PETERSMANN (H.), « Quam uim nomen in religionibus ac superstitionibus gentium habeat » : **756**
1984 - PRICE (S. R. F.), « Gods and emperors : the Greek language of the Roman imperial cult » : **403**
1984 - PRICE (S. R. F.), *Rituals and power. The Roman imperial cult in Asia Minor* : **404**
1984 - RIES (J.), « Prière en Grèce, 2 » : **418**
1984 - SAFFREY (H.-D.), « La dévotion de Proclus au Soleil » : **788**
1984 - SHELMERDINE (S. C.), « Hermes and the tortoise. A prelude to cult » : **471**
1984 - THORNTON (A.), *Homer's Iliad : its composition and the motif of supplication* : **505**
1985 - ALVAR (J.), « Matériaux pour l'étude de la formule *siue deus, siue dea* » : **11**
1985 - AUBRIOT (D.), « Remarques sur le chant IX de l'*Iliade* » : **17**
1985 - AUBRIOT (D.), « Λίσσομαι et la droite justice : de l'*Iliade* à Épicure » : **18**
1985 - FARAONE (C. A.), « Aeschylus' ὕμνος δέσμιος (*Eum.* 306) and Attic judicial curse tablets » : **173**
1985 - LAURENS (A.-F.), « Intégration des dieux dans le rituel humain ? L'exemple de la libation en Grèce ancienne » : **312**

1985 - LISSARAGUE (F.), « La libation : essai de mise au point » : **324**

1985 - MOTTE (A.), « Le symbolisme des repas sacrés en Grèce » : **354**

1985 - PHILONENKO (M.), « Une prière magique au dieu Créateur (*PGM* 5, 459-489) » : **757**

1985 - SCHEID (J.), *Religion et piété à Rome* : **443**

1985 - VEYNE (P.), « Les saluts aux dieux, le voyage de cette vie et la "réception" en iconographie » : **535**

1986 - BOSCOLO (V.), « L'invocazione ad Iside (Apuleio, *Met.* XI, 2) » : **60**

1986 - COX MILLER (P.), « In praise of nonsense » : **120**

1986 - FABBRO (E.), « Considerazioni sul peana simposiale » : **637**

1986 - FREYBURGER (G.), *Fides. Étude sémantique depuis les origines jusqu'à l'époque augustéenne* : **196**

1986 - GASPERINI (L.), « Mondo rustico e religiosità popolare nel Corpus Tibullianum » : **660**

1986 - MÉHAT (A.), « Prière » : **337**

1986 - SAFFREY (H. D.), « The piety and prayers of ordinary men and women in late antiquity » : **438**

1986 - VERSNEL (H. S.), « In het grensgebied van magie en religie, het gebed om recht » : **532**

1986 - VEYNE (P.), « Une évolution du paganisme gréco-romain : injustice et piété des dieux, leurs ordres ou "oracles" » : **536**

1987 - GIGANTE (M.), *La bibliothèque de Philodème et l'épicurisme romain* : **216**

1987 - GUITTARD (C.), « Pline et la classification des prières dans la religion romaine (*NH* 28, 10-21) » : **236**

1987 - HOFFMANN (P.), « Sur quelques aspects de la polémique de Simplicius contre Jean Philopon : de l'invective à la réaffirmation de la transcendance du ciel » : **262**

1987 - MASSON (O.), « Vocabulaire grec et épigraphie : ἀρά, prière, ex-voto » : **335**

1987 - PAPACHATZIS (N.), *La religion dans la Grèce antique* : **376**

1987 - RADKE (G.), *Zur Entwicklung der Gottesvorstellung und der Gottes-verehrung in Rom* : **410**

1987 - SMOLAK (K.), « Der Hymnus des Mesomedes an die Natur » : **805**

1987 - VERSNEL (H. S.), « Les imprécations et le droit » : **533**

1988 - FREYBURGER (G.), « Supplication grecque et supplication romaine » : **197**

1988 - GAGLIARDI (D.), « La preghiera di Turno ad Aen. X 668-679. Considerazioni eterodosse sulla Innenwelt del personaggio » : **206**

1988 - GARZIA (A.), « Gli antichi generi poetici nella tarda antichità » : **659**

1988 - KIRCHER (C.), « La prière dans la sixième Table Eugubine : texte, traduction et commentaire poétique et pragmatique » : **290**

1988 - SMITH (P. M.), « On the hymn to Zeus in Aeschylus' *Agamemnon* » : **477**

1988 - VAN DER HORST (P. W.), « The Unknown God (Acts 17 : 23) » : **520**

1988 - YUNIS (H.), *A new creed : fundamental religious beliefs in the Athenian polis and Euripidean drama* : **560**

1989 - BOMPAIRE (J.), « Le sacré dans les discours d'Ælius Aristide (XLVII – LII Keil) » : **588**

1989 - BRUIT ZAIDMAN (L.), SCHMITT PANTEL (P.), *La religion grecque* : **76**

1989 - CHAMPEAUX (J.), « *Pietas*. Piété personnelle et piété collective à Rome » : **100**

1989 - FORSÉN (B.), SIRONEN (E.), « Zur Symbolik von dargestellten Händen » : **187**

1989 - GAISER (K.), « Das Gold der Weisheit » : **655**

1989 - GARZYA (A.), « La divinité de l'homme chez Théognis » : **210**

1989 - GUITTARD (C.), « Ritualisme et sentiment religieux dans la prière à Rome et en Ombrie » : **237**

1989 - JOUANNA (J.), « Hippocrate de Cos et le sacré » : **278**

1989 - KURKE (L.), « Pouring prayers : a formula of Indo-European sacral poetry? » : **704**

1989 - MIKALSON (J. D.), « Unanswered prayers in Greek tragedy » : **345**

1989 - MORRISON (J. V.), « Homeric prayers and narrative anticipation, convention and innovation » : **351**

1989 - NORTH (J. A.), « Religion in Republican Rome » : **745**

1989 - RUBCOWA (N. A), « La prière et les hymnes dans l'*Iliade* d'Homère » : **433**

1989 - RUTHERFORD (R. B.), *The* Meditations *of Marcus Aurelius* : **437**

1989 - VERBEKE (G.), « La transposition stoïcienne de la religion grecque » : **529**

1989 - VEYNE (P.), « La nouvelle piété sous l'Empire : s'asseoir auprès des dieux, fréquenter les temples » : **537**

1990 - ADAMI (F.), « De poetis scaenicis Graecis hymnorum sacrorum imitatoribus » : **2**

1990 - COSSET (E.), « Les formules de Zeus au vocatif dans l'*Iliade* » : **119**

1990 - FARAONE (C. A.), « Aphrodite's κεστός and apples for Atalanta : aphrodisiacs in early Greek myth and ritual » : **174**

1990 - GLADIGOW (B.), « Χρῆσθαι θεοῖς : Orientierungs- und Loyalitätskonflikte in der griechischen Religion » : **217**

1990 - GOLDHILL (S.), « Supplication and authorial comment in the *Iliad* Z 61-2 » : **219**

1990 - GROTTANELLI (C.), « Do ut des ? » : **670**

1990 - MERCIER (C. E.), *Suppliant ritual in Euripidean tragedy* : **341**

1990 - MOUTSOPOULOS (E.), « Musique et musicalité dans les *Oracles chaldaïques* » : **737**

1990 - RUSSELL (D. A.), « Aristides and the prose hymn » : **786**

1990 - SCHEID (J.), « *Hoc anno immolatum non est*. Les aléas de la *uoti sponsio* » : **444**

1990 - SCHEID (J.), « Rituel et écriture à Rome » : **445**

1990 - SCHEID (J.), *Romulus et ses frères. Le collège des Frères Arvales, modèle du culte public dans la Rome des empereurs* : **446**

1990 - SZLESAK (T. A.), « Hikesie und Bitte in Euripides' *Medea* » : **813**

1990 - TARDIEU (M.), *Les paysages reliques. Routes et haltes syriennes d'Isidore à Simplicius* : **500**

1990 - VEYNE (P.), « Images de divinités tenant une phiale ou patère. La libation comme "rite de passage" et non pas offrande » : **827**
1991 - ADDABBO (A. M.), « *Carmen* magico e *carmen* religioso » : **3**
1991 - AUBRIOT (D.), « Formulations possibles du serment et conceptions religieuses en Grèce ancienne » : **19**
1991 - AUBRIOT (D.), « Prière et rhétorique en Grèce ancienne (jusqu'à la fin du Vᵉ siècle av. J.-C.) : quelques jalons » : **20, 21**
1991 - BECK (W.), « (Ἐπ)εύχομαι, εὖχος, εὐχωλή » : **38**
1991 - FARAONE (C. A.), « The agonistic context of early greek binding spells » : **639**
1991 - FLORES (E.), « L'inno nella cultura latina arcaica » : **650**
1991 - FÜHRER (R.), « Γόνυ, γουνάζομαι, γουνοῦμαι » : **202**
1991 - GRAF (F.), « Prayer in magical and religious ritual » : **223**
1991 - KOTANSKY (R.), « Incantations and prayers for salvation on inscribed greek amulets » : **703**
1991 - LATTKE (M.), *Hymnus. Materialien zu einer Geschichte der antiken Hymnologie* : **710**
1991 - LE GUEN-POLLET (B.), *La vie religieuse dans le monde grec du Vᵉ au IIIᵉ siècle avant notre ère. Choix de documents épigraphiques traduits et commentés* : **316**
1991 - MORRISON (J. V.), « The function and context of Homeric prayers : a narrative perspective » : **352**
1991 - MOTTE (A.), « L'éloquence et le sacré chez les Grecs » : **735**
1991 - PORZIO GERNIA (M. L.), « Il latino *pax* nella storia linguistica dell'Italia antica. Espiazione, purificazione, unione con il dio nella preghiera umbra » : **400**
1991 - PUHVEL (J.), *Homer and Hittite* : **405**
1991 - RIES (J.), « Le sacré dans la parole, le langage, la prière » : **419**
1991 - RUDHARDT (J.), « Quelques réflexions sur les hymnes orphiques » : **783**
1991 - SAFFREY (H. D.), « L'hymne IV de Proclus, prière aux dieux des *Oracles Chaldaïques* » : **439**
1991 - SALLES (C.), « L'angoisse de l'Imprécateur, les *Tabellae defixionum* » : **441**
1991 - SLATKIN (L. M.), *The power of Thetis. Allusion and interpretation in the Iliad* : **476**
1991 - STRUBBE (J. H. M.), « *Cursed be he that moves my bones* » : **809**
1991 - THRAEDE (K.), « Hymnus » : **506**
1991 - VERSNEL (H. S.), « Beyond cursing : the appeal to justice in judicial prayers » : **823**
1991 - WATSON (L.), *Arae : the curse poetry of Antiquity* : **544**
1992 - ASSAËL (J.), « L'invocation schématique des dieux : Euripide, *Troyennes*, v. 469-471 » : **573**
1992 - AUBRIOT-SÉVIN (D.), *Prière et conceptions religieuses en Grèce ancienne jusqu'à la fin du Vᵉ s. av. J.-C.* : **23**
1992 - BÉLIS (A.), *Les Hymnes à Apollon, Corpus des Inscriptions de Delphes, tome III* : **579**
1992 - BOLOGNA (C.), Flatus vocis. *Metafisica e antropologia della voce* : **587**

1992 - CIMOSA (M.), *La preghiera nella Bibbia greca. Studi sul vocabolario dei LXX* : **108**

1992 - DOMINIK (W. J.), « A generic-ontological reading of Adrastus' Sminthiac prayer (Statius, *Thebaid*, 696-720) » : **154**

1992 - GAGER (J. G.), *Curse tablets and binding spells from the ancient world* : **205**

1992 - GUITTARD (C.), « Formes et fonctions de la prière dans les comédies de Plaute et de Térence » : **238**

1992 - HADOT (P.), *La citadelle intérieure. Introduction aux* Pensées *de Marc Aurèle* : **243**

1992 - HASSALL (M.W.C.), TOMLIN (R.S.O.), « Roman Britain in 1991 : II. Inscriptions » : **680**

1992 - HOLST-WARHAFT (G.), *Dangerous voices : women's laments and Greek literature* : **266**

1992 - JOST (M.), *Aspects de la vie religieuse en Grèce. Du début du Ve siècle à la fin du IIIe siècle av. J.-C.* : **692**

1992 - JOUANNA (J.), « Libations et sacrifices dans la tragédie grecque » : **694**

1992 - JOUANNA (J.), *Hippocrate* : **279**

1992 - KÄPPEL (L.), *Paian. Studien zur Geschichte einer Gattung* : **281**

1992 - LAMBIN (G.), *La chanson grecque dans l'Antiquité* : **306**

1992 - MOTTE (A.), « L'aventure spirituelle du *Phèdre* et la prière » : **355**

1993 - ANDRÉ (J.-M.), BASLEZ (M.-F.), *Voyager dans l'Antiquité* : **13**

1993 - CALLAWAY (C.), « Perjury and the unsworn oath » : **90**

1993 - CASSIO (A. C.), CERRI (G.) (éds.), *L'inno tra rituale e letteratura nel mondo antico* : **97**

1993 - DETIENNE (M.), « Langue des dieux ou des dieux dans le langage » : **151**

1993 - FRANGOULIDIS (S. A.), « Polyphemus' prayer to Poseidon : Hom. *Od.* 9, 528-535 » : **651**

1993 - GARCIA TEIJEIRO (M.), « Religion and magic » : **209**

1993 - HICKSON (F. V.), *Roman prayer language. Livy and the Aeneid of Vergil* : **257**

1993 - LECLERC (M.-C.), *La parole chez Hésiode. À la recherche de l'harmonie perdue* : **317**

1993 - MERCIER (C. E.), « Hekabe's Extended Supplication (*Hec.* 752-888) » : **725**

1993 - MOTTE (A.), « L'espérance et le divin chez Platon » : **356**

1993 - PERNOT (L.), *La rhétorique de l'éloge dans le monde gréco-romain* : **383**

1993 - RUSTEN (J. S.), « Γείτων ἥρως, Pindar's prayer to Heracles and Greek popular religion » : **435**

1993 - SBARDELLA (L.), « Polionimia divina ed economicità formulare in Omero » : **790**

1994 - AUBRIOT (D.), « Images de la prière en Grèce » : **574**

1994 - AUBRIOT (D.), « Sur la valeur religieuse de quelques prières dans la tragédie grecque » : **22**

1994 - BERNAND (É.), « Réflexions sur les proscynèmes » : **584**

1994 - BREMMER (J. N.), *Greek religion* : **70**

1994 - BURKERT (W.), « Griechische Hymnoi » : **599**

1994 - CHARVET (P.), OZANAM (A.-M.), *La magie. Voix secrètes de l'antiquité* : **107**

1994 - CROTTY (K.), *The poetic of supplication : Homer's Iliad and Odyssey* : **124**

1994 - DEREMETZ (A.), « La prière en représentation à Rome. De Mauss à la pragmatique contemporaine » : **141**

1994 - DUBUISSON (D.), « Parler aux dieux » : **156**

1994 - FLORES (E.), « La preghiera di Scipione in Livio 29, 27 e i frr. 5 e 35 M. del "B. P." di Nevio » : **186**

1994 - FURLEY (W. D.), « Besprechung und Behandlung. Zur Form und Funktion von ἐπῳδαί in der griechischen Zaubermedizin » : **203**

1994 - GRAF (F.), *La Magie dans l'Antiquité gréco-romaine. Idéologie et pratique* : **666**

1994 - HENRICHS (A.), « Anonymity and polarity : unknown gods and nameless altars at the Areopagos » : **253**

1994 - JORDAN (D. A.), « Late feasts for ghosts » : **690**

1994 - MORESCHINI (C.), « Aspetti della cultura filosofica negli ambienti della Seconda Sofistica » : **350**

1994 - *Parler aux dieux. Essais de pragmatique religieuse* : **377**

1994 - PORZIO GERNIA (M. L.), « Totalità e integrità nella preghiera umbra (Tavole iguvine, VI a 22-34) » : **401**

1994 - PULLEYN (S.), « The power of names in classical Greek religion » : **771**

1994 - ROMILLY (J. DE), « Cité et religion dans l'Athènes classique » : **431**

1994 - SAFFREY (H. D.), *Proclus. Hymnes et prières* : **440**

1994 - SCARPI (P.), « La religione greca » : **791**

1994 - SFAMENI GASPARRO (G.), « Le religioni del mondo ellenistico » : **801**

1994 - SPINA (L.), « Platone "traduttore" di Omero » : **806**

1994 - STOLZ (F.), « Vergleichende Hymnenforschung. Ein Nachwort » : **808**

1994 - SURY (B. DE), « L'ex-voto d'après l'épigraphie. Contributions à l'étude des sanctuaires » : **491**

1994 - TARDIEU (M.), « Les représentations symboliques des gnostiques Naassènes » : **501**

1994 - VAN DER HORST (P. W.), « Silent prayer in antiquity » : **521**

1994 - VERSNEL (H. S.), « Πεπεημένος : the Cnidian curse tablets and ordeal by fire » : **824**

1995 - BREMER (J. M.), « Menander rhetor on hymns » : **68**

1995 - CALAME (C.), « Invocations et commentaires "orphiques" : transpositions funéraires et discours religieux » : **88**

1995 - CALAME (C.), « Variations énonciatives, relations avec les dieux et fonctions poétiques dans les *Hymnes homériques* » : **89**

1995 - CASEVITZ (M.), « Remarques sur les hommes et les dieux dans l'*Iliade* d'après le chant XVII » : **95**

1995 - CHARVET (P.), *La prière. Les hymnes d'Orphée* : **106**

1995 - CRIBIORE (R.), « A hymn to the Nile » : **123**

1995 - FURLEY (W. D.), « Praise and persuasion in Greek hymns » : **204**

1995 - GUITTARD (C.), *Recherches sur le* carmen *et la prière dans la littérature latine et la religion romaine* : **239**

1995 - HEDRICK (C.), « Representing prayer in Mark and Chariton's Chaereas and Callirhoe » : **249**

1995 - JOUANNA (J.), « Espaces sacrés, rites et oracles dans l'*Œdipe à Colone* de Sophocle » : **695**

1995 - LA PENNA (A.), « Una forma di culto delle statue degli dèi in Lucrezio (I 316-318) » : **706**

1995 - LECLERC (M.-C.), « Poésie et religion chez Hésiode » : **318**

1995 - LÉVY (E.), « *Arétè, timè, aidôs* et *némésis :* le modèle homérique » : **323**

1995 - MÉHAT (A.), « Sur deux définitions de la prière » : **724**

1995 - MEYER (M.), MIRECKI (P.) (éds), *Ancient magic and ritual power* : **727**

1995 - MONTIGLIO (S.), *Dire le silence au pays du logos* : **731**

1995 - MOTTE (A.), « Destin et destinée dans l'Antiquité » : **357**

1995 - PERLMAN (P. J.), « Invocatio and imprecatio : the hymn to the greatest kouros from Palaikastro and the oath in ancient Crete » : **382**

1995 - PÖTSCHER (W.), « Die Strukturen der Hikesie » : **763**

1995 - RADKE (G.), « Metrische und sprachliche Beobachtungen zum Arvallied » : **411**

1995 - RUTHERFORD (I.), « Apollo's other genre : Proclus on νόμος and his source » : **436**

1995 - SMITH (R.), *Julian's gods : religion and philosophy in the thought and action of Julian the Apostate* : **478**

1995 - WORONOFF (M.), « De l'Olympe à l'Ida : le Zeus des sommets » : **556**

1996 - AUBRIOT-SÉVIN (D.), « Hymne et prière à travers Homère et quelques autres poètes. La démarche religieuse à l'époque archaïque » : **24**

1996 - BREMMER (J. N.), « Modi di comunicazione con il divino : la preghiera, la divinazione e il sacrificio nella civiltà greca » : **71**

1996 - BRIANT (P.), *Histoire de l'Empire perse, de Cyrus à Alexandre* : **74**

1996 - BURKERT (W.), *Creation of the sacred (Tracks of biology in early religions)* : **600**

1996 - COZZOLINO (A.), « Orazio : la preghiera non impetrata » : **121**

1996 - FANTUZZI (M.), MALTOMINI (F.), « Ancora magia in Teocrito (VII, 103-114) » : **638**

1996 - FEDELI (P.), « Propemptikon » : **642**

1996 - KAJAVA (M.), « New poems on stone » : **282**

1996 - LANG (B.), « Wie sagt man "Kult" auf lateinisch und griechisch ? Versuch einer Antwort anhand antiker und christlicher Texte » : **708**

1996 - MUELLER-GOLDINGEN (C.), « Zur Behandlung der Gebets-problematik in der griechisch-römischen Antike » : **363**

1996 - NAPOLITANO (M.), « Del bere sangue e di Teognide-cane (a proposito di Theogn. 341-350) » : **366**

1996 - OBBINK (D.), *Philodemus, on piety* : **373**

1996 - PERPILLOU (J.-L.), « Εὔχομαι ou la revendication éloquente » : **754**

1996 - PÖTSCHER (W.), « Strukturprobleme in der Hikesie » : **764**

1996 - SZARMACH (M.), « Les conceptions d'Apollonius de Tyane sur les sacrifices et la prière dans l'œuvre de Philostrate » : **498**

1996 - VAN DER HORST (P. W.), « Maximus of Tyre on prayer. An annoted translation of Εἰ δεῖ εὔχεσθαι (Dissertatio 5) » : **522**

1996 - VERSNEL (H. S.), « Prayer » : **534**

1996 - VILLWOCK (J.), *Die Sprache. Ein « Gespräch der Seele mit Gott ». Zur Geschichte der abenländischen Gebets- und Offenbarungs-rhetorik* : **538**

1997 - ALDERINK (L. J.), « Orphic Hymn 13 : to Kronos » : **6**

1997 - ALDERINK (L. J.), MARTIN (L. H.), « Prayer in Greco-Roman religions » : **7**

1997 - BLOMART (A.), « Die *evocatio* und der Transfer "fremder" Götter von der Peripherie nach Rom » : **586**

1997 - CASSIDY (W.), « Cleanthes - *Hymn to Zeus* » : **96**

1997 - CHRISTIDIS (A. P.), JORDAN (D.) (éds), Γλῶσσα καὶ μαγεία. Κείμενα ἀπὸ τὴν ἀρχαιότητα : **616**

1997 - DANGEL (J.), « Le *carmen* latin : rhétorique, poétique et poésie » : **129**

1997 - DANKER (F. W.), « Catullus 34 : a prayer to Diana by C. Valerius Catullus » : **130**

1997 - DELBRIDGE (M. L.), « Prayer in Chariton's *Chaereas and Callirhoe* » : **136**

1997 - DEPEW (M.), « Reading Greek prayers » : **140**

1997 - ENERMALM (A.), « An Ephesian tale : prayers to Isis and other gods » : **165**

1997 - FARAONE (C. A.), « Hymn to Selene-Hecate-Artemis from a Greek magical handbook (*PGM* IV 2714-83) » : **175**

1997 - GARCIA LÓPEZ (J.), « La religión en la Grecia antigua : fiestas y culto » : **656**

1997 - GRAF (F.), « Griechische Religion » : **224**

1997 - GRAF (F.), *Magic in the ancient world* : **667**

1997 - GUSTAFSON (M.), « The Isis hymn of Diodorus of Sicily (1.27.3) » : **241**

1997 - HICKSON-HAHN (F.), « A prayer of Scipio Africanus : Livy 29. 27. 2-4 » : **259**

1997 - HICKSON-HAHN (F.), « The oath of Aeneas : Vergil, *Aeneid* 12. 176-94 » : **258**

1997 - HOFFMANN (P.), « L'expression de l'indicible dans le néoplatonisme grec, de Plotin à Damascius » : **263**

1997 - HULL (R. F. JUN.), « A prayer to Sarapis in *P. Oxy.* 1070 » : **270**

1997 - JOUANNA (J.), « Oracles et devins chez Sophocle » : **280**

1997 - KILEY (M.) (éd.), *Prayer from Alexander to Constantine. A critical anthology* : **288**

1997 - KRENTZ (E.), « The prayer in Menander Rhetor 2.445.25-446.13 » : **298**

1997 - LATEINER (D.), « Homeric prayer » : **310**

1997 - PERNOT (L.), *Éloges grecs de Rome* : **384**

1997 - PHILIPPS III (C. R.), « Cato The Elder » : **392**

1997 - PULLEYN (S.), *Prayer in Greek religion* : **406**

1997 - RICL (M.), « CIG 4142 – a forgotten confession-inscription from North-West Phrygia » : **417**

1997 - RIX (H.), « Les prières dans le *liber linteus* de Zagreb » : **424**

1997 - SCHIRMER (B.), *Studien zum Wortschatz der Iguvinischen Tafeln. Die Verben des Betens und Sprechens* : **456**

1997 - SCHOWALTER (D.), « Written in stone : a prayer to Augustus » : **461**

1997 - SELLEW (P.), « A secret hymn about rebirth : *Corpus Hermeticum* XIII.17-20 » : **466**

1997 - STRUBBE (J.), Ἀραί. *Imprecations against desecrators of the grave in the Greek epitaphs of Asia Minor* : **489**

1997 - TRAPP (M. B.), « Philosophical sermons : the "Dialexeis" of Maximus of Tyre » : **513**

1997 - VALANTASIS (R.), « The Hermetic *Prayer of Thanksgiving*, Nag Hammadi Codex VI, 7 : 63, 33-65, 7 » : **517**

1997 - VALETTE-CAGNAC (E.), *La lecture à Rome. Rites et pratiques* : **518**

1998 - AUBRIOT (D.), « Pertinence et limites de l'opposition public/privé pour la prière (jusqu'à la fin du Ve siècle) » : **575**

1998 - BEARD (M.), NORTH (J.), PRICE (S.), *Religions of Rome* : **36**

1998 - BREMER (J. M.), « Greek cultic poetry : some ideas behind a forthcoming edition » : **69**

1998 - BREMER (J. M.), « The reciprocity of giving and thanksgiving in Greek worship » : **591**

1998 - CAMBRONNE (P.), « L'universel et le singulier. L'*Hymne à Zeus* de Cléanthe. Notes de lecture » : **91**

1998 - CAMPLANI (A.), « Il cielo dei pagani. La preghiera ermetica » : **93**

1998 - CANDIDO (M. R.), « A violência das palavras nas imprecaçoes judiciarias » : **607**

1998 - CHAMPEAUX (J.), *La religion romaine* : **101**

1998 - CIONI (L.), REGOLIOSI MORANI (G.), TAMBURINI (P.), *Al Dio ignoto. Preghiere degli antichi* : **109**

1998 - CLARK (M.), « Chryses' supplication : speech act and mythological allusion » : **112**

1998 - FAUTH (W.), « Götter- und Dämonenzwang in den griechischen Zauberpapyri : über psychologische Eigentümlichkeiten der Magie im Vergleich zur Religion » : **641**

1998 - FEENEY (D.), *Literature and Religion at Rome. Culture, Contexts and Beliefs* : **643**

1998 - GRAF (F.), « Gebet. III : Griechenland und Rom » : **668**

1998 - GRAF (F.), « La magie en Grèce et à Rome : quelques cas exemplaires » : **669**

1998 - GUITTARD (C.), « Invocations et structures théologiques dans la prière à Rome » : **240**

1998 - HOFFMANN (P.), « La fonction des prologues exégétiques dans la pensée pédagogique néoplatonicienne » : **264**

1998 - KNITTEL (A.), KORDING (I. K.), « Hymne » : **293**

1998 - LIOU-GILLE (B.), *Une lecture « religieuse » de Tite-Live I. Cultes, rites, croyances de la Rome archaïque* : **715**

1998 - MASARACCHIA (A.), « La preghiera della Pizia nell'incipit delle *Eumenidi* (vv. 1-33) » : **721**

1998 - MASTROCINQUE (A.), « Studi sulle gemme gnostiche » : **722**

1998 - MIKALSON (J. D.), *Religion in hellenistic Athens* : **729**

1998 - PIANTELLI (M.) (éd.), *Le preghiere del mondo. Un' antologia delle più belle invocazioni a Dio, dai popoli privi di scrittura fino ai nostri giorni* : **759**

1998 - SANZ DUART (V.), « Las *supplicationes* femininas del 396 a.C. » : **789**

1998 - SCARPI (P.), « La preghiera in Grecia e a Roma » : **792**

1998 - SCHEID (J.), « Les incertitudes de la *uoti sponsio*. Observations en marge du *uer sacrum* de 217 av. J.-C. » : **447**

1998 - SCHEID (J.), *La religion des Romains* : **448**

1998 - SIMON (E.), « Archäologisches zu Spende und Gebet in Griechenland und Rom » : **474**

1998 - TRÄNKLE (H.), « Gebet und Schimmeltriumph des Camillus. Einige Überlegungen zum fünften Buch des Livius » : **512**

1998 - TURCAN (R.), *Rome et ses dieux* : **816**

1998 - VAMVOURI (M.), « Fiction poétique et réalité historique à propos du Péan de Liménios » : **817**

1998 - VERSNEL (H. S.), « καὶ εἴ τι λ(οιπὸν) τῶν μερ(ῶ)ν (ἔσ)ται τοῦ σώματος ὅλ(ο)υ (...and any other part of the entire body there may be...) : an essay on anatomical curses » : **825**

1998 - VOUTIRAS (E.), *ΔΙΟΝΥΣΟΦΩΝΤΟΣ ΓΑΜΟΙ. Marital life and magic in fourth century Pella* : **829**

1998 - WACHTER (R.), « Griechisch χαῖρε : Vorgeschichte eines Grusswortes » : **830**

1999 - BOWERSOCK (G. W.), BROWN (P.), GRABAR (O.) (éds), *Late Antiquity. A guide to the postclassical world* : **589**

1999 - CASSELLA (P.), *La supplica all' altare nella tragedia greca* : **611**

1999 - COTTIER (J.-F.), « La piété de Lucrèce » : **618**

1999 - FINAMORE (J. F.), « Plotinus and Iamblichus on magic and theurgy » : **648**

1999 - FLINT (V.), GORDON (R.), LUCK (G.), OGDEN (D.) (éds), *Witchcraft and Magic in Europe. Ancient Greece and Rome* : **649**

1999 - GIORDANO (M.), *La supplica. Rituale, istituzione sociale e tema epico in Omero* : **662**

1999 - GIORDANO (M.), *La Parola efficace. Maledizioni, giuramenti e benedizioni nella Grecia arcaica* : **663**

1999 - IRMSCHER (J.), « La preghiera e la filosofia nella tarda antichità » : **685**

1999 - JORDAN (D. R), MONTGOMERY (H.), THOMASSEN (E.) (éds), *The world of ancient magic* : **691**

1999 - JOUANNA (J.), « Le trône, les fleurs, le char et la puissance d'Aphrodite (Sappho I, v. 1, 11, 19 et 22). Remarques sur le texte, sur les composés en θρονος et sur les homérismes de Sappho » : **696**

1999 - KLINGHARDT (M.), « Prayer formularies for public recitation. Their use and function in ancient religion » : **697**

1999 - KLOFT (H.), *Mysterienkulte der Antike : Götter - Menschen - Rituale* : **698**

1999 - LA BUA (G.), *L'inno nella letteratura poetica latina* : **705**

1999 - *La preghiera nel tardo antico. Dalle origini ad Agostino* : **707**

1999 - LEHMANN (Y.) (éd.), *Les religions de l'Antiquité* : **713**

1999 - MAZZANTI (A. M.), « La preghiera nel *Corpus Hermeticum* » : **723**

1999 - MORANT (M.-J.), « Mains levées, mains supines. À propos d'une base funéraire de Kadyanda (Lycie) » : **733**

1999 - NACHTERGAEL (G.), « Retour aux inscriptions grecques du temple de Pselkis » : **741**

1999 - PERNOT (L.), « Cent ans de recherche sur la prière païenne (1898-1998) : la banque de données bibliographique de Strasbourg » : **751**

1999 - PICCALUGA (G.), « La preghiera nelle religioni del mondo classico » : **760**

1999 - PORTA (F. R.), *Greek ritual utterances and the liturgical style* : **762**

1999 - PRICE (S.), *Religions of the Ancient Greeks* : **769**

1999 - RÉMY (B.), « Religion populaire et culte impérial dans le sanctuaire indigène de Châteauneuf (Savoie) » : **777**

1999 - SCHEID (J.), « Hiérarchie et structure dans le polythéisme romain : façons romaines de penser l'action » : **795**

1999 - SCHRÖDER (S.), « Zwei Überlegungen zu den Liedern vom Athener- schatzhaus in Delphi » : **798**

1999 - SCHRÖDER (S.), *Geschichte und Theorie der Gattung Paian* : **799**

1999 - SINEUX (P.), « Le péan d'Isyllos : formes et finalités d'un chant religieux dans le culte d'Asklèpios à Épidaure » : **802**

1999 - THOMAS (B. M.), « The rhetoric of prayer in Sappho's "Hymn to Aphrodite" » : **814**

1999 - VAN LIEFFERINGE (C.), *La Théurgie. Des* Oracles Chaldaïques *à Proclus* : **819**

1999 - VERSNEL (H. S.), « *Punish those who rejoice in our misery*. On curse texts and *Schadenfreude* » : **826**

2000 - ALBANESE (B.), « *Res repetere* e *bellum indicere* nel rito feziale (Liv. I, 32, 5-14) » : **569**

2000 - ALBANESE (B.), « *Foedus* e *ius iurandum, pax per sponsionem* » : **570**

2000 - BENEDETTI (F.), « L'invocazione ad Ermete e Atena nel *Filottete* di Sofocle » : **581**

2000 - BRISSON (L.), « Le commentaire comme prière destinée à assurer le salut de l'âme. La place et le rôle des *Oracles Chaldaïques* dans le commentaire sur le *Timée* de Platon par Proclus » : **593**

2000 - CABOURET (B.), « L'empereur Julien en prière » : **602**

2000 - CALORE (A.), *« Per Iouem lapidem » alle origini del giuramento : sulla presenza del « sacro » nell'esperienza giuridica romana* : **605**

2000 - CALVIET (L.), « Les prières à Apollon dans les traités grecs de musique » : **606**

2000 - CANNATÀ FERA (M.), GRANDOLINI (S.) (éds), *Poesia e religione in Grecia* : **608**

2000 - CANTILENA (M.), « Χοαί e preghiera di Elektra (Aesch. *Cho.* 84-163) : **609**

2000 - CASSELLA (P.), « La supplica personale in tre tragedie euripidee » : **612**

2000 - DEPEW (M.), « Enacted and represented dedications : genre and Greek hymn » : **626**

2000 - DORIVAL (G.), PRALON (D.) (éds), *Prières méditerranéennes hier et aujourd'hui* : **632**

2000 - DORIVAL (G.), « Païens en prière » : **633**

2000 - FAUQUIER (M.), VILLETTE (J.-L.), *La vie religieuse dans les cités grecques aux VIe, V^e et IVe siècles* : **640**

2000 - FREYBURGER (G.), « Prière et magie à Rome » : **652**

2000 - FREYBURGER (G.), « Der religiöse Charakter der frührömischen Tragödie » : **653**

2000 - GÖDDE (S.), *Das Drama der* Hikesie. *Ritual und Rhetorik in Aischylos' Hiketiden* : **664**

2000 - HICKSON-HAHN (F.), « Pompey's *supplicatio* duplicata : a novel form of thanksgiving » : **681**

2000 - JACQUEMIN (A.), *Guerre et religion dans le monde grec (490-322 av. J.-C.)* : **686**

2000 - LEGANGNEUX (P.), « Les scènes de supplication dans la tragédie grecque » : **712**

2000 - MAREK (C.), « Der höchste, beste, grösste, allmächtige Gott. Inschriften aus Nordkleinasien » : **719**

2000 - MOREAUX (A.), TURPIN (J.-C.) (éds), *La magie* : **734**

2000 - MOTTE (A.), « Discours théologique et prière d'invocation. Proclus héritier et interprète de Platon » : **736**

2000 - NAGY (A. M.), « Une gemme votive de l'époque impériale » : **742**

2000 - NORTH (J. A), *Roman Religion* : **746**

2000 - PALUMBO STRACCA (B. M.), « L'inno itifallico per Demetrio Poliorcete » : **748**

2000 - PERNOT (L.), « Prière et rhétorique » : **752**

2000 - PRALON (D.), « La prière tragique : parodos des "Sept contre Thèbes" d'Eschyle, vers 79-180 » : **766**

2000 - PRATO (C.), « La parodia di preghiere, culti e riti nelle *Tesmoforiazuse* di Aristofane » : **767**

2000 - RAVASI (G.), *Preghiere. L'ateo e il credente davanti a Dio* : **776**

2000 - RICCIARDELLI (G.), « Osservazioni sugli *Inni orfici* » : **778**

2000 - SCHEER (T. S.), *Die Gottheit und ihr Bild. Untersuchungen zur Funktion griechischer Kultbilder in Religion und Politik* : **793**

2000 - SCHEID-TISSINIER (E.), « Recevoir des dieux, donner aux dieux. Aspects de la relation avec le divin dans la poésie grecque archaïque » : **796**

2000 - SKEB (M.), « Subjektivität und Gottesbild. Die religiöse Mentalität des Decimus Magnus Ausonius » : **803**

2000 - VEYNE (P.), « Le sacré et le profane dans la religion gréco-romaine. Inviter les dieux, sacrifier, banqueter. Quelques nuances de la religiosité grécoromaine » : **828**

2000 - WALLRAFF (M.), « Die Ursprünge der christlichen Gebetsostung » : **831**

2000 - WEHNER (B.), *Die Funktion der Dialogstruktur in Epiktets Diatriben* : **833**

2000 - ZUCCOTTI (F.), *Il giuramento nel mondo giuridico e religioso antico : elementi per uno studio comparativistico* : **838**

2001 - BARTOL (K.), « Elementi innici nell' elegia greca arcaica e classica » : **576**

2001 - BÉLIS (A.), « Esthétique musicale du péan à travers l'exemple des *Hymnes delphiques à Apollon* » : **580**

2001 - BREMER (J.-M.), FURLEY (W. D.), *Greek Hymns* : **592**

2001 - BRODERSEN (K.) (éd.), *Gebet und Fluch, Zeichen und Traum : Aspekte religiöser Kommunikation in der Antike* : **594**

2001 - BRUIT ZAIDMAN (L.), *Le commerce des dieux. Eusebeia. Essai sur la piété en Grèce ancienne* : **595**

2001 - BRULÉ (P.), VENDRIES (C.) (éds), *Chanter les dieux. Musique et religion dans l'antiquité grecque et romaine* : **596**

2001 - BRULÉ (P.), « Hyménée sonore : la musique du *gamos* » : **597**

2001 - CALAME (C.), « Quelques formes chorales chez Aristophane : adresses aux dieux, mimésis dramatique et "performance" musicale » : **604**

2001 - CHAMPEAUX (J.), « La prière du Romain » : **613**

2001 - CHAPOT (F.), « Prière et sentiment religieux chez Firmicus Maternus » : **614**

2001 - CHAPOT (F.), LAUROT (B.), *Corpus de prières grecques et romaines* : **615**

2001 - CIRILLO (O.), « Un' insolita preghiera (Ov. *Am*, II, 13) » : **617**

2001 - CURBERA (J. B.), JORDAN (D. R.), « Η γλώσσα των ελληνικών καταδέσμων και των μαγικών παπύρων » : **620**

2001 - DI DONATO (R.), *Hierà. Prolegomena ad uno studio storico antropologico della religione greca* : **627**

2001 - DUBISCHAR (M.), *Die Agonszenen bei Euripides* : **634**

2001 - DUPUY (B.), « *Ni Juif ni Grec*. Sur une formule controversée de saint Paul » : **635**

2001 - FREYBURGER (G.), « Prière silencieuse et prière murmurée dans la religion romaine » : **654**

2001 - GUITTARD (C.), « Les *Chants des Saliens* et la naissance d'une poésie religieuse à Rome : *carmina, uersus, axamenta* » : **673**

2001 - GUITTARD (C.), « *Carmen* et *Carmenta :* chant, prière et prophétie dans la religion romaine » : **674**

2001 - HOPMAN-GOVERS (M.), « Le jeu des épithètes dans les *Hymnes orphiques* » : **683**

2001 - JANOWITZ (N.), *Magic in the Roman World : Pagans, Christians and Jews* : **688**

2001 - MAGNANI (A.), « Iside, Apuleio ed il P. Oxy. XI 1380 » : **717**

2001 - MORAND (A.-F.), *Études sur les* Hymnes orphiques : **732**

2001 - OGDEN (D.), *Greek and Roman necromancy* : **747**

2001 - PERNOT (L.), « Le serment du discours *Sur la couronne* (Dém., XVIII, 208) dans la critique littéraire et rhétorique de l'Antiquité » : **753**

2001 - PERRONE (L.), « Prayer in Origen's *Contra Celsum :* the knowledge of God and the truth of Christianity » : **755**

2001 - PHILONENKO (M.), *Le* Notre Père. *De la prière de Jésus à la prière des disciples* : **758**

2001 - PÖTSCHER (W.), « Tritogeneia und das Gebet der Athener » : **765**

2001 - PUTNAM (M. C. J.), *Horace's* Carmen Saeculare : *ritual magic and the poet's art* : **772**

2001 - RÜPKE (J.), « Antike Religionen als Kommunikationssysteme » : **784**

2001 - RÜPKE (J.), *Die Religion der Römer. Eine Einführung* : **785**

2001 - RUTHERFORD (I.), *Pindar's paeans. A reading of the fragments with a survey of the genre* : **787**

2001 - SCHEER (T. S.), « Die Götter anrufen : die Kontaktaufnahme zwischen Menschen und Gottheit in der griechischen Antike » : **794**

2001 - SCULLION (S.), « Dionysos at Elis » : **800**

2001 - SPINA (L.), « Con lettura di preghiera... Una nota a margine di studi recenti sulla preghiera » : **807**

2001 - VAN DER BERG (R. M.), *Proclus' Hymns. Essays, translations, commentary* : **818**

2002 - DILLON (J.), « The platonic philosopher at prayer » : **629**

2002 - DILLON (M.), *Girls and women in classical greek religion* : **630**

2002 - GARCIA SOLER (M. J.), « Sangre y vino en el juramento de "Lisistrata" (vv. 181-239) » : **657**

2002 - GARCIA TEIJEIRO (M.), MOLINOS TEJADA (M. T.), « Éthique, politique et religion à Épidaure à la fin du IVᵉ siècle av. J.-C. (*IG* IV, 1, 950) » : **658**

2002 - GRADEL (I.), *Emperor worship in Roman religion* : **665**

2002 - GUITTARD (C.), « *Siue deus siue dea :* les Romains pouvaient-ils ignorer la nature de leurs divinités ? » : **675**

2002 - INTRIERI (M.), « La preghiera di fronte alla morte nel monde greco » : **684**

2002 - JANOWITZ (N.), *Icons of power. Ritual practices in late Antiquity* : **689**

2002 - KNIPPSCHILD (S.), *« Drum bietet zum Bunde die Hände » : rechts-symbolische Akte in zwischenstaatlichen Beziehungen im orientalischen und griechisch-römischen Altertum* : **700**

2002 - MEYER (M.), MIRECKI (P.) (éds), *Magic and ritual in the ancient world* : **728**

2002 - WARRIOR (V. M.), *Roman religion. A sourcebook* : **832**

2002 - WIIK (M.), « The excursus in the first song of the *Georgics* and the Vergil's didactic technique » : **834**

2002 - ZELLER (D.), « La prière dans le *Second Alcibiade »* : **836**

2003 - BURKERT (W.), *La religione greca di epoca arcaica e classica* : **601**

2003 - GUITTARD (C.), « Les prières dans la célébration des Jeux Séculaires augustéens » : **676**

2003 - KOLDE (A.), *Politique et religion chez Isyllos d'Epidaure* : **701**

2003 - MACKIE (H.), *Graceful errors. Pindar and the performance of praise* : **716**

2003 - MARTIN (A.), « 'Souviens-toi de moi dans tes saintes prières' : témoins tardifs de la vitalité du datif grec » : **987**

2003 - MARTINA (A.), « Il γόος ἀρητός in Omero e la preghiera di Elettra nelle *Coefore* di Eschilo » : **720**

2003 - MESLIN (M.), « Préface », *Quand les hommes parlent aux dieux. Histoire de la prière dans les civilisations* : **726**

2003 - MOYER (I.), « Thessalos of Tralles and cultural exchange » : **738**

2003 - MÜLLER (C. G.), « Bitten und Beten im NT und seiner Umwelt : Martial und Matthäus im Vergleich » : **739**

2003 - NOEGEL (S. B.), WALKER (J. T.), WHEELER (B. M.) (éds), *Prayer, magic, and the stars in the ancient and late antique world* : **744**

2003 - NUTI (A.), « Tra indagine etimologica ed isoglosse culturali : antico irlandese *occhan*, 'esortazione formale', 'preghiera', latino *iocus* e indeuropeo **iek-* » : **1011**

2003 - QUILLET (C.), « La prière grecque » : **773**

2003 - QUILLET (C.), « La prière romaine » : **774**

2003 - STRUCK (P.), « Viscera and the divine : dreams as the divinatory bridge between the corporeal and the incorporeal » : **810**

2003 - SUBIAS-KONOFAL (V.), « Poésie, politique et rhétorique rituelle : l'hymne à Germanicus dans les *Fastes* d'Ovide (I, 3-26) » : **811**

2003 - TORRES GUERRA (J. B.), « Sobre la conclusión de los *Himnos Homéricos* y sus circunstancias de ejecución » : **1069**

2004 - AMENDOLA (S.), « Per una lettura politica della preghiera per Argo (*Supp.* 625 ss.) » : **840**

2004 - *L'Année épigraphique 2001* : **843**

2004 - BERRENS (S.), *Sonnenkult und Kaisertum von den Severen bis zu Constantin I (193-337 n. Chr.)* : **854**

2004 - BETEGH (G.), *The Derveni Papyrus. Cosmology, Theology and Interpretation* : **855**

2004 - BETRÒ (M.), « Dal faraone al mercenate : la lunga vita di un testo religioso dell'antico Egitto » : **856**

2004 - BRÉLAZ (C.) et SCHMID (S. G.), « Une nouvelle dédicace à la triade artémisiaque provenant d'Érétrie » : **864**

2004 - BRODERSEN (K.) et KROPP (A.) éd., *Fluchtafeln : Neue Funde und neue Deutungen zum antiken Schadenzauber* : **867**

2004 - BROUQUIER-REDDÉ (V.) et GRUEL (K.) éd., « Le sanctuaire de 'Mars Mullo' chez les Aulerques Cénomans (Allonnes, Sarthe) Vᵉ s. av. J.-C.-IVᵉ s. ap. J.-C. : état des recherches actuelles » : **868**

2004 - CHANIOTIS (A.) et MYLONOPOULOS (J.) éd., « Epigraphic Bulletin of Greek Religion » : **888**

2004 - DE HARO SANCHEZ (M.), « Catalogue des papyrus iatromagiques grecs » : **898**

2004 - DEL HENAR VELASCO LÓPEZ (M.), « Registro ritual en el *Himno a Deméter* » : **899**

2004 - DICKIE (M. W.), « Divine Epiphany in Lucian's Account of the Oracle of Alexander of Abonuteichos » : **900**

2004 - FAIN (G. L.), « Callimachus *Hymn to Artemis* and the Tradition of Rhapsodic Hymn » : **909**

2004 - FARAONE (C. A.), « In the Horn of an Ox : a Curious Hexametrical Curse from Hellenistic Cyrene (SGD 150) » : **910**

2004 - GAILLARD-SEUX (P.), « La place des incantations dans les recettes médicales de Pline l'Ancien » : **925**

2004 - GALÁN VIOQUE (G.), « La invocación a la luna como motivo erótico en la literatura griega e latina » : **926**

2004 - HICKSON-HAHN (F.), « The Politics of Thanksgiving » : **946**

2004 - HICKSON-HAHN (F.), « *Ut diis immortalibus honos habeatur* : Livy's Representation of Gratitude to the Gods » : **947**

2004 - JOHNSTON (S. I.) éd., *Religions of the Ancient World. A Guide* : **956**

2004 - JUSTUS (C. F.), «What is Indo-European about Hittite Prayers ? » : **960**

2004 - KIERNAN (P.), « Britische Fluchtafeln und 'Gebete um Gerechtigkeit' als öffentliche Magie und Votivrituale » : **963**

2004 - KLEDT (A.), *Die Entführung Kores. Studien zur Athenisch-Eleusinischen Demeterreligion* : **966**

2004 - KROPP (A.), « 'Defigo Eudemum : necetis eum' : Kommunikationsmuster in den Texten antiker Schadenzauberrituale » : **970**

2004 - LÓPEZ EIRE (A.), « Lenguaje, ritual y poesía » : **978**

2004 - MATHIEU (N.), « Au nom des dieux : à la campagne comme à la ville? Identité et romanité de dévots dans les Gaules d'après l'épigraphie » : **995**

2004 - MELIADO (C.), « P Chic 1061 = P LitGoodspeed 2 : proposte di lettura ed interpretazione » : **998**

2004 - MICHALOPOULOS (A. N.), « Fighting against a Witch : the Importance of Magic in Hypsipyle's Letter to Jason (Ov., *Her.* 6) » : **999**

2004 - MOORE (T. J.), « Confusing the Gods : Plautus, *Cistellaria* 512-527 » : **1001**

2004 - MURRAY (P.) et WILSON (P. J.) éd., *Music and the Muses : the Culture of Mousike in the Classical Athenian City* : **1005**

2004 - NEUMANN-HARTMANN (A.), « Der Paian des Philodamos an Dionysos und der Ausbruck des 4. Heiligen Krieges » : **1008**

2004 - OLIVIERI (O.), « L''Inno ad Apollo Ptoios' di Pindaro (Hymn. frr. 51 a-d Maehl.) » : **1013**

2004 - PACE (G.), « Le preghiere del coro nel *Reso* » : **1015**

2004 - PARKER (R.), « One Man's Piety : The Religious Dimension of the *Anabasis* » : **1019**

2004 - PETROVIĆ (I.), « ΦΑΡΜΑΚΕΥΤΙΡΙΑ ohne ΦΑΡΜΑΚΟΝ : Überlegungen zur Komposition des zweiten Idylls von Theokrit » : **1028**

2004 - QUACK (J. F.), « Griechische und andere Dämonen in den spätdemotischen magischen Texten » : **1037**

2004 - RODRÍGUEZ ALFAGEME (I.), « Estrategias de construcción del texto en Homero » : **1041**

2004 - SACCO (L.), « Devotio » : **1047**

2004 - SCHOLZ (M.) et KROPP (A.), « 'Priscilla, die Verräterin' : eine Fluchtafel mit Rachegebet aus Gross-Gerau » : **1054**

2004 - STERBENC ERKER (D.), « Voix dangereuses et force des larmes : le deuil féminin dans la Rome antique » : **1062**

2004 - SYED (Y.), « Ovid's Use of the Hymnic Genre in the Metamorphoses » : **1064**

2004 - TREMEL (J.), « Die Befragung des Orakels durch Athleten » : **1070**

2004 - TREMEL (J.), *Magia agonistica. Fluchtafeln im Antiken Sport* : **1071**

2004 - VAMVOURI RUFFY (M.), *La fabrique du divin. Les Hymnes de Callimaque à la lumière des Hymnes homériques et des Hymnes épigraphiques* : **1075**

2004 - VERCRUYSSE (M.), « Gebed tot Aphrodite (Sappho, Fragment 1). Griekse lyriek lezen en interpreteren in de klas » : **1076**

2005 - *L'Année épigraphique 2002* : **843**

2005 - BARBANTANI (S.), « Goddess of Love and Mistress of the Sea : Notes on a Hellenistic Hymn to Arsinoe-Aphrodite (*P. Lit. Goodsp.* 2, I-IV) » : **847**

2005 - BARRETT-LENNARD (R.), « The *Canons of Hippolytus* and Christian Concerns with Illness, Health and Healing » : **849**

2005 - BASLEZ (M.-F.) et PRÉVOT (F.), *Prosopographie et histoire religieuse* : **850**

2005 - BLÄNSDORF (J.), « The Curse Tablets from the Sanctuary of Isis and Mater Magna in Mainz » : **861**

2005 - BOWDEN (H.), *Classical Athens and the Delphic Oracle. Divination and Democracy* : **863**

2005 - BUSINE (A.), *Paroles d'Apollon. Pratiques et traditions oraculaires dans l'Antiquité tardive (IIe-VIe siècles)* : **873**

2005 - CALAME (C.), *Masques d'autorité : fiction et pragmatique dans la poétique grecque antique* : **876**

2005 - CALVO MARTÍNEZ (J. L.), « ¿ Licnomancia o petición de demon páredros ? Edición con comentario de fragmentos hímnicos del *PGM* I 262-347 » : **878**

2005 - CANCIANI (F.), PELLIZER (E.) et FAEDO (L.), « Hikesia » : **879**

2005 - CARBILLET (A.), « Cérémonies autour du thème de la navigation à Amathonte » : **883**

2005 - CASTELLANETA (S.), « Note alla Gerioneide di Stesicoro » : **884**

2005 - CHANIOTIS (A.) et MYLONOPOULOS (J.) éd., « Epigraphic Bulletin of Greek Religion » : **888**

2005 - CHESHIRE (K. A.), « Thematic Progression and Unity in Callimachus' *Hymn to Apollo* » : **890**

2005 - DASEN (V.) et PIÉRART (M.) éd., Ἰδίᾳ καὶ δημοσίᾳ. *Les cadres privés et publics de la religion grecque antique* : **896**

2005 - DIELEMAN (J.), *Priests, Tongues, and Rites : the London-Leiden Magical Manuscripts and Translation in Egyptian Ritual (100-300 CE)* : **901**

2005 - DONNAY (G.), « Εὔχετ'ἔπειτα στὰς μέσῳ ἕρκεϊ (*Iliade* Π 231, Ω 306) » : **904**

2005 - DUBOURDIEU (A.), « Nommer les dieux : pouvoir des noms, pouvoir des mots dans les rituels du *uotum*, de l'*euocatio* et de la *deuotio* dans la Rome antique » : **905**

2005 - FARAONE (C. A.), « Twisting and Turning in the Prayer of the Samothracian Initiates (Aristophanes *Peace* 276-279) » : **911**

2005 - FYNTIKOGLOU (V.) et VOUTIRAS (E.), « Das römische Gebet » : **922**

2005 - GREENE (E. S.), « Revising Illegitimacy : the Use of Epithets in the 'Homeric Hymn to Hermes' » : **936**

2005 - HARDIE (A.), « Sappho, the Muses and Life after Death » : **942**

2005 - HARRAUER (H.) et PINTAUDI (R.), « Neue magische Gemmen » : **943**

2005 - HUMMEL (P.), « Langue(s) rituelle(s), formulaire collectif et formulaire individuel dans la littérature grecque archaïque » : **951**

2005 - JAKOV (D.) et VOUTIRAS (E.), « Gebet, Gebärden und Handlungen des Gebetes. Das Gebet bei den Griechen » : **955**

2005 - JOHNSTON (S. I.) et STRUCK (P. T.) éd., *Mantikè. Studies in Ancient Divination* : **958**

2005 - KEAVENEY (A.), « Sulla and the Games of Hercules » : **961**

2005 - KERNEIS (S.), « Les ongles et le chaudron : Pratiques judiciaires et mentalités magiques en Gaule romaine » : **962**

2005 - KIRICHENKO (A.), « *Hymnus invicto :* the Structure of Mithraic Cult Images with Multiple Panels » : **965**

2005 - LAPINI (W.), « Posidippo, ep. 51 Austin-Bastianini » : **974**

2005 – MAGGIANI (A.) et RAFANELLI (S.), « La preghiera in Etruria » : **981**

2005 - MARKS (R. D.), « *Per uulnera regnum* : Self-destruction, Self-sacrifice and *deuotio* in Punica 4-10 » : **985**

2005 - MARTIN (M.), Magie et magiciens dans le monde gréco-romain : **988**

2005 - MASTROCINQUE (A.), « Le apparizioni del dio Bes nella tarda antichità : a proposito dell'iscrizione di Gornea » : **991**

2005 - MASTROCINQUE (A.), « Pregare Ialdabaoth (il Dio seduto sul settimo cielo nelle preghiere magiche) » : **992**

2005 - MEDDA (E.), « Aristofane e un inno a rovescio : la potenza di Pluto in Pl. 124-221 » : **997**

2005 - MIKALSON (J. D.), *Ancient Greek Religion* : **1000**

2005 - MORAND (A.-F.), « Oppositions et jeux phoniques dans les 'Hymnes orphiques' » : **1002**

2005 - NEMETI (S.), « Magische Inschriften aus Dakien » : **1007**

2005 - PAPADOGIANNAKI (E.), « Ο θρήνος στους Πέρσες του Αισχύλου: οι απαρχές του επιτάφιου λόγου» (O thrênos stous Perses tou Aischylou: oi aparches tou epitafiou logou » : **1017**

2005 - PERNOT (L.), « Le sacrifice dans la littérature grecque de l'époque impériale » : **1023**

2005 - PERNOT (L.), « Au-delà de Babel : le langage de la louange et de la prière » : **1024**

2005 - POCCETTI (P.), « La maledizione delle attività di parola nei testi magici greci e latini » : **1032**

2005 - PUIGGALI (J.), « Δαίμων et les mots de la même famille dans les *Antiquités romaines* de Denys d'Halicarnasse » : **1036**

2005 - SANZI (E.), « Magia e culti orientali V. Che ci fa il dio Mitra in un papiro magico-oracolare ? Ovverosia note storico religiose intorno a *PGM* V, 1-53 » : **1048**

2005 - SCHEID (J.), *Quand faire, c'est croire. Les rites sacrificiels des Romains* : **1051**

2005 - SOURVINOU-INWOOD (C.), *Hylas, the Nymphs, Dionysos and Others. Myth, Ritual, Ethnicity* : **1057**

2005 - STEHLE (E. M.), « Prayer and Curse in Aeschylus' *Seven against Thebes* » : **1060**

2005 - STROCKA (V. M.), « Wer beschenkt wen und warum ? » : **1063**

2005 - *Thesaurus cultus et rituum antiquorum (Thes CRA). 3, Divination, Prayer, Veneration, Hikesia, Asylia, Oath, Malediction, Profanation, Magic Rituals, and Addendum to vol. 2 : Consecration* : **1065**

2005 - THOM (J. C.), « Doing Justice to Zeus : on Texts and Commentaries » : **1066**

2005 - TODOUA (M.), « Empédocle : empêche-vents ou dompteur de mauvais génies ? Réflexions autour du fr.111 Diels-Kranz » : **1067**

2005 - UKLEJA (K.), *Der Delos-Hymnus des Kallimachos innerhalb seines Hymnensextetts* : **1073**

2005 - VOLPE CACCIATORE (P.), « Le preghiere nell' 'Elettra' di Sofocle » : **1078**

2006 - AMENDOLA (S.), « La preghiera di Camillo (Plu., Cam. 5. 7-9) » : **841**

2006 - AMENDOLA (S.), *Donne e preghiera. Le preghiere dei personnaggi femminili nelle tragedie superstiti di Eschilo* : **842**

2006 - *L'Année épigraphique 2003* : **843**

2006 - BELAYCHE (N.), BRULÉ (P.), FREYBURGER (G.), LEHMANN (Y.) et PERNOT (L.) éd., *Nommer les dieux.Théonymes, épithètes, épiclèses dans l'Antiquité* : **852**

2006 - BETTINI (M.), « Homéophonies magiques : le rituel en l'honneur de Tacita dans Ovide, Fastes, 2, 569 ss. » : **857**

2006 - BRIQUEL (D.), « Que pouvons-nous dire de la prière étrusque ? » : **866**

2006 - BURKERT (W.), « Ritual between Ethology and Post-modern Aspects : Philological-historical Notes » : **871**

2006 - BUSCH (P.), « Antike Magier als Dienstleister » : **872**

2006 - CARASTRO (M.), *La cité des mages. Penser la magie en Grèce ancienne* : **881**

2006 - CHANIOTIS (A.) et MYLONOPOULOS (J.) éd., « Epigraphic Bulletin of Greek Religion » : **888**

2006 - CHAPOT (F.), « Prière au Dieu suprême et projet apologétique chez Arnobe, *Adv. Nationes*, I, 31 » : **889**

2006 - CHOAT (M.), *Belief and Cult in Fourth-Century Papyri* : **891**

2006 - COTTIER (J.-F.) éd., *La prière en latin, de l'Antiquité au XVIe siècle. Formes, évolutions, significations* : **893**

2006 - DUNAND (F.), « La guérison dans les temples » : **906**

2006 - DUPONT (F.), « Dramaturgie de la prière dans la tragédie romaine. Un exemple : *Médée* de Sénèque » : **907**

2006 - FORD (A.), « The Genre of Genres : Paeans and Paian in Early Greek Poetry » : **916**

2006 - FREYBURGER (G.), « Recherches récentes sur la prière romaine » : **918**

2006 - GAIDE (F.), « Usages de la parole dans les *precationes, carmina* et *incantamenta* des textes thérapeutiques latins » : **923**

2006 - GIORDANO-ZECHARYA (M.), « Ritual Appropriateness in Seven against Thebes : Civic Religion in a Time of War» : **930**

2006 - GLINISTER (F.), « Women, Colonisation and Cult in Hellenistic Central Italy » : **931**

2006 - GREEN (C. M. C.), *Roman Religion and the Cult of Diana at Aricia* : **935**

2006 - GREENLAND (F.), « 'Deuotio Iberica' and the Manipulation of Ancient History to Suit Spain's Mythic National Past » : **937**
2006 - GUITTARD (C.), « Aux origines de la prière latine. Préhistoire et formation de la *precatio* dans le monde italique » : **938**
2006 - GUITTARD (C.), « La notion d'archaïsme à Rome : l'exemple des formules de prières latines » : **939**
2006 - JOLY (D.) et VAN ANDRINGA (W.), « Une prière de magicien sur deux objets rituels découverts à Chartres » : **959**
2006 - KIRCHER (C.), « La prière dans les Tables eugubines » : **964**
2006 - KROPP (A.), « Versprachlichung von Schadenzauberritualen in der römischen Antike » : **971**
2006 - LHÔTE (E.), *Les lamelles oraculaires de Dodone* : **977**
2006 - LUCK (G.), *Arcana mundi : Magic and the Occult in the Greek and Roman Worlds : a Collection of Ancient Texts* : **979**
2006 - MACHIN (A.), « Temps et serments dans le théâtre de Sophocle » : **980**
2006 - NAIDEN (F. S.), *Ancient Supplication* : **1006**
2006 - OUDOT (E.), « Une fête athénienne méconnue dans le *Panathénaïque* d'Aelius Aristide (§ 363 Lenz-Behr / § 308 Dindorf) » : **1014**
2006 - PACE (G.), « Alcesti, la migliore dei madri : tra Hestia e Admeto » : **1016**
2006 - PEDRINA (M.), « Tendre les mains, toucher du regard : Télèphe et Dryas » : **1021**
2006 - PERNOT (L.), « The Rhetoric of Religion » : **1025**
2006 - PERNOT (L.), « Seconda Sofistica e Tarda Antichità » : **1026**
2006 - PERNOT (L.), « Le serment par les combattants des guerres médiques » : **1027**
2006 - PETROVIC (I. et A.), « Look who is talking now ! Speaker and Communication in Greek Metrical Sacred Regulations » : **1029**
2006 - RATTI (S.), « Rutilius Namatianus, Aelius Aristide et les chrétiens » : **1038**
2006 - SCHAAF (I.), « Zu P.Freib. 117d = PGM XXVb » : **1050**
2006 - STAVRIANOPOULOU (E.) éd., *Ritual and Communication in the Graeco-Roman World* : **1058**
2006 - STEINRÜCK (M.), « Célébrer et prier dans les *Hymnes homériques* : un critère » : **1061**
2006 - WILLIAMS (M. F.), « The New Posidippus Papyri and Propertius' Shipwreck Odes (Prop. 1.17 ; 3.7) » : **1083**
2006 - ZAVARONI (A.), « Osservazioni su Lares e Di Indigetes » : **1086**
2007 - ALFIERI TONINI (T.), « Iscrizioni esposte ed iscrizioni nascoste nel mondo greco » : **839**
2007 - *L'Année épigraphique 2004* : **843**
2007 - ASMIS (E.), « Myth and Philosophy in Cleanthes' Hymn to Zeus » : **845**
2007 - BARNABEI (L.), *I culti di Pompei* : **848**
2007 - BELAYCHE (N.), « Les dieux 'nomothètes'. Oracles et prescriptions religieuses à l'époque romaine impériale » : **851**
2007 - BELAYCHE (N.) et RÜPKE (J.), « Divination et révélation dans les mondes grec et romain. Présentation » : **853**

2007 - BEVILACQUA (G.) et COLACICCHI (O.), « Roma : una nuova *defixio* latina dalla via Ostiense » : **858**

2007 - BEVILACQUA (G.) et FERRANDINI TROISI (F.), « Due amuleti funerari della necropoli occidentale di Egnazia » : **859**

2007 - BORRELLI (D.), « Sur une possible destination de l'hymne aux dieux chez l'empereur Julien » : **862**

2007 - CACITTI (R.), « 'E ora piego le ginocchia del cuore' : l'epigrafe dipinta della 'Preghiera di Manasse' a Gerapoli di Frigia » : **874**

2007 - CAIRON (É.), « Les épitaphes métriques hellénistiques du Péloponnèse à la Thessalie » : **875**

2007 - CARASTRO (M.), « Quand Tirésias devint un *mágos*. Divination et magie en Grèce ancienne (V^e-IVe siècle av. n. è.) » : **882**

2007 - CERBO (E.), « Il coro delle *philai xunaudoi* e il 'rumore' del docmio nell'*Oreste* di Euripide » : **885**

2007 - CHAMOUX (F.), « L'hymne II de Callimaque et le culte d'Apollon à Cyrène » : **886**

2007 - CHANIOTIS (A.) et MYLONOPOULOS (J.) éd., « Epigraphic Bulletin of Greek Religion » : **888**

2007 - CONNELLY (J. B.), *Portrait of a Priestess. Women and Ritual in Ancient Greece* : **892**

2007 - CUGUSI (P.), « 'Manus lebo contra deum' » : **894**

2007 - DIETERLE (M.), *Dodona. Religionsgeschichtliche und historische Untersuchungen zur Enstehung und Entwicklung des Zeus-Heiligtums* : **902**

2007 - EIDINOW (E.), *Oracles, Curses and Risk among the Ancient Greeks* : **908**

2007 - FARAONE (C. A.), « Notes on Four Inscribed Magical Gemstones » : **912**

2007 - FARAONE (C. A.) et RIFE (J. L.), « A Greek Curse against a Thief from the Koutsongila Cemetery at Roman Kenchreai » : **913**

2007 - FRENSCHKOWSKI (M.), « Zauberworte : linguistische und sprach-psychologische Beobachtungen zur spätantiken griechischen und römischen Magie » : **917**

2007 - FROSCHAUER (H.) et RÖMER (C. E.) éd., *Zwischen Magie und Wissenschaft : Ärzte und Heilkunst in den Papyri aus Ägypten* : **920**

2007 - FURLEY (W. D.), « Prayers and Hymns » : **921**

2007 - GAMBERALE (L.), « Noterelle su *Fedra* di Seneca (e in Ovidio). A proposito della preghiera a Diana, *Phaedr.* 406 ss. » : **927**

2007 - GAVOILLE (L.), *Oratio ou la parole persuasive. Étude sémantique et pragmatique* : **928**

2007 - GINESTE (M.-F.), « Les métamorphoses de l'hymne dans les panégyriques de Claudien : de l'hymne à la victoire à l'éloge du héros (*Stil.* 3, 205-222) » : **929**

2007 - GRAF (F.), « Untimely Death, Witchraft and Divine Vengeance : a Reasoned Epigraphical Catalog » : **933**

2007 - GRAF (F.) et JOHNSTON (S. I.), *Ritual Texts for the Afterlife. Orpheus and the Bacchic Gold Tablets* : **934**

2007 - GUITTARD (C.), Carmen *et prophéties à Rome* : **940**

2007 - HICKSON-HAHN (F.), « Performing the Sacred : Prayers and Hymns » : **948**

2007 - HOUGHTON (L. B. T.), « Horace, Odes I, 10 - A Very Literary Hymn » : **949**

2007 - HUFFMON (H. B.), « The Oracular Process : Delphi and the Near Est » : **950**

2007 - JACQUES (S.), « Le discours d'Isis et la deuxième prière de Lucius dans les *Métamorphoses* d'Apulée : deux hymnes d'inspiration arétalogique » : **952**

2007 - JAILLARD (D.), *Configuration d'Hermès. Une 'théogonie hermaïque'* : **953**

2007 - JAILLARD (D.), « Plutarque et la divination : la piété d'un prêtre philosophe » : **954**

2007 - KLEIN (F.), « Les citations des *Géorgiques* et de l'*Énéide* dans l'épigramme XIV du *Catalepton* : intertextualité et poétique » : **967**

2007 - KREUTZ (N.), *Zeus und die Griechischen Poleis. Topographische und religionsgeschichtliche Untersuchungen von archaischer bis in hellenistische Zeit* : **969**

2007 - LARSON (J.), *Ancient Greek Cults. A Guide* : **975**

2007 - LEHMANN (Y.) éd., *L'hymne antique et son public* : **976**

2007 - MANGANARO PERRONE (G.), « Magia 'benefica' nella Sicilia tardoantica » : **983**

2007 - MARSTON (J. M.), « Language of Ritual Cursing in the Binding of Prometheus » : **986**

2007 - MARTINA (A.), « La violenta giustizia di Zeus (Aeschyl. *Agam.* 182-183) » : **989**

2007 - MARTINEZ ASTORINO (P.), « La construcción de la espontaneidad y del sentido en el carmen LXXVI de Catulo » : **990**

2007 - MASTROCINQUE (A.), « Late Antique Lamps with 'defixiones' » : **993**

2007 - MASTROCINQUE (A.) éd., *Sylloge gemmarum gnosticarum* : **994**

2007 - MATTHEY (P.), « Retour sur l'hymne 'arétalogique' de Karpocrate à Chalcis » : **996**

2007 - NISOLI (A. G.), « Parole segrete: le '*defixiones*' » : **1009**

2007 - NOUSSIA (M.), « La preghiera del filosofo : Cratete Tebano, SH 359 » : **1010**

2007 - OGDEN (D.), éd., *A Companion to Greek Religion* : **1012**

2007 - PARCA (M.) et TZANETOU (A.) éd., *Finding Persephone. Women's Rituals in the Ancient Mediterranean* : **1018**

2007 - PELLEGRINI (J.), « Note sur la double description de la *bugonia* au chant IV des *Géorgiques* (295-314 et 538-547) » : **1022**

2007 - PIRONTI (G.), *Entre ciel et guerre. Figures d'Aphrodite en Grèce ancienne* : **1031**

2007 - PRENNER (A.), « Le public complice d'une fiction. La prière au dieu Mars dans l'*In Rufinum* de Claudien » : **1033**

2007 - PRESCENDI (F.), *Décrire et comprendre le sacrifice. Les réflexions des Romains sur leur propre religion à partir de la littérature antiquaire* : **1034**

2007 - PUCCI (P.) éd., *Inno alle Muse (Esiodo,* Teogonia*, 1-115)* : **1035**
2007 - RICHARDSON (N. J.), « The *Homeric Hymn to Hermes* » : **1039**
2007 - RIVES (J. B.), *Religion in the Roman Empire* : **1040**
2007 - RÜPKE (J.) éd., *A Companion to Roman Religion* : **1044**
2007- RÜPKE (J.) éd., *Antike Religionsgeschichte in räumlicher Perspektive* : **1045**
2007 - RÜPKE (J.) éd., *Gruppenreligionen im römischen Reich. Sozialformen, Grenzziehungen und Leistungen* : **1046**
2007 - SANZI (E.), « Magia e culti orientali IV. Tra maghi e sacerdoti : invocazioni di aiuto e richieste di successo nel mondo imperiale romano » : **1049**
2007 - SCHEID (J.), « *Carmen* et prière. Les hymnes dans le culte public de Rome » : **1052**
2007 - SCHEID (J.) éd., *Rites et croyances dans les religions du monde romain* : **1053**
2007 - SINEUX (P.), *Amphiaraos. Guerrier, devin et guérisseur* : **1056**
2007 - STEFANIW (B.), « Reading Revelation : Allegorical Exegesis in Late Antique Alexandria » : **1059**
2007 - TOMLIN (R. S. O.), « 'Remain like stones, unmoving, un-running' : Another Greek Spell against Competitors in a Foot-Race » : **1068**
2007 - TRZCIONKA (S.), *Magic and the Supernatural in Fourth-Century Syria* : **1072**
2007 - VIX (J.-L.), « À la découverte d'un nouvel hymne en prose en l'honneur d'Asclépios chez Aelius Aristide » : **1077**
2007 - WALDNER (K.), « Les martyrs comme prophètes. Divinisation et martyre dans le discours chrétien des Iᵉʳ et IIᵉ siècles » : **1080**
2007 - ZELTCHENKO (V. V.), « IH IH ΠAIHON : Heraclid. Pont. fr. 158 Wehrli² и зллинистические поэты [et les poètes hellénistiques] » : **1087**
2007 - ZWIERLEIN-DIEHL (E.), « Les intailles magiques » : **1088**
2008 - *L'année épigraphique 2005* : **843**
2008 - ASHDOWNE (R.), « E-vocative Invocation : On the Historical Morphosyntax of Latin Oaths » : **844**
2008 - AUBRIOT-SÉVIN (D.), « De la familiarité au culte : regards sur la posture des héros et des hommes face aux dieux dans l'épopée homérique » : **846**
2008 - BINGEN (J.), « Inscriptions pariétales et prosopographie à Philae au Iᵉʳ siècle a. C. » : **860**
2008 - BREMER (J. M.), « Traces of the Hymn in the *epinikion* » : **865**
2008 - BUDIN (S. L.), « Simonides' Corinthian Epigram » : **869**
2008 - BUDIN (S. L.), *The Myth of Sacred Prostitution in Antiquity* : **870**
2008 - CALBOLI MONTEFUSCO (L.) éd., BERARDI (F.), EDWARDS (M. J.) et al., *Papers on Rhetoric. 9* : **877**
2008 - CANETTA (I.), « Muse e ninfe nella settima ecloga di Virgilio » : **880**
2008 - CHANET (A.-M.), « La prière du chasseur (Xén. *Cyneg.* 6, 13) : vœu-promesse ou vœu-demande-souhait ? Syntaxe et interprétation de *eukhesthai* plus infinitive » : **887**
2008 - CHANIOTIS (A.) et MYLONOPOULOS (J.) éd., « Epigraphic Bulletin of Greek Religion » : **888**

2008 - D'ANNA (G.), « La dottrina epicurea del piacere e l'*Inno a Venere* di Lucrezio » : **895**
2008 - DAVIES (M.), « Hermes the Helper Figure : *Odyssei* 10. 275-308 » : **897**
2008 - DIGNAS (B.) et TRAMPEDACH (K.) éd., *Practitioners of the Divine. Greek Priests and Religious Officials from Homer to Heliodorus* : **903**
2008 - FÉVRIER (C.), « *Diis placandis :* les destinataires de la *procuratio prodigiorum* » : **914**
2008 - FLETCHER (J.), « A Trickster's Oaths in the *Homeric Hymn to Hermes* » : **915**
2008 - FREYBURGER (G.), « Représentations religieuses. 'Causes' de trois grands rites de la religion romaine archaïque » : **919**
2008 - GAIFMAN (M.), « Visualized Rituals and Dedicatory Inscriptions on Votive Offerings to the Nymphs » : **924**
2008 - GOEKEN (J.), « L'origine des dieux dans l'hymnographie grecque en prose » : **932**
2008 - HALUSZKA (A.), « Sacred Signified : the Semiotic of Statues in the *Greek Magical Papyri* » : **941**
2008 - HARTWIG (A.), « Interpretative Notes on Aristophanes' *Thesmophoria-zusae* » : **944**
2008 - HARVEY (P. B.), « Religion and Memory at Pisaurum » : **945**
2008 - JOHNSTON (S. I.), *Ancient Greek Divination* : **957**
2008 - KRASILNIKOFF (J. A.), « Pan, Attica and Religious Invocation from the Persian Wars to the End of the Fourth Century BC » : **968**
2008 - KROPP (A.), *Defixiones. Ein aktuelles Corpus Lateinischer Fluchtafeln dfx* : **972**
2008 - KROPP (A.), *Magische Sprachverwendung in Vulgärlateinischen Fluch-tafeln (defixiones)* : **973**
2008 - MALTOMINI (F.), « Due nuovi testi di magia rurale » : **982**
2008 - MARCO SIMÓN (F.) et RODA DE LLANZA (I.), « Sobre una *defixio* de Sisak (Croacia) al dios fluvial *Savus* con mención del Hispano L. Licinius Sura » : **984**
2008 - MOTTE (A.), « L'expression de l'émotion musicale dans les *Hymnes homériques* de l'époque archaïque » : **1003**
2008 - MOYER (I. S.), « Notes on Re-reading the Delian Aretalogy of Sarapis (IG XI. 4, 1299) » : **1004**
2008 - PARKER (R.), « πατρῷοι θεοί : The Cults of Sub-Groups and Identity in the Greek World » : **1020**
2008 - PIRENNE-DELFORGE (V.), *Retour à la source. Pausanias et la religion grecque* : **1030**
2008 - ROSENBERGER (V.), « Gifts and Oracles : Aspects of Religious Communication » : **1042**
2008 - RUDHARDT (J.), *Opera inedita. Essai sur la religion grecque. Recherches sur les Hymnes orphiques* : **1043**
2008 - SCHULTZ (C. E.) et HARVEY (P. B.) éd., *Religion in Republican Italy* : **1055**
2008 - UNCETA GOMEZ (L.), « *Litare* y la plegaria » : **1074**
2008 - VOX (O.) éd., *Materiali di nomenclatura divina greca* : **1079**

2008 - WALLENSTEIN (J.), « Personal Protection and Tailor-Made Deities : the Use of Individual Epithets » : **1081**

2008 - WALLENSTEIN (J.), « Resources of Manpower. Magistrates' Dedications to Aphrodite » : **1082**

2008 - WULFRAM (H.), « Raum und Zeit in Kallimachos' Hymnos *Auf das Bad der Pallas* » : **1084**

2008 - YPSILANTI (M.), « On the Design of Two Callimachean Priamels » : **1085**

THESAURUS[1]

CADRE ET DÉROULEMENT DE LA PRIÈRE

Cadre. – Circonstances : **76, 406, 749**. Exil : **797**. Lieu : **122, 247, 251, 406, 488, 559, 924, 955, 1043, 1063**. Moment : **264**. Orant : **676**. Occasions de la prière : **684, 835**. Personne : **406**. Périphérie : **1045, 1055**. *Sitz im Leben* : **799**. Temporalité : **772**.

Caractère public ou privé. – Prière officielle : **220**. Prière publique : **403, 515, 542, 615, 668, 692, 749, 774, 785, 835, 852, 862, 896, 918, 948, 976, 1000, 1082**. Prière familière : **270**. Prière individuelle : **628, 726, 739**. Prière personnelle : **144, 292, 403, 475, 595, 615, 628, 668, 785**. Prière privée : **27, 287, 438, 515, 615, 668, 774, 785, 852, 862, 874, 896, 898, 904, 918, 924, 941, 948, 987, 990**. Prière collective : **628, 726, 739, 785**. Prière partagée : **146**. Prière populaire : **40, 438**. Commun/personnel : **575**. Public/privé : **575, 665**. ἴδιον : **575**. κοινόν : **575**.

Fréquence, moment. – Prière quotidienne : **329, 537, 776, 816**. Matin : **34, 247, 428, 470**. Soir : **34, 247, 470**. Prière du matin : **158, 613, 803**. Prière du soir : **158, 613**.

Préparation à la prière. – Souillure : **122, 425**. ἅγιος : **482**. Ablution : **164, 835**. Lustration : **515, 617**. *lustratio* : **235, 650, 660, 673, 816**. Purification : **122, 310, 400, 401, 468, 474, 478, 514**. Pureté : **66, 84, 147, 774, 805**. Apprentissage : **785**.

Attitude lors de la prière. – Attitude : **153, 233, 250, 295, 312, 324, 331, 368, 374, 389, 406, 408, 470, 508, 612, 625, 664, 692, 700, 725, 733, 781, 785**. Orientation : **217**. Orientation géographique : **247, 251, 589, 831**. Geste : **7, 15, 19, 23, 58, 65, 84, 94, 99, 136, 191, 221, 225, 247, 251, 297, 308, 313, 334, 344, 368, 374, 393, 419, 445, 470, 474, 535, 537, 612, 664, 701, 764**. Gestuelle : **112, 352, 380, 394, 543, 571, 574, 595, 615, 625, 631, 632, 662, 668, 700, 706, 711, 712, 725, 726, 733, 749, 766, 781, 809, 812, 821, 835, 841, 879, 892, 894, 918, 922, 933, 955, 981, 1006, 1017, 1021, 1034, 1056**. Position : **574, 595, 615**. Posture : **42, 65, 71, 122, 213, 376, 380, 425, 537, 543, 571, 574, 589, 615, 662, 668, 700, 712, 725, 726, 781, 821**. Genou : **112, 197, 202, 624, 725, 763, 764, 797**. Génuflexion : **470**. Agenouillement : **71, 132, 135, 214, 247, 333, 508, 526, 543, 595, 600, 624, 706, 726, 827, 871, 1006, 1016**. γουνάζομαι : **112, 202, 662**. γουνόομαι : **112, 202, 662, 821**. Sol : **233, 295**. Prosternation : **135, 250, 333, 526, 726**. Proxynème : **583, 584, 647, 661, 741, 860, 871, 900, 993, 1086**.

---

[1] Le Thesaurus rassemble et articule les mots clés figurant dans la rubrique « Notions » des notices 1-1088.

προσκυνέω : **535, 891**. προσκύνησις : **706**. Proscynèse : **13, 262, 264, 374, 600, 871, 874, 900**. Prostration : **215**. *prostratio* : **247**. Baiser : **135, 333, 389, 470, 515, 706, 797**. Bras : **247**. Bras levés : **225**. Mains : **394, 700, 733**. Mains jointes : **368, 600**. Mains levées : **126, 812**. Position des mains (levées ou baissées) : **187**. Silence : **857**. Supination : **733**. Regard : **700**. Yeux levés : **225**. Menton : **763, 764**. Poitrine : **247**.

Habillement. – Vêtement de fête : **246**. Voile : **191, 631**.

Prononciation. – Son : **389**. Sons : **689**. Silence : **247, 263, 297, 340, 587, 735**. Silence rituel : **731**. εὐφημία : **574, 731**. σιγάω : **731**. σιωπάω : **731**. Voix : **71, 105, 224, 490, 566, 587**. Prononciation : **7, 171, 534, 749**. Énonciation : **631, 692**. Récitation : **399, 518**. Moyen mnémo-technique : **215**. Prière à haute voix : **331, 521, 541, 587, 589, 668, 794, 812**. Prière articulée : **245**. Prière à voix basse : **668, 731**. Prière chuchotée : **116**. Prière murmurée : **521, 589, 654, 731**. Murmure : **340, 490, 731**. *murmur* : **654**. Prière silencieuse : **33, 66, 100, 286, 331, 518, 521, 541, 542, 587, 602, 613, 654, 668, 731, 801, 812**. *tacitus* : **654**. Prompteur : **697**. *monitor* : **631, 697**. *praeeo* : **631, 697**. Prière par coeur : **697**.

Chant, danse, cri. – *Carmen* : **577, 613, 636, 650, 652, 654, 671, 673-676, 761, 772, 940, 1052**. Chanson : **306**. Chant : **34, 82, 87, 125, 456, 470, 479, 514, 592, 640, 673, 785**. Chant liturgique : **399**. ἀείδω : **622**. Rythme : **60, 251, 761, 762, 829**. Rythmique : **149**. Rythme du chant : **50**. *uersus* : **673**. Musique : **60, 67, 69, 172, 358, 359, 408, 436, 486, 579, 580, 596, 597, 606, 653, 659, 673, 708, 737**. Cithare : **172**. Choeur : **67, 125, 597, 842, 845, 880, 885, 921, 922, 934, 938, 939, 944, 976, 989, 1003, 1005, 1017, 1058, 1075**. Choeur féminin : **87**. Danse : **67, 87, 125, 640, 673, 709, 800**. *tripodatio* : **650**. *tripudium* : **673**. *praesul* : **673**. Cri : **138, 152, 212, 524, 545**. Cri de victoire : **4**. Cri incantatoire : **597**. Cri liturgique : **183**. Cri religieux : **504**. Cri rituel : **164, 587**. ἐπαοιδή : **881**. ἰὴ παιῆον : **890, 1087** ἰοὺ ἰού : **212**. ὀλολυγή : **99, 212, 545**. ὀλολυγμός : **595, 842**. *Prosodion* : **579, 798**. *Scolion* : **679**.

SUPPORTS MATÉRIELS DE LA PRIÈRE

Supports : **615**. Inscriptions : **583, 584, 682, 771, 777**. Inscriptions funéraires : **684**. Inscription épiclétique : **616**. Inscription isopsèphe : **741**. Graffites : **777**. Épigraphie : **335, 583, 584, 682, 690, 771, 777, 824**. Épitaphe : **149, 426, 429**.

Livre : **446**. Livre de prière : **445**. *liber linteus* : **424, 713**. Gemme inscrite : **722**.

Prière sur boulette : **116**. Lamelles de plomb : **563**. Tablette : **533, 562**. Papyrus invocatoire : **717**. Papyri magiques : **620, 641**. καταγράφω : **616**.

LES DIFFÉRENTS BUTS DE LA PRIÈRE
ET LES NOTIONS CONNEXES

Contenu et objet de la prière. – Contenu de la prière : **383, 414, 571, 633, 676, 783, 836**. Objet de la prière : **54, 83, 575, 683, 684**. Finalité de la prière : **575, 683, 769, 802**. Justification de la prière : **619**. Motifs de la prière : **684**. Enseignement : **833**. Choix : **217**. Athlétisme : **978, 1070, 1071**.

Destinataire de la prière. – Destinataire : **663, 676, 721, 771**. Bénéficiaires de la prière : **575, 683, 802**. Prière au défunt : **158, 699**. Dieu : **276**. Homme : **276**. Objet : **276**.

Types de prières. – Diversité : **595**. Modalités : **785**. Typologie : **54, 146, 149, 307, 308, 344, 578, 590, 615, 628, 668, 726, 749, 752, 758, 776, 808, 832**. Classification des prières : **133**. Typologie alexandrine : **679, 799**. Degrés de la prière : **685**. Prière de demande : **48, 736**. Prière de pétition : **257**. Pétition : **133, 817, 832**. *petitio* : **382**. Prière d'intention : **111**. *Paradigmengebet* : **327**. *Rachgebet* : **366, 829**. Prière propitiatoire : **186, 774, 832**. Prière de recommandation : **236**. Recommandation : **578**. Prière jaculatoire : **556**. Prière formulatoire/jaculatoire : **726**. Prière alternée : **677**. Prière chaude/froide : **776**. Prière mixte : **749**. Prière philosophique : **615, 655, 736, 773, 819**. Prière primitive : **749**. *nenia* : **545**.

Vocabulaire. – Bilinguisme: **901**. *oro* : **168, 493, 497, 541, 542, 928**. *exoratio* : **577**. *precor* : **42, 168, 234, 257, 450, 541, 542, 928, 1086**. *precatio* : **257, 297, 493, 578, 673, 812, 1052**. *precatio depulsoria* : **578**. *precatio impetrita* : **578**. *preces* : **51, 77, 89, 223, 257, 450, 482, 774**. *fundere preces* : **704**. ἀρά (ἀρή) : **103, 149, 160, 198, 282, 317, 335, 472, 489, 544, 713, 720, 767, 780, 809, 825, 829**. ἀράομαι : **117, 148, 369, 425, 773, 821**. εὔχομαι : **4, 42, 71, 103, 108, 117, 140, 148, 198, 228, 247, 296, 309, 317, 364, 383, 385, 415, 423, 425, 616, 754, 773, 794, 821, 835, 887**. εὐχή : **108, 149, 223, 226, 247, 285, 296, 417, 514, 595, 610, 713, 755, 819, 835, 930**. εὖχος : **4, 754**. ἐπεύχομαι : **701**. κατεύχομαι : **544, 616**. προσεύχομαι : **108**. προσευχή : **108, 247**. εὐχετάομαι : **322**. εὐχωλή : **4, 296**. λιτή : **514, 595, 819, 930, 953**. λιταῖος : **300**. *uerrunco* : **672**. *commendatio* : **578**. *congratulatio* : **774**.

Différentes formes d'adresse aux dieux. – Allégorie : **1059**. Anticipation : **1063**. Apostrophe : **27, 32, 493, 675, 753, 834**. Interjection : **49**. Salutation : **89, 622, 687, 830**. *salutatio* : **239**. *salue* : **621**. χαῖρε : **621, 622, 830**. Prière de conversation : **48**. Invocation : **1, 5, 19, 21, 32, 39, 47, 88, 89, 91, 92, 95, 99, 101, 110, 119, 138, 149, 152, 155, 167, 172, 175-177, 183, 199, 204, 210, 215, 218, 226, 231, 240, 259, 260, 266, 298, 303, 308, 317, 320, 324, 329, 339, 347, 348, 352, 358, 360, 361, 364, 388, 397, 398, 400, 405, 416, 427, 430, 434, 442, 457, 463, 464, 466, 473, 479, 485, 493, 500, 518, 524, 548, 560, 563, 565, 573, 576, 581, 587, 590, 595, 602, 608, 617, 619, 621, 641, 649, 651, 657, 673, 675, 677, 678, 683, 690, 692, 697, 701, 705, 716, 717, 721, 728, 732, 756, 766, 783, 785, 790, 791, 792, 795, 796, 802, 811, 814, 819, 820, 834, 838, 850, 852, 854,**

861, 867, 870, 890, 909, 917, 926, 934, 943, 960, 980, 981, 990, 1015, 1027, 1034, 1040, 1043, 1044, 1046, 1051, 1083, 1084, 1087. Invocation à Janus : 715. Invocation liminaire : 736. Invocation négative : 776. *inuoco* : 838. *inuocatio* : 77, 223, 382. *inuocatio generalis* : 749. *uoco* : 623. ἐπῳδή : 203, 390, 780. κλῆσις : 819. κλῦθι : 622. *axamenta* : 673. Catalogue : 348. Incantation : 82, 147, 203, 205, 229, 306, 496, 524, 641, 652, 669, 673, 678, 683, 703, 708, 727, 734, 780, 814, 825, 856, 857, 881, 901, 925, 941, 956, 976, 1088. Imploration : 12, 16, 17, 132, 192, 733. Adjuration : 809. Imprécation : 55, 58, 86, 103, 122, 149, 159, 198, 211, 213, 218, 247, 251, 277, 358, 442, 472, 480, 489, 519, 544, 584, 589, 639, 657, 668, 677, 692, 699, 767, 785, 809, 823, 829, 852, 908, 911, 933, 956, 976, 980, 1011, 1030, 1043. Malédiction : 19, 23, 26, 41, 55, 78, 81, 86, 103, 107, 117, 149, 159, 160, 173, 205, 213, 310, 327, 335, 402, 406, 425, 429, 430, 482, 519, 544, 562, 563, 616, 620, 639, 649, 663, 680, 690-692, 699, 728, 734, 767, 780, 792, 809, 823, 825, 829, 839, 858, 901, 908, 933, 955, 973, 1032, 1060, 1078, 1088. Maudire : 78. *maledico* : 482. Exécration : 26, 339, 386, 533, 594, 605, 616, 728. *exsecror* : 482. Invective : 66. Anathème : 78, 482. Juron : 484. γόος ἀρητός : 662, 720.
Confession : 133, 823. Stèle de confession : 417, 532. Aveu : 532, 824. Évocation : 386, 449, 693, 694, 711, 819. *euocatio* : 166, 239, 297, 315, 320, 451, 454, 482, 549, 552, 572, 577, 586, 675, 686, 713, 715, 745, 749, 760, 792, 816, 822, 905, 1047. Défixion : 615, 639, 649, 690-692, 756, 823-825, 829. *defixio* : 205, 209, 361, 396, 402, 441, 532, 533, 544, 607, 620, 666, 667, 728, 771, 822, 825, 839, 843, 858, 861, 867, 872, 881, 888, 894, 908, 910, 913, 962, 963, 970-973, 977, 981, 984, 986, 988, 993, 999, 1009, 1012, 1032, 1050, 1054, 1058, 1068, 1071, 1072. Propitiation : 42. *deprecatio* : 206, 297. Expiation : 57, 400, 578, 832, 874. *piaculum* : 235, 290. 795, 1051. Prière expiatoire : 578, 774. Masque : 876.

Notions liées à la prière. – Supplication : 12, 16, 17, 18, 23, 37, 42, 57, 75, 76, 80, 81, 85, 103, 112, 117, 118, 124, 135, 137, 149, 194, 196, 197, 198, 202, 219, 222, 238, 277, 294, 300, 313, 320-323, 333, 338, 341, 380, 406, 459, 468, 469, 505, 508, 515, 526, 533, 547, 549, 550, 578, 595, 598, 600, 612, 624, 634, 662, 664, 676, 691, 695, 701, 702, 712, 725, 733, 763, 764, 766, 776, 797, 806, 807, 812, 813, 819, 829, 840, 841, 870, 871, 879, 884, 922, 930, 955, 976, 990, 1006, 1016, 1021, 1023, 1031, 1062 . Supplication à l'autel : 611. Supplication d'action de grâces : 681. Supplication doublée : 681. *obsecratio* : 774, 816. *supplicatio* : 35, 192, 193, 230, 240, 250, 254, 267, 305, 337, 553, 650, 675, 774, 789, 816, 832, 914, 946, 981. Suppliant : 9, 80, 182, 202, 284, 341, 457. *supplex* : 168. Supplier : 168. *supplico* : 42. ἀντιάω : 662. ἀντίος : 662. ἱκεσία : 702, 829, 1006, 1016. ἱκετεία : 222, 611, 662, 819. ἱκέτης : 42, 198, 525. 634. ἱκετηρία : 514. ἱκετεύω : 103. λίσσομαι : 18, 42, 103, 112, 117, 148, 198, 322, 425, 662, 773, 821. λιτανεῖαι : 819. λιτανεύομαι : 821.

Lamentation : 266, 310, 358, 368, 504, 571, 875, 1057. γόος : 571. Thrène : 603, 679, 713. θρῆνος : 571.

Action de grâces : **13, 39, 66, 111, 132, 165, 172, 192-195, 226, 238, 246, 254, 265, 277, 305, 330, 379, 434, 464, 483, 517, 531, 553, 591, 686, 692, 713, 726, 748, 785, 803, 816, 832, 835.** εὐχαριστέω : **247.** χάρις : **409, 626, 796.**
χαριστήρια : **254.** Bénédiction : **8, 149, 195, 480, 482, 663, 689, 809.**
Remerciement : **840, 902, 931, 944, 947, 955, 963, 995, 1000, 1019, 1044, 1055, 1056, 1063.**
Éloge : **97, 195, 226, 383, 506, 567, 619, 645, 689, 710, 748, 749, 786, 832, 847, 852, 856, 865, 875, 932, 976, 1014, 1017, 1024.** ἐγκώμιον : **226, 479.**
εὐλογέω : **247.**
Louange : **89, 111, 156, 292, 337, 395, 475, 523, 622, 645, 684, 708, 726, 776, 803.**
Hommage : **29, 149. 583, 684.** Vénération : **1026.** Recommandation : **959, 1081.**
Arétalogie : **43, 147, 149, 167, 226, 241, 256, 267, 326, 362, 381, 496, 554, 644, 705, 776, 801, 890, 932, 996, 1004.**

Hymne : **2, 6, 23-25, 29, 40, 43, 46, 47, 58, 63, 67-69, 88, 89, 91, 92, 96, 97, 105, 106,114, 123, 134, 139, 140, 143, 145-147, 149, 154-156, 167, 172, 175, 183, 185, 190, 199, 201, 204, 224, 238, 241, 251, 256, 262, 263, 267, 269, 273, 276, 286, 287, 292, 293, 298, 299, 318, 328, 329, 338, 342, 343, 348, 355, 359, 362, 367, 381, 382, 383, 399, 406, 408, 409, 411-414, 421, 428, 433, 436, 439, 440, 448, 466, 471, 477, 478, 479, 484, 485, 493-496, 499, 501, 506, 514, 516, 528, 548, 554, 557, 558, 567, 576, 579, 580, 582, 590-592, 596, 599, 603, 604, 622, 623, 626, 643, 644, 650, 653, 673, 674, 676, 679, 687, 689, 697, 698, 701, 705, 708, 710, 713, 714, 729, 730, 732, 735, 736, 748, 760, 762, 768, 778, 783, 785, 788, 790, 792, 798, 800, 801, 802, 805, 808, 811, 817, 818, 833, 835, 845, 847, 862, 865, 876, 878, 886, 888-890, 895, 899, 906, 909, 915, 916, 921, 929, 932, 936, 948, 949, 951-953, 956, 965, 966, 976, 989, 996-998, 1002-1004, 1008, 1013, 1024, 1025, 1029, 1030, 1033, 1035, 1039, 1043, 1049, 1052, 1061, 1064, 1066, 1069, 1073, 1075, 1077, 1084, 1085, 1087.** *hymnus Graecus* : **77.**
hymnus Romanus : **77.** ὑμνέω : **621.** ὕμνος : **134, 711.** Esthétique de l'hymne : **448.** Hymne clétique : **599, 608, 677, 756, 767.** ὕμνος κλητικός : **599, 767.** Hymne en prose : **786.** Hymne initiatique : **659.** Hymne magique : **659.** Hymne philosophique : **568.** Péan : **50, 58, 63, 67, 69, 139, 149, 172, 185, 203, 281, 306, 328, 359, 413, 436, 484, 504, 514, 539, 579, 580, 591, 596, 603, 604, 627, 637, 679, 686, 692, 701, 713, 748, 770, 787, 798, 799, 801, 802, 817, 835, 837.** Hyporchème : **514.** *carmen conuiuiale* : **650.** *carmen triumphale* : **650.** *laudes* : **621.**

Vœu : **4, 36, 38, 42, 66, 76, 86, 103, 108, 110, 128, 131, 149, 157, 194, 198, 257, 285, 319, 343, 360, 417, 426, 434, 447, 510, 511, 524, 536, 540, 549, 668, 686, 692, 716, 743, 745, 777, 785, 796, 832, 835, 840, 856, 867, 883, 887, 901, 905, 924, 946, 955, 963, 976, 981, 994, 995.** Stèle votive : **526, 566.** *uotum* : **94, 162, 230, 235, 239, 257, 296, 320, 404, 410, 444, 446, 461, 491, 493, 515, 784, 792, 816, 822, 835.** Prière votive : **670.** *uoueo* : **42.** *nuncupatio* : **444.** *deuotio* : **61, 141, 157, 166, 191, 200, 230, 239, 240, 297, 320, 451, 482, 518, 551, 671, 672, 675, 713, 745, 749, 760, 792, 804, 822, 835.** *consecratio* : **61, 749, 822.**

consecror : **482**. Promesse : **347, 692, 835**. *sponsio* : **838**. *caedes* : **672**. *cruor* : **672**.

Serment : **19, 23, 41, 42, 49, 56, 64, 90, 115, 122, 138, 196, 207, 213, 218, 238, 257, 258, 260, 265, 322, 334, 360, 373, 382, 386, 394, 398, 403, 405, 425, 430, 431, 472, 473, 480, 482, 484, 500, 519, 561, 570, 600, 605, 614, 628, 657, 663, 686, 692, 699, 700, 713, 753, 796, 821, 832, 835, 838, 844, 852, 915, 976, 980, 1000, 1001, 1027, 1036, 1043, 1044, 1058**. *iuro* : **168**. *iusiurandum* : **257, 570**. *iurare Iouem lapidem* : **570**. Styx : **430, 500**. ὅρκος : **56, 322, 472**.

Dédicace : **140, 184, 314, 426, 682, 686, 719, 777, 811, 832, 852, 864, 868, 922, 924, 1042, 1082**.

Offrande : **24, 57, 79, 84, 105, 187, 199, 215, 280, 424, 444, 456, 470, 474, 480, 483, 486, 514, 523, 595, 609, 626, 640, 692, 693, 719, 732, 784, 793, 794, 821, 827, 830, 866, 867, 897, 963, 967, 981, 995, 1033, 1034, 1042, 1043, 1046, 1051, 1063, 1078, 1082**. *dedicatio* : **816**.

Plaisir : **830**.

FORME ET CONTENU DE LA PRIÈRE

Dimension rhétorique de la prière. – Rhétorique : **5, 20, 21, 60, 68, 106, 113, 123, 129, 154, 156, 201, 226, 267, 290, 293, 298, 301, 308, 383, 384, 409, 419, 493, 496, 538, 555, 588, 645, 662, 664, 712, 732, 735, 751, 752, 753, 762, 780, 807, 809, 814, 852, 877, 921, 976, 1017, 1025, 1027, 1085**. Discours : **21, 24, 301, 325**. Discours épidictique : **786**. Discours religieux : **88**. λόγος : **223, 355, 791**. Logos : **91**. παλαιὸς λόγος : **714**. Parole : **86, 140, 21, 297, 311, 317, 355, 456, 550, 587, 762**. Parole efficace : **663**. Parole sacrée : **524**. Nom : **756, 819**. Tabou : **756**. Dialogue : **28, 665**. διάλεκτος : **724**. ἔντευξις : **247**. ὁμιλία : **724**. Vocatif : **207**. Vocatif initial : **180, 181**. Monologue intérieur : **146**. Acclamation : **589**. *proemium* : **622**. Oralité : **336, 347, 772**. *dico* : **621**. *oratio* : **749**. Narration : **352, 599, 623, 721**. *narratio* : **705**. Motif narratif : **249**. Prose : **68, 806**. Topique : **409**. Topoi : **68, 267**. Éléments : **138**. Notion : **285**. Argument : **99, 307, 696, 817**. *argumentum* : **89, 223**. Argumentaire : **683**. Argumentation : **21, 444, 493, 752, 762, 814**. Affirmation : **38, 207**. Allusion : **476**. Exemple : **327**. παράδειγμα : **307**. ἀγών : **634**. Persuasion : **4, 85, 612, 818, 819**. Action oratoire : **752**. Performance : **592, 626**. Performatif : **663**. Ampleur : **645**. Théâtralité : **712**.

Structure de la prière. – Structure : **7, 60, 71, 114, 144, 172, 183, 223, 267, 290, 325, 337, 381, 401, 406, 421, 485, 493, 534, 571, 615, 619, 622, 638, 644, 645, 668, 687, 692, 696, 705, 752, 762, 802, 805**. Structure hymnique : **811**. Plan de la prière : **20, 224, 310, 343, 360, 369, 400, 803**. Composition : **592, 611, 761, 805**. Schéma : **352**. σχῆμα : **573**. Composition tripartite : **705**. *Ringkomposition* : **814**. Prologue : **318**. προοίμιον : **46, 343**. Introduction : **352**. ἀρχή : **409**. Priamèle : **409, 687, 1085**. Formule conclusive : **180, 181**. Énumération : **328, 423**. Liste : **691**. *partes mediae* : **621**. Description : **683**. Parallélisme : **349**. Symétrie : **645**. Digression : **476**. Répétition : **3, 319**. Refrain : **172, 603**. Écho : **566**. Répons : **677**. *circumactio* : **250**. Palindrome :

223. Strophique (forme) : **346.** Métrique : **25, 172, 183, 269, 372, 436, 507, 579.** Vers : **762.** Vers saturnien : **636.** Colométrie : **829.**

Place de la prière dans le discours. – Place de la prière : **301, 383, 752.** Prière conclusive : **614.** Prière finale : **262, 621, 803.** Prière liminaire : **614.**

Formules. – Formule : **10, 14, 15, 30, 42, 62, 84, 108, 119, 120, 131, 142, 172, 201, 214, 215, 231, 237, 251-253, 270, 290, 297, 307, 308, 314, 321, 324, 347, 348, 352, 360, 364, 366, 369, 371-373, 379, 396, 405, 422, 424, 432, 445, 448, 460, 471, 480, 482, 489, 493, 499, 509, 511, 514, 550, 552, 564, 572, 583, 605, 615, 620, 628, 639, 657, 672, 673, 675, 676, 689, 703, 719, 723, 727, 743, 762, 767, 785, 790, 804, 809, 819, 823, 825, 829, 838, 844, 856, 859, 874, 888, 901, 905, 911, 923, 925, 934, 936, 938-940, 948, 971, 977, 987, 990, 1017, 1029, 1061, 1069, 1086.** *formula* : **77.** *uerba concepta* : **749.** ἱερὸς λόγος : **698.** Formules anciennes : **400.** Formule cadencée : **674.** Formule d'adieu : **705.** Formule liturgique : **555.** Formule magique : **31, 92, 286, 749.** Formule juridique : **171, 749.** Formule rituelle : **339.** Formulaire : **122, 149, 615, 647, 662, 697, 736, 816, 832.** ἐλθέ : **226.** ναί : **180, 181.** Formalisme : **101, 455, 541, 760, 774, 816, 835.** Forme : **111, 285, 523, 802.** Stéréotypée (prière) : **247.** Codification : **613, 615.** Exactitude : **82.** Scrupule : **229, 541.** Précaution : **11, 395.** εὐλάβεια : **525.** Prière formelle/improvisée : **668.** Prière formulatoire : **726.** *siue deus siue dea* : **675.** Condition : **455.** Improvisation : **247.**

Linguistique et grammaire. – Linguistique : **86, 110, 141, 156, 207, 276, 321, 322, 339, 364, 415, 430, 504, 751, 806.** Langage : **151, 400, 587, 762.** Langage religieux : **834.** Analogie : **689.** Langue : **406, 616, 620.** Langues italiques : **400.** Italique : **401.** Indo-européen : **103, 110, 198, 290, 460, 704.** Hébreu : **757.** Hittite : **405, 960.** Anatolien : **405.** Éolien : **405.** Ionien : **504.** Vocabulaire : **3, 14, 15, 23, 38, 108, 110, 117, 118, 148, 149, 200, 202, 257, 331, 335, 337, 380, 385, 406, 434, 470, 525, 544, 615, 616, 628, 821, 877, 879, 899, 903, 918, 928, 955, 971, 974, 1010, 1011, 1039.** Terminologie : **344.** Délocutif : **321.** Pragmatique : **141.** Précatif : **150.** Sémantique : **103, 198, 425, 497.** Lexique : **290, 366, 401, 615, 628, 662, 821.** Régénération sémantique : **705.** Lexicologie : **385, 423.** Étymologie : **51, 103, 195, 198, 274, 453, 628.** Grammaire : **987, 1041** Mode : **32, 39, 45, 564.** Subjonctif : **150, 811.** Optatif : **44, 429, 663.** Impératif : **44, 45, 150, 227, 663, 811.** Participes : **371.** Temps : **32, 39, 44, 45, 564.** Aoriste : **227.** Présent : **227.** Syntaxe : **60, 166.** Relatifs : **371.** Proposition relative : **834.** Pronom personnel : **811.** *Du-Stil* : **645, 1073.** Déictique : **626.** Datif : **681.** Génitif : **681.** *oratio obliqua* : **623.** *oratio recta* : **623.** Particule : **207.**

Style. – Style : **39, 92, 149, 166, 215, 371, 372, 381, 409, 460, 645, 752, 762, 829.** Stylistique : **129.** Jeu formel : **642.** Tonalité : **490.** Pathétique : **206, 496.** Ironie : **210, 304, 573.** Solennité : **38, 130, 645.** Simplicité : **437.** Archaïsme : **166, 392, 652.** Prose archaïque : **134.** Langage rude : **448.** Sophistication : **69.** Verbosité : **349.** Ambiguïté de la prière : **22.** Art : **368, 565.** Artifice : **496.** Concision : **683.** Accumulation : **683.** Allitération : **3, 22, 636.** Homéotéleute : **3.**

Parataxe : **134, 829**. Ellipse : **476**. Allégorie : **16**. Polysyndète : **608**. Priamèle : **409, 687**. Sonorités : **645**.

Rapports avec la littérature. – Littérature : **20, 144, 147, 271, 310, 467, 643**. Prière littéraire : **615**. Poésie : **23, 69, 92, 121, 144, 147, 150, 184, 186, 201, 210, 216, 237, 273, 282, 292, 299, 314, 343, 366, 372, 383, 412, 427, 460, 493, 495, 499, 507, 516, 538, 544, 576, 636, 651, 672, 752, 761, 780, 786, 806, 811, 815, 875, 876, 934, 940, 942, 951, 978, 1002, 1083**. Poète : **791**. Poète-prophète : **716**. Poétique : **124, 129**. Poème : **514**. Inspiration : **383, 384**. Inspiration poétique : **1**. Épopée : **204, 273, 292, 496, 611, 664, 671, 763, 790**. *pars epica* : **77, 223, 621**. Tragédie : **22, 85, 114, 138, 155, 190, 294, 341, 358, 407, 442, 477, 496, 538, 559, 560, 582, 598, 611, 612, 634, 664, 672, 702, 780, 1005**. Comédie : **190, 268, 291, 496, 1001, 1039**. Lyrique : **412**. Lyrisme : **496, 676**. Élégie : **496, 504**. Épinicie : **87, 619**. Annalistique : **512**. Biographie : **271**. Satire : **495**. Épigramme : **495, 888**. Dithyrambe : **67, 69, 125, 149, 275, 306, 603, 679, 713, 976**. Chant séculaire : **452, 772, 816**. *carmen saeculare* : **775**. Ode : **608**. Panégyrique : **495, 803**. Épithalame : **604**. Conte : **897**. Seconde sophistique : **301, 1026**. Anthologie : **47, 248**. Genre littéraire : **281, 603, 642, 679, 705**. Genre poétique : **659**. Genre didactique : **834**. Intertextualité : **273, 476**. Parodie : **158, 238, 265, 268, 291, 325, 371, 435, 608, 677, 767, 955, 997, 1001, 1010, 1039**. Prière parodique : **615**. Pastiche : **677**. Diatribe : **833**. Modèle : **48**. Modèle rhapsodique : **705**. Commentaire : **236, 593**. *commentatio* : **297**. Laïcisation : **705**. Tradition : **418, 446**. Réélaboration : **576**. Traduction : **806**.

CONCEPTIONS RELIGIEUSES

Conceptions religieuses : **95, 119, 185, 199, 371, 410, 516, 531, 537**. Pensée religieuse : **157**. Mentalité religieuse : **71, 531, 803**. *religio* : **3, 774**. *religio mentis* : **801**. Spiritualité : **28, 94, 106, 183, 242, 367, 565, 633, 774, 819**. Religiosité : **803**. Croyance : **338, 392**. Sacré : **41, 145, 200, 284, 336, 419, 533, 605, 640**. Irrationnel : **358**. Merveilleux : **199**. Religion : **646, 656, 665, 779**. Religion officielle : **428, 431, 749, 769**. Religion civique : **40, 769**. Religion publique : **446**. Religion populaire : **98, 435, 529, 769**. Religion et politique : **665, 841, 856, 863, 901, 929, 948, 984, 986, 1000, 1005, 1017, 1033**. Vie religieuse : **640**. Religion personnelle : **100, 184**. Syncrétisme : **1049**. Interprétation : **476**. Interprète : **161**. *interpretatio Graeca* : **165, 554**. Influence grecque : **372**. Influences orientales : **232**. Religions orientales : **320**. Religion égyptienne : **554**. Religion épurée : **178**. Préhistoire de la prière : **463**. *homo orans* : **41**. *homo religiosus* : **59, 419**. Piété : **7, 28, 72, 100, 142, 200, 230, 249, 271, 369, 378, 406, 414, 438, 443, 550, 595, 618, 746, 803**. *pietas* : **35, 130, 740, 749**. *pius* : **749**. εὐσέβεια : **595, 773**. Piété populaire : **72, 136, 184**. Piété personnelle : **182, 537**. Piété civique et foi personnelle : **658**. Dévotion privée : **353**. Piété quotidienne : **535**. Superstition : **618, 746**.

Nom divin. – Nom divin : **11, 177, 259, 261, 298, 326, 397, 427, 470, 499, 500, 501, 503, 555, 627, 689, 727, 749, 771, 775, 794, 841, 852, 856, 880, 901, 905, 976, 1086.** καλέω : **383, 622, 623.** κικλήσκω : **317, 622, 623.** παράκλησις : **819.** πρόσκλησις : **819.** Polyonymie : **91, 350, 783, 790.** πολυωνυμία : **623.** Myrionymie : **554, 801.** Théonyme : **675, 994, 1037.** *nomen ignotum* : **714.**

Représentation du divin. – Représentation du divin : **803.** Identité du dieu : **478.** Épithète : **92, 172, 199, 273, 274, 421, 488, 599, 608, 627, 683, 687, 719, 730, 749, 790, 852, 861, 899, 936, 969, 1001, 1043, 1066, 1073, 1079, 1081, 1082.** Épiclèse : **223, 240, 298, 300, 303, 388, 421, 462, 554, 581, 588, 590, 627, 658, 668, 675, 683, 687, 691, 696, 705, 719, 730, 756, 783, 786, 790, 795, 806, 814, 847, 852, 860, 886, 888, 897, 904, 943, 967, 975, 977, 992, 994, 996, 1008, 1015.** Épiclèse laudative : **716.** ἐπίκλησις : **303, 819.** Généalogie : **802.** Siège de la divinité : **793.** Identification : **298.** Attributs des dieux : **292.** Symbolique : **146.** Représentations figurées : **486, 574, 595, 749.** Représentation plastique : **187, 749.** Statuaire : **574.** Statue : **167, 233, 295, 706, 746, 793.** ἄγαλμα : **793.** βρέτας : **793.** ἕδος : **793.** ξόανον : **793.** Iconographie : **140, 312, 324, 527, 574, 742, 852, 868, 879, 892, 894, 924, 941, 955, 965, 1021, 1056, 1063.** Icône : **689.** Image : **405, 640.** Image cultuelle : **793.** Peinture : **312, 324, 574.** Vases : **312, 324, 574.** Céramique : **827.** Anthropomorphisme : **312, 529, 531, 749.** Personnalisation : **69.** Personnification : **459.** Hiérogamie : **213.** *genius* : **464.** *genius loci* : **675.** Divinisation : **485, 585.**

Mythologie. – Mythologie : **151, 154, 174, 548, 606.** Mythe : **139, 516, 524, 530, 585, 640, 687, 791.** Répertoire mythologique : **476.**

Conceptions théologiques et morales. – Théologie : **157, 245, 287, 428, 588, 593.** Théologie naturelle : **600.** Théologie solaire : **788.** Gnose : **330, 501, 646.** Gnosticisme : **722.** γνῶσις : **629, 819.** Ordre du monde : **387, 434.** Nature (monde physique) : **1055.** Souffle : **1067.** Cosmos : **779.** Zodiaque : **466.** Ciel : **34, 233, 295.** Astres : **744.** Astrologie : **614, 646, 979, 994.** Destin : **332, 357, 481.** Fatalité : **127.** μοῖρα : **357.** Nécessité : **357.** Déterminisme : **589.** Sympathie : **779.** Sympathie cosmique : **629.** Mort : **76, 105, 118, 122, 127, 149, 211, 253, 406, 489, 598, 684, 744, 859, 871, 875, 974, 990, 991, 1062.** Au-delà : **256, 585, 732, 934, 942.** Eschatologie : **684.** Mal (problème du) : **158.** Maladie : **172, 547.** Malheur : **78, 651.** Vertu : **28, 149, 522, 701.** ἀρετή : **655.** καλοκἀγαθία : **701.** τιμή : **813.** *constantia* : **130.** *frugalitas* : **130.** *misericordia* : **740.** Nombre trois : **765.** Symbole : **818, 819.** Salut : **122, 215, 228, 356, 466, 535, 598, 612, 702, 725, 805, 820.** σωτήρ : **634.** σωτήρια : **254.** *pro salute imperatoris* : **614.** Providence : **481, 529, 536, 560, 589, 750.** Bonté et providence : **530.** Autonomie de l'être humain envers les dieux : **530.** Liberté : **28, 95, 357, 522, 833.** Libre arbitre : **833.** Bonne foi des dieux : **536.** *fides* : **64, 130, 197, 455, 577, 990.** Réciprocité : **42, 307, 406, 560, 565, 796.** ἀμοιβή : **796.** Intercession : **27, 39, 149, 251, 584, 602, 763.** *felix* : **811.** Consolation : **127.** Âme : **646, 689, 779.** Immortalité de l'âme : **684.** Métempsycose : **684.** Psychagogie : **747.**

Pouvoir du dieu : **802**. Pouvoir divin : **476**. Puissance divine : **24, 62, 749**. δύναμις : **644, 645, 801**. *numen* : **464, 675**. *praesentia numinis* : **803**. Dépendance : **470**. Révérence : **250, 600**. Soumission : **75, 112, 223, 763**. *superstitio* : **3, 749**. δεισιδαιμονία : **135, 829**. Jalousie des dieux : **529**. λιτανεύω : **317**. ἱλάσκομαι : **514, 835**. ἵλαος : **514**. Impiété : **22, 338, 345, 618**, **793**. δυσσεβής : **582**. Prière impie : **654**. ὕβρις : **773**. Athéisme : **338**. Monothéisme : **134, 144, 487, 529**. Polythéisme : **217, 531, 791**. Hénothéisme : **143, 568, 614, 1049**. Animisme : **781**. Panthéisme : **399, 530**. Prière panthéiste : **722**. Comparatisme : **156**. Syncrétisme : **252, 501, 555, 568, 588, 717, 719, 740, 757, 805**. Mystères : **59, 106, 147, 183, 256, 262, 296, 463, 467, 478, 585, 640, 732, 771, 773, 791, 845, 851, 852, 855, 965, 976, 1005, 1018, 1043, 1053**. Rationalisation : **529**. Rationalisme : **48, 278, 279**. Épuration : **83, 98, 437, 529, 752**. Abstraction : **365**. Spiritualisation : **613**. Prière spirituelle : **755**. Parénèse : **585**. Impersonnalité divine : **530**.

Religion et vie éthique : **48**. Morale : **84, 104, 114, 211, 245, 477**. Moralité : **565**. Valeurs : **37**. Exercices spirituels : **629**. Psychologie : **156, 310**. Idéologie : **446, 721, 817**. Théorie : **149, 615**. Prostitution sacrée : **870**.

Rapports entre hommes et dieux. – Rapport entre les dieux et les hommes : **230, 272, 317, 378, 458, 529, 560, 564**. Rapport avec le dieu : **140**. Rapport avec les dieux : **99, 419**. Hiérarchie : **600**. Hommes et dieux : **665, 681**. Mondes divin, humain et animal : **600**. Accès aux dieux : **305**. Communication : **594, 738, 744, 784, 794, 810, 832, 853, 881, 921, 973, 1012, 1058, 1080**. Retour à Dieu : **73**. Attirer l'attention des dieux : **4**. Oreille : **566**. ἀκοαί : **566**. ἐπακούω : **226**. ἐπήκοος : **502**. Réponse : **352**. Résultat : **227**. Collaboration des dieux et des hommes : **278, 530**. Communion avec la divinité : **54, 418**. *ius diuinum* : **188**. *pax deorum* : **188, 229, 482**. εὐτυχία : **819**. Présage : **578**. Prodige : **578, 585, 594, 658, 784, 914**. *portenta* : **834**. *prodigia* : **482**. *procuratio prodigiorum* : **749, 914, 981**. ἀρεταί : **801**. ἔργα : **644**. εὑρήματα : **644**. ἀσυλία : **662**. Menace : **482, 590, 641, 702**. Conjuration : **390, 451, 628**. Prière de conjuration : **578**. Contrainte : **654, 725, 727, 763, 819, 873, 988**. Lien : **56, 430**. Lier : **639**. καταδέω : **616, 620**. κατάδεσμος : **616, 620, 639, 829, 881**. Commémoration : **24**. Anamnèse : **726**. Médiation : **151**. Conciliation : **24**. Prière de bon augure : **642**. Révolte : **733**. Efficacité : **689**. Efficacité des dieux : **302**. Exaucement : **160, 794, 796, 821, 836**. Exaucer : **316, 502**. Divinité lointaine : **529**. Divinité proche : **529**. Apparition : **302**. Épiphanie : **24, 92, 299, 899, 900, 903, 958, 968, 996, 1015, 1057, 1058, 1073, 1084**. Clarté : **550**. Éclairs : **30**. Miracle : **800**. Divination : **30, 147, 280, 451, 589, 738, 747, 791, 810, 850, 851, 853, 882, 903, 919, 940, 954, 957, 958, 979, 1012, 1023, 1070, 1080**. Devin : **161, 791, 1055**. *uates* : **673**. Volonté divine : **137**. Consultation : **434**. Livres Sibyllins : **305**. Oracle : **217, 280, 284, 316, 328, 536, 585, 627, 716, 737, 747, 851, 863, 873, 902, 908, 940, 950, 954, 957, 958, 977, 1013, 1019, 1025, 1029, 1042, 1056, 1058, 1070**. Oracle sibyllin : **718**. Révélation : **179, 318, 536, 538, 568, 1059**. Rêve : **326, 536, 747, 1023**. Songe : **594, 810**. Vérité : **318, 565**. Mensonge : **90**. Dissimulation : **639**.

Vulnérabilité de l'homme, recours à l'aide divine. – Fragilité humaine : **760**. Appel : **138, 442, 524, 819**. Appel au dieu : **277, 790**. Appel au secours : **299, 748, 789, 812**. Sauvegarde : **766**. Besoin : **108**. δέησις : **247**. δέομαι : **108, 247**. *dexter ades* : **811**. Demande : **39, 54, 60, 108, 122, 146, 149, 153, 155, 160, 242, 249, 257, 271, 277, 290, 292, 299, 302, 317, 327, 337, 350, 352, 363, 367, 370, 400, 409, 439, 451, 456, 463, 470, 475, 484, 493, 513, 550, 555, 878, 879, 887, 947, 964, 994, 1010, 1019, 1023, 1043, 1066, 1076**. Requête : **633, 668, 683, 684, 692, 726, 732, 766, 783, 789, 802, 805, 814, 817, 834**. *quaeso* : **234, 928**. *peto* : **234**. αἰτέω : **247, 383**. ἐρωτάω : **247**. Sollicitation : **57, 434**. Motif de revendication : **415**. Souhait : **58, 78, 86, 108, 598, 796**. Souhaiter : **55**. Faveur : **215, 227, 821**. χάρις : **409, 626, 796, 921**. χαριτήσιον : **757**. Punition : **482, 608**. Vengeance : **126, 187, 266, 366, 482, 922, 1041, 1078**. Prière pour la vengeance : **691, 719, 720, 725, 809, 823, 829**. Apotropaïque : **187, 686, 787**. Rituel apotropaïque : **609**. *auerrunco* : **672**. Risque : **908**.

Objet de la demande. – Nature des biens demandés : **575**. Protection : **202, 328, 332, 505, 525, 664, 702, 733**. Amour : **175, 256, 299, 355, 366, 387, 654, 990, 1028, 1083**. Santé : **527, 547, 701, 805**. Bonne santé : **128**. Guérison : **187, 226, 279, 326, 390, 935, 1026**. Souhait de mort : **201**. Succès : **172**. Gloire : **38**. Richesse : **66, 113, 701**. Biens : **363, 701**. Mariage : **172, 597, 664, 765, 816**. Hyménée : **597, 603, 604**. Maternité : **256**. Famille : **112, 565**. Fertilité : **548**. Pluie : **370**. Abondance : **349**. Remerciement : **172, 246, 406, 484, 550**. Gratitude : **255**. Prière de remerciements : **670**. Reproche : **249, 265, 560**. Plainte : **39, 201, 325, 358**. Regret : **459**.

Magie. – Magie : **3, 7, 27, 71, 82, 93, 99, 106, 107, 120, 122, 139, 152, 171, 174, 175, 179-181, 188, 199, 203, 209, 215, 224, 228, 247, 261, 283, 297, 306, 311, 327, 334, 337, 340, 361, 369, 376, 389, 397, 402, 405, 406, 414, 421, 423, 425, 441, 451, 460, 463, 470, 482, 484, 499, 515, 521, 532, 533, 541, 563, 607, 615, 616, 620, 629, 638, 639, 641, 646, 649, 652, 654, 666, 667, 669, 683, 685, 688-693, 697, 703, 711, 714, 722, 726-728, 734, 738, 742, 744, 747, 757, 764, 771, 773, 779-781, 792, 815, 819, 820, 823-825, 829, 839, 843, 852, 856, 857, 859, 860, 881, 882, 897, 898, 901, 907, 908, 911, 912, 917, 918, 920, 925, 926, 941, 957, 958-960, 973, 979, 982, 983, 988, 992-994, 999, 1007, 1012, 1018, 1022, 1026, 1028, 1032, 1037, 1048, 1067, 1071, 1072**. Magique : **395**. Pouvoir magique : **358**. Différence entre prière et magie : **589**. Différence entre religion et magie : **691**. Magicien : **649**. Magicienne : **815**. Sorcier : **607**. Théurgie : **148**. **629, 648, 685, 689, 818, 819, 851, 988**. Alchimie : **646, 689, 979**. *materia magica* : **223**. *uoces magicae* : **223, 649, 727**. Abrasax: **878, 913, 917, 1068, 1088**. ἄρρητον ὄνομα : **714**. αλλαλα : **616**. φορβορ : **616**. *historiolae* : **727**. Charme : **390, 449**. *carmen* : **10, 62, 77, 97, 101, 129, 141, 1553, 168, 234, 239, 320, 337, 411, 446, 451, 452, 454, 518, 577, 652, 815, 940, 1052**. Envoûtement : **669**. Séduction : **174**. *incantatum* : **578**. κατακλιτικός : **616**. Exorcisme : **688, 734, 874, 983, 1072**. Nécromancie : **693, 747, 958**. Démon : **113, 390, 414, 689, 755, 979, 1036, 1037, 1067, 1072**. δαίμων : **616**. *excanto* : **577**. ἐπιτέλεια : **616**. Noms barbares : **757**. ὀνόματα βαρβαρικά : **666, 667**. φαρμακεία : **616**.

Sentiments, dispositions. – Sentiment religieux : **54, 111, 144, 237, 308, 367, 541, 542**. Passion : **358**. πάθος : **407**. Amitié : **353**. Amour : **355, 654, 990, 1028, 1083**. Amour divin : **530**. φιλότης : **796**. Bonheur : **178**. Confiance : **53, 182, 470, 502, 516**. πίστις : **104**. Colère : **476**. Désir : **227, 895, 926**. Désirer : **55**. Égoïsme : **546**. Émotion : **908, 1003**. Envie : **908**. Espérance : **122**. Espoir : **356**. ἐλπίς : **356**. Honte : **459**. αἰδώς : **197, 323**. Ignorance : **387**. Impuissance : **387**. Joie : **69, 172, 195, 830**. Orgueil : **38**. Pitié : **112, 124**. *ploratio* : **213**. Dispositions de l'orant : **836**. Subjectivité : **803**. θυμός : **813**. νοῦς : **134, 779**. Intention : **541, 728**. Intentionnalité : **726**. Contemplation : **342, 418, 629, 773**. Conversion : **614**. Élévation de l'âme : **648**. ἀνάβασις : **755**. ἀναγωγόν : **819**. Initiation : **648, 698, 855, 900, 966, 1046**. ἀτέλεστος : **616**. Méditation : **629**. ἐμπέλασις : **819**. Dévotion : **42, 165, 386, 449**. Extase : **149, 152, 247, 504, 950**. Tension : **152**. Folie : **152**. Ferveur : **122**. Foi : **73, 392**. Initiation : **106**. Intériorité : **367, 514**. Intériorisation : **237, 529**. Individualisme : **387**. Mysticisme : **1, 54, 122, 182, 199, 342, 555, 588, 629, 646, 689, 737, 776, 781, 819**. Mystique : **73, 251, 515**. Expérience mystique : **602**. Union mystique : **648, 723**. ἕνωσις : **629**. κοινωνία ὁμονοητική : **629**. Prière mystique : **749**. μανία : **616**. Identification à la divinité : **820**. Harmonisation : **242**. Divinisation : **585**. Ascension : **689**. Émerveillement : **687**. Sagesse : **9, 28, 59, 113, 220, 418, 434, 498, 618, 782**. σωφροσύνη : **655**. σώφρων : **655**. Enthousiasme : **753**. Spontanéité : **541, 789**. Sincérité : **104**.
Idéal de vie : **48**. Affirmation de soi : **4**. Subjectivité : **227**. Vrai bien : **121, 437**.

JUDAÏSME ET CHRISTIANISME

Judaïsme : **195, 327, 520, 521, 525, 635, 689, 757, 771, 852, 878, 950, 983, 992, 1037**. Judaïsme (rapport avec le) : **337**. Christianisme : **40, 143, 191, 195, 199, 251, 253, 254, 296, 327, 371, 374, 402, 408, 428, 465, 475, 520, 521, 525, 534, 554, 614, 635, 685, 689, 707, 724, 739, 750, 752, 755, 803, 837, 849**. Christianisme (rapport avec le) : **70, 93, 108, 144, 221, 247, 249, 272, 340, 349, 350, 467, 482, 535, 538, 852, 871, 873, 874, 877, 889, 891, 898, 943, 956, 958, 976, 982, 983, 987, 994, 1024-1026, 1033, 1038, 1059, 1072, 1080**. Prière pascale : **803**. Trinité : **803**. Comparaison : **755**.

PHILOSOPHIE ET CRITIQUE

Philosophie. – Philosophie : **18, 29, 47, 54, 68, 72, 93, 98, 113, 121, 133, 134, 142, 143, 146-149, 178, 182, 199, 220, 228, 242, 245, 251, 262, 263, 264, 267, 268, 271, 289, 330, 337, 342, 350, 353, 355, 356, 359, 363, 365, 373, 406, 414, 418, 428, 437, 440, 458, 465, 470, 478, 481, 500, 513, 517, 522, 529, 530, 531, 537, 538, 560, 565, 593, 606, 646, 685, 714, 735, 750-752, 755, 769, 771, 779, 782, 806, 818, 833, 855, 872, 889, 903, 955, 976, 992, 994, 1010, 1053**. Phénoménologie : **808**. Aporie : **409**. *dubitatio* : **409**.
Cynisme : **48, 98, 289**. Cyrénaïsme : **750**. Épicurisme : **98, 133, 178, 216, 244, 373, 618**. Ésotérisme : **122**. Hédonisme : **48**. Hermétisme : **93, 179, 330, 466, 517, 567, 568, 646, 659, 723, 781, 801, 856, 901**. Néoplatonisme : **48, 73, 93,**

148, 169, 251, 262, 263, 264, 439, 440, 500, 568, 629, 648, 668, 685, 689, 805. Orphisme : 6, 88, 106, 122, 134, 251, 328, 568, 659, 714, 730, 732, 773, 778, 783, 792, 934, 1043. Platonisme : 178, 513, 755, 837, 1036. Pythagorisme : 537, 747, 774. Scepticisme : 781. Sophistes : 48. Sophistique : 780. Stoïcisme : 28, 48, 83, 91, 96, 243, 251, 273, 320, 357, 399, 437, 475, 773, 779, 801, 833, 837, 845, 1010, 1066.

Critique et discussion de la prière. – Définition de la prière : 224, 615, 724. Marges : 751. Réflexion sur la prière : 685. Utilité de la prière : 365, 481, 668. Efficacité de la prière : 280. Légitimité de la prière : 22. Inversion de la prière : 560. Critique de la prière : 98, 289, 353, 373, 418, 513. Rejet de la prière : 345. Étiologie : 919.

DROIT ET SOCIÉTÉ

Aspects juridiques. – Droit : 18, 211, 213, 364, 457, 468, 519, 549, 577. Droit (langue du) : 349. Acte juridique : 550. Acquiescement : 38. Alliance : 266, 700. Asile : 81, 457. Cité : 428. Contrat : 510, 511, 531, 536, 631, 749. Prière contractuelle : 749. Consentement : 242. Contestation : 210, 304. Coercition : 223. Condamnation : 562. Délit : 793. Délit religieux : 235. Don : 184, 214, 410, 796, 866, 867, 897, 963, 967, 981, 995, 1033, 1034, 1042, 1043, 1046, 1051, 1063, 1078, 1082. Don et contre-don : 600. Don en retour : 184. *da quia dedi* : 817. *da quia dedisti* : 817. *dabo ut des* : 835. *do ut des* : 53, 230, 549, 653, 835. Échange : 307, 549, 796. État : 565. Prière juridique : 680. Juridique : 395. Juridisme : 455, 816. Justice : 16, 18, 190, 230, 266, 387, 414, 487, 560, 612, 663, 809. Prière pour la justice : 691, 823, 829. Loi : 480. Loi sacrée : 701, 851. *fas* : 811. θέμις : 582. *lex* : 77. *lex uiua* : 740. Ordalie : 138, 824. Ordre : 395. πεπρημένος : 824. Pacte : 64, 570, 613, 692, 700. Jurer : 168. ὀμνύμι : 322. Main droite : 196, 197. Parjure : 41, 90, 430. Règle : 297. Réparation : 425. Revendication : 385, 415. Prise à témoin : 138. Témoin : 260, 430. *testatio belli* : 686. *testatio deorum* : 715. *deos testes facere* : 838. Procès : 173. Imprécation judiciaire : 607. Prière judiciaire : 692, 825, 852, 861, 888, 913, 963, 970, 972, 999, 1009, 1028, 1054. Traité : 570, 692, 715, 816, 827. Traité/Trêve : 110. Déclaration de guerre : 715, 816. *res repetere* : 569. *bellum indicere* : 569. *clarigatio* : 715, 838. *denuntiatio* : 686. *indictio belli* : 715. *pax per sponsionem* : 570. *foedus* : 570, 838. *cautio* : 749. *ius fetiale* : 569. Union : 73.

Aspects sociaux et politiques. – Société : 565, 656. Ordre social : 16. Intégration sociale : 797. Sociologie : 425, 697. Anthropologie : 23, 214, 245, 287, 600, 726, 751. Groupe : 697. Thiase : 608. Tribu : 640. Phénomène social : 336. Rapport entre les actes religieux et sociaux : 250. Archéologie : 376. Cité : 640, 701. Pouvoir : 152. Cadres civiques : 640. Citoyens : 640. Assemblée : 640. Dème : 640. Roi : 74, 137. Empereurs romains : 739, 772, 777. Aristocratie : 387. Classes moyennes : 526. Foule : 755. *polis* : 663. Politique : 634, 775. Prière d'assemblée politique : 677. Prière publique d'assemblée : 767.

Prière politique : **692**. Propagande : **772**. Autonomie religieuse : **791**. Unité religieuse : **791**. Désacralisation : **572**. Bonnes lois : **701**. εὐνομμία : **701**. θεσμοί : **819**. νόμοι : **343, 819**. *legatus* : **569**. *sententia consularis* : **681**. Guerre : **172, 259, 274, 472, 540, 569, 640, 662, 686, 692, 841, 869, 911, 946, 1011, 1015, 1017, 1019, 1031**. Guerre civile : **834**. Bataille : **692**. *iustum piumque bellum* : **569**. Paix : **282, 701, 772**. *pax* : **290, 400**. Triomphe : **265**.

Vie quotidienne. – Agriculture : **115, 470, 834**. Labour : **451**. γένος : **211, 644, 801**. Doctes : **755**. Milieux cultivés : **98**. Gens simples : **755**. Enfant : **612**. Enfants : **289**. Esclave : **546, 740**. Concours : **69**. Rivalité : **639**. ἐχθρός : **634**. ξενία : **662**. Médecine : **203, 278, 279, 780, 849, 898, 906, 920, 923, 1007, 1056**. Naissance : **765, 816**. Avortement : **617**. Traversée : **216**. Retour : **346**. Voyage : **13, 346, 427**. Voyage en mer : **642**. *Propemptikon* : **642**. Hospitalité : **222, 457, 830**. Défunt : **88, 147, 693, 711, 747**. Cadavre : **81**.

Femmes. – Femme : **136, 196, 246, 256, 332, 376, 417, 545, 630, 789, 842, 1018, 1062**. Pratiques religieuses des femmes : **526, 630, 789**. Inégalité entre hommes et femmes : **71**. Mère : **612**.

DIEUX

Dieux, déesses, puissances divines. – Panthéon : **760, 791**. Dieux : **118, 139, 276, 284, 302, 320, 361, 530, 618, 786**. Dieu : **646**. Dieu inconnu : **520**. Dieu Suprême : **440, 714**. *deus summus* : **568, 614**. Seigneur : **247**. Père : **28, 247**. Premier Dieu : **440**. Dieux télétarques : **440**. Dieux olympiens : **135, 268, 391**. Dieux célestes : **233, 295, 470, 812**. Dieux ouraniens : **333**. Dieux chthoniens : **135, 333, 376, 393, 394, 563, 913**. Forces chthoniennes : **250**. Dieux infernaux : **61, 233, 295, 470, 487, 489**. Divinité marine : **346**. Dieux marins : **812**. Dieux invoqués : **485**. Puissances surnaturelles : **607**. Dieux garants et témoins : **398**. Dieux méchants: **536**. ὀλοός : **304**. ὀλολυγμός : **842**. Dieux tutélaires : **566**. Divinités locales : **113, 487**. Divinités étrangères : **345**. Dieux barbares : **439**. Dieux égyptiens : **165**. *indiges* : **62**. *indigitamenta* : **240, 320, 395, 416, 675, 816, 938, 940, 1033, 1051, 1086**. *deus* : **675, 803**. Déesse : **8**. Déesse-mère : **566**. *dea* : **675, 803**. Anges : **689**. Naissance du dieu : **687**. Divin : **199, 217**.

Qualités divines. – Conception de la divinité : **776**. Essence divine : **723**. φύσις : **644**. Toute-puissance : **768**. *omnipotens* : **768**. εὐεργέτης : **801**. εὑρετής : **801**.
Transcendance : **803, 1066**. Hermaphroditisme : **768**. *sacer* : **482**. ἅγιος : **482**. σεμνότης : **134**. τιμή : **211**.

Noms de dieux, de déesses et d'abstractions divinisées. – Aglauros : **115**. Ahura-Mazda : **74**. Aiôn : **740, 820**. Anubis : **149, 381**. Aphrodite : **37, 85, 136, 299, 342, 426, 427, 608, 696, 731, 847, 869, 870, 998, 1031, 1076, 1081, 1082**. Apis : **208**. Apollon : **37, 39, 84, 121, 140, 149, 153, 172, 185, 279, 298, 300, 361, 369, 391, 413, 428, 435, 452, 489, 504, 505, 564, 606, 637, 659, 701, 719,**

729, 770, 775, 787, 805, 854, 864, 873, 878, 886, 909, 915, 916, 1005, 1013-1015, 1029, 1041, 1064, 1073, 1078, 1085. Apollon-Osiris : 154. Arès : 115. Arété : 149. Artémis : 85, 115, 149, 172, 175, 182, 427, 484, 783, 864, 903, 909. Asclépios : 149, 172, 182, 185, 279, 342, 440, 588, 646, 659, 701, 729, 787, 801, 1025, 1056, 1077. Até : 459. Athéna : 37, 39, 115, 149, 172, 185, 279, 342, 440, 608, 1084. Athéna Nikè : 581. Athéna Polias : 581. Attis : 501, 843, 861, 1054. Bacchus : 493, 504. Bès : 991. Bia : 986. Cerbère : 970. Cérès : 231, 232, 391, 555, 914. Coré : 824, 888, 966. Cronos : 6. Cupidon : 1064. Cybèle : 252, 504, 608, 617, 837, 843, 861, 1038. Dea Dia : 446. Déméter : 149, 427, 484, 514, 824, 888, 899, 903, 966, 1018. Démiurge : 262, 440. Diane : 130, 153, 452, 555, 775, 843, 927, 935. Di Indigetes : 1086. Dionysos : 2, 106, 125, 149, 172, 271, 463, 539, 659, 729, 800, 934, 1005, 1008, 1046, 1057. Dis Pater : 452, 858, 970. Eau : 83. Ényalios : 115, 540. Ényô : 115. Éole : 1067. Eracura : 970. Érinyes : 173, 442, 559, 731. Éros : 500, 782, 932, 1031, 1079. Éther : 428. Euménides : 253, 598. Fleuve : 149. Fortune : 481, 635. Géryon : 884.Grâces : 115. Grande Mère : 1054. Harpocrate : 996. Hécate : 149, 175, 342, 427, 435, 659, 742, 988. Hégémoné : 115. Hélios : 405, 659, 719, 733, 805, 933. Héphaïstos : 271, 986. Héraclès : 115, 207, 435. Hercule : 843. Hermès : 179, 266, 279, 435, 442, 564, 567, 581, 608, 659, 856, 915, 953, 1015, 1064. Hermès Trismégiste : 646. Hestia : 115, 354, 1016. Heures : 63. Hygie : 149, 172, 328. Isaura : 315. Isis : 5, 43, 91, 104, 143, 149, 165, 177, 182, 226, 231, 232, 241, 256, 332, 337, 350, 381, 391, 426, 528, 537, 554, 555, 617, 644, 659, 717, 801, 820, 837, 847, 860, 932, 952, 996, 1038, 1049, 1081. Janus : 141, 282, 311, 342, 843. Junon : 153, 232, 258, 446, 550, 653, 1055. Jupiter : 30, 153, 206, 258, 290, 391, 446, 768, 945, 964, 969. Kouros : 548. Kratos : 986. Lares : 372, 446. Latone : 864, 1073. Leucothéa : 216. Λιταί : 102, 116, 459. Lune : 231, 232, 659, 744, 926. Mars : 258, 372, 446, 451, 868, 962. Mater Magna : 861. Mélicerte : 216. Mercure : 680, 949. Mère des Dieux : 149, 159, 837. Minerve : 446. Mithra : 375, 740, 820, 854, 965, 1046, 1048. Moires : 63, 778. Muses : 1, 9, 271, 273, 318, 342, 347, 348, 384, 651, 687, 716, 880, 942, 1035. Nature : 149, 805. Némésis : 659, 933. Neptune : 265. Néréides : 216, 1083. Nil : 123. Nuit : 867. Nymphes : 370, 548, 880. Osérapis : 208. Osiris : 43, 208, 554, 991. Pan : 172, 328, 782, 968. Parques : 452. Patrôi Theoi : 1020. Peithô : 85. Perséphone : 548. Ploutos : 997. Pollux : 207. Poséidon : 172, 216, 488, 651. Prométhée : 986. Proserpine : 452, 555. Râ : 856. Rivières : 258. Salus : 446. Sarapis/Sérapis : 91, 167, 208, 270, 659, 903, 1004, 1049. Saturne : 1046. Séléné : 175, 427, 499. Seth : 397. Soleil : 74, 126, 149, 258, 264, 279, 342, 719, 740, 788, 820, 854, 933, 982, 1038. Sources : 258. Tacita : 857, 984. Tefas : 30. Tellus : 452, 914. Terre : 258, 279, 571. Thalie : 354, 942. Théanô : 352. Thétis : 37. Tyché : 350, 659. Typhon : 397, 659. Vénus : 449, 455, 555, 895, 967. Vesta : 141, 311, 789. Zéphyr : 216. Zeus : 37, 39, 84, 85, 91, 96, 114-116, 119, 149, 172, 185, 190, 266, 273, 279, 289, 300, 325, 342, 366, 380, 382, 391, 399, 405, 426, 442, 459, 462, 463, 477, 488, 505, 548, 556, 564, 582, 637, 659, 719, 840, 845, 878, 902, 904, 915, 969, 977, 986, 1035, 1037, 1066, 1078, 1085. Zeus Hikésios : 662. Zeus Xénios : 662.

THESAURUS

HÉROS, HOMMES, PEUPLES

Noms de héros et d'hommes et femmes célèbres. – Héros : **139**, **274**, **279**, **406**, **435**, **598**, **791**, **846**, **865**, **897**, **975**. Héroïsme : **476**.
Achille : **37**. Ajax : **442**. Alexandre d'Abonuteichos : **900**. Amphiaraos : **1056**.
Antinoos : **329**. Apollonios de Tyane : **350**. Arsinoé II Philadelphe : **847**, **998**.
Auguste : **772**, **775**. Camille : **512**, **841**. Celse : **755**. Démétrios Poliorcète : **608**, **729**. Hylas : **1057**. Isyllos : **658**, **701**. Médée : **869**.
Néron : **128**. Oreste : **37**, **935**. Orphée : **390**, **855**. Pélops : **283**. Pindare : **619**, **787**. Platon : **714**, **779**, **786**. Porphyre : **714**. Ptoios: **1013**. Ptolémée II Philadelphe : **998**. Pythagore : **350**, **513**. Sappho : **696**. Scipion l'Africain : **259**.
Socrate : **37**, **72**, **350**, **513**, **595**. Ténéros : **1013**. Virgile : **682**.

Noms de cités, régions, pays et peuples. – Athènes : **634**. Carthage : **315**.
Délos : **172**, **729**, **1073**. Delphes : **172**, **539**, **950**, **1008**, **1042**. Égypte : **270**, **421**.
Épidaure : **701**. Étrurie : **424**, **866**, **1055**. Étrusques : **30**, **713**. Gaule romaine : **777**. Ilithyie : **452**, **1018**. Memphis : **208**. Ombrie : **401**. Pisaurum : **945**. Proche-Orient : **950**. Thèbes : **172**. Proche-Orient : **174**. Rome : **1038**. Save : **984**.
Sparte : **172**.

CULTE

Culte. – Culte : **8**, **20**, **25**, **69**, **72**, **79**, **105**, **131**, **139**, **143**, **145**, **147**, **149**, **152**, **155**, **172**, **183**, **190**, **199**, **211**, **244**, **251**, **271**, **298**, **338**, **343**, **391**, **406**, **428**, **446**, **488**, **506**, **534**, **559**, **585**, **592**, **604**, **618**, **627**, **650**, **789**, **790**, **803**, **846**, **847**, **850**, **852**, **864**, **868**, **869**, **883**, **892**, **901**, **903**, **906**, **924**, **926**, **939**, **941**, **942**, **947**, **948**, **954**, **955**, **957**, **959**, **967**, **969**, **975**, **976**, **978**, **992**, **1002**, **1006**, **1008**, **1011**, **1013**, **1014**, **1018**, **1020**, **1022**, **1023**, **1034**, **1036**, **1040**, **1043**, **1045**, **1046**, **1051-1053**, **1057**, **1058**, **1062**, **1067**, **1084**, **1086**. Honneurs divins : **665**. Culte à mystères : **209**, **228**, **698**. Mystères d'Éleusis : **837**. Mystères orphiques : **837**. Culte civique : **353**. Culte des morts : **250**. Culte impérial : **320**, **329**, **403**, **404**, **461**, **464**, **496**, **665**. Culte officiel : **189**, **345**. Culte privé : **74**, **220**, **396**, **541**, **749**, **791**. Culte public : **74**, **220**, **541**, **791**. Culte panhellénique : **791**. Agraires (cultes) : **370**. Culte isiaque : **717**. Prière cultuelle : **247**, **615**. Adoration : **75**, **133**, **149**, **277**, **313**, **333**, **342**, **535**, **647**, **706**, **726**, **793**. Acte d'adoration : **583**, **584**. *adoratio* : **35**, **94**. *ueneror* : **234**, **497**, **535**. θρησκεία : **525**. Proscynème : **583**, **584**, **647**, **661**, **741**. Vénération : **684**. Liturgie : **144**, **342**, **517**, **677**, **762**. Prière liturgique : **628**. Cérémonie : **677**. Cérémonie funèbre : **609**. Funérailles : **571**. Funéraire : **733**, **809**. Cérémonie publique : **772**. Célébration : **506**, **787**. Apparat : **645**. Réitération : **518**.
Lieu de culte : **305**. Sanctuaire : **491**, **626**, **640**, **908**, **1012**, **1058**. Temple : **284**, **295**, **508**. *templum* : **372**. Pèlerinage : **583**, **647**, **726**, **828**. Aréopage : **253**.
Théâtre : **183**, **228**, **842**, **852**, **876**, **885**, **907**, **911**, **915**, **927**, **944**, **976**, **978**, **1060**.
Profanation : **793**, **809**.
Sacrifice : **42**, **57**, **98**, **105**, **110**, **118**, **125**, **131**, **147**, **161**, **186**, **188**, **199**, **215**, **223**, **229**, **254**, **271**, **290**, **310**, **311**, **316**, **319**, **338**, **354**, **369**, **376**, **395**, **406**, **414**,

422, 425, 448, 453, 472, 483, 498, 509, 527, 545, 578, 585, 595, 596, 600, 610, 613, 618, 627, 640, 657, 665, 674, 676, 688, 692, 694, 726, 747, 769, 784, 791, 795, 821, 827, 828, 835, 842, 846, 848, 857, 871, 881, 892, 900, 919, 921, 930, 937, 946, 957, 964, 976, 981, 1000, 1012, 1019, 1022, 1034, 1043, 1044, 1047, 1051, 1056-1058, 1074. *macte esto* : 188, 453. ἱερεύω : 369. θυσία : 835. *litatio* : 745, 919, 1034. *lito* : 928, 1074.

lustrum : 749, 795. Préliminaires du sacrifice : 827. *praefatio* : 827, 848, 1034. ἔμπυρα : 616.

Libation : 34, 76, 86, 110, 172, 290, 310, 312, 324, 474, 483, 486, 595, 640, 656, 665, 692-695, 704, 711, 821, 827, 828, 835, 981, 1019, 1086. Encens : 163, 550. Fumée : 163. σπονδαί : 827. χοαί : 609. Prémices : 828. Banquet : 172, 576, 595, 637, 748, 787, 828, 870, 1051. Repas : 247, 354. Orgie : 483, 504, 525. Commensalité : 828. Lectisterne : 305, 515, 816, 828. *puluinar* : 305. Procession : 97, 172, 316, 596, 597, 604, 658, 701, 748, 769, 798. *pompa* : 240. Litanie : 122, 149, 342, 405, 416, 487, 524, 730, 795, 801. Litanie isiaque : 717. λιτανεύω : 317.

Auspices : 784, 816. Prise des auspices : 715. Haruspicine : 940. Consécration des dépouilles opimes : 715

Rites et fêtes. – Rite : 84, 87, 122, 147, 153, 190, 199, 211, 212, 223, 274, 329, 336, 369, 379, 389, 392, 395, 401, 416, 425, 426, 428, 430, 431, 434, 445, 446, 448, 468, 470, 474, 514, 553, 600, 602, 625, 627, 746, 763, 791, 795, 828. *ritus Romanus* : 509. Rites de passage : 827. Rites funéraires : 684, 690. Ritualisme : 237, 774. Rituel : 3, 6, 41, 76, 86, 87, 144, 149, 171, 174, 180, 181, 188, 209, 222, 251, 310, 312, 321, 324, 341, 354, 380, 422, 484, 521, 551, 595, 596, 597, 604, 616, 618, 632, 657, 662, 664, 665, 689, 725, 732, 762, 785, 835. Ritualisation : 764. Rituel évocatoire : 609. Contexte : 380, 603, 817. Place de la prière dans le rituel : 676. Tradition (respect de la) : 72. Traditionalisme : 834. Évolution : 367. Modification : 189. Innovation : 390.

Fête : 69, 172, 213, 579, 627, 800, 886, 978, 1057. Fêtes religieuses : 67. Anthestéries : 656. *Delia* : 729. *Dionysiastai* du Pirée : 729. Pythaïde : 1014. Théoxénie : 828, 1008. Thesmophories : 316, 1018, 1058. Lupercales : 525.

Jeux : 486, 947, 961, 1051, 1078. Jeux panhelléniques : 640. Jeux Séculaires : 10, 153, 452, 643, 676, 718, 775, 922, 976, 1051, 1052. *Ver sacrum* : 61, 162, 235, 482, 749. Jeux Tarentins : 10, 452. Bacchisme : 732.

Acteurs du culte. – Prêtre : 151, 161, 316, 389, 396, 607, 640, 791, 903. Prêtresse : 892. Sacerdoce : 627. ἀρητήρ : 161. Compétence : 217. Sodalités : 396. Courètes : 548. Augure : 161, 372. Arvales : 311, 372, 378, 411, 446, 452, 550, 650, 673. Fétiaux : 569, 570. Galles : 617. Hiérophante : 903. Saliens : 395, 550, 650, 673. *saliens* : 451. *pater patratus* : 569. *decemuiri sacris faciundis* : 305.

Objets servant au culte. – Autel : 435, 526, 662, 702. Autel de la Paix d'Auguste : 718. Bandeau : 469. Bandelette : 137, 368, 469. Rameau : 137, 469, 935. Ex-voto : 13, 53, 187, 310, 329, 332, 335, 383, 384, 393, 426, 432, 491, 527, 536, 547, 726, 742. Figurine : 376. Idoles : 8. Offrande votive : 162, 432,

527, **540**. Patère : **827**. Phiale : **827**. Couronne : **305**. Animaux : **53**. Taureau : **800**. Entrailles : **57**, **810**. Orge : **319**. Vin : **422**. Sceptre : **469**, **700**. Clochettes : **837**. Amulette : **589**, **703**, **722**, **859**, **982**, **1072**. Phylactère : **703**.

INDEX DES NOTIONS[1]

Mots français

A

ablutions : **164, 835**
abondance : **349**
abstraction : **365**
accès aux dieux : **305**
acclamation : **589**
accumulation : **683**
acquiescement : **38**
acte d'adoration : **583, 584**
acte juridique : **550**
action de grâces : **13, 39, 66, 111, 132, 165, 172, 192-195, 226, 238, 246, 254, 265, 277, 305, 330, 379, 434, 464, 483, 517, 531, 553, 591, 686, 692, 713, 726, 748, 785, 803, 816, 832, 835**
action oratoire : **752**
adjuration : **809**
adoration (voir aussi gestuelle et proscynème) : **75, 133, 149, 277, 313, 333, 342, 535, 647, 706, 726, 793**
affirmation : **38, 207**
affirmation de soi : **4**
agenouillement (voir aussi gestuelle) : **71, 132, 135, 214, 247, 333, 508, 526, 543, 595, 600, 624, 706, 726, 827, 871, 1006, 1016**
agraire (rite) : **274**
agraires (cultes) : **370**
agriculture : **115, 470, 834**
alchimie : **646, 689, 979**
allégorie : **16, 1059**
alliance : **266, 700**
allitération : **3, 22, 636**

allusion : **476**
ambiguïté de la prière : **22**
âme : **646, 689, 779**
amitié : **353**
amour : **175, 256, 299, 355, 366, 387, 654, 990, 1028, 1083**
amour divin : **530**
ampleur : **645**
amulette : **589, 703, 722, 859, 982, 1072**
analogie : **689**
anamnèse : **726**
anathème : **78, 482**
anatolien : **405**
anges : **689**
animaux : **53**
animisme : **781**
annalistique : **512**
anthologie : **47, 248**
anthropologie : **23, 214, 245, 287, 600, 726, 751**
anthropomorphisme : **312, 529, 531, 749**
anticipation : **1063**
aoriste : **227**
aporie : **409**
apostrophe : **27, 32, 493, 675, 753, 834**
apotropaïque : **187, 686, 787**
apparat : **645**
apparition : **302**
appel : **138, 442, 524, 819**
appel au dieu : **277, 790**
appel au secours : **299, 748, 789, 812**
apprentissage : **785**
archaïsme : **166, 392, 652**

---

[1] Le présent index reprend la rubrique « Notions » des notices 1-1088.

archéologie : **376**
arétalogie : **43, 147, 149, 167, 226, 241, 256, 267, 326, 362, 381, 496, 554, 644, 705, 776, 801, 890, 932, 996, 1004**
argument : **99, 307, 696, 817**
argumentaire : **683**
argumentation : **21, 444, 493, 752, 762, 814**
aristocratie : **387**
art : **368, 565**
artifice : **496**
ascension : **689**
asianique : **405**
asile : **81, 457**
assemblée : **640**
astres : **744**
astrologie : **614, 646, 979, 994**
athéisme : **338**
athlétisme : **1070, 1071**
attirer l'attention des dieux : **4**
attitude : **153, 233, 250, 295, 312, 324, 331, 368, 374, 389, 406, 408, 470, 508, 612, 625, 664, 692, 700, 725, 733, 781, 785**
attribut des dieux : **292**
au-delà : **256, 585, 732**
augure : **161, 372**
auspices : **784, 816**
autel : **435, 526, 662, 702**
autel de la Paix d'Auguste : **718**
autonomie de l'être humain envers les dieux : **530**
autonomie religieuse : **791**
autorité : **772**
aveu : **532, 824**
avortement : **617**

B

bacchisme : **732**
baiser : **135, 333, 389, 470, 515, 706, 797**
bandeau : **469**
bandelette : **137, 368, 469**
banquet : **172, 576, 595, 637, 748, 787, 828, 870, 1051**
bataille : **692**

bénédiction : **8, 149, 195, 480, 482, 663, 689, 809**
bénéficiaires de la prière : **575, 683, 802**
besoin : **108**
biens : **363, 701**
bilinguisme : **901**
biographie : **271**
biologie : **600**
bonheur : **178**
bonne foi des dieux : **536**
bonne santé : **128**
bonnes lois : **701**
bonté et providence : **530**
bras : **247**
bras levés : **225**

C

cadavre : **81**
cadres civiques : **640**
catalogue : **348**
célébration : **506, 787**
céramique : **827**
cérémonie : **677**
cérémonie funèbre : **609**
cérémonie publique : **772**
chanson : **306**
chant (voir aussi chœur) : **34, 82, 87, 125, 456, 470, 479, 514, 592, 640, 673, 785**
chant liturgique : **399**
chant séculaire : **772, 816**
charme : **390, 449**
chœur : **67, 125, 597, 842, 845, 880, 885, 921, 922, 934, 938, 939, 944, 976, 989, 1003, 1005, 1017, 1058, 1075**
chœur féminin : **87**
choix : **217**
christianisme : **40, 143, 191, 195, 199, 251, 253, 254, 296, 327, 371, 374, 402, 408, 428, 465, 475, 520, 521, 525, 534, 554, 614, 635, 685, 689, 707, 724, 739, 750, 752, 755, 803, 837, 849, 1080**

christianisme (rapport avec le) : **70, 93, 108, 144, 221, 247, 249, 272, 340, 349, 350, 467, 482, 535, 538, 852, 871, 873, 874, 877, 889, 891, 898, 943, 956, 958, 976, 982, 983, 987, 994, 1024-1026, 1033, 1038, 1059, 1072**

ciel : **34, 233, 295**

circonstances de la prière : **76, 406, 749**

cité : **428, 640, 701**

cithare : **172**

citoyens : **640**

clarté : **550**

classes moyennes : **526**

classification alexandrine : **679**

classification des prières : **133**

clochettes : **837**

codification : **613, 615**

coercition : **223**

colère : **476**

collaboration des dieux et des hommes : **278, 530**

colométrie : **829**

comédie : **190, 268, 291, 496, 1001, 1039**

commémoration : **24**

commensalité : **828**

commentaire : **236, 593**

commun : **575**

communication : **36, 389, 470, 594, 738, 744, 784, 794, 810, 832, 853, 881, 921, 973, 1012, 1058, 1080**

communion avec la divinité : **54, 418**

comparaison : **755, 808**

comparatisme : **156**

compétence : **217**

compétition : **908, 978**

composition : **592, 611, 761, 805**

composition tripartite : **705**

concentration : **683**

conception de la divinité : **776**

conceptions religieuses : **95, 119, 185, 199, 371, 410, 516, 531, 537**

conceptions sur la prière : **615**

conciliation : **24**

concision : **683**

conclusion d'un traité : **715**

concours : **69**

condamnation : **562**

condition : **455**

confession : **133, 823**

confiance : **53, 182, 470, 502, 516**

conjuration : **390, 451, 628**

consécration des dépouilles opimes : **715**

consentement : **242**

consolation : **127**

consultation : **434**

contemplation : **342, 418, 629, 773**

conte : **897**

contenu : **571, 633, 676, 783, 836**

contenu de la prière : **383, 414**

contestation : **210, 304**

contexte : **380, 603, 817**

contrainte : **654, 725, 727, 763, 819, 873, 988**

contrat : **510, 511, 531, 536, 631, 749**

conversion : **614**

cosmos : **242, 243, 779**

couronne : **305**

cri : **138, 152, 212, 524, 545**

cri cultuel : **587**

cri de victoire : **4**

cri incantatoire : **597**

cri liturgique : **183**

cri religieux : **504**

cri rituel : **164**

critique de la prière : **98, 289, 353, 373, 418, 513**

croyance : **338, 392**

culpabilité : **600**

culte : **8, 20, 25, 69, 72, 79, 105, 131, 139, 143, 145, 147, 149, 152, 155, 172, 183, 190, 199, 211, 244, 251, 271, 298, 338, 343, 391, 406, 428, 446, 488, 506, 534, 559, 585, 592, 604, 618, 627, 650, 789, 790, 803, 846, 847, 850, 852, 864, 868,**

869, 883, 892, 901, 903, 906,
924, 926, 939, 941, 942, 947,
948, 954, 955, 957, 959, 967,
969, 975, 976, 978, 992, 1002,
1006, 1008, 1011, 1013, 1014,
1018, 1020, 1022, 1023, 1034,
1036, 1040, 1043, 1045, 1046,
1051-1053, 1057, 1058, 1062,
1067, 1084, 1086
culte à mystères : **209, 228, 698**
culte civique : **353**
culte des morts : **250**
culte impérial : **320, 329, 403, 404,
461, 464, 496, 665**
culte isiaque : **717**
culte officiel : **189, 345**
culte panhellénique : **791**
culte privé : **74, 220, 396, 541, 749,
791**
culte public : **74, 220, 541, 791**
cultuelle (prière) : **247**
cynisme : **48, 98, 289**
cyrénaïsme : **750**

D

danse (voir aussi chœur) : **67, 87,
125, 640, 673, 709, 800**
datif : **681**
déclaration de guerre : **715, 816**
dédicace : **140, 184, 314, 426, 682,
686, 719, 777, 811, 832, 852,
864, 868, 922, 924, 1042, 1082**
déesse : **8**
déesse-mère : **566**
définition de la prière : **224, 615,
724**
défixion (voir aussi *defixio*) : **615,
639, 649, 690-692, 756, 823,
824, 825, 829**
défunt : **88, 147, 693, 711, 747**
degrés de la prière : **685**
déictique : **626**
délit : **793**
délit religieux : **235**
délocutif : **321**
demande (voir aussi requête) : **39,
54, 60, 108, 122, 146, 149, 153,**

155, 160, 242, 249, 257, 271,
277, 290, 292, 299, 302, 317,
327, 337, 350, 352, 363, 367,
370, 400, 409, 439, 451, 456,
463, 470, 475, 484, 493, 513,
550, 555, 878, 879, 887, 947,
964, 994, 1010, 1019, 1023,
1043, 1066, 1076
Démiurge : **262, 440**
dème : **640**
démon : **113, 390, 414, 689, 755,
979, 1036, 1037, 1067, 1072**
dépendance : **470**
désacralisation : **572**
description : **683**
désir : **227, 895, 926**
désirer : **55**
destin : **332, 357, 481**
destinataire : **663, 676, 721, 771**
déterminisme : **589**
devin : **161, 791, 1055**
dévotion : **42, 165, 386, 449**
dévotion privée : **353**
dialogue : **28, 665**
diatribe : **833**
Dieu : **646**
dieux : **118, 139, 276, 284, 302,
320, 361, 530, 618, 786**
dieu inconnu : **520**
dieu suprême : **440, 714**
dieux barbares : **439**
dieux célestes : **233, 295, 470, 812**
dieux chthoniens : **135, 333, 376,
393, 394, 563**
dieux égyptiens : **165**
dieux garants et témoins : **398**
dieux infernaux : **61, 233, 295, 470,
487, 489**
dieux invoqués : **485**
dieux marins : **812**
dieux méchants : **536**
dieux olympiens : **135, 268, 391**
dieux ouraniens : **333**
dieux télétarques : **440**
dieux tutélaires : **566**
différence entre prière et magie :
589

différence entre religion et magie : **691**

digression : **476**

discours : **21, 24, 301, 325**

discours épidictique : **786**

discours religieux : **88**

dispositions de l'orant : **836**

dissimulation : **639**

dithyrambe : **67, 69, 125, 149, 275, 306, 603, 679, 713, 976**

diversité : **595**

divin : **199, 217**

divination : **30, 147, 280, 451, 589, 738, 747, 791, 810, 850, 851, 853, 882, 903, 919, 940, 954, 957, 958, 979, 1012, 1023, 1070, 1080**

divinisation : **485, 585**

divinité lointaine : **529**

divinité marine : **346**

divinité proche : **529**

divinités chthoniennes : **913**

divinités étrangères : **345**

divinités locales : **113, 487**

doctes : **755**

don : **184, 214, 410, 796, 866, 867, 897, 963, 967, 981, 995, 1033, 1034, 1042, 1043, 1046, 1051, 1063, 1078, 1082**

don et contre-don : **184, 600**

droit : **18, 211, 213, 364, 457, 468, 519, 549, 577**

droit (langue du) : **349**

Du-Stil : **645, 1073**

E

Eau : **83**

échange : **307, 549, 796**

écho : **566**

éclairs : **30**

efficacité : **689**

efficacité de la prière : **280**

efficacité des dieux : **302**

égoïsme : **546**

élégie : **496, 504**

éléments : **138**

élévation de l'âme : **648**

ellipse : **476**

éloge : **97, 195, 226, 383, 506, 567, 619, 645, 689, 710, 748, 749, 786, 832, 847, 852, 856, 865, 875, 932, 976, 1014, 1017, 1024**

émerveillement : **687**

émotion : **908, 1003**

empereurs romains : **739, 777**

encens : **163, 550**

enfant : **289, 612**

énonciation : **631, 692**

enseignement : **833**

enthousiasme : **753**

entrailles : **57, 810**

énumération : **328, 423**

envie : **908**

envoûtement : **669**

éolien : **405**

épiclèse : **223, 240, 298, 300, 303, 388, 421, 462, 554, 581, 588, 590, 627, 658, 668, 675, 683, 687, 691, 696, 705, 719, 730, 756, 783, 786, 790, 795, 806, 814, 847, 852, 860, 886, 888, 897, 904, 943, 967, 975, 977, 992, 994, 996, 1008, 1015**

épiclèse laudative : **716**

épiclétique : **616**

épicurisme : **98, 133, 178, 216, 244, 373, 618**

épigramme : **495, 888**

épigraphie : **335, 583, 584, 682, 690, 771, 777, 824**

épinicie : **87, 619**

épiphanie : **24, 92, 299, 899, 900, 903, 958, 968, 996, 1015, 1057, 1058, 1073, 1084**

épitaphe : **149, 426, 429**

épithalame : **604**

épithète : **92, 172, 199, 273, 274, 421, 488, 599, 608, 627, 683, 687, 719, 730, 749, 790, 852, 861, 899, 936, 969, 1001, 1043, 1066, 1073, 1079, 1081, 1082**

épopée : **204, 273, 292, 496, 611, 664, 671, 763, 790**

époque hellénistique : **729**

épuration : **83, 98, 437, 529, 752**
eschatologie : **684**
esclave : **546, 740**
ésotérisme : **122**
espérance : **122**
espoir : **356**
esprit : **779**
essence divine : **723**
esthétique de l'hymne : **448**
État : **565**
éthologie : **600**
étiologie : **919**
étymologie : **51, 103, 195, 198, 274, 453, 628**
évocation : **386, 449, 693, 694, 711, 819**
évolution : **367**
exactitude : **82**
exaucement : **160, 794, 796, 821, 836**
exaucer : **316, 502**
exécration : **26, 339, 386, 533, 594, 605, 616, 728**
exemple : **327**
exercices spirituels : **629**
exil : **797**
exorcisme : **688, 734, 874, 983, 1072**
exorde : **384**
expérience mystique : **602**
expiation (voir aussi *piaculum*) : **57, 400, 578, 832, 874**
exposition : **622**
extase : **147, 149, 152, 247, 504, 950**
ex-voto (voir aussi remerciement) : **13, 53, 187, 310, 329, 332, 335, 383, 384, 393, 426, 432, 491, 527, 536, 547, 726, 742**

F

famille : **112, 565**
fatalité : **127**
faveur : **215, 227, 821**
femmes : **136, 196, 246, 256, 332, 376, 417, 545, 630, 789, 842, 1018, 1062**

fertilité : **548**
ferveur : **122**
fête : **69, 172, 213, 579, 627, 800, 886, 978**
fête d'arrivée : **1057**
fêtes religieuses : **67**
fétiaux : **569, 570**
figurine : **376**
finalité de la prière : **575, 683, 769, 802**
fleuve : **149**
foi : **73, 392**
folie : **152**
forces chthoniennes : **250**
formalisme : **101, 455, 541, 760, 774, 816, 835**
forme : **111, 285, 523, 802**
formulaire : **122, 149, 615, 647, 662, 697, 736, 816, 832**
formule : **10, 14, 15, 30, 42, 62, 84, 108, 119, 120, 131, 142, 172, 201, 214, 215, 231, 237, 251-253, 270, 290, 297, 307, 308, 314, 321, 324, 347, 348, 352, 360, 364, 366, 369, 371-373, 379, 396, 405, 422, 424, 432, 445, 448, 460, 471, 480, 482, 489, 493, 499, 509, 511, 514, 550, 552, 564, 572, 583, 605, 615, 620, 628, 639, 657, 672, 673, 675, 676, 689, 703, 719, 723, 727, 743, 762, 767, 785, 790, 804, 809, 819, 823, 825, 829, 838, 844, 856, 859, 874, 888, 901, 905, 911, 923, 925, 934, 936, 938-940, 948, 971, 977, 987, 990, 1017, 1029, 1061, 1069, 1086**
formule cadencée : **674**
formule conclusive : **180, 181**
formule d'adieu : **705**
formule juridique : **171, 749**
formule liturgique : **555**
formule magique : **31, 92, 286, 749**
formule rituelle : **339**
formules anciennes : **400**
foule : **755**

foyer : **662**
fragilité humaine : **760**
fumée : **163**
funérailles : **571**
funéraire : **733, 809**

G

gemme inscrite : **722**
généalogie : **802**
génétique : **600**
génitif : **681**
genou : **112, 197, 202, 624, 725, 763, 764, 797**
genre littéraire : **281, 603, 642, 679, 705**
genre poétique : **659**
genre didactique : **834**
gens simples : **755**
génuflexion : **470**
geste : **7, 15, 19, 23, 58, 65, 84, 94, 99, 136, 191, 221, 225, 247, 251, 297, 308, 313, 334, 344, 368, 374, 393, 419, 445, 470, 474, 535, 537, 612, 664, 701, 764**
gestuelle : **112, 352, 380, 394, 543, 571, 574, 595, 615, 625, 631, 632, 662, 668, 700, 706, 711, 712, 725, 726, 733, 749, 766, 781, 809, 812, 821, 835, 841, 879, 892, 894, 918, 922, 933, 955, 981, 1006, 1017, 1021, 1034, 1056**
gloire : **38**
gnose : **330, 501, 646**
gnosticisme : **722**
graffites : **777**
grammaire : **987, 1041**
gratitude : **255**
groupe : **697**
guérison : **187, 226, 279, 326, 390, 935, 1026**
guerre : **172, 259, 274, 472, 540, 569, 640, 662, 686, 692, 841, 869, 911, 946, 1011, 1015, 1017, 1019, 1031**
guerre civile : **834**

H

harmonisation : **242**
haruspicine : **940**
hébreu : **757**
hédonisme : **48**
hellénisme : **837**
hénothéisme : **143, 568, 614, 1049**
hermaphroditisme : **768**
hermétisme : **93, 179, 330, 466, 517, 567, 568, 646, 659, 723, 781, 801, 856, 901**
héroïsme : **476**
héros : **139, 274, 279, 406, 435, 598, 791, 846, 865, 897, 975**
hiérarchie : **600**
hiérogamie : **213**
hiérophante : **903**
histoire : **671**
hittite : **405, 960**
homéotéleute : **3**
hommage : **29, 149, 583, 684**
homme : **276**
hommes et dieux : **665, 681**
honneurs divins : **665**
honte : **459**
hospitalité : **222, 457, 830**
hymen : **597**
hyménée : **597, 603, 604**
hymne : **2, 6, 23-25, 29, 40, 43, 46, 47, 58, 63, 67, 68, 69, 88, 89, 91, 92, 96, 97, 105, 106, 114, 123, 134, 139, 140, 143, 145, 146, 147, 149, 154-156, 167, 172, 175, 183, 185, 190, 199, 201, 204, 224, 238, 241, 251, 256, 262, 263, 267, 269, 273, 276, 286, 287, 292, 293, 298, 299, 318, 328, 329, 338, 342, 343, 348, 355, 359, 362, 367, 381, 382, 383, 399, 406, 408, 409, 411-414, 421, 428, 433, 436, 439, 440, 448, 466, 471, 477, 478, 479, 484, 485, 493-496, 499, 501, 506, 514, 516, 528, 548, 554, 557, 558, 567, 576, 579, 580, 582, 590-592, 596, 599, 603, 604, 622, 623, 626,**

643, 644, 650, 653, 673, 674,
676, 679, 687, 689, 697, 698,
701, 705, 708, 710, 713, 714,
729, 730, 732, 735, 736, 748,
760, 762, 768, 778, 783, 785,
788, 790, 792, 798, 800-802,
805, 808, 811, 817, 818, 833,
835, 845, 847, 862, 865, 876,
878, 886, 888-890, 895, 899,
906, 909, 915, 916, 921, 929,
932, 936, 948, 949, 951-953,
956, 965, 966, 976, 989, 996-
998, 1002-1004, 1008, 1013,
1024, 1025, 1029, 1030, 1033,
1035, 1039, 1043, 1049, 1052,
1061, 1064, 1066, 1069, 1073,
1075, 1077, 1084, 1085, 1087
hymne clétique : **599, 608, 677, 756,
767**
hymne en prose : **786**
hymne initiatique : **659**
hymne magique : **659**
hymne philosophique : **568**
hyporchème : **514**

I
icône : **689**
iconographie : **140, 312, 324, 527,
574, 742, 852, 868, 879, 892,
894, 924, 941, 955, 965, 1021,
1056, 1063**
idéal de vie : **48**
identification : **298**
identification à la divinité : **820**
identité du dieu : **478**
idéologie : **446, 721, 817**
idoles : **8**
ignorance : **387**
illustration : **622**
image : **405, 640**
image cultuelle : **793**
immortalité : **684, 934, 942**
impératif : **44, 45, 150, 227, 663,
811**
impersonnalité divine : **530**
impiété : **22, 338, 345, 618, 793**

imploration : **12, 16, 17, 132, 192,
733**
imprécation : **55, 58, 86, 103, 122,
149, 159, 198, 211, 213, 218,
247, 251, 277, 358, 442, 472,
480, 489, 519, 544, 584, 589,
639, 657, 668, 677, 692, 699,
767, 785, 809, 823, 829, 852,
908, 911, 933, 956, 976, 980,
1011, 1030, 1043**
imprécation judiciaire : **607**
improvisation : **247**
impuissance : **387**
incantation : **82, 147, 203, 205, 229,
306, 496, 524, 641, 652, 669,
673, 678, 683, 703, 708, 727,
734, 780, 814, 825, 856, 857,
881, 901, 925, 941, 956, 976,
1088**
individualisme : **387**
individuel : **575**
indo-européen : **103, 110, 198, 290,
460, 704**
inégalité entre hommes et femmes :
71
influence grecque : **372**
influences orientales : **232**
initiation : **106, 648, 698, 855, 900,
966, 1046**
innovation : **390**
inscriptions : **583, 584, 682, 771,
777**
inscriptions funéraires : **684**
inscription isopsèphe : **741**
inspiration : **383, 384**
inspiration poétique : **1**
intégration sociale : **797**
intention : **111, 141, 728**
intentionnalité : **726**
intercession : **27, 39, 149, 251, 584,
602, 763**
intérêts engagés par la prière : **575**
intériorisation : **237, 529**
intériorité : **367, 514**
interjection : **49**
interprétation : **476**
interprète : **161**

intertextualité : **273, 476**
introduction : **352**
invective : **66**
inversion de la prière : **560**
invocation : **1, 5, 19, 21, 32, 39, 47, 88, 89, 91, 92, 95, 99, 101, 110, 119, 138, 149, 152, 155, 167, 172, 175, 176, 177, 183, 199, 204, 210, 215, 218, 226, 231, 240, 259, 260, 266, 298, 303, 308, 317, 320, 324, 329, 339, 347, 348, 352, 358, 360, 361, 364, 388, 397, 398, 400, 405, 416, 427, 430, 434, 442, 457, 463, 464, 466, 473, 479, 485, 493, 500, 518, 524, 548, 560, 563, 565, 573, 576, 581, 587, 590, 595, 602, 608, 617, 619, 621, 641, 649, 651, 657, 673, 675, 677, 678, 683, 690, 692, 697, 701, 705, 716, 717, 721, 728, 732, 756, 766, 783, 785, 790, 791, 792, 795, 796, 802, 811, 814, 819, 820, 834, 838, 850, 852, 854, 861, 867, 870, 890, 909, 917, 926, 934, 943, 960, 980, 981, 990, 1015, 1027, 1034, 1040, 1043, 1044, 1046, 1051, 1083, 1084, 1087**
ionien : **504**
invocation à Janus : **715**
invocation liminaire : **736**
invocation négative : **776**
ironie : **210, 304, 573**
irrationnel : **358**
italique : **401**

J

jalousie des dieux : **529**
jeux : **486, 947, 961, 1051, 1078**
jeu formel : **642**
jeux panhelléniques : **640**
Jeux séculaires : **10, 153, 452, 643, 676, 718, 775, 922, 976, 1051, 1052**
Jeux tarentins : **10, 452**
joie : **69, 172, 195, 830**

judaïsme : **195, 327, 520, 521, 525, 635, 689, 757, 771, 852, 878, 950, 983, 992, 1037**
judaïsme (rapport avec le) : **337**
jurer : **168**
juridisme : **455, 816**
juron : **484**
justice : **16, 18, 190, 230, 266, 387, 414, 487, 560, 612, 663, 809**
justification de la prière : **619**

L

labour : **451**
laïcisation : **705**
lamelles de plomb : **563**
lamentation : **266, 310, 358, 368, 504, 571, 875, 1057**
langage : **151, 400, 587, 762**
langage religieux : **834**
langage rude : **448**
langue : **406, 616, 620**
langues italiques : **400**
laude : **645**
lectisterne : **305, 515, 816, 828**
légitimité de la prière : **22**
lexicologie : **385, 423**
lexique : **290, 366, 401, 615, 628, 662, 821**
libation : **34, 76, 86, 110, 172, 290, 310, 312, 324, 474, 483, 486, 595, 640, 656, 665, 692, 693, 694, 695, 704, 711, 821, 827, 828, 835, 981, 1019, 1086**
liberté : **28, 95, 357, 522, 833**
libre arbitre : **833**
lien : **56, 430**
lier : **639**
lieu (et temps) : **122, 247, 251, 406, 488, 559, 924, 955, 1043, 1063**
lieu de culte : **305**
linguistique : **86, 110, 141, 156, 207, 276, 321, 322, 339, 364, 415, 430, 504, 751, 806**
liste : **691**
litanie : **122, 149, 342, 405, 416, 487, 524, 730, 795, 801**
litanie isiaque : **717**

littérature : **20**, **144**, **147**, **271**, **310**, **467**, **643**

liturgie : **144**, **342**, **517**, **677**, **762**

livre : **446**

livre de prière : **445**

Livres Sibyllins : **305**

loi : **480**

loi sacrée : **701**, **851**

louange : **89**, **111**, **156**, **292**, **337**, **395**, **475**, **523**, **622**, **645**, **684**, **708**, **726**, **776**, **803**

lustration : **515**, **617**

lyrique : **412**

lyrisme : **496**, **676**

M

magicien : **649**

magicienne : **815**

magie (voir aussi *defixio*) : **3**, **7**, **27**, **71**, **82**, **93**, **99**, **106**, **107**, **120**, **122**, **139**, **152**, **171**, **174**, **175**, **179**, **180**, **181**, **188**, **199**, **203**, **209**, **215**, **224**, **228**, **247**, **261**, **283**, **297**, **306**, **311**, **327**, **334**, **337**, **340**, **361**, **369**, **376**, **389**, **397**, **402**, **405**, **406**, **414**, **421**, **423**, **425**, **441**, **451**, **460**, **463**, **470**, **482**, **484**, **499**, **515**, **521**, **532**, **533**, **541**, **563**, **607**, **615**, **616**, **620**, **629**, **638**, **639**, **641**, **646**, **649**, **652**, **654**, **666**, **667**, **669**, **683**, **685**, **688-693**, **697**, **703**, **711**, **714**, **722**, **726-728**, **734**, **738**, **742**, **744**, **747**, **757**, **764**, **771**, **773**, **779**, **780**, **781**, **792**, **815**, **819**, **820**, **823**, **824**, **825**, **829**, **839**, **843**, **852**, **856**, **857**, **859**, **860**, **881**, **882**, **897**, **898**, **901**, **907**, **908**, **911**, **912**, **917**, **918**, **920**, **925**, **926**, **941**, **957**, **958-960**, **973**, **979**, **982**, **983**, **988**, **992-994**, **999**, **1007**, **1012**, **1018**, **1022**, **1026**, **1028**, **1032**, **1037**, **1048**, **1067**, **1071**, **1072**

magique : **395**

main droite : **196**, **197**

mains : **394**, **700**, **733**

mains jointes : **368**, **600**

mains levées : **126**, **812**

mal (problème du) : **158**

maladie : **172**, **547**

malédiction : **19**, **23**, **26**, **41**, **55**, **78**, **81**, **86**, **103**, **107**, **117**, **149**, **159**, **160**, **173**, **205**, **213**, **310**, **327**, **335**, **402**, **406**, **425**, **429**, **430**, **482**, **519**, **544**, **562**, **563**, **616**, **620**, **639**, **649**, **663**, **680**, **690**, **691**, **692**, **699**, **728**, **734**, **767**, **780**, **792**, **809**, **823**, **825**, **829**, **839**, **858**, **901**, **908**, **933**, **955**, **973**, **1032**, **1060**, **1078**, **1088**

malheur : **78**, **651**

marges : **751**

mariage : **172**, **597**, **664**, **765**, **816**

masculinité : **765**

masque : **876**

maternité : **256**

matin : **34**, **247**, **428**, **470**

maudire : **78**

médecine : **203**, **278**, **279**, **780**, **849**, **898**, **906**, **920**, **923**, **1007**, **1056**

médiation : **151**

méditation : **629**

menace : **482**, **590**, **641**, **702**

mensonge : **90**

mentalité religieuse : **70**, **531**, **803**

menton : **763**, **764**

mère : **612**

merveilleux : **199**

métempsycose : **684**

métrique : **25**, **172**, **183**, **269**, **372**, **436**, **507**, **579**, **1087**

milieux cultivés : **98**

miracle : **800**

modalités : **785**

mode : **32**, **39**, **45**, **564**

modèle : **48**

modèle rhapsodique : **705**

modification : **189**

moment : **264**

monde animal : **600**

monde divin : **600**

monde humain : **600**

monologue intérieur : **146**
monothéisme : **134, 144, 487, 529**
morale : **84, 104, 114, 211, 245, 477**
moralité : **565**
mort : **76, 105, 118, 122, 127, 149, 211, 253, 406, 489, 598, 684, 744, 859, 871, 875, 974, 990, 991, 1062**
motif de revendication : **415**
motif narratif : **249**
motifs de la prière : **684**
moyen mnémotechnique : **215**
murmure : **340, 490, 731**
musique (voir aussi chœur) : **60, 67, 69, 172, 358, 359, 408, 436, 486, 579, 580, 596, 597, 606, 653, 659, 673, 708, 737**
myrionymie : **554, 801**
mystères : **59, 106, 147, 183, 256, 262, 296, 463, 467, 478, 585, 640, 732, 771, 773, 791, 845, 851, 852, 855, 965, 976, 1005, 1018, 1043, 1053**
mystères d'Éleusis : **837**
mystères orphiques : **837**
mysticisme : **1, 54, 122, 182, 199, 342, 555, 588, 629, 646, 689, 737, 776, 781, 819**
mystique : **73, 251, 515**
mythe : **139, 516, 524, 530, 585, 640, 687, 791**
mythologie : **151, 154, 174, 548, 606**

N

naissance : **765, 816**
naissance du dieu : **687**
narration : **352, 599, 623, 721**
nature (monde physique) : **1055**
nature des biens demandés : **575**
nature et culture : **600**
nécessité : **357**
nécromancie : **693, 747, 958**
néoplatonisme : **48, 73, 93, 148, 169, 251, 262-264, 439, 440, 500, 568, 629, 648, 668, 685, 689, 805**

nom : **756, 819**
nom divin : **11, 177, 259, 261, 298, 326, 397, 427, 470, 499, 500, 501, 503, 555, 627, 689, 727, 749, 771, 775, 794, 841, 852, 856, 880, 901, 905, 976, 1086**
noms barbares : **666, 667, 757**
nombre trois : **765**
nome : **679**
notion : **285**

O

objet : **276**
objet de la prière : **54, 83, 575, 683, 684**
occasions de la prière : **684, 835**
ode : **608**
offrande (voir aussi don) : **24, 57, 79, 84, 105, 187, 199, 215, 280, 424, 444, 456, 470, 474, 480, 483, 486, 514, 523, 595, 609, 626, 640, 692, 693, 719, 732, 784, 793, 794, 821, 827, 830**
offrande votive : **162, 432, 527, 540**
optatif : **44, 429, 663**
oracle : **217, 280, 284, 316, 328, 536, 585, 627, 716, 737, 747, 851, 863, 873, 902, 908, 940, 950, 954, 957, 958, 977, 1013, 1019, 1025, 1029, 1042, 1056, 1058, 1070**
oracle sibyllin : **718**
oralité : **336, 347, 772**
orant : **676**
ordalie : **138, 824**
ordre : **395**
ordre du monde : **387, 434**
ordre social : **16**
oreille : **566**
orge : **319**
orgie : **483, 504, 525**
orgueil : **38**
orientation : **217, 247, 251**
orientation géographique : **589, 831**
orphisme : **6, 88, 106, 122, 134, 251, 328, 568, 659, 714, 730,**

732, 773, 778, 783, 792, 934, 1043

P

pacte : **64, 570, 613, 692, 700**
paganisme : **803**
paix : **282, 701, 772**
palindrome : **223**
panégyrique : **495, 803**
panthéisme : **399, 530**
panthéon : **760, 791**
papyrus invocatoire : **717**
papyri magiques : **620, 641**
parallélisme : **349**
parataxe : **134, 829**
paratexte : **817**
parénèse : **585**
parjure : **41, 90, 430**
parodie : **158, 238, 265, 268, 291, 325, 371, 435, 608, 677, 767, 955, 997, 1001, 1010, 1039**
parole : **86, 140, 21, 297, 311, 317, 355, 456, 550, 587, 762**
parole efficace : **663**
parole sacrée : **524**
participes : **371**
particule : **207**
passion : **358**
pastiche : **677**
patère : **827**
pathétique : **206, 296**
péan (voir aussi hymne) : **50, 58, 63, 67, 69, 139, 149, 172, 185, 203, 281, 306, 328, 359, 413, 436, 484, 504, 514, 539, 579, 580, 591, 596, 603, 604, 627, 637, 679, 686, 692, 701, 713, 748, 770, 787, 798, 799, 801, 802, 817, 835, 837**
peinture : **312, 324, 574**
pèlerinage : **583, 647, 726, 828**
pensée religieuse : **157**
Père : **28, 247**
performance : **592, 626**
performatif : **663**
périphérie : **1045, 1055**
personnalisation : **69**

personne : **406**
personnel : **575**
personnification : **459**
persuasion : **4, 85, 612, 818, 819**
pétition : **133, 817, 832**
phénomène social : **336**
phénoménologie : **808**
phiale : **827**
philosophie : **18, 29, 47, 54, 68, 72, 93, 98, 113, 121, 133, 134, 142, 143, 146, 147-149, 178, 182, 199, 220, 228, 242, 245, 251, 262, 263-264, 267, 268, 271, 289, 330, 337, 342, 350, 353, 355, 356, 359, 363, 365, 373, 406, 414, 418, 428, 437, 440, 458, 465, 470, 478, 481, 500, 513, 517, 522, 529, 530, 531, 537, 538, 560, 565, 593, 606, 646, 685, 714, 735, 750, 751, 752, 755, 769, 771, 779, 782, 806, 818, 833, 855, 872, 889, 903, 955, 976, 992, 994, 1010, 1053**
phylactère : **703**
piété : **7, 28, 72, 100, 142, 200, 230, 249, 271, 369, 378, 406, 414, 438, 443, 550, 595, 618, 746, 803**
piété civique et foi personnelle : **658**
piété personnelle : **182, 537**
piété populaire : **72, 136, 184**
piété quotidienne : **535**
pitié : **112, 124**
place dans le rituel : **676**
place de la prière : **301, 383, 752**
plainte : **39, 201, 325, 358**
plaisir : **830**
plan de la prière : **20, 224, 310, 343, 360, 369, 400, 803**
platonisme : **178, 513, 755, 837, 1036**
pluie : **370**
poème : **514**
poésie : **23, 69, 92, 121, 144, 147, 150, 184, 186, 201, 210, 216, 237, 273, 282, 292, 299, 314,**

343, 366, 372, 383, 412, 427, 460, 493, 495, 499, 507, 516, 538, 544, 576, 636, 651, 672, 752, 761, 780, 786, 806, 811, 815, 875, 876, 934, 940, 942, 951, 978, 1002, 1083
poète : 791
poète-prophète : 716
poétique : 124, 129
poitrine : 247
polis : 663
politique : 634, 775, 841, 856, 863, 901, 929, 948, 984, 986, 1000, 1005, 1017, 1033
polyonymie : 91, 350, 783, 790
polysyndète : 608
polythéisme : 217, 531, 791
position : 574, 595, 615
position des mains (levées ou baissées) : 187
posture : 42, 65, 71, 122, 213, 376, 380, 425, 537, 543, 571, 574, 589, 615, 662, 668, 700, 712, 725, 726, 781, 821
pouvoir : 152
pouvoir divin : 476, 802
pouvoir magique : 358
pragmatique : 141
pratiques religieuses des femmes : 526
précatif : 150
précaution : 11, 395
préhistoire de la prière : 463
préliminaires du sacrifice : 827
prémices : 828
Premier Dieu : 440
présage : 578
présent : 227
prêtre : 151, 161, 316, 389, 396, 607, 640, 791, 903
prêtresse : 892
prêtrise : 627
priamèle : 409, 687, 1085
prière à haute voix : 331, 521, 541, 587, 589, 668, 794, 812
prière à voix basse : 668, 731
prière alternée : 677

prière articulée : 245
prière au défunt : 158, 699
prière chaude : 776
prière chuchotée : 116
prière collective : 628, 726, 739, 785
prière conclusive : 614
prière contractuelle : 749
prière cultuelle : 615
prière d'assemblée politique : 677
prière de bon augure : 642
prière de conjuration : 578
prière de conversation : 48
prière de demande : 48, 736
prière de fin : 621
prière de pétition : 257
prière de recommandation : 236
prière de remerciements : 670
prière du matin : 158, 613, 803
prière du soir : 158, 613
prière expiatoire : 578, 774
prière familière : 270
prière finale : 262, 803
prière formelle : 668
prière formulatoire : 726
prière froide : 776
prière impie : 654
prière improvisée : 668
prière individuelle : 628, 726, 739
prière jaculatoire : 556, 726
prière judiciaire : 692, 825
prière juridique : 395, 680, 852, 861, 888, 913, 963, 970, 972, 999, 1028, 1054
prière liminaire : 614
prière littéraire : 615
prière liturgique : 628
prière mentale, voir prière silencieuse
prière mixte : 749
prière murmurée : 521, 589, 654, 731
prière mystique : 749
prière officielle : 220
prière panthéiste : 722
prière par cœur : 697
prière parodique : 615
prière partagée : 146

prière pascale : **803**

prière personnelle : **144, 292, 403, 475, 595, 615, 628, 668, 785**

prière philosophique : **615, 655, 736, 773, 819**

prière politique : **692**

prière populaire : **40, 438**

prière pour la justice : **691, 823, 829**

prière pour la vengeance : **691, 719, 720, 725, 809, 823, 829**

prière primitive : **749**

prière privée : **27, 287, 438, 515, 615, 668, 774, 785, 852, 862, 874, 896, 898, 904, 918, 924, 941, 948, 987, 990**

prière propitiatoire : **186, 774, 832**

prière publique : **403, 515, 542, 615, 668, 692, 749, 774, 785, 835, 852, 862, 896, 918, 948, 976, 1000, 1082**

prière publique d'assemblée : **767**

prière quotidienne : **329, 537, 776, 816**

prière silencieuse : **33, 66, 100, 286, 331, 518, 521, 541, 542, 587, 602, 613, 654, 668, 731, 801, 812**

prière spirituelle : **755**

prière stéréotypée : **247**

prière sur boulette : **116**

prière votive : **670**

prise à témoin : **138**

prise des auspices : **715**

privé : **575**

procès : **173**

procession (voir aussi culte): **97, 172, 316, 596, 597, 604, 658, 701, 748, 769, 798**

prodige : **578, 585, 594, 658, 784, 914**

profanation : **793, 809**

prologue : **318**

promesse : **347, 692, 835**

prompteur : **697**

pronom personnel : **811**

prononciation : **7, 171, 534, 749**

propagande : **772**

propemptikon : **642**

propitiation : **42**

proposition relative : **834**

proscynème (voir aussi adoration) : **583, 584, 647, 661, 741, 860, 871, 900, 993, 1086**

proscynèse (voir aussi prosternation) : **13, 262, 264, 374, 600, 871, 874, 900**

prose : **68, 806**

prose archaïque : **134**

prosodion : **579, 798**

prosternation (voir aussi proscynèse) : **135, 250, 333, 526, 726**

prostitution sacrée : **870**

prostration : **213**

protection : **202, 328, 332, 505, 525, 664, 702, 733**

providence : **481, 529, 536, 560, 589, 750**

psychagogie : **747**

psychologie : **156, 310**

public : **575**

public et privé : **665**

puissance divine : **24, 62, 749**

puissances surnaturelles : **607**

punition : **482, 608**

pureté : **66, 84, 147, 774, 805**

purification : **122, 310, 400, 401, 468, 474, 478, 514**

pythagorisme : **537, 747, 774**

R

Rameau (d'or) : **137, 469, 935**

Rachegebet : **829**

rapport avec le dieu : **140**

rapport avec les dieux : **99, 419**

rapport entre les dieux et les hommes : **230, 272, 317, 378, 458, 529, 560, 564**

rapport entre les actes religieux et sociaux : **250**

rationalisation : **529**

rationalisme : **48, 278, 279**

réciprocité : **42, 307, 406, 560, 565, 796**

récitation : **399, 518**
recommandation : **578, 959, 1081**
réélaboration : **576**
réflexion sur la prière : **685**
refrain : **172, 603**
regard : **700**
régénération sémantique : **705**
règle : **297**
regret : **459**
réitération : **518**
rejet de la prière : **345**
relatifs : **371**
religion : **646, 656, 665, 779**
religion civique : **40, 769**
religion égyptienne : **554**
religion épurée : **178**
religion et politique : **665**
religion et vie éthique : **48**
religion officielle : **428, 431, 749, 769**
religion personnelle : **100, 184**
religion populaire : **98, 435, 529, 769**
religion publique : **446**
religions orientales : **320**
religiosité : **803**
remerciement (voir aussi *supplicatio*) : **172, 246, 406, 484, 550, 840, 902, 931, 944, 947, 955, 963, 995, 1000, 1019, 1044, 1055, 1056, 1063**
réparation : **425**
repas : **247, 354**
répertoire mythologique : **476**
répétition : **3, 319**
répons : **677**
réponse : **352**
représentation : **772**
représentation du divin : **803**
représentation figurée : **486, 574, 595, 749**
représentation plastique : **187, 749**
reproche : **249, 265, 560**
requête : **307, 345, 633, 668, 683, 684, 692, 726, 732, 766, 783, 789, 802, 805, 814, 817, 834**
réquisition : **619**

résultat : **227**
retour : **346**
retour à Dieu : **73**
rêve : **326, 536, 747, 1023**
révélation : **179, 318, 536, 538, 568, 1059**
revendication : **385, 415**
révérence : **250, 600**
révolte : **733**
rhétorique : **5, 20, 21, 60, 68, 106, 113, 123, 129, 154, 156, 201, 226, 267, 290, 293, 298, 301, 308, 383, 384, 409, 419, 493, 496, 538, 555, 588, 645, 662, 664, 712, 732, 735, 751-753, 762, 780, 807, 809, 814, 852, 877, 921, 976, 1017, 1025, 1027, 1085**
richesse : **66, 113, 701**
Ringkomposition : **814**
risque : **908**
rite (voir aussi culte) : **15, 84, 87, 122, 147, 153, 190, 199, 211, 212, 223, 274, 329, 336, 369, 379, 389, 392, 395, 401, 416, 425, 426, 428, 430, 431, 434, 445, 446, 448, 468, 470, 474, 514, 553, 600, 602, 625, 627, 746, 762, 763, 791, 795, 828**
rites de passage : **827**
rites funéraires : **684, 690**
ritualisation : **764**
ritualisme : **237, 774**
rituel : **3, 6, 41, 76, 86, 87, 144, 149, 171, 174, 180, 181, 188, 209, 222, 251, 310, 312, 321, 324, 341, 354, 380, 422, 484, 521, 551, 595, 596, 597, 604, 616, 618, 632, 657, 662, 664, 665, 689, 725, 732, 762, 785, 835**
rituel apotropaïque : **609**
rituel évocatoire : **609**
rivalité : **639**
rivières : **258**
roi : **74, 137**
rythme : **60, 251, 761, 762, 829**
rythme du chant : **50**

rythmique : **149**

S

sacerdoce : **627**

sacré : **41, 145, 200, 284, 336, 419, 533, 605, 640**

sacrifice : **42, 57, 98, 105, 110, 118, 125, 131, 147, 161, 186, 188, 199, 215, 223, 229, 254, 271, 290, 310, 311, 316, 319, 338, 354, 369, 376, 395, 406, 414, 422, 425, 448, 453, 472, 483, 498, 509, 527, 545, 578, 585, 595, 596, 600, 610, 613, 618, 627, 640, 657, 665, 674, 676, 688, 692, 694, 726, 747, 769, 784, 791, 795, 821, 827, 828, 835, 842, 846, 848, 857, 871, 881, 892, 900, 919, 921, 930, 937, 946, 957, 964, 976, 981, 1000, 1012, 1019, 1022, 1034, 1043, 1044, 1047, 1051, 1056-1058, 1074**

sagesse : **9, 28, 59, 113, 220, 418, 434, 498, 618, 782**

salut : **122, 215, 228, 356, 466, 535, 598, 612, 702, 725, 805, 820**

salutation : **89, 622, 687, 830**

sanctuaire : **491, 626, 640, 908, 1012, 1058**

santé : **527, 547, 701, 805**

satire : **495**

saturnien : voir vers saturnien.

sauvegarde : **766**

scepticisme : **781**

sceptre : **469, 700**

schéma : **352**

scolion : **679**

scrupule : **229, 541**

seconde sophistique : **301, 1026**

séduction : **174**

Seigneur : **247**

sémantique : **103, 198, 425, 497**

sentiment religieux : **54, 111, 144, 237, 308, 367, 541, 542**

serment : **19, 23, 41, 42, 49, 56, 64, 90, 115, 122, 138, 196, 207, 213,** **218, 238, 257, 258, 260, 265, 322, 334, 360, 373, 382, 386, 394, 398, 403, 405, 425, 430, 431, 472, 473, 480, 482, 484, 500, 519, 561, 570, 600, 605, 614, 628, 657, 663, 686, 692, 699, 700, 713, 753, 796, 821, 832, 835, 838, 844, 852, 915, 976, 980, 1001, 1027, 1036, 1043, 1044, 1058**

siège de la divinité : **793**

silence : **247, 263, 297, 340, 587, 735, 857**

silence rituel : **731**

simplicité : **437**

sincérité : **104**

Sitz im Leben : **799**

société : **565, 656**

sociologie : **425, 697**

sodalité : **396**

soir : **34, 247, 470**

sol : **233, 295**

solennité : **38, 130, 645**

sollicitation : **57, 434**

son : **389**

songe : **594, 810**

sonorités : **645**

sons : **689**

sophistes : **48**

sophistication : **69**

sophistique : **780**

sorcier : **607**

souffle : **1067**

souhait : **58, 78, 86, 108, 598, 796**

souhait de mort : **201**

souhaiter : **55**

souillure : **122, 425**

soumission : **75, 112, 223, 763**

sources : **258, 615**

spiritualisation : **613**

spiritualité : **28, 94, 106, 183, 242, 367, 565, 633, 774, 819**

spontanéité : **541, 789**

statuaire : **574**

statue : **167, 233, 295, 706, 746, 793**

stèle votive : **526, 566**

stèle de confession : **417, 532**

stoïcisme : **28, 48, 83, 91, 96, 243, 251, 273, 320, 357, 399, 437, 475, 773, 779, 801, 833, 837, 845, 1010, 1066**

strophique (forme) : **346**

structure : **7, 60, 71, 114, 144, 172, 183, 223, 267, 290, 325, 337, 381, 401, 406, 421, 485, 493, 534, 571, 615, 619, 622, 638, 644, 645, 668, 687, 692, 696, 705, 752, 762, 802, 805**

structure hymnique : **811**

style : **39, 92, 149, 166, 215, 371, 372, 381, 409, 460, 645, 752, 762, 829**

stylistique : **129**

subjectivité : **227, 803**

subjonctif : **150, 811**

succès : **172**

superstition : **618, 746**

supination : **733**

suppliant : **9, 80, 182, 202, 284, 341, 457**

supplication : **12, 16-18, 23, 37, 42, 57, 75, 76, 80, 81, 85, 103, 112, 117, 118, 124, 135, 137, 149, 194, 196, 197, 198, 202, 219, 222, 238, 277, 294, 300, 313, 320-323, 333, 338, 341, 380, 406, 459, 468, 469, 505, 508, 515, 526, 533, 547, 549, 550, 578, 595, 598, 600, 612, 624, 634, 662, 664, 676, 691, 695, 701, 702, 712, 725, 733, 763, 764, 766, 776, 797, 806, 807, 812, 813, 819, 829, 840, 841, 870, 871, 879, 884, 922, 930, 955, 976, 990, 1006, 1016, 1021, 1023, 1031, 1062**

supplication à l'autel : **611**

supplication d'action de grâces : **681**

supplication doublée : **681**

supplier : **168**

supports : **615**

symbole : **818, 819**

symbolique : **146**

symétrie : **645**

sympathie : **779**

sympathie cosmique : **629**

syncrétisme : **252, 501, 555, 568, 588, 717, 719, 740, 757, 805, 1049**

syntaxe : **60, 166**

T

tablette : **533, 562**

tabou : **756**

taureau : **800**

témoin : **260, 430**

temple : **284, 295, 508**

temporalité : **772**

temps : **32, 39, 44, 45, 564**

tension : **152**

terminologie : **344**

théâtralité : **712**

théâtre : **183, 228, 842, 852, 876, 885, 907, 911, 915, 927, 944, 976, 978, 1060**

théologie : **157, 245, 287, 428, 588, 593**

théologie naturelle : **600**

théologie solaire : **788**

théonyme : **675, 994, 1037**

théorie : **149, 615**

théoxénie : **828**

théurgie : **148, 629, 648, 685, 689, 818, 819, 851, 988**

thiase : **608**

thrène : **603, 679, 713**

tonalité : **490**

topique : **409**

topoi : **68, 267**

toute-puissance : **768**

tradition : **418, 446**

tradition (respect de la) : **72**

traditionalisme : **834**

traduction : **806**

tragédie : **22, 85, 114, 138, 155, 190, 294, 341, 358, 407, 442, 477, 496, 538, 559, 560, 582, 598, 611, 612, 634, 664, 672, 702, 780, 1005**

traité : **570, 692, 816, 827**

traité/trêve : **110**

transcendance : **803**, **1066**

traversée : **216**

tribu : **640**

trinité : **803**

triomphe : **265**

typologie : **578**, **590**, **615**, **628**, **668**, **726**, **749**, **752**, **758**, **776**, **808**, **832**

typologie alexandrine : **799**

typologie de la prière : **54**, **146**, **149**, **307**, **308**, **344**

U

union : **73**

union mystique : **648**, **723**

unité religieuse : **791**

utilité de la prière : **365**, **481**, **668**

V

valeurs : **37**

vases : **312**, **324**, **574**

vénération : **684**, **1026**

vengeance (voir aussi prière juridique) : **126**, **187**, **266**, **366**, **482**, **922**, **1041**, **1078**

verbosité : **349**

vérité : **318**, **565**

vers : **762**

vers saturnien : **636**

vertu : **28**, **149**, **522**, **701**

vêtement de fête : **246**

vie religieuse : **640**

vin : **422**

vocabulaire : **3**, **14**, **15**, **23**, **38**, **108**, **110**, **117**, **118**, **148**, **149**, **200**, **202**, **257**, **331**, **335**, **337**, **380**, **385**, **406**, **434**, **470**, **525**, **544**, **615**, **616**, **628**, **821**, **877**, **879**, **899**, **903**, **918**, **928**, **955**, **971**, **974**, **1010**, **1011**, **1039**

vocatif : **207**

vocatif initial : **180**, **181**

vœu (voir aussi *uotum*) : **4**, **36**, **38**, **42**, **66**, **76**, **86**, **103**, **108**, **110**, **128**, **131**, **149**, **157**, **194**, **198**, **257**, **285**, **319**, **343**, **360**, **417**, **426**, **434**, **447**, **510**, **511**, **524**, **536**, **540**, **549**, **668**, **686**, **692**, **716**, **743**, **745**, **777**, **785**, **796**, **832**, **835**, **840**, **856**, **867**, **883**, **887**, **901**, **905**, **924**, **946**, **955**, **963**, **976**, **981**, **994**, **995**

voile : **191**, **631**

voix : **71**, **105**, **224**, **490**, **566**, **587**

volonté divine : **137**

voyage : **13**, **346**, **427**

voyage en mer : **642**

vrai bien : **121**, **437**

Y

yeux levés : **225**

Z

zodiaque : **466**

Mots latins

A

adoratio : **35**, **94**

argumentum : **89**, **223**

auerrunco : **672**

axamenta : **673**

B

bellum indicere : **569**

bugonia : **1022**

C

caedes : **672**
carmen : **10, 62, 77, 97, 101, 129, 141, 153, 168, 234, 239, 320, 337, 411, 446, 451, 452, 454, 518, 577, 613, 650, 652, 654, 671, 673-676, 761, 815, 940, 1052**
carmen conuiuiale : **650**
carmen saeculare : **775**
carmen triumphale : **650**
cautio : **749**
circumactio : **250**
clarigatio : **715, 838**
commendatio : **578**
commentatio : **297**
congratulatio : **774**
consecratio : **61, 749, 822**
consecror : **482**
constantia : **130**
cruor : **672**

D

da quia dedi : **817**
da quia dedisti : **817**
dabo ut des : **835**
dea : **675, 803**
decemuiri sacris faciundis : **305**
dedicatio : **816**
defixio (voir aussi défixion) : **205, 209, 361, 396, 402, 441, 532, 533, 544, 607, 620, 666, 667, 728, 771, 822, 825, 839, 843, 858, 861, 867, 872, 881, 888, 894, 908, 910, 913, 962, 963, 970-973, 977, 981, 984, 986, 988, 993, 999, 1009, 1012, 1032, 1050, 1054, 1058, 1068, 1071, 1072**
denuntiatio : **686**
deos testes facere : **838**
deprecatio : **206, 297**
deuotio : **61, 141, 157, 166, 191, 200, 230, 239, 240, 297, 320, 451, 482, 518, 551, 671, 672, 675, 713, 745, 749, 760, 792, 804, 822, 835, 905, 937, 985, 1047**
deus summus : **568, 614**
deus : **675, 803**
dexter ades : **811**
dicere : **621**
do ut des : **53, 230, 549, 653, 835**
dubitatio : **409**

E

euocatio : **166, 239, 297, 315, 320, 451, 454, 482, 549, 552, 572, 577, 586, 675, 686, 713, 715, 745, 749, 760, 792, 816, 822, 905, 1047**
ex uoto : **713**
excanto : **577**
exoratio : **577**
exsecror : **482**

F

fas : **811**
felix : **811**
fero : **234**
fides : **64, 130, 197, 455, 577, 990**
foedus : **570, 838**
formula : **77**
frugalitas : **130**
fundere preces : **704**

G

genius : **464**
genius loci : **675**

H

historiolae : **727**
homo orans : **419**
homo religiosus : **59, 419**
hymnus Graecus : **77**
hymnus Romanus : **77**

I

inauguratio : **919**
incantatum : **578**
indictio belli : **715**

indiges : **62**
indigitamenta : **240, 320, 395, 416, 675, 816, 938, 940, 1033, 1051, 1086**
interpretatio Graeca : **165, 554**
inuoco : **838**
inuocatio : **77, 223, 382**
inuocatio generalis : **749**
iocus : **1011**
iurare Iouem lapidem : **570**
iuro : **168**
ius diuinum : **188**
ius fetiale : **569**
ius iurandum : **257, 570**
iustum piumque bellum : **569**

L

laudes : **621**
legatus : **569**
lex : **77**
lex uiua : **740**
liber linteus : **424**
litatio : **745, 919, 1034**
lito : **745, 928, 1074**
lustratio : **235, 650, 660, 673, 816**
lustrum : **749, 795**

M

macte esto : **188, 453**
maledico : **482**
materia magica : **223**
misericordia : **740**
monitor : **631, 697**
murmur : **654**

N

narratio : **705**
nenia : **545**
nomen ignotum : **714**
numen : **464, 675**
nuncupatio : **444, 963**
nuntius : **569**

O

obsecratio : **774, 816**

omnipotens : **768**
oratio : **749**
oratio obliqua : **623**
oratio recta : **623**
oro : **168, 493, 497, 541, 542, 928**

P

pars epica : **77, 223, 621**
partes mediae : **621**
pater patratus : **569**
pax : **290, 400**
pax deorum : **188, 229, 482**
pax per sponsionem : **570**
petitio : **382**
peto : **234**
piaculum : **235, 290, 795, 1051**
pietas : **35, 130, 740, 749, 841, 990**
pius : **749**
ploratio : **213**
pompa : **240**
portenta : **834**
praeeo : **631, 697**
praefatio : **827, 848, 1034**
praesentia numinis : **803**
praesul : **673**
precatio : **257, 297, 493, 578, 673, 812, 1052**
precatio depulsoria : **578**
precatio impetrita : **578**
preces : **51, 77, 89, 223, 257, 450, 482, 774**
precor : **42, 168, 234, 257, 450, 541, 542, 928, 1086**
pro salute imperatoris : **614**
procuratio : **749, 914, 981**
prodigia : **482**
proemium : **622**
prostratio : **247**
puluinar : **305**

Q

quaeso : **234, 928**

R

religio : **3, 774**
religio mentis : **801**

res repetere : **569**
ritus Romanus : **509**

S

sacer : **482**
saliens : **451**
salue : **621**
salutatio : **239**
sententia consularis : **681**
siue deus siue dea : **675**
solutio : **963**
sponsio : **838**
superstitio : **3, 749**
supplex : **168**
supplicatio : **35, 192, 193, 230, 240,
  250, 254, 267, 305, 337, 553,
  650, 675, 774, 789, 816, 832,
  914, 946, 981**
supplico : **42**

T

tacitus : **654**
templum : **372**
testatio belli : **686**
testatio deorum : **715**
tripodatio : **650**
tripudium : **673**

V

uates : **673**
ueneror : **234, 497, 535, 928**
uer sacrum : **61, 162, 235, 482, 749**
uerba concepta : **749**
uerrunco : **672**
uersus : **673**
uoco : **623**
uoces magicae : **223, 649, 727**
uotum : **94, 162, 230, 235, 239, 257,
  296, 320, 404, 410, 444, 446,
  461, 491, 493, 515, 784, 792,
  816, 822, 835, 905, 1047**
uoueo : **42**

Mots grecs

A

ἄγαλμα : **793**
ἅγιος : **482**
ἁγνεύς : **943**
ἄγος : **482**
ἀγών : **634**
ἀείδω : **622**
αἰδώς : **197, 323**
αἰτέω : **247, 383**
ἀκοαί : **566**
αλλαλα : **616**
ἀμηχανία : **842**
ἀμοιβή : **796**
ἀνάβασις : **755**
ἀναγωγόν : **819**
ἀνακράζω : **900**
ἀντιάω : **662**
ἀντίος : **662**

ἀρά (ἀρή) : **103, 149, 160, 198, 282,
  317, 335, 472, 489, 544, 713,
  720, 767, 780, 809, 825, 829**
ἀράομαι : **117, 148, 369, 425, 773,
  821**
ἀρεταί : **801**
ἀρετή : **655**
ἀρητήρ : **161**
ἄρρητον ὄνομα : **714**
ἀρχή : **409**
ἀσπάζομαι : **900**
ἀσυλία : **662**
ἀτέλεστος : **616**

B

βρέτας : **793**

233

Γ

γένος : 211, 644, 801
γνῶσις : 629, 819
γόος : 571
γόος ἀρητός : 720
γουνάζομαι : 112, 202, 662
γουνόομαι : 112, 202, 662, 821

Δ

δαίμων : 616
δέησις : 247
δεισιδαιμονία : 135, 829
δέομαι : 108, 247
διάλεκτος : 724
δύναμις : 644, 645, 801
δυσσεβής : 582

Ε

ἐγκώμιον : 226, 479
ἕδος : 793
ἐλθέ : 226
ἐλπίς : 356
ἐμπέλασις : 819
ἔμπυρα : 616
ἔντευξις : 247
ἐντυχία : 819
ἕνωσις : 629
ἐπαοιδή : 881
ἐπακούω : 226
ἐπεύχομαι : 701
ἐπήκοος : 502
ἐπίκλησις : 303, 819
ἐπιτέλεια : 616
ἐπῳδή : 203, 390, 780
ἔργα : 644
ἑρκεῖος : 904
ἐρωτάω : 247
εὐεργέτης : 801
εὐλάβεια : 525
εὐλογέω : 247
εὐνομία : 701
εὑρετής : 801
εὑρήματα : 644
εὐσέβεια : 595, 773
εὐφημία : 574, 731, 1060
εὐχαριστέω : 247

εὐχετάομαι : 322
εὐχή : 108, 149, 223, 226, 247, 285,
    296, 417, 514, 595, 610, 713,
    755, 819, 835, 930
εὔχομαι : 4, 42, 71, 103, 108, 117,
    140, 148, 198, 228, 247, 296,
    309, 317, 364, 383, 385, 415,
    423, 425, 616, 754, 773, 794,
    821, 835, 887
εὖχος : 4, 754
εὐχωλή : 4, 296
ἐχθρός : 634

Θ

θάμβος : 900
θέλγω : 881
θέμις : 582
θεσμοί : 819
θρῆνος : 571
θρησκεία : 525
θυμός : 813
θυσία : 835
θύω : 891

Ι

ἴδιον : 575
ἱερεύω : 369
ἱερὸς λόγος : 698
ἰὴ παιῆον : 890, 1087
ἱκεσία : 702, 829, 1006, 1016
ἱκετεία : 222, 611, 662, 819
ἱκετεύω : 103
ἱκετηρία : 514
ἱκέτης : 42, 198, 525, 634
ἵλαος : 514
ἱλάσκομαι : 514, 835
ἰοὺ ἰού : 212

Κ

καλέω : 383, 622, 623
καλοκἀγαθία : 701
καταγράφω : 616
καταδέω : 616, 620
κατάδεσμος : 616, 620, 639, 829,
    881
κατακλιτικός : 616

κατεύχομαι : **544, 616**
κικλήσκω : **317, 622, 623**
κληδών : **1060**
κλῆσις : **819**
κλῦθι : **622**
κοινόν : **575**
κοινωνία ὁμονοητική : **629**
κομμός : **1017**

Λ
λίσσομαι : **18, 42, 103, 112, 117, 148, 198, 322, 425, 662, 773, 821**
Λιταί : **102, 116, 459**
λιταῖος : **300**
λιτανεῖαι : **819**
λιτανεύομαι : **821**
λιτανεύω : **317**
λιτή : **514, 595, 819, 930, 953**
λόγος : **223, 355, 791**

Μ
μακαρισμός : **183, 900**
μίξις : **1031**
μανία : **616**
μοῖρα : **357**
μόνος : **1024**

Ν
ναί : **180, 181**
νόμοι : **343, 819**
νοῦς : **134, 779**

Ξ
ξενία : **662**
ξόανον : **793**

Ο
ὀλολυγή : **99, 212, 545**
ὀλολυγμός : **595, 842**
ὀλοός : **304**
ὁμιλία : **724**
ὄμνυμι : **322**
ὀνόματα βαρβαρικά : **666, 667**
ὀρκίζω : **878**
ὅρκος : **56, 322, 472**

Π
πάθος : **407**
παιάν : **916**
παλαιὸς λόγος : **714**
παράδειγμα : **307**
παράκλησις : **819**
πεπρημένος : **824**
πίστις : **104**
πολυεπίουρος : **943**
πολυωνυμία : **623**
προοίμιον : **46, 343, 1061**
προσευχή : **108, 247**
προσεύχομαι : **108**
πρόσκλησις : **819**
προσκυνέω : **535, 891**
προσκύνησις : **706**

Σ
σεμνότης : **134**
σιγάω : **731**
σιωπάω : **731**
σπονδαί : **827**
σχῆμα : **573**
σωτήρ : **634, 1024**
σωτήρια : **254**
σωφροσύνη : **655**
σώφρων : **655**

Τ
τιμή : **211, 813**

Υ
ὕβρις : **773**
ὑμνέω : **621**
ὕμνος : **134, 711**
ὕμνος κλητικός : **599, 767**

Φ
φαρμακεία : **616**
φιλότης : **796**
φορβορ : **616**
φύσις : **644, 805**

Χ
χαῖρε : **621, 622, 830**
χάρις : **409, 626, 796, 921**

χαριστήρια : **254**
χαριτήσιον : **757**
χοαί : **609**

χρησμολόγος : **958**

Noms propres

A

Abrasax : **878, 913, 917, 1068, 1088**
Achille : **37**
Aglauros : **115**
Ahura-Mazda : **74**
Aiôn : **740, 820**
Ajax : **442**
Alexandre d'Abonuteichos : **900**
Amphiaraos : **1056**
Anthestéries : **656**
Antinoos : **329**
Anubis : **149, 381**
Aphrodite : **37, 85, 136, 299, 342, 426, 427, 608, 696, 731, 847, 869, 870, 998, 1031, 1076, 1081, 1082**
Apis : **208**
Apollon : **37, 39, 84, 121, 140, 149, 153, 172, 185, 279, 298, 300, 361, 369, 391, 413, 428, 435, 452, 489, 504, 505, 564, 606, 637, 659, 701, 719, 729, 770, 775, 787, 805, 854, 864, 873, 878, 886, 909, 915, 916, 1005, 1013-1015, 1029, 1041, 1064, 1073, 1078, 1085**
Apollon-Osiris : **154**
Apollonios de Tyane : **350**
Aréopage : **253**
Arès : **115**
Aretè : **149**
Arsinoé II Philadelphe : **847, 998**
Artémis : **85, 115, 149, 172, 175, 182, 427, 484, 783, 864, 903, 909**
Arvales : **311, 372, 378, 411, 446, 452, 550, 650, 673**

Asclépios : **149, 172, 182, 185, 279, 342, 440, 588, 646, 659, 701, 729, 787, 801, 1025, 1056, 1077**
Atè : **459**
Athéna : **37, 39, 115, 149, 172, 185, 279, 342, 440, 608, 1084**
Athéna Nikè : **581**
Athéna Polias : **581**
Athènes : **634**
Attis : **501, 843, 861, 1054**
Auguste : **772, 775**

B

Bacchus : **493, 504**
Bès : **991**
Bia : **986**

C

Camille : **512, 841**
Carthage : **315**
Celse : **755**
Cerbère : **970**
Cérès : **231, 232, 391, 555, 914**
Coré : **824, 888, 966**
Courètes : **548**
Cronos : **6**
Cupidon : **1064**
Cybèle : **252, 504, 608, 617, 837, 843, 861, 1038**

D

Dea Dia : **446**
Delia : **729**
Délos : **172, 729, 1073**
Delphes : **172, 539, 950, 1008, 1042**
Déméter : **149, 427, 484, 514, 824, 888, 899, 903, 966, 1018**

Démétrios Poliorcète : **608, 729**
Diane : **130, 153, 452, 555, 775, 843, 927, 935**
Di Indigetes : **1086**
Dionysiastai du Pirée : **729**
Dionysos : **2, 106, 125, 149, 172, 271, 463, 539, 659, 729, 800, 934, 1005, 1008, 1046, 1057**
Dis Pater : **452, 858, 970**

E

Égypte : **270, 421**
Ényalios : **115, 540**
Ényô : **115**
Éole : **1067**
Eracura : **970**
Érinyes : **173, 442, 559, 731**
Épidaure : **701**
Éros : **500, 782, 932, 1031, 1079**
Éther : **428**
Étrurie : **424, 866, 1055**
Étrusques : **30, 713**
Euménides : **253, 598**

F

Fortune : **481, 635**

G

Galles : **617**
Gaule romaine : **777**
Géryon : **884**
Grâces : **115**
Grande Mère : **1054**

H

Harpocrate : **996**
Hécate : **149, 175, 342, 427, 435, 659, 742, 988**
Hégémoné : **115**
Hélios : **405, 659, 719, 733, 805, 933**
Héphaïstos : **271, 986**
Héraclès : **115, 207, 435, 843**

Hermès : **179, 266, 279, 435, 442, 564, 567, 581, 608, 659, 856, 915, 953, 1015, 1064**
Hermès Trismégiste : **646**
Hestia : **115, 354, 1016**
Heures : **63**
Hygie : **149, 172, 328**
Hylas : **1057**

I

Ilithyie : **452, 1018**
Isaura : **315**
Isis : **5, 43, 91, 104, 143, 149, 165, 177, 182, 226, 231, 232, 241, 256, 332, 337, 350, 381, 391, 426, 528, 537, 554, 555, 617, 644, 659, 717, 801, 820, 837, 847, 860, 932, 952, 996, 1038, 1049, 1081**
Isyllos : **701**

J

Janus : **141, 282, 311, 342, 843**
Junon : **153, 232, 258, 446, 550, 653, 1055**
Jupiter : **30, 153, 206, 258, 290, 391, 446, 768, 945, 964, 969**

K

Kouros : **548**
Kratos : **986**

L

Lares : **372, 446**
Latone : **864, 1073**
Leucothéa : **216**
Ligue latine : **945**
Logos : **91**
Lune : **231, 232, 659, 744, 926**
Lupercales : **525**

M

Maponos : **843**
Mars : **258, 372, 446, 451, 868, 962**
Mater Magna : **861**

Médée : **869**
Mélicerte : **216**
Memphis : **208**
Mercure : **680**, **949**
Mère des dieux : **149**, **159**, **837**
Minerve : **446**
Mithra : **375**, **740**, **820**, **854**, **965**, **1046**, 1048
Moires : **63**, **778**
Muses : **1**, **9**, **271**, **273**, **318**, **342**, **347**, **348**, **384**, **651**, **687**, **716**, **880**, **942**, **1035**

N

Nature : **149**, **805**
Némésis : **659**, **933**
Neptune : **265**
Néréides : **216**, **1083**
Néron : **128**
Nil : **123**
Nuit : **867**
Nymphes : **370**, **548**, **880**

O

Ombrie : **401**
Oreste : **37**, **935**
Orphée : **390**, **855**
Osérapis : **208**
Osiris : **43**, **208**, **554**, **991**

P

Pan : **172**, **328**, **782**, **968**
Parques : **452**
Patrôoi Theoi : **1020**
Péan : **1087**
Peithô : **85**
Pélops : **283**
Perséphone : **548**
Pindare : **619**, **787**
Pisaurum : **945**
Platon : **714**, **779**, **786**
Ploutos : **997**
Pollux : **207**
Porphyre : **714**
Poséidon : **172**, **216**, **488**, **651**
Proche-Orient : **174**, **950**

Prométhée : **986**
Proserpine : **452**, **555**
Ptoios : **1013**
Ptolémée II Philadelphe : **998**
Pythagore : **350**, **513**
Pythaïde : **1014**

R

Râ : **856**
Rome : **1038**

S

Saliens : **395**, **550**, **650**, **673**
Salus : **446**
Sappho : **696**
Sarapis/Sérapis : **91**, **167**, **208**, **270**, **659**, **903**, **1004**, **1049**
Saturne : **1046**
Save : **984**
Scipion l'Africain : **259**
Séléné : **175**, **427**, **499**
Seth : **397**
Socrate : **37**, **72**, **350**, **513**, **595**
Soleil : **74**, **126**, **149**, **258**, **264**, **279**, **342**, **719**, **740**, **788**, **820**, **854**, **933**, **982**, **1038**
Sparte : **172**
Styx : **430**, **500**

T

Tacita : **857**, **984**
Tefas : **30**
Tellus : **452**, **914**
Ténéros : **1013**
Terre : **258**, **279**, **571**
Thalie : **354**, **942**
Théanô : **352**
Thèbes : **172**
Théoxénies : **1008**
Thesmophories : **316**, **1018**, **1058**
Thétis : **37**
Tyché : **350**, **659**, **910**
Typhon : **397**, **659**

V

Vénus : **449, 455, 555, 895, 967**
Vesta : **141, 311, 789**
Virgile : **682**

Z

Zéphyr : **216**
Zeus : **37, 39, 84, 85, 91, 96, 114-116, 119, 149, 172, 185, 190, 266, 273, 279, 289, 300, 325, 342, 366, 380, 382, 391, 399, 405, 426, 442, 459, 462, 463, 477, 488, 505, 548, 556, 564, 582, 637, 659, 719, 840, 845, 878, 902, 904, 915, 969, 977, 986, 1035, 1037, 1066, 1078, 1085**
Zeus Hikésios : **662**
Zeus Xénios : **662**

INDEX DES AUTEURS ET TEXTES ANCIENS[1]

A

Accius
  Aeneadae aut Decius, fr. 687-690 Dangel : **129**
  Phéniciennes, fr. 555-558 D. : **129**
  Philoctète, fr. 2 D. : **852**
Achille Tatius : **256**
Actes des frères Arvales : voir *Chant des frères Arvales* et *Commentaires des frères Arvales*
Actes des Jeux séculaires de Septime Sévère, Vₐ 60-71 : **761**
Ælius Aristide : **98, 301, 786, 932**
  Discours sacrés (Keil) : **588, 1025, 1026, 1080**
    III, 37-39 : **1023** ; XXVI : **752, 1038** ; 1-3 : **384** ; 32 : **403, 404** ; XXX : **852, 1077** ; XXXIII : **852** ; XXXVII, 1 : **710** ; XXXVIII, 21 et 24 : **615** ; XLII : **976** ; 1 et 12-15 : **615** ; XLIII : **852** ; XLV : **976** ; XLVII, 13 : **566** ; 33 : **751** ; XLVIII, 31 : **751**
  Hymnes : **1026**
    Hymne à Athéna : **1024**
    Hymne à Sarapis, 18-20 : **270** ; 33 : **332** ; 34 : **371, 828, 1048, 1049**
    Hymne à Zeus : **371**
  Panathénaïque, 363 Lenz-Behr : **1014**
Pseudo-Ælius Aristide, *En l'honneur de l'empereur* (35 K.), 2 : **384**
Alcée
  Hymne à Héra, Zeus et Dionysos (fr.129 Voigt) : **366, 592, 663**

fr. 38 Diehl : **387**
fr. 42 D., 59 et suiv. : **387**
fr. 78 D. = 34 Lobel-Page : **292, 516, 615**
fr. B 13 L.-P. : **621**
fr. 129 L.-P. : **544**
fr. 307 L.-P. : **479**
fr. 308 L.-P. = 2 D. : **516, 762**
papyrus d'Oxyrhynchos, XVIII (1940) : **37**
Alciphron, *Epist.*, 3, 35 : **116**
Alcman : **87** ; fr. 55 Page : **479**
AMULETTES : voir Inscriptions
Anacréon
  Prière à Dionysos (Dion Chrysostome, II, 62) : **592**
  fr. 1 et 2 Diehl : **292, 615**
Anaxagore : **855**
Andocide, *Sur les mystères*, 97 : **692** ; 98 : **1043**
Anonyme de Séguier, 238 Dilts-Kennedy : **752**
Anthologia lyrica Graeca (Diehl), 159-160 : **63**
Anthologie latine, I, 5 : **615** ; 389 : **761** ; 682 : **291** ; 718 : **615, 761** ; 723 : **761** ; 749 : **761** ; 811 : **761** ; V, 209 : **1083**
Anthologie palatine, V, 11 et 17 : **967** ; 133 : **621** ; 166 : **116** ; 177 : **1079** ; VI : **53, 184, 438** ; 13 : **692** ; 231 : **332** ; 271 : **729** ; 337 (Théocrite) : **537** ; 349 (Philodème) : **216** ; IX : **53** ; 143-144 : **967** ; 437 (Théocrite) : **537** ; 524-525 : **621, 965** ; XIII, 2 : **729** ; XIV, 71 et 74 : **1029**

---

[1] Le présent index reprend la rubrique « Principaux (auteurs et) textes anciens » des notices 1-1088.

Antiphon
  L'assassinat d'Hérode (V), 81-83 : **877**
  Sur le choreute (VI), 45 : **406, 762**
Antonius Liberalis, *Métamorphoses*, 26 : **1057**
Antonius Mysa
  Precatio terrae : **494**
  Precatio omnium herbarum : **494**
  Ilias Latina, I, 32-43 et IX, 1063-1070 : **494**
Aphthonios, *Progymnasmata*, p. 22, 10-11 Rabe : **752**
Apollodore, *Bibliothèque*, II, 8 : **835**
Apollodore d'Athènes, scholie à l'*Odyssée*, XXIII, 198 : **953**
Apollonios de Rhodes
  Argonautiques : **225** ; I, 351-354 : **835** ; 402-407 : **835** ; 410-425 : **615** ; 1093 : **835** ; 1139 : **835** ; 1221 et suiv. : **1057** ; II, 685-719 : **835** ; 702 : **1087** ; 780 et suiv. : **1057** ; III, 1-5 : **348** ; 835-870 : **107** ; 1218 : **152** ; IV, 1-2 : **348** ; 552-556 : **348** ; 1185-1188 : **835** ; 1594 et suiv. : **254**
Apsinès, *Rhétorique*, 1, 77 Dilts-Kennedy : **752**
Apulée
  Apologie : **82** ; 26, 6 : **728** ; 47 : **7** ; 54 : **340** ; 56, 4-5 : **535, 537** ; 61 : **541** ; 64, 7 : **645** ; prière à Hermès : **182**
  Métamorphoses, II, 8-11 : **785** ; 28, 6 : **654** ; 29 : **747** ; IV, 28, 3 : **900** ; VI, 2-3 : **467** ; 2, 4-6 : **232, 645** ; 4 : **232** ; 28-29 : **615** ; VI, 2-3 : **467** ; 2, 4-6 : **232, 645** ; IX, 8 : **958** ; XI : **256, 332, 467, 502, 554** ; 2 : **5, 7, 60, 82, 91, 109, 143, 145, 149, 177, 182, 231, 427, 614, 615, 645, 717, 749,** 751, 756, 761 ; 4 : **232, 555** ; 5-6 : **726, 761, 801** ; 5 : **104, 143, 614, 645, 717, 761, 976, 1049** ; 15 : **801** ; 17 : **232, 344** ; 23, 7 : **698** ; 24-25 : **143, 232, 371, 490, 645, 761, 801, 952, 976** ; 30, 4-5 : **713**
Aratos, *Phénomènes*, 1-18 : **47, 91, 248, 273** ; 5 : **145**
Archélaos d'Athènes : **855**
Archiloque
  Épode de Strasbourg, 194 D. V. 4 et suiv. : **663**
  fr. 30 Diehl : **292**
  fr. 75 D. : **292**
  fr. 77 D. : **125, 199**
  fr. 94 D. : **182, 248, 387**
  fr. 177 West : **792**
  fr. 108, 324 : **762**
ARÉTALOGIES
  Arétalogie d'Andros (Peek) : **362, 381, 554, 644, 801**
  Arétalogie d'Ios (Hardor) : **362, 554, 644**
  Arétalogie d'Isis d'Oxyrhynchos : voir Papyri
  Arétalogie d'Isis de Karpokrate de Chalcis : **644**
  Arétalogie d'Isis de Nysa : voir Diodore
  Arétalogie de Cyrène : **149, 644**
  Arétalogie de Kymé : **43, 362, 381, 554, 644, 698, 801**
  Arétalogie de Maronée : **226, 426, 554, 615, 932**
  Arétalogie de Salonique : **644**
  Arétalogie de Sarapis de Délos : **167, 326, 1004**
Ariphron de Sicyone, *Péan à Hygie* : **143, 145, 149, 306, 328, 615, 644**
Aristide Quintilien, *Sur la musique* : **606**
Aristippe de Cyrène, fr. 132 : **633**
Aristoclès, fr. 5 Müller : **514**
Ariston de Céos : **363**
Aristonoos de Corinthe : **409**

Hymne à Hestia : **25, 592**

Péan à Apollon : **25, 172, 721**

Aristophane : **44, 268, 301, 388, 1005, 1032**

   Acharniens : **32** ; 271, 276 : **762** ; 404 : **406**

   Assemblée des femmes, 169-172 : **752, 762** ; 779-783 : **600**

   Cavaliers : **32** ; 30-31 : **526, 793** ; 551-559 : **762** ; 581-591 : **431, 762**

   Grenouilles : **32** ; 298 : **762** ; 316-413 : **2, 183, 248, 615** ; 323-353 : **337, 467** ; 337-339 : **698** ; 399-402 : **227** ; 623 : **692** ; 875 : **479** ; 885-887 : **158, 762**

   Guêpes : **32** ; 143 : **762** ; 381-394 : **435** ; 860-865 : **692** ; 875 : **762**

   Lysistrata : **604, 1018** ; 181-239 : **85, 657** ; 296 : **762** ; 317-318 et 341-349 : **581** ; 346-349 : **762** ; 1262-1272 : **762** ; 1296 et suiv. : **479**

   Nuées, 1 : **189** ; 263-274 : **762** ; 298-313 : **708** ; 356-357 : **20** ; 595 : **762**

   Oiseaux : **32, 604** ; 826-831 : **581** ; 848-903 : **921** ; 865-888 : **252, 406, 762** ; 959 et suiv. : **958** ; 1618-1619 : **692** ; 1763-1765 : **686**

   Paix : **32, 604** ; 1 et suiv. : **958** ; 276- 279 : **600, 911** ; 385 : **406** ; 389 : **762** ; 582 : **762** ; 967-980 : **164, 762** ; 1107 : **595** ; 1113 : **180**

   Ploutos : **882** ; 124-221 : **997** ; 748 : **762** ; 771 : **135**

   Rôtisseurs, *Poetae comici Graeci*, 504 et suiv. : **406**

   Thesmophories, 282-371 : **76, 158, 406, 511, 608, 615, 640, 677, 692, 762, 767, 1000** ; 715-716 : **762** ; 981-982 :

944 ; 1136-1159 : **92, 406, 615, 645**

   fr. 598, 1 et 898 b 1 : **762**

Aristote : **1005, 1053**

   Constitution d'Athènes, 54, 6 et suiv. : **406**

   De la prière : **29, 147, 353**

   Hymne à la Vertu : **143, 145, 146, 149, 342, 353, 615**

   Péan (fr. 842 Page) : **306**

   Poétique, 1448b, 27 : **479** ; 1456b, 8-19 : **752**

   fr. 49 Rose : **146**

Pseudo-Aristote

   Du monde, 6 : **135** ; 400a 16 : **406**

Arnobe, *Contre les Gentils* : **837** ; I, 31, : **613, 889** ; III, 8 : **11, 515** ; 43 : **515, 792**

Arrien, *Anabase*, V, 29 : **254**

Artémidore, *Onirocriticon* : **1080**

Asclepius : **330** ; 20 : **568** ; 25 : **801** ; 41 : **517, 615**

Athénée, VI, 253d : voir *Hymne à Démétrios Poliorcète* ; XIII, 573c-d : **870, 1031** ; XIV, 656a : **145** ; 687c : **217** ; XV, 694c-695f : **637**

Augustin

   Confessions, VI, 3 : **587**

   Du soin des morts, 7 : **250**

   La cité de Dieu : **851** ; IV, 8 : **240** ; VII, 9 : **320**

   La Musique, 3 : **761**

Aulu-Gelle, *Nuits attiques*, II, 28, 2 : **62, 675** ; VI, 1, 16 : **785** ; VIII, 23 : **62** ; X, 15, 4 : **784** ; XIII, 21 : **515** ; 23 : **234, 240, 395, 509, 615, 761, 938** ; 28 : **515** ; XVI, 1, 6 : **100** ; 14, 1 : **761** ; XVII, 2, 17 : **1032**

Ausone

   Action de grâces (*Gratiarum actio*) : **803**

   Lettres, 23 : **803**

Occupations de toute une journée (*Ephemeris*) : **803** ; 3 : **568**
Vers de Pâques (*Versus paschales*) : **803**

B

Bacchylide : **865**
   Épinicies, III : **343** ; 37 et suiv. : **201** ; 85 et suiv. : **201** ; V, 42 : **537** ; 93-175 : **829** ; 176 et suiv. : **201** ; VIII : **343** ; XI : **343** ; XVII : **916**
   fr. 16 Snell : **199**
Berakhot : **713**
Bible : **976**
   Actes des apôtres, 4, 24-30 : **1024** ; 14, 8-13 : **900** ; 17, 22-31 : **253**, **520** ; 19, 23-41 : **589**
   Apocalypse de Jean, 15, 3-4 : **1024**
   Épître aux Colossiens, 3, 16 : **1025**
   Épîtres aux Corinthiens, I : **1080** ; II, 12 : **1024**
   Épître aux Galates, 3, 28 : **635**
   Épître de Jacques, 2, 26 : **805**
   Évangile de Jean, 1, 14-18 : **976**
   Évangile de Luc, 1, 46-55 : **1024** ; 18, 13 : **600**
   Évangile de Marc, 14 : **249**
   Évangile de Matthieu, 7, 7-11 : **739** ; 11, 25 : **180** ; 21, 22 : **739**
   Exode : **853**
   Samuel I, 1, 9-18 : **521**
Bion, fr. 29 Kindstrand : **289**
Boèce, *Consolation*, 3, 9 : **568**

C

Caecilius
   Synephebi, 211-212 : **238**
Callimaque
   Aitia, fr. 114 Pfeiffer : **474**
   Hymnes : **622**, **1057**, **1073**, **1075**

Hymne à Apollon : **97**, **185**, **876**, **886**, **890**, **1087** ; 27-31 : **154** ; 80 : **24**
Hymne à Artémis : **557**, **909**
Hymne à Délos : **557**, **1085** ; 285 : **152** ; 316 : **24**
Hymne à Déméter : **97**, **199**, **837**
Hymne à Zeus : **185**, **557**, **1066**, **1085** ; 28- 32 : **394** ; 91 : **762**
Pour les bains de Pallas : **97**, **185**, **199**, **1084**
Ibis : **544**
Callinos
   fr. 2 G.-P. = 2 W. : **558**, **576**
   fr. 4 (*apud* Strabon, XIV, 4) : **199**
Callisthène, fr. hist. 124F 36 : **684**
Calpurnius Siculus, *Églogues*, IV, 137-146 : **494**
Canons d'Hippolyte : **849**
Caton : **239**
   De l'agriculture : **82**, **290**, **507**, **535**, **922**, **923**, **940**, **964** ; 50 et 83 : **524**, **1051** ; 131-132 : **94**, **395**, **760**, **761** ; 132-141 : **422**, **919**, **939**, **948**, **1034**, **1074** ; 132 : **157**, **534**, **615**, **668**, **792** ; 134 : **31**, **94**, **109**, **131**, **395**, **449**, **453**, **470**, **509**, **613**, **615**, **715**, **760**, **761**, **792** ; 139-141 : **392** ; 139 : **11**, **31**, **94**, **234**, **311**, **455**, **613**, **615**, **675**, **749**, **760**, **761**, **792** ; 141 : **3**, **31**, **36**, **42**, **57**, **94**, **129**, **131**, **153**, **157**, **229**, **234**, **311**, **349**, **395**, **446**, **451**, **460**, **509**, **547**, **613**, **615**, **674**, **715**, **749**, **761**, **792**, **816**, **832** ; 143 : **785** ; 314 : **939**, **1051**
   Origines, fr. 12 : **792**
Catulle : **97**, **496** ; 34 : **130**, **231**, **371**, **558**, **615**, **643**, **705**, **772** ; 36 : **705** ; 61 : **371**, **705** ; 64 :

109, **541**, **615**, **654**, **772** ; 76 : **237**, **378**, **613**, **615**, **990**

Censorinus, *De die natali*, III, 22 : **416**

César, *Guerre des Gaules* : **1053**

Chansons de table, 438-441 Page : **615**

Chant des Féciaux : **239**, **396**

CFA (Scheid, *Commentarii fratrum arvalium qui supersunt. Les copies épigraphiques des proto-coles annuels de la confrérie arvale (21 av.-304 ap. J.-C.)*, 1998 = *CIL* VI, 2104) : voir *Chant des frères Arvales*

Chant des frères Arvales
   FPL 1-3 : **938**
   CFA : **31**, **62**, **128**, **188**, **344**, **372**, **396**, **411**, **444**, **445**, **507**, **511**, **615**, **650**, **652**, **665**, **673**, **674**, **761**, **792**, **795**, **832**, **905**, **938-940**, **976**, **1051** ; 48 : **948** ; 54 : **615** ; 62, 25-32 : **615**, **946** ; 100-101 : **1052** ; 107 : **1052** ; 114 : **1052** ; 296 : **948**

Chant des prêtres Saliens : **188**, **239**, **396**, **615**, **636**, **650**, **673**, **674**, **715**, **940**, **976**

Chariton, *Chéréas et Callirhoé* : **249** ; II, 2, 5 : **535** ; III, 8, 7-9 : **136**, **490**

Choerilos de Samos, fr. 1a Kinkel : **348**

Cicéron : **844**
   Brutus, 217 : **669**
   Contre Vatinius, 14 : **301**
   De la divination : **851**, **853**, **958**, **1053** ; II, 36 et 38 : **57** ; 71-73 : **761** ; 117-242 : **399**
   De la nature des dieux : **1053** ; II, 10 : **749** ; 28 : **515** ; 57 : **399** ; 67 : **320**, **713** ; III, 36 : **481** ; 93 : **785**
   Des devoirs, III, 29, 104 : **570**
   Des lois, I, 245 : **399** ; II, 20 : **236** ; 22 : **344** ; 24 : **541**
   Du destin, 25-27 : **193**
   La République, VI, *Songe de Scipion* : **837**
   Philippiques, I, 37 : **128**
   Pour A. Cluentius, 194 : **541**
   Pour Murena, 1 : **301**, **615**, **832**
   Pour Rabirius, 5 : **301**
   Sur la réponse des haruspices, XI, 23 : **819**
   Sur les provinces consulaires, 26- 27 : **246**, **681**
   Sur sa maison, 139 : **697** ; 144-145 : **615**
   Tusculanes, I, 114 : **48** ; V, 5 : **267**, **615**

Claudien : **496**
   Contre Rufin, I, 334-339 : **1033**
   Panégyrique sur le consulat de Stilichon : **976** ; III, 205-222 : **929**

Cléanthe
   Hymne à Zeus (*Stoicorum Vete-rum Fragmenta*, I, n° 537) : **47**, **91**, **96**, **127**, **143**, **145-147**, **149**, **158**, **179**, **182**, **199**, **247**, **248**, **273**, **287**, **342**, **353**, **357**, **365**, **399**, **475**, **529**, **558**, **568**, **615**, **644**, **776**, **792**, **801**, **805**, **837**, **845**
   Prière à Zeus (*SVF*, V, n° 527) : **47**, **127**, **568**
   cf. Épictète, *Manuel*, 53 : **615**
   fr. 1, 1 : **762**

Clément d'Alexandrie
   Protreptique : **145**, **698**, **793**
   Stromates, VII : **724**, **750**

Clément de Rome, *Épître aux Corinthiens* (I) : **475**

Clidème, fr. 20, 21 Müller : **514**

Code théodosien, IX, 16 : **1072**

Codices de Nag Hammadi : voir Nag Hammadi

Columelle, *De l'agriculture*, I, 8 : **535** ; X, 35-40 et 263-277 : **495**

Commentaires allégoriques alexan-drins : **853**

Commentaires des Jeux Séculaires : **445**, **1051**, **1052**

Constitutiones Apostolicae, VIII, 7, 5 : **874**

Cornelius Nepos, fr. 28 (= 123 Halm) : **344**

Corpus Hermeticum, I-XIII : **976** ; I, 30-32 : **93**, **723**, **792** ; II, 276 : **820** ; IV, 883 et suiv., 1115-1225, 1598-1631, 2289 et suiv., 2373 et suiv. : **179** ; V, 10-11 : **723** ; 400-423 : **179** ; VII, 540 et suiv., 919-924 : **179** ; VIII, 1-63 : **179** ; XII, 17 : **976** ; 237-269 : **179** ; XIII, 14-21 : **179**, **466**, **567**, **723**, **792** ; 62-71, 270-277, 570-582 : **179** ; XVIII, 12 : **247** ; XXIV, 8 : **179**, et voir *Asclepius*

Cratès, fr. 1 Müller : **514** ; 2, 1 : **190**, **762**

Cratès de Thèbes, *SH* 359 : **1010**

Cyprien, *De la prière du Seigneur*, 4-5 : **33**

D

Damascius, *Vie d'Isidore* : **500**, **1053**

Defixiones (voir aussi Papyri) : **205**, **396**, **402**, **441**, **532**, **563**, **616**, **639**, **823**, **858**, **872**, **971**, **1032**
    Defixio d'Arethousa : **616**
    Defixio de Carnuntum : **970**
    Defixio de Carystos (Robert, *Collection Froehner*, t. 1, 1936, n° 13) : **881**
    Defixio d'Égypte (?) : **1068**
    Defixio de Gross-Gerau : **1054**
    Defixio de Kelvedon : **963**
    Defixio de Kenchreai : **913**
    Defixio de Pella : **615**, **829**
    Defixio de Sélinonte (Dubois, *Inscriptions grecques dialectales de Sicile*, 1989) : **881**
    Defixiones de Syrie et Palestine : **1072**
    Defixio de la via Ostiensis : **858**

Defixionum tabellae agonisticae (Tremel, 2004) : **1071**

DT (Audollent, *Defixionum tabellae praeter Atticas*, 1904) : **26**, **607**, **867**, **908**, **1009** ; 2 : **532**, **823** ; 22 : **666**, **667** ; 42 : **532** ; 68B : **616** ; 85 : **639** ; 93A : **792** ; 106 : **532** ; 129 : **615** ; 139 : **970** ; 212 : **532**, **823** ; 286B : **615**

DTA (Wünsch, *Defixionum Tabellae Atticae* [*IG* III, 3], 1897) : **908**, **986**, **1009** ; 100 : **532**

DTM (Blänsdorf, *Die Defixionum Tabellae des Mainzer Isis- und Mater-Magna-Heiligtum (DTM)*, 2008) : **861**

Ferri (*Defixiones*) 168-175 : **616**

Gabrici (*Defixiones*) : **616**

Kropp, *dfx* : **972**, **973**

Tab. Sulis (Tomlin, *Tabellae Sulis : Roman inscribed Tablets of Tin and Lead from the Sacred Spring at Bath*, 1988) : **963**

Tablette de Cnide : **824**

Tablette de Genève : **159**, **615**, **823**

Tablette de Kempten : **615**

Tablette d'Italica : **532**, **823**

Démétrios de Phalère : **363**

Démocrite, fr. B 30 Diels-Kranz : **134**

Démosthène
    Contre Aristocrate (23), 68 : **692**
    Contre Midias (21), 52 : **1056**
    Contre Timocrate (24), 149-151 : **692**, **1000**
    Oraison funèbre (60) : **1017**
    Sur la couronne (18), 1-2 : **301**, **575**, **762** ; 8 : **301**, **575** ; 141 : **301**, **406**, **752** ; 208 : **753** ; 324 : **692** ; 143-159 : **1008** ; 208 : **1027**
    Lettres, I, 1 : **762**

Denys d'Halicarnasse, *Antiquités romaines*, I, 55, 5 : **152** ; I, 77, 3 : **1036** ; II, 75, 3 : **196** ; VII, 72, 15-18 : **1034** ; XII, 9, 9-10 : **100** ; 14, 2 : **841** ; 16 : **250** ; XIII, 3 : **511**

Pseudo-Denys d'Halicarnasse, *Rhétorique*, p. 269, 11-13 Usener-Radermacher : **383, 752**

Didyme l'Aveugle : **1059**

Digeste, XII, 50, 2 : **491**

Diodore de Sicile, I, 27, 3 (arétalogie d'Isis à Nysa) : **43, 241, 362, 644** ; VI, 51, 1-4 : **900** ; X, 9, 7-8 : **437, 762** ; XI, 29, 1 et suiv. (serment de Platées) : **472, 692** ; XII, 58, 6-7 : **684**

Diogène Laërce, I, 33 : **635** ; VI : **29** ; 37-38 : **526, 543** ; 42 : **437** ; IX, 53- 54 : **752**

Diomède, 517 Keil : **163**

Dion Cassius, XLIII, 21 : **543**

Dion Chrysostome : **301**
  Discours, XXXII (Aux Alexandrins) : **1080**

Dioscoride : **920**

Dithyrambe d'Élis à Dionysos : voir Hymnes

E

Élien, *Lettres*, 16 : **535**

Empédocle
  fr. 111 Diels-Kranz : **1067**
  fr. 137 : **610**

Ennius
  Annales : **257** ; I, 26 Skutsch : **615** ; V, 208-210 : **804**
  Médée : **189**

Épictète
  Entretiens, I, 4, 24 : **475** ; 6, 37 : **475, 615, 833** ; 12, 15-16 et 31 : **475** ; 16, 15-21 : **47, 437, 475, 615, 833** ; 29 : **541, 833** ; II, 16 : **146, 475, 537, 615, 833** ; 23, 42 : **833** ; III, 4, 10 : **146** ; 5, 7-11 : **833** ; 10, 8 : **833** ; 22, 95 : **833** ; 24,

95-105 : **833** ; IV, 1, 131 : **833** ; 10, 14-16 : **615**
  Manuel, 15 : **59** ; 53 : voir Cléanthe, *Hymne à Zeus*
  fr. 17 : **228**, et voir Stobée

Épicure : **363** ; fr. 13 Usener : **146** ; 386 : **178** ; 387 : **146**

Épigones, fr. 1 : **348**

Eschine
  Contre Ctésiphon, 109-111 : **41, 615, 809** ; 115-129 : **1008**
  Contre Timarque, 7 : **762** ; 16 : **692** ; 23 : **158, 692** ; 114 : **41**
  Sur l'ambassade infidèle, 115 : **692**
  Lettres, X, 3 : **213**

Eschyle : **23, 44, 111, 117, 301, 388, 487, 842, 1079**
  Agamemnon : **22, 32, 155, 538, 882** ; 1-21 : **182, 780** ; 25 : **212** ; 49-59 : **720** ; 150 : **664** ; 160-191 : **7, 27, 59, 109, 144, 149, 190, 248, 406, 477, 582, 771, 790, 989** ; 177 : **114** ; 255-257 : **114** ; 317 : **692** ; 503-524 : **406, 615** ; 508 : **227** ; 594 : **152** ; 595 et suiv. : **212** ; 810 et suiv. : **406** ; 907 : **762** ; 973-974 : **616** ; 1080 : **762** ; 1322-1326 : **720** ; 1434-1437 : **575** ; 1537-1547 : **720**
  Choéphores : **266, 538** ; 1-3 : **664, 762** ; 6-7 : **571** ; 18-19 : **762** ; 22-161 : **76** ; 84-163 : **608, 609, 664, 720** ; 95-96 : **521** ; 124-148 : **114, 164, 609, 829, 1078** ; 124-125 : **511, 762** ; 149-151 : **609** ; 244-245 : **575** ; 246 : **511** ; 255 : **406** ; 306-314 : **37, 720** ; 315 et suiv. : **149** ; 385 et suiv. : **212** ; 406 : **524** ; 459 et 489 : **693** ; 476-509 : **158, 277** ; 484-485 : **211** ; 497 : **575** ; 559 : **762** ; 602-611 : **829** ; 720 : **442** ; 721 :

524 ; 722-729 : **85** ; 855 : **776** ; 935-941 : **720** ; 1035 : **469** ; 1057 : **762**

Danaïdes : **145**

Euménides : **32**, **145**, **538**, **611**, **989** ; 1-33 : **149**, **615**, **640**, **692**, **721**, **892**, **1006** ; 30-31 : **762** ; 43 et 45 : **469** ; 79-80 : **581** ; 85 : **762** ; 109 et scholie : **559** ; 198 : **762** ; 235-243 : **105**, **615** ; 242-243 : **581** ; 258 et suiv. : **406**, **1006** ; 285 : **524** ; 287-298 : **105**, **479**, **615** ; 287-289 : **27**, **762** ; 306 : **173** ; 307 : **442** ; 447 et suiv. : **664** ; 574 : **762** ; 907 et suiv. : **149** ; 1035 et 1039 : **521** ; 1042 et 1047 : **152**

Les évocateurs d'ombres : **693**

Niobé, fr. 161 Nauck² : **684**

Perses, 159 : **321**, **1017** ; 219 et suiv. : **694** ; 389 et suiv. : **24** ; 520 et suiv. : **694** ; 607-693 : **711** ; 619-626 : **609** ; 625 et suiv. : **406** ; 627-680 : **693**, **747** ; 628-632 : **615**, **684** ; 633-651 : **615**, **678**, **694** ; 657-672 : **615**

Prométhée enchaîné : **986** ; 88 : **138** ; 436-506 : **644** ; 576-585 : **109**, **138** ; 1091 : **138**

Sémélé ou les porteuses d'eau : **370**

Sept contre Thèbes : **266**, **1060** ; 69-180 : **766**, **930** ; 69-77 : **27**, **182**, **199**, **615** ; 87-281 : **543**, **595**, **615** ; 92 : **526** ; 152-182 : **337** ; 174-176 : **829** ; 179 : **206** ; 245 : **199** ; 250-268 : **76**, **640**, **692** ; 264-270 : **164** ; 266 : **29**, **762** ; 267 et suiv. : **152** ; 271-277 : **182**, **511**, **692** ; 301-322 : **109**, **182**, **615** ; 719 : **199** ; 825 : **595**

Suppliantes : **80**, **85**, **155**, **457**, **611**, **1021** ; 1-624 : **1006** ; 1 : **182**, **442** ; 6 : **144** ; 27 : **442** ; 78-111 : **109** ; 86-824 : **615** ; 86-103 : **477** ; 117 : **835** ; 128 : **835** ; 141-150 : **345** ; 154-173 : **664** ; 159 : **321** ; 188 et suiv. : **595** ; 260 et suiv. : **406** ; 333 : **321** ; 455-467 : **664** ; 470 et suiv. : **477** ; 524-599 : **277** ; 524-537 : **122**, **149**, **158**, **182**, **345**, **762** ; 591-599 : **664** ; 625-710 : **24**, **76**, **149**, **277**, **615**, **640**, **692**, **840** ; 693-697 : **358** ; 823 : **251** ; 890-899 : **199** ; 980-983 : **694** ; 1018-1019 : **358** ; 1030-1064 : **345**

fr. 342, 1 : **762**

fr. 361 : **358**

ET (Rix, *Etruskische Texte*, 1991) : **981**

Eunape, *Vies des philosophes et des sophistes*, V, 2, 2 : **500**

Euphorion de Chalcis : **880** ; *Malédictions* : **327**, **544**

Euripide : **23**, **44**, **117**, **301**, **308**, **341**, **388**, **1005**

Alceste, 1-27 : **684** ; 132-135 : **684** ; 162-174 : **158**, **251**, **526**, **615**, **684**, **699**, **1016** ; 213-225 : **699**, **762** ; 280-325 : **1016** ; 460 : **571** ; 837 et suiv. : **684** ; 995 et suiv. : **406**

Andromaque : **611** ; 1-412 : **1006** ; 147-272 : **634** ; 304-463 : **634** ; 526-544 : **612** ; 537 : **725** ; 545-765 : **634**, **725** ; 892-896 : **469**, **664**, **725** ; 900 : **345**

Bacchantes : **155**, **628**, **698** ; 23 et suiv. : **152** ; 64-169 : **2**, **183**, **248**, **615** ; 68-71 : **467** ; 145-167 : **713** ; 275 et suiv. : **406**, **771** ; 412 : **762** ; 534-

535 : **699** ; 584 : **762** ; 689 : **152** ; 1037 : **762**

Cyclope, 203-355 : **634**

Électre : **32** ; 193 et suiv. : **228** ; 221 et suiv. : **406** ; 415 et suiv. : **406** ; 671-683 : **699** ; 691 : **212** ; 727 : **138** ; 764 : **406** ; 785-837 : **640**, **694** ; 803 et suiv. : **224, 345, 406, 490, 521, 639, 731** ; 971 : **406** ; 1254-1257 : **581** ; 1355 : **41**

Hécube : **32** ; 77-97 : **345** ; 144-147 : **612** ; 216-440 : **85, 612, 634, 712, 725** ; 529-533 : **609, 731** ; 534 et suiv. : **27, 699** ; 726-904 : **85, 612, 634, 712, 725** ; 1067-1069 : **345**

Hélène : **32, 145, 611** ; 63 et suiv. : **543** ; 753 et suiv. : **71** ; 855-856 : **699** ; 865-1031 : **634** ; 894-895 : **725** ; 969 : **762** ; 1093-1106 : **615, 699** ; 1237-1238 : **725** ; 1301-1368 : **328, 792** ; 1441-1451 : **699** ; 1542 : **609** ; 1584-1587 : **699**

Héraclès furieux : **611** ; 140-251 : **634** ; 339-347 : **248** ; 347-351 : **581** ; 490-495 : **693, 699** ; 498-502 : **345, 560** ; 1208 : **725**

Héraclides : **80, 611** ; 120-287 : **634** ; 226-231 : **664** ; 867 et suiv. : **254** ; 748-783 : **105** ; 781 et suiv. : **152** ; 869-870 : **406** ; 928-1052 : **634**

Hippolyte, 58-87 : **109, 114, 147, 149, 155, 158, 182, 251, 615, 692, 699, 762** ; 114-120 : **345** ; 522-523 : **345** ; 525 : **762** ; 871-873 : **345** ; 872 : **762** ; 994 : **138** ; 1025 : **138** ; 1268-1281 : **1031** ; 1363-1369 : **560, 699** ; 1428-

1430 : **182** ; 1437 et suiv. : **684**

Hippolyte porte-couronne : **927** ; fr. 1 Jouan-Van Looy : **926**

Hypsipyle : **725**

Ion, 124-151 : **172, 407, 615, 640, 692, 699** ; 125 : **762** ; 384-389 : **407** ; 410-412 : **699** ; 436-471 : **109, 407, 581** ; 714-720 : **345** ; 870-874 : **138** ; 1048-1060 : **345** ; 1255-1613 : **1006** ; 1314-1319 : **664** ; 1528- 1531 : **581**

Iphigénie à Aulis, 440-542 : **634** ; 900-984 : **612** ; 1098-1275 : **634** ; 1211-1248 : **180, 469, 612** ; 1563-1579 : **27, 615, 731** ; 1601-1603 : **615**

Iphigénie en Tauride : **882** ; 38-40 : **610** ; 270-274 : **699** ; 1082-1084 : **762** ; 1230-1233 : **699** ; 1234-1257 : **204** ; 1337 et suiv. : **152**

Médée : **32** ; 214 : **442** ; 324-351 : **813** ; 324 et suiv. : **85, 725** ; 339 : **725** ; 349 : **197** ; 365 et suiv. : **228** ; 497 : **813** ; 633-644 : **251, 615** ; 709-755 : **813** ; 709-713 : **829** ; 746-752 : **138** ; 853-855 : **813** ; 1168 et suiv. : **152** ; 1251-1260 : **345** ; 1327-1329 : **699** ; 1388-1390 : **699**

Oreste : **885** ; 119-123 : **693** ; 356-728 : **634** ; 1299-1300 : **345**

Phaéthon : **565**

Phéniciennes, 86 et suiv. : **406** ; 1359-1376 : **345** ; 1665 : **180**

Rhésos : **1015** ; 224-232 : **345**

Suppliantes : **80, 266, 611, 882, 1021** ; 1-361 : **1006** ; 24 : **138** ; 32-36 : **469** ; 61-63 : **664** ; 69-78 : **664** ; 87-262 :

634 ; 165 : **725** ; 191-192 :
469 ; 285 : **725** ; 286-364 :
634 ; 381-597 : **634** ; 438 et
suiv. : **609** ; 470 : **469** ; 628-
630 : **762**
Télèphe : **222**
Troyennes, 54 : **609** ; 469-471 :
406, 573, 699 ; 842 : **762** ;
884-889 : **108, 109, 122, 149,
182, 248, 406, 615, 699,
771** ; 1280-1281 : **573, 699**
fr. N.² 277 : **699** ; 326 : **699** ;
336 : **699** ; 351 : **152** ; 904 :
699 ; 912 : **406, 693, 771**
Eusèbe de Césarée
Histoire ecclésiastique : **1053** ;
V, 5, 1 : **600**
Préparation évangélique : **851**
Vie de Constantin, IV, 19 : **631**
Évagre le Pontique : **1059**
De la prière : **724**

F

Fabius Pictor, *Comm. Iuris Pontificii*,
fr. 6 : **785**
Favorinus, fr. 8 Barigazzi : **513**
Festus (Lindsay) : **1032** ; 10 : **605,
838** ; 176 : **905** ; 230 : **395, 761,
792**
FGH (Jacoby, *Fragmente der
griechischen Historiker*), III B,
532 D : **326**
Firmicus Maternus
L'erreur des religions païennes,
18, 2 : **837** ; 22, 1 : **467** ; 27,
6 : **837** ; 29, 1-4 : **614**
Mathèsis, I, 6, 2-3 : **614** ; 10, 14-
15 : **614, 645, 820** ; III
Praef. : **127** ; IV, 16, 9 : **614** ;
V *Praef.* : **127, 568, 614,
615, 645, 820** ; VI, 1, 6 :
614 ; VII, 1, 1-2 : **614**
Florus, I, 14, 2 : **914** ; fr. 412 Bach :
494
FPL (Morel, *Fragmenta poetarum
Latinorum*), 1-3 : **938**
Fronton, *Ad Verum*, V, 25 : **537**

G

Gemmes magiques : voir Inscrip-
tions
Gorgias, *Éloge d'Hélène*, 10, 14 :
203
Gorgon, fr. 1 Müller : **514**
Grattius, *Cynegetica*, 436-442 : **494**
Grégoire de Nazianze, *Hymne à
Dieu* (Migne), col. 507-508 : **122**
Grégoire le Thaumaturge, *Remer-
ciement à Origène* : **383**
*Griechischen Dichterfragmente der
römischen Kaiserzeit* (Heitsch),
58 : **326** ; II, 62, 1 et 3 : **762**

H

Héliodore, *Éthiopiques* : **256, 903** ;
I, 2 : **684** ; 8 : **536** ; III, 5 : **152** ;
VI, 14 : **747**
Héraclide le Pontique : **363** ; fr. 158
Wehrli² : **1087**
Héraclite : **855** ; fr. 5 D.-K. : **793** ; B
94 : **24**
Hermias : **1059** ; fr. 2 Müller : **514**
Hermippe, *Vies*, fr. 11 Wehrli : **635**
Hermogène, *Peri ideôn*, p. 353-355
Rabe : **752**
Hérodote : **301, 871, 882, 1017**
I : **32** ; 24, 2 : **57** ; 30-33 : **199** ;
31 : **54, 793** ; 36 et suiv. :
837 ; 46 : **217** ; 73 : **829** ; 87,
1 : **406, 796** ; 132 : **74, 881,
1043** ; 165 : **482**
IV, 76 : **837** ; 97 : **212** ; 154 :
138 ; 180 : **138**
V, 92 : **693**
VI, 38 : **139** ; 61, 3 : **57** ; 97 :
837 ; 100-103 : **968**
VII, 14 : **299** ; 53 : **74** ; 58 : **837** ;
132 : **686** ; 140-141 : **57, 640**
VIII : **881**
IX, 60-63 : **595** ; 91, 1 : **57**
Hérondas, *Mimes*, IV : **558, 592,
615, 1012**
Hésiode : **16, 44, 1031**

Les travaux et les jours : **32, 317, 876** ; 1-13 : **1, 248, 318, 343, 348, 371, 460, 615, 687** ; 167-173 : **684** ; 256 : **24** ; 282 : **41** ; 336-340 : **144, 158, 406** ; 355-440 : **40** ; 465-469 : **40, 76, 122, 217, 274, 369, 575, 595, 1000** ; 724-726 : **55, 160, 1000** ; 737-741 : **369, 781** ; 804 : **41**

Théogonie : **317, 951, 986** ; 1-115 : **1, 9, 24, 318, 348, 687, 1035** ; 104 et suiv. : **201, 796, 1043** ; 188-202 : **852** ; 400 : **41** ; 411-452 : **318** ; 411-427 : **145** ; 784-787 : **41, 500** ; 806 : **500** ; 965 et suiv. : **1, 348** ; 1021 et suiv. : **1, 348**

Bouclier, 1 : **1** ; 68 : **38**
Ehées, fr. 63 : **1** ; 67 : **1** ; 70 : **1** fr. 64 M.-W. : **581**

Hiéroclès, *Commentaire aux Vers d'or*, XXI, 48-49 : **481**

Himérios : **301**

Hippocrate
De la maladie sacrée : **882** ; 1 : **279** ; 2 : **688**
Sur le régime, 4, 87 : **278, 810** ; 89 : **279**

Hippolyte de Rome *Réfutation*, V, 9 : **467, 501** ; 10, 2 : **59**

Hipponax, fr. 77, 1-4 : **348**

Histoire Auguste, XVIII, 56, 9 : **194**

Homère : **23, 32, 39, 44, 110, 117, 118, 148, 161, 257, 351, 364, 483, 978, 1031**
Iliade : **433, 871, 882, 951**
I : **1041** ; 1 : **807** ; 1-8 : **1, 347, 348, 485** ; 12-42 : **144, 380, 469, 806** ; 12-21 : **112, 310, 627, 662** ; 32-47 : **4, 24, 27, 71, 86, 92, 122, 140, 147, 149, 199, 307, 310, 331, 343, 352, 360, 369, 406, 415, 463, 481, 505, 534, 595,** **609, 615, 619, 627, 639, 651, 752, 762, 763, 769, 792, 794, 796, 830, 835** ; 43-52 : **482, 488** ; 65 : **4, 38** ; 90-91 : **4** ; 93 : **4, 38** ; 112-115 : **575** ; 174 : **57** ; 199-203 : **846** ; 233 et suiv. : **41, 56, 334, 405** ; 282-284 : **112** ; 283 : **57** ; 338 : **227** ; 348- 363 : **37, 86, 299, 310, 360, 476** ; 393-418 : **310, 476** ; 394 : **57** ; 407 : **202, 321** ; 426-427 : **202, 321, 662** ; 443-445 : **344** ; 446-474 : **76, 86, 122, 158, 164, 595, 615, 627, 835** ; 450 : **38, 406, 654, 812** ; 450 et suiv. : **42, 331** ; 451-457 : **4, 109, 144, 149, 199, 307, 310, 343, 344, 360, 406, 505, 609, 762** ; 472 et suiv. : **24, 254, 615, 770, 916** ; 498-538 : **725, 763, 1006** ; 500-516 : **37, 119, 197, 202, 307, 321, 334, 380, 406, 476, 662, 664, 764** ; 551-559 : **119, 321** ; 573-576 : **4**
II, 14 : **380** ; 37 et suiv. : **406** ; 306 : **835** ; 371-374 : **119** ; 400 et suiv. : **217, 463** ; 401et suiv. : **86, 575, 694, 835** ; 410 et suiv. : **42, 406** ; 411-420 : **56, 119, 307, 352, 415, 430, 488, 615, 752, 792** ; 484-493 : **1, 9, 347, 348, 485, 615** ; 597-598 : **4** ; 661-670 : **662** ; 732 : **145** ; 755 : **41** ; 761-763 : **1, 347, 348**
III, 103-106 : **835** ; 245-302 : **86, 430, 835** ; 275-368 : **119, 307, 556** ; 275-323 : **700** ; 275-291 : **56, 258, 405, 406, 415, 463, 615** ;

275 : **38** ; 278 : **398** ;
279 : **41** ; 298-301 : **488,
615** ; 320-323 : **488** ;
350 : **225** ; 351-354 :
488 ; 364 et suiv. : **360**

IV, 100-103 : **4** ; 119 et
suiv. : **307** ; 160 : **199** ;
288 : **668** ; 450-451 : **4**

V, 102-106 : **4** ; 114-121 :
**86, 199, 225, 307, 360,
406, 463, 488, 615, 627,
645, 796** ; 129 et suiv. :
302 ; 178 : **38** ; 245-248 :
4, 754 ; 284-285 : **4** ;
385-901 : **911**

VI, 45-62 : **219, 222, 321,
380, 662** ; 86 et suiv. :
575 ; 93 et suiv. : **835** ;
211 : **4, 754** ; 256-257 :
225, 556 ; 264-285 : **556,
595** ; 274-276 : **575, 835** ;
301-312 : **122, 144, 152,
164, 352, 488, 615, 796,
830** ; 301 : **212, 406, 587,
654** ; 302 et suiv. : **42,
892** ; 304 : **794** ; 304-
307 : **307, 406, 575, 619** ;
311 : **217, 337** ; 474-481 :
**109, 144, 149, 228, 307,
344, 488, 575, 595, 615** ;
526 : **254**

VII, 76 : **398** ; 81 : **4** ; 175-
183 : **55, 307, 352, 481,
488, 615** ; 191-196 : **228,
406, 521, 615, 654** ; 195 :
794 ; 200-206 : **307, 352,
406, 488, 556, 615** ; 298 :
38 ; 331 et suiv. : **360** ;
411-412 : **700** ; 446-453 :
846

VIII, 64 et suiv. : **4** ; 185-
198 : **4** ; 228-229 : **4** ;
236-244 : **307, 310, 360,
406, 488, 615** ; 266-272 :
720 ; 287-291 : **835** ;
346-347 : **488, 615** ; 526-
528 : **38, 488**

IX : **16, 17** ; 171-172 : **86** ;
183-184 : **488** ; 252-258 :
124 ; 451 : **321, 380** ;
454 : **86** ; 485-495 : **124** ;
496-512 : **337** ; 497 : **199,
481** ; 499-501 : **4** ; 499 :
38 ; 502-515 : **18, 459,
505** ; 513 et suiv. : **12** ;
527-599 : **829** ; 533 : **38,
254** ; 565-572 : **122, 213,
394, 537, 543** ; 574 et
suiv. **380** ; 698 : **57** ;
712 : **830**

X : **1015** ; 267 : **794** ; 271-
296 : **71, 86, 199, 292,
307, 343, 360, 406, 488,
615, 627, 752, 796** ; 321-
332 : **700** ; 374 et suiv. :
380 ; 454 : **380** ; 461 :
38 ; 462-464 : **227, 307,
488, 830**

XI, 130-135 : **124, 380, 662** ;
218 et suiv. : **1, 347, 348** ;
378-381 : **4** ; 783-784 :
124

XII, 49 : **380** ; 162-174 : **307,
615**

XIII, 622 : **199** ; 631 et
suiv. : **307, 406, 556**

XIV, 198-217 : **174** ; 233 et
suiv. : **307, 325, 406** ;
263-274 : **394** ; 271 : **42** ;
482-485 : **720** ; 508 et
suiv. : **1, 347, 348**

XV, 36 et suiv. : **42, 56, 90,
500** ; 36 : **41** ; 76 : **321** ;
370-378 : **4, 86, 307, 488,
615** ; 371 : **38** ; 372 : **199,
406** ; 375 : **556** ; 378 :
160 ; 598 : **160** ; 660 :
380 ; 662-665 : **112**

XVI, 97-100 : **307, 325, 575,
615** ; 112 et suiv. : **1, 347,
348** ; 220-252 : **4, 7, 37,
70, 86, 114, 307, 310,
327, 344, 352, 474, 505,
575, 615, 627, 645, 902** ;

231 et suiv. : **38**, **360**, **904** ; 233 et suiv. : **199**, **406**, **463**, **488**, **556** ; 384 : **199** ; 513-531 : **109**, **114**, **307**, **360**, **488**, **615** ; 569-576 : **380**, **662**, **797**

XVII : **95** ; 19 et suiv. : **307**, **325** ; 34-40 : **720** ; 411 et suiv. : **360** ; 561-568 : **55**, **302** ; 629-647 : **325** ; 643-650 : **109**, **307**, **488**, **615** ; 695-698 : **360**

XVIII, 75 : **38** ; 211 : **140** ; 457-458 : **202**, **321**, **662** ; 499 : **38**

XIX, 188 : **41** ; 249-268 : **56**, **122**, **615**, **700**, **796** ; 255 : **38** ; 257 : **38**, **225** ; 258 et suiv. : **42** ; 260 : **41** ; 270 et suiv. : **307** ; 297 et suiv. : **360** ; 305 : **57** ; 367 : **86**

XX , 62-65 : **684** ; 241 : **754** ; 463-469 : **321**, **662**

XXI, 64 et suiv. : **222**, **321**, **380** ; 71-79 : **112**, **323**, **662** ; 187 : **754** ; 272 et suiv. : **307**, **360** ; 457 : **38** ; 472-473 : **4**

XXII : **302** ; 59-71 : **124** ; 82-83 : **380** ; 123-125 : **323** ; 129-130 : **4** ; 338-343 : **57**, **112**, **124**, **380**, **662** ; 358-360 : **380** ; 418-420 : **323** ; 431-434 : **4**

XXIII, 71-74 : **684** ; 194-198 : **86**, **307**, **380**, **488** ; 463 : **321** ; 650 : **796** ; 768 : **225** ; 769 : **406** ; 770 : **307**, **360**

XXIV, 4-11 : **124** ; 290-291 : **4**, **556** ; 300 et suiv. : **225** ; 306 : **38**, **904** ; 308-314 : **149**, **164**, **307**, **488**, **556** ; 334 et suiv. : **581** ; 357 : **321** ; 437-439 : **581** ; 460-486 : **797** ;

465-467 : **57**, **662** ; 477-506 : **112**, **380**, **662** ; 480-484 : **807** ; 527-542 : **124** ; 553-558 : **662** ; 723-760 : **124**, **571**

Odyssée : **871**, **882**, **951**

I, 1-10 : **1**, **347**, **348**, **485**, **651** ; 368-380 : **366** ; 381 : **587**

II, 68 : **57** ; 135 : **86** ; 138-145 : **366** ; 210 : **57** ; 260-267 : **86**, **114**, **283**, **360**, **415**, **488**, **615**, **771** ; 261 : **38**, **225**, **835** ; 430 et suiv. : **463**

III, 19 : **57** ; 21 : **371** ; 40-64 : **55**, **86**, **615** ; 54 et suiv. : **4**, **307**, **360**, **415**, **488**, **821** ; 58-59 : **600**, **668**, **796** ; 92-101 : **57**, **124**, **406**, **662** ; 178 : **254** ; 179 : **835** ; 180 : **27** ; 236-238 : **684** ; 356 : **360** ; 371-384 : **900** ; 380 et suiv. : **227**, **307**, **360**, **488** ; 419 : **835** ; 444 : **406** ; 445-447 : **164** ; 450 et suiv. : **152**, **211**, **835**

IV, 328 et suiv. : **57**, **406** ; 433 : **202**, **321**, **380** ; 563-569 : **684** ; 752 : **38** ; 759-767 : **55**, **152**, **164**, **792**, **892** ; 762 et suiv. : **24**, **99**, **199**, **307**, **360**, **406**, **488** ; 763 : **571** ; 767 : **211**, **835**

V, 184 et suiv. : **56**, **500** ; 239 et suiv. : **225** ; 266 : **558** ; 285 : **41** ; 339-350 : **202** ; 444-450 : **4**, **42**, **71**, **109**, **144**, **149**, **307**, **321**, **323**, **380**, **488**, **521**, **615**, **654**, **662**, **731**, **771** ; 465 : **394** ; 767 : **160**

VI, 141-179 : **112**, **380**, **406**, **662**, **664** ; 180-181 : **796** ; 321-323 : **1043** ; 324-

328 : **4**, **292**, **307**, **360**, **406**, **415**, **460**, **488**, **796**
VII, 139-166 : **124**, **321**, **380**, **662** ; 200-206 : **846** ; 208-221 : **124**
VIII, 219-228 : **720** ; 429 : **293** ; 487-491 : **124**
IX, 16-20 : **4** ; 259-271 : **321**, **323**, **380**, **662** ; 294 : **225** ; 316-317 : **4** ; 496 et suiv. : **331** ; 526-536 : **4**, **124**, **307**, **360**, **488**, **651** ; 527 : **38** ; 552-553 : **835**
X, 264 : **380** ; 275-308 : **897** ; 480-484 : **380**, **662** ; 514 et suiv. : **56** ; 518-540 : **202**, **835**
XI : **406**, **747** ; 23-50 : **158** ; 29 : **202**, **321** ; 34-35 : **4** ; 34 : **38** ; 66-67 : **112** ; 72-80 : **380**, **684** ; 130-132 : **835** ; 530 : **380**
XII, 59 : **57** ; 334 : **86** ; 356 : **225**
XIII, 24-28 : **835** ; 128-140 : **846** ; 180-187 : **835**, **846** ; 226-351 : **1006** ; 228-231 : **202**, **321**, **380**, **662** ; 259-275 : **380**, **662** ; 324-328 : **662** ; 355-360 : **4**, **254**, **406**, **488**, **796**, **830** ; 357 : **38**
XIV, 53-54 : **92**, **488**, **796** ; 204 : **754** ; 276-284 : **380**, **662** ; 327-330 : **902** ; 406 : **57** ; 414 : **828**
XV, 222-223 : **684**, **835** ; 260-278 : **380**, **662** ; 261 : **57**, **835**
XVI, 178-185 : **254**, **662**, **796** ; 230 et suiv. : **225**
XVII, 50-51 : **4**, **38**, **307** ; 59 et suiv. : **38**, **307** ; 195 : **227** ; 239 : **38** ; 240 et suiv. : **307**, **360**, **406**, **488** ; 345 : **227** ; 354 et

suiv. : **92**, **360**, **488** ; 373 : **754**
XVIII, 112-116 : **488**, **796**
XIX, 303-304 : **56** ; 330 : **86** ; 395-398 : **581** ; 455-458 : **203**
XX, 60-66 : **307**, **488**, **615** ; 79-83 : **488**, **615** ; 97-105 : **4**, **307**, **360**, **488**, **615** ; 97 : **38** ; 111-121 : **158**, **360**, **488**, **575**, **615** ; 236-237 : **488**
XXI, 200 et suiv. : **360**, **488** ; 278 : **57**
XXII, 33 : **380** ; 61-67 : **124** ; 79 : **380** ; 310-312 : **112**, **222**, **380** ; **1006** ; 321 : **228**, **754** ; 334-342 : **380**, **662** ; 344-353 : **124** ; 407-411 : **152**, **212**
XXIV, 432-436 : **720**
Horace
  Chant séculaire : **10**, **82**, **153**, **188**, **337**, **452**, **615**, **643**, **705**, **718**, **761**, **772**, **775**, **785**, **816**, **976** ; 1-8 : **948**
  Épîtres, I, 2 : **83** ; 8 : **121** ; 16 : **82**, **83**, **482**, **621**, **654**, **760**, **832**
  Épodes, 1 : **642** ; 5 : **815** ; 5, 51 et suiv. : **654**, **926** ; 10 : **642**
  Odes : **77**
    I, 2 : **83** ; 3 : **615**, **642** , 3, 1-6 : **967** ; 5 : **491** ; 10 : **558**, **621**, **705**, **949** ; 12 : **558**, **621** ; 17 : **772** ; 21 : **83**, **558**, **621**, **643**, **705**, **772** ; 30 : **621**, **705**, **785** ; 31 : **83**, **121**, **363**, **437** ; 32 : **621** ; 35 : **83**, **621**, **705** ; 37 : **828**
    II, 6 : **83** ; 17 : **83** ; 19 : **621**
    III, 3, 4 et 5 : **772** ; 4 : **9** ; 13 : **621** ; 21 : **371**, **615**, **621**, **705** ; 23 : **812** ; 27 : **642**
    IV, 1 : **615** ; 3 : **772** ; 5 : **403**, **665** ; 6 : **621**, **772**

Satires, II, 6, 4-15 : **83** ; 20-23 : **713**

Hygin, *Fable* 143 : **151**

HYMNES

Hymne à Anubis, 8 : **145**

Hymne à Anubis et à Isis de Kios : **149, 381**

Hymne à Démétrios Poliorcète (Athénée, VI, 253d) : **47, 248, 608, 692, 701, 729, 748, 781**

Hymne à Hygie de Licymnius de Chios : **328**

Hymne à la Grande Mère (*PGM*, 935) : **204**

Hymne d'Akhénaton au Soleil : **554**

Hymnes d'Isidôros à Isis : **145, 149, 332, 409, 528, 683, 1000**

Hymne de Maïstas à Sarapis : **644**

Hymne de tierce : **145**

Hymnes delphiques d'Athenaios et de Limenios à Apollon : **2, 172, 204, 579, 580, 798**

Hymne de Suse à Apollon : **181**

Hymne des Courètes à Zeus Dictéen (Paléocastro, *Inscriptiones Creticae*, III, 2, 2) : **67, 149, 158, 382, 548, 592, 615, 626, 792**

Hymne éléen à Dionysos (Plutarque, *Questions grecques*, 299a-b) : **145, 149, 800**

Hymne d'Épidaure à la Mère des dieux (*IG*², IV, 131) : **97** ; voir aussi Télésilla

Hymne épidaurien à Pan : **69**

Hymnes homériques : **2, 44, 89, 558, 622, 628, 687, 876, 978, 1043, 1061, 1069, 1075**

Hymne à Aphrodite : **299, 837** ; I, 1-2 : **348** ; 17 : **790** ; 49 : **790** ; 56 : **790** ; 65 : **790** ; 81 : **790** ; 92-103 : **796** ; 92-93 : **615** ; 100-106 : **615** ; 107 : **790** ; 191 : **790** ; II, 6 : **796** ; 19-21 : **796, 830** ; III, 1-5 : **24** ; 4-6 : **796, 830** ; 21 : **796**

Hymne à Apollon : **909, 1003, 1039, 1073** ; I : **24, 46, 67, 792** ; 84-86 : **41, 500** ; 119 : **152** ; 120 : **212** ; 154 et suiv. : **543** ; 247-293 : **1012** ; 333 : **537** ; 357 : **790** ; 382 : **790** ; 420 : **790** ; 437 : **790** ; 445 et suiv. : **152** ; 474 : **790** ; 514 : **790** ; 531 : **790** ; 545 et suiv. : **201** ; II : **644**

Hymne à Arès : **615, 792**

Hymne à Artémis, I : **792** ; 1-9 : **406** ; 1 : **24** ; 7 : **796**

Hymne à Asclépios : **615, 701**

Hymne à Athéna, II, 5 : **796, 830**

Hymne à Déméter : **760, 792, 837, 899, 976, 1018** ; I : **24** ; 3 : **790** ; 18 : **790** ; 31-32 : **790** ; 54 : **790** ; 75 : **790** ; 84 : **790** ; 188-211 : **903** ; 256-280 : **903, 966** ; 259 : **41, 42** ; 321 : **790** ; 334 : **790** ; 357 : **790** ; 371-374 : **174** ; 376 : **790** ; 411-413 : **174** ; 430 : **790** ; 441 : **790** ; 472 et suiv. : **698** ; 490-495 : **348, 830** ; 492 : **790** ; 494 : **600** ; 498 et suiv. : **698** ; II : **24, 644** ; 3 : **830**

Hymne à Dionysos : **493, 792** ; 1 : **24** ; 7 : **830** ; 11 : **796** ; 58 et suiv. : **201**

Hymne à Héphaïstos, 8 : **25, 796**

Hymne à Héraclès, 9 : **25**, **796**, **830**

Hymne à Hermès : **915**, **936**, **1003**, **1039**, **1064** ; 1-3 : **24**, **485**, **790** ; 30 et suiv. : **471** ; 57 et suiv. : **471** ; 89 : **790** ; 274-276 : **90** ; 301 : **790** ; 383-384 : **90** ; 387 : **790** ; 408 : **790** ; 423 et suiv. : **471** ; 439 : **790** ; 446 : **790** ; 526 et suiv. : **24** ; 550 : **790** ; 579 : **790**

Hymne à Hestia : **25**, **354**

Hymne à la Mère des Dieux, 6 : **796**

Hymne aux Muses : **348**

Hymne au Soleil, 17 : **796**

Hymne à la Terre : **615**, **792** ; 17-19 : **348**, **796**

Hymnes orphiques (Quandt) : **106**, **558**, **622**, **628**, **659**, **683**, **732**, **1002**, **1043**
1 : **783**
2 : **783**
9 : **783**
10 : **792**
13 : **6**
18 : **485**
29 (à Artémis) : **965**
30, 42, 45 et 52-53 : **1057**
30 (à Dionysos) : **2**, **615**, **623**
31 : **783**
32 (à Athéna) : **730**
36 : **783**
46 : **623**
59 (aux Moires) : **778**
72 : **783** ; voir aussi Arétalogies

Hymnes védiques : **976**

I

Ignace d'Antioche : **1080**

Incantation érotique de Cyprien d'Antioche (dans Meyer-Smith, *Ancient christian magic*, n° 73) : **825**

INSCRIPTIONS

AIJ (Hoffiller et Saria, *Antike Inschriften aus Jugoslawien*, 1938) 255-257, n° 557 : **984**

Akurgal, *Alt-Smyrna*, I, p. 129-130, tab. 124a-c : **335**

Amulettes : **983**, **1072**

L'Année épigraphique : **491**, **532**, **536**, **843**

Arctos, 15, p. 121 : **532**

Athenische Mitteilungen, 12, 283 : **57** ; 25, 421 : **140**, **223**

Bas-relief (prière au Soleil vengeur) : **126**

Bean, *Journeys in Northern Lycia*, n° 37 (oracle d'Oinoanda) : **426**, **428**

Bernand, *I.G.L. du Colosse de Memnon*, 66 et 98 : **584**

Britannia 1973, p. 325, n° 3 : **532** et **823** ; 1979, p. 342, n° 2 ; p. 343, n° 3 et 1982, p. 404, n° 7 : **823** ; fig. 32 : **532** ; 1983, p. 336, n° 5 et 6 : **823** ; 1992, 5 : **680**

British Museum inv. 1891.4-18.50 (A+B) + 1891.4-18.59 (47) + Coll. Froehner inv. 9 : **690**

Calder, inscription du temple G à Sélinonte (prière à Zeus) : **84**

Capello, *Prodromus iconicus sculptilium gemmarum Basilidiani amulectici atque talismani generis*, n° 14 : **722**

Catalogue of the engraved gems in the Royal Coin Cabinet the Hague (1978), n° 1112 et 1113 : **722**

CEG (Hansen, *Carmina Epigraphica Graeca*, 1983-1989) 195 et 197 : **140** ; 268 : **762** ; 326 : **140**, **762** ; 334 : **140** ; 345, 358, 360 et 367 : **762** ; 414 : **140** ; 418 : **762**

CIA (Dittenberger et al., *Corpus Inscriptionum Atticarum*, 1873-1895) III, 171 : voir péan de Makedon

CIG (*Corpus Inscriptionum Graecarum, ab* 1828) 4142 : **417** ; II, 2012 et 3538 : **873** ; III/2 5075 : **741** ; 5108b : **741** ; IV, 12, n° 128 : voir *Péan d'Isyllos*

CIL (*Corpus Inscriptionum Latinarum, ab* 1863)
  I, 2, 1 : **419** ; 28 : **652** ; 365 : **743** ; 369 : **650** ; 756 : **743** ; I², 368-381 : **945**
  II, 172 : **615** ; 462 : **615**, **823**
  III, 1933 : **311**, **631**, **743** ; 3989 : **792** ; 7954 : **536**
  VI, 312 : **615** ; 2034 : **128** ; 2064 et 2074 : voir *CFA* et **946** ; 2104 : voir *Chant des frères Arvales* 7579 : **792** ; 14098b et 14099 : **894** ; 18817 : **615**, **792** ; 25075 : **894** ; 32323 : **36**, **153**, **257**, **452**, **615**, **676**, **761**, **792**, **919**, **1051** ; 32326-32334 : **153** ; 32329 : **615** ; 32363 : voir *CFA* 48
  VII, 140 : **823**
  XI, 944 : **743** ; 1823 : **615** ; 3303 : **665** ; 6310 : **945**
  XII, 4, 103 : **491**, **615** ; 1064 : **491** ; 1277 : **536** ; 2217 : **491** ; 3043 : **491** ; 4333 : **194**, **461**, **615**, **665**, **743**
  XIII, 1730, 1769, 1780, 4713 et 5258 : **491** ; 5338 : **703** ; 5674 : **491** ; 11176 : **491**
  XIII, additamenta11340-III-XIII: **962** ; passim : **995**
  XIV, 3565 : **792**

CIS (*Corpus Inscriptionum Semiticarum*, 1881-1962) I, 6068 : **691**

CLE (Buecheler et Riese, *Carmina Latina Epigraphica*, 1895-1897) 19 : **761** ; 250 : **682** ; 861 : **761** ; 868 : **682** ; 873 : **682** ; 1504, 1520, 1526, 2148 et 2151 : **761**

Cumont, *Memorie della Pontificia Accademia Romana di Archeologia*, n. s., 1, 1923, p. 65-80 : **933**

Dain (inscription d'Amisos, 1933), n° 34 : **691**

Dardaine & Leroux (*AE* 1988), 727 : **691**

Décret de Colophon : **769**

Dédicace d'Érétrie : **864**

Dédicace d'un autel (Marek) : **719**

EBGR (Chaniotis et Mylonopoulos, « Epigraphic Bulletin of Greek Religion », *Kernos*) : **888**

Edelstein, *Asclepius, collection and interpretation of the testimonies*, n° 225 : **810**

EE (*Ephemeris epigraphica. Corporis Inscriptionum Latinarum supplementum*, 1872-1913) VIII, p. 225 et suiv., 274 et suiv. : **153**

Épigramme sur un autel (Marek) : **719**

Épitaphe de Julius Terentius (Welles, *Harvard Theological Review*, 34) : **149**

Feriale Duranum : **665**

Franz (*Jahreshefte des Österreichischen Archäologischen Institutes in Wien*, 1959) : **823**

Gemme votive : **742**

Gemmes magiques : **912**, **943**, **983**, **994**, **1007**

Graffiti : **36**

Graffiti n° 24 du sanctuaire de Châteauneuf : **777**

Graffiti sur vases : **852**

Grégoire, *Recueil des inscriptions grecques chrétiennes d'Asie Mineure*, t. 1, 1992, n° 233, 1-3 : **987**

Habachi (*Suppl. aux Annales du Service des Antiquités de l'Égypte* 1957), fig. 25b : **703**

I.Cret. (Guarducci, *Inscriptiones Creticae*, 1935-1950) I, 312, 7-9 : **335** ; II, 19, 7 : **703** ; III, 2, 2 : voir *Hymne des Courètes*

I.Delos (*Inscriptions de Délos*, 1926-1972) 2158 et 2040 (?) : **1081**

I.Didyma (Rehm, *Didyma. II* : *Die Inschriften*, 1958) 277 : **851**

IDR (*Inscriptiones Daciae Romanae*, *ab* 1975) III, 1, 30 : **991**

IG (*Inscriptiones Graecae*, *ab* 1903) : **1082**
I, 3, 64A : **581**
II, 4223 : **852**
II-III, 2 : **147**
II, 2, 2948 : **729** ; 2953 : **41** ; 3, 3092 : **306** ; 4473 : **729** ; 10385 et 13209-13227 : **429**
III, 1, 130 : **41** ; 171 : **69**, **149**, **247**, **615** ; appendix : **173**
IV, 1, 129-131 : **328** ; 950 : voir *Péan d'Isyllos*
IV, 2, 131 : voir *Hymne d'Épidaure à la Mère des dieux*
V, 1390 : **457**
VII, 235 : **1056** ; 1828 : **615** ; 3426 : **852**
IX, 2, 397, 1 : **57**
X, 2 : **332**

XI, 4, 1296 : **519** ; 1299 : **167**, **326** et voir *Hymne de Maïïstas à Sarapis*
XII, 5, 199 : **1018** ; 7, p. 1 : **691**, **829**
XII, 3, Suppl., 1337 : **316**
XIV, 158 : **987** ; 1901 : **429**

IGLS (*Inscriptions grecques et latines de la Syrie*, *ab* 1929) : IV, 1897, 1 et XXI, 2149, 2 : **987**

IGR (Cagnat, *Insciptiones Graecae ad res Romanas pertinentes*, 1906-1927) II, 3538 : **873** ; III, 49 : **566** ; IV, 145 et 915c : **404** ; 955, 10-18 : **566** ; 1302 : **404** ; 1498 : **873** ; 1756 : **404**

I.Lindos (Blinkenberg, *Lindos, II. Inscriptions*, 1941) 484 et 487 : **1029**

ILS (Dessau, *Inscriptiones Latinae selectae*, 1892-1916) 3082 : **945** ; 5050 : **36**, **452**

ILTG (Wuilleumier, *Inscriptions latines des Trois Gaules*, 1963) : **995** ; 228 et 306 : **491** ; 343-346, 348 : **868**

I.Magnesia (Kern, *Die Inschriften von Magnesia am Maeander*, 1900) 98 : **769**, **835** ; 100A : **1058**

I.Philae (Bernand, *Les inscriptions grecques et latines de Philae*, 1969) : **13**, **583**, **584**, **615**, **647** ; I, 14 : **860** ; II, 126, 134, 146 et 149 : **860**

I.Priene (Hiller von Gaertringen, *Inschriften von Priene*, 1906) 196 : **903**

Imprécation d'Artémisia (Blass, *Philologus*, 1882) : **823**

Imprécations funéraires : **489**

Inscriptions d'Anatolie (Nollé, 2007) : **958**

Inscriptions d'Attique et de Thessalie : **875**

Inscription perse de Bisotum : **882**

Inscription sur brûle-parfum : **959**

Inscriptions chypriotes syllabiques : **852**

Inscription de Claros : **1042**

Inscriptions de Cos : **1020**

Inscriptions de Delphes : **839, 1042**

Inscriptions de Didymes : **1042**

Inscriptions de Dodone : **1042**

Inscriptions d'Éphèse : **438, 1020** ; 10 : **769**

Inscription de Gortyne : **839**

Inscription de Hiérapolis Castabala : **427**

Inscriptions de Livadia : **1042**

Inscriptions du Luxembourg : **852**

Inscription de Néocésarée : **615, 809**

Inscriptions osques et messapiennes : **938**

Inscriptions de Palmyre : **502, 503**

Inscription de Sélinonte : **703**

Inscriptions de Thasos : **1020**

Inscription de Thurii : voir *Orphicorum fragmenta*, 32c

Inscription de Tschukurhissar : **116**

Insciption sur la prise d'Isaura Vetus : **315**

Inscriptions votives : **314, 432, 540, 1045, 1046**

Intailles magiques : **1088**

Lamelles oraculaires de Dodone : **977**

Lamelle d'or d'Egnatia : **859**

Lamelle d'or de Pelinna : **88**

Lamelles de plomb de Bithynie : **982**

Lamelle de pomb de Mogliano : **30**

Lamelles de plomb de Rome, piazza Euclide : **993**

Leblant, « 750 inscriptions de pierres gravées » (*Mém. Acad. Inscr.* 1898), n° 249 : **722**

Lewis, *Ostraca grecs du musée du Caire* (*Ét. Pap.* 1936), p. 106 n. 26 : **661**

Liber linteus Zagrabiensis = CIE (*Corpus Inscriptionum Etruscarum, ab* 1893) Suppl. I : **866, 981**

Loi de Cyrène (Ferri) : **468**

LSAM (Sokolowski, *Lois sacrées de l'Asie Mineure*, 1955) 16 : **316** ; 24 : **406** ; 47 : **1058**

LSCG (Sokolowski, *Lois sacrées des cités grecques*, 1969) **480, 769** ; 46 : **316** ; 69 : **316** et **406** ; 72 : **316** ; 83 : **1058**

LSCG Suppl. (Sokolowski, *Lois sacrées des cités grecques. Supplément*, 1962) 108 : **1029**

MAMA (*Monumenta Asiae Minoris antiqua, ab* 1928) I, 23 : **403**

Masson, *The syllabic inscriptions of Rantidi-Paphos*, n° 44-45 : **335**

Meiggs & Lewis, *A selection of Greek historical inscriptions*, n° 22 : **686**

Mitford, « New inscriptions from Roman Cyprus », *Opuscula archaeologica*, 6, n° 26 : **426**

Momie de Zagreb : **30**

Mommsen, *Gesammelte Schriften*, VIII, p. 567 et suiv. (prières des Jeux Séculaires de 17 av. J.-C.) : **718**

Moracchini-Mazel, *Les fouilles de Mariana (Corse)* : 6 : *La nécropole d'I Ponti*, p. 18 et suiv. : **823**

New York Public Library, cat. n°
1 : **703**

Parke, *The oracles of Zeus*, p.
261, n° 16 : **316**

Péans : **1075**

Prière de Cascelia : **375**, **740**

RIB (Collingwood et Wright,
*The Roman Inscriptions of
Britain*, 1965-1995) 215, 306
et 2059 : **963**

Robert, *Hellenica*, VI, p. 105-
107, VII, p. 152-170 et X, p.
28-33 : **53**

Robert, « Malédictions funéraires grecques », *Comptes
rendus des séances de
l'Académie des Inscriptions
et Belles-Lettres*, 1978, p.
241-289 : **429**

SEG (*Supplementum epigra-
phicum Graecum, ab* 1923)
II, 718 : **403** ; IV, 13 : **180** ;
VII, 14 : voir *Hymne de Suse
à Apollon* ; VIII, 548-551 :
voir *Hymnes d'Isidoros* ;
841 : **741** ; XXIII, 126 : **729** ;
593 : **335** ; XXVI, 1112 :
616 ; XXVII, 1977, n° 933 :
873 ; XXVIII, 793 : **282** ;
XXXII, 1517, 1-5 : **987** ;
XXXV, 213 : **620** ; XXXVI,
750 : **616** ; XL, 610 : **140**

Serment éphébique : **473**

SGO (Merkelbach et Stauber,
*Steinepigramme aus dem
Griechischen Osten*, 1998-
2004) : **1029** ; I, p. 118 :
1070

Siebourg, « Neue Goldblättchen
mit griechischen Auf-
schriften » (*ARW* 1907), p.
398 : **703**

SIG (Dittenberger, *Sylloge
Inscriptionum Graecarum*,
1915-1924) : **835** ; 982, 25 :
152 ; 1150 : **762**

SIRIS (Vidman, *Sylloge inscriptionum religionis Isiacae et
Sarapiacae*, 1969) 88 : **996**

Stèle funéraire (Marek) : **719**

Strubbe, *Imprecations against
desecrators of the grave in
the Greek epitaphs of Asia
Minor* : **489**, **809**

Tables Eugubines : voir s.v.

Tablettes bachiques en or
(Bacchic Gold Tablets) : **934**

Tablettes d'exorcisme de Noto et
Modica : **983**

TAM (*Tituli Asiae Minoris*,
Vienne, *ab* 1901) V, 1, 318 :
823

Tod, *A selection of Greek
historical inscriptions*, n°
144, 146 et 204 : **686**

Tuile de Capoue : **30**

Wright (*JRS* 1958), 150, 3 : **823**

Ion de Chios, fr. 1 G.-P. = 26 W. :
576

Isée, *Sur la succession de Chiron*
(8), 15-16 : **575**, **769**, **1000**

Isidore de Séville, *Étymologies*, I,
39, 17 : **558**

Isidôros : voir Hymnes

Isocrate
Panégyrique, 43 : **640**, **1000**
Philippe, 117 : **684**

Iulius Pollux, *Onomasticon* : **1079**

J

Jamblique : **148**
Les mystères : **169**, **819**, **851** ; I,
8 : **728** ; 15 : **648** ; II, 11, 96-
97 : **629** ; V, 26 : **47**, **629**,
648, **728** ; 28, 6 : **728** ; VI, 5-
6 : **47** ; VII, 4-6 : **629**, **988** ;
X, 8 : **633**
Vie de Pythagore : **135**

Jean Cassien, *Conférences*, IX, 35 :
33

Jean Chrysostome : **301**, **1072**

Jérôme
Commentaire à Isaïe : **1038**

Lettres : **851**
Vie d'Hilarion, 12 : **669** ; 17 et suiv. : **1072**
Julien : **301**
 Contre Héracléios, 212b : **602** ; 221a : **146** ; d : **602**
 Hymne à Hélios-Roi : **182, 365, 478, 602, 805** ; 130c-d : **146** ; 157d : **602**
 Hymne à la Mère des Dieux : **478, 602** ; 178d : **819** ; 179d-180c : **248, 602, 819**
 Lettres, 20, 453b : **697** ; 89, 301d-302a : **67, 697, 819** ; 89a-b : **862**
Justin, *Dialogue avec Tryphon*, I, 4 : **750**
Juvénal, *Satires*, II, 6 : **82** ; IV, 34-36 : **495** ; IX, 137-150 : **495** ; X : **353, 363, 437** ; 23-55 : **83** ; 243-245 : **83** ; 289-292 : **82, 490** ; 346-366 : **48, 83, 365, 615, 726** ; XII, 102 : **491**

L

Lactance
 De la mort des persécuteurs, 17, 5 : **344** ; 46, 6 : **631**
 Institutions divines : **851** ; I, 7 : **428** ; VI, 25, 3 : **541**
Léon le Grand, *Sermons*, 16, 2 : **850** ; 57, 2 : **850**
Libanios : **301** ; XVIII, 304 : **403**
Liber linteus Zagrabiensis : **424, 713** ; voir aussi Inscriptions
Licymnius de Chios : voir Hymnes
Lithica : **659**
Liturgie de Mithra : voir Papyri
Livius Andronicus, *Hymne à Junon-Reine* : **653**
Livre des Secrets : **689**
Livres des Morts, 12, 5-34 : **698**
Lucain, *Guerre civile*, I, 195-203 : **495** ; 605-638 : **1034** ; III, 86 : **935** ; VI, 75 : **935** ; 507-830 : **666, 667** ; 523-527 : **988** ; 563-568 : **747** ; 590-603 : **495** ; 693-

749 : **495, 615, 747, 815** ; 695-705 : **988**
Lucien
 Alexandre ou le faux prophète : **900**
 Contre un ignorant, 13, 3 : **541**
 Icaroménippe : **98** ; 13 et 25 : **585, 633** ; 25-26 : **481, 502**
 L'ami du mensonge, 16 : **688** ; 19 : **585**
 Les amours, 30 : **585**
 Ménippe, 9 : **747**
 Sur la déesse syrienne, 29 : **585**
 Sur la mort de Pérégrinos, 36 : **585, 900**
 Sur les sacrifices : **98** ; 2-3 : **481, 819**
 Zeus réfuté : **98**
 Zeus tragédien : **98**
Lucilius, V, 206 : **163**
Lucrèce, *La Nature* : **1032** ; I, 1-49 : **109, 371, 536, 615, 643, 705, 768, 828, 895** ; 316-318 : **706** ; 926-934 : **895** ; II, 991-998 : **768** ; III, 1-30 : **244, 705** ; IV, 617-621 : **895** ; V, 1194-1203 : **191, 250, 615**
Lycurgue, *Contre Léocrate*, 1-2 : **615** ; 25 : **610** ; 79 : **1000** ; 80 et suiv. (serment de Platées) : **472, 686**
Lyra Graeca (Edmond), III, p. 562, n° 1 : **105**
Lysias
 II, 39 : **406**
 Oraison funèbre : **1017**
 Péroraison sur la confiscation (XVIII), 18 : **692**

M

Macrobe, *Saturnales* : **851, 922, 939, 1038** ; I, 9, 9 : **141** ; 10, 11-15 : **1086** ; 15, 14 : **650** ; 16, 25 : **311** ; 17, 55 : **395** ; III, 7-11 : **166, 551** ; 7-8 : **454, 675** ; 8-10 : **7, 11, 61, 62, 129, 141, 157, 231, 234, 240, 315, 386, 449, 451,**

537, 577, **586**, **615**, **700**, **715**, **743**, **760**, **761**, **768**, **790**, **792**, **816**, 822 ; 9, 7-13 : **905**, **1047**

Mannos, *Vie de Proclus*, 29 : **769**

Marc Auèle, *Pensées*, I, 17 : **437** ; V, 7 (prière des Athéniens) : **20**, **47**, **98**, **116**, **145**, **146**, **149**, **248**, **357**, **437**, **475**, **726**, **751**, **760**, **762**, **792**, **829** ; IV, 23 : **243** ; VI, 23 : **47** ; IX, 11 et 27 : **437** ; 40 : **36**, **47**, **146**, **242**, **248**, **357**, **437**, **475**, **481**, **615**, **633**, **724**

Marcellus Empiricus, *Des médicaments* : **917** ; VIII, 191 ; XIV, 68 ; XV, 11 et 102 ; XXII, 41 ; XXXI, 33 : **923** XV, 11 : **3**

Marinus, *Vie de Proclus*, 22 : **264**

Martial, *Épigrammes*, I, 39, 5-6 : **33**, **518** ; V, 7, 5-8 : **495** ; VI, 10 : **739** ; 38, 9-10 : **495** ; VII, 60 : **739** ; VIII, 24 : **739** ; IX, 42 : **615** ; 58 : **495** ; X, 7, 28 : **495** ; XII, 4 : **495** ; 77 : **250**, **613**

Martianus Capella, *Noces*, II, 185-193 : **568**

Martyre de Polycarpe : **1080**

Maxime de Tyr, *Dissertations*, V : **98**, **350**, **481**, **513**, **522**, **724**, **750** ; 7-8 : **633**, **736** ; XI : **353**, **819** ; 8 : **48**

Méléagre de Gadara, *Épigrammes*, V, 165 et 191 : **926**

Mélinno, fr. 1, 1 : **762**

Ménandre
L'arbitrage : **32** ; 555-556 : **85**
Le dyscolos, 11, 401 et 572 : **535**
Le flatteur, fr. 1 : **406**, **762**

Ménandre le Rhéteur : **932**, **976**
Division des discours épidictiques : **68**, **97**, **293**, **371**, **383**, **479**, **493** ; p. 331 et suiv. Spengel : **412**, **603** ; 342-343 : **752** ; 437 : **154** ; 438, 11 et suiv. : **771** ; 443-444 : **154** ; 445, 25 et suiv. : **298**, **406**, **771**

Ménodote de Samos, fr. 1 Müller : **514**

Mésomède de Crète
Hymne à Hélios : **149**, **269**, **659**
Hymne à Isis : **143**, **145**, **149**, **269**
Hymne à l'Adriatique : **269**
Hymne à la Muse : **269**
Hymne à la Nature : **145**, **149**, **269**, **615**, **751**, **805**
Hymne à Némésis : **269**, **659**

Midrash Deutéronome Rabba, XI, 12 : **713**

Minucius Felix, *Octavius*, II, 4 : **535**, **749**

MONNAIES : **854**
Monnaies d'Éphèse : **404**

N

Naevius, *Bellum Punicum*, fr. 5 et 35 M. : **186**

Nag Hammadi : **120** ; VI, 55-57 : **93** ; 63-65 : **330**, **517**

Nemesianus *Cynegetica*, 86-102 : **494**

Nonnos de Panopolis *Dionysiaques*, XIII, 43 : **485**

O

Odes de Salomon, 6 et 21 : **59**

Oracles chaldaïques : **439**, **629**, **659**, **689**, **737**, **819**, **873**
Oracles de Delphes : **908**
Oracles de Dodone : **908**
Oracles de Didymes : **908**

Origène : **1059**
Contre Celse : **793** ; VIII, 24 : **708**
De la prière : **724**

Orphicorum Fragmenta (Kern) : **855**, **1043** ; 21a : **792** ; 31 : **792** ; 32 : **792** ; 32c : **122** ; 62 : **792** ; 168 : **714** ; 232 : **344**

OSTRACA : **891**, **1072**

Ovide : **843**
Amours, II, 13, 7-18 : **332**

Art d'aimer, I, 77 : **837** ; II, 1 :
1087 ; 13 : **617**

Fastes : **853**

   I : **141** ; 3-26 : **811** ; 65-70 :
   811 ; 287-288 : **83** ; 631-
   632 : **82** ; 675-694 : **83** ;
   711-712 : **811** ; 721-722 :
   83

   II, 17-18 : **811** ; 438 : **132** ;
   525-526 : **83** ; 569-584 :
   857 ; 633 et suiv. : **665** ;
   658 : **558**

   III, 1-2 : **811** ; 363-367 : **191**

   IV, 85-116 : **705** ; 161-162 :
   811 ; 317 : **132** ; 317-
   327 : **1006** ; 747-776 : **82,
   615** ; 807-808 : **811** ;
   827-831 : **83, 811** ; 909-
   932 : **83, 615**

   V, 183-184 : **811** ; 433 :
   535 ; 577 : **852** ; 663-
   692 : **615, 705**

   VI, 155-160 : **82** ; 249 et
   suiv. : **541** ; 251 : **537** ;
   541-542 : **811** ; 652 : **811**

   VIII, 681 : **541**

Héroïdes, IV : **927** ; VI : **999** ;
   XVIII, 59-74 : **926**

Ibis : **327, 544, 815** ; 67-88 : **615**

Métamorphoses : **851**

   I, 434-567 et 747-779 :
   1064 ; 766-771 : **605**

   II, 580 : **812**

   IV, 1-32 : **371, 623, 705**

   VI, 160 et suiv. : **163**

   VII, 179-191 : **815** ; 192-
   219 : **615** ; 251 : **654** ;
   593 et suiv. : **446** ; 953 :
   541

   VIII, 270-546 : **829**

   IX, 300-301 : **654** ; 413-417 :
   1006 ; 685 et suiv. : **332,
   617** ; 772 : **332**

   XIV, 58 : **654**

   XV, 675-682 : **900** ; 861-
   870 : **395, 615**

Pontiques, IV, 8, 65-78 : **811** ;
   9 : **403, 537**

Tristes, I, 1, 27-30 : **521**

P

Panégyriques latins, XII, 6, 4 : **403** ;
   26 (p. 309 Baehrens) : **614**

PAPYRI : **891**

   Alceste de Barcelone, 3 : **176**

   Betz, *The Greek Magical Papyri
   in Translation Including the
   Demotic Spells*, 1986 : **941**

   CEDOPAL (Centre de documentation de papyrologie
   littéraire, Université de Liège)
   1871-6101 : **898**

   Kuster, *De tribus carminibus
   papyri Parisinae magicae* :
   127

   P.Berl.Sarisch. (Sarischouli,
   Berliner Griechische Papyri,
   1995) 16, 6 : **987**

   P.Berol. 21243, col. I, 1-14 : **174**

   P.Brem. (Wilcken, *Die Bremer
   Papyri*, 1936) 15 : **661**

   P.Brit.Mus. (*Catalogue of the
   Demotic Papyri in the British
   Museum*, ab 1939) 10070 :
   901

   P.Brux. (*Papyri Bruxellenses
   Graecae*, ab 1974) Inv.
   E.7158, 23-26 : **987**

   P.Chic. (Goodspeed, *Chicago
   Literary Papyri*, 1908) 2 :
   847 ; 1061 : **998**

   P.Flor. (*Papiri greco-egizii,
   Papiri Fiorentini*, 1906-
   1915) XVIII, 23-32 : **123**

   P.Fouad (*Les papyrus Fouad I*,
   1939) 89, 5-6 : **987**

   PGM (Preisendanz, *Papyri
   Graecae Magicae*, 1928-
   1931) : **120, 180, 499, 851,
   867, 917**

   I : **204, 517** ; 39 : **666, 667** ;
   262-347 : **878**

II, 32-34 : **722** ; 177-178 : **829**

III, 591-610 : **820**

IV : **107** ; 296-466 : **666, 667, 688** ; 1007-1030 et 1167-1226 : **992** ; 1331-1389 : **792** ; 1443-1457 : **690** ; 1511 : **92, 814** 1708-1715 : **1048** ; 2241-2246 : **744** ; 2267-2278 : **744** ; 2320-32 et 2560-2621 : **988** ; 2714-2783 : **175** ; 2758 : **92** ; 2785-2879 : **223** ; 2802-2806 : **744** ; 2865-2869 : **744**

V, 1-54 : **1048** ; 3-13 : **1049** ; 305 et suiv. : **970** ; 392-423 : **223** ; 400-439 : **641** ; 459-489 : **757**

VII, 668-685 : **223** ; 680-683 : **722** ; 742 : **666, 667** ; 756-794 : **223** ; 880-900 : **641, 722**

VIII : **856** ; 1-60 : **223, 666, 667, 988**

XII, 239 : **714**

XIII, 63 et suiv., 571 et suiv. : **820** ; 605 et suiv. : **762** ; 790-824 : **820** ; 871 : **714** ; 923-925 : **722**

XVIIb : **747**

XVIIIb : **223**

XX : **703**

XXIIb1 : **992**

XXVb : **1050**

XXXVI, 35-68 : **988**

LXX, 4-25 : **703**

P.Heid. (*Veröffentlichungen aus der Heidelberger Papyrus-sammlung, ab* 1956) I, 6 : **987**

P.Herc. (*Papyrus Herculanensis*) 1055 : **852**

P.Köln (*Kölner Papyri, ab* 1976) 21351 et 21376 : voir Sappho

P.Laur. (*Dai Papiri della Biblioteca Medicea Lauren-ziana,* 1976-1984) inv. 54 : **397**

P.Leid. (*Papyri Graeci Musei Antiquarii Lugduni-Batavi,* 1843-1885) I, 383-384 : **901**

P.Lond. (*Greek Papyri in the British Museum, ab* 1893) 122 : **856**

p.Mag.LL. (Griffith et Thompson, *The Demotic Magical Papyrus of London and Leiden,* 1904) 7, 19-24 : **1037**

P.Mert. (*A Descriptive Catalogue of the Greek Papyri in the Collection of Wilfred Merton,* 1948-1967) II, 82 : **661**

P.Oslo. (*Papyri Osloenses,* 1925-1936) I, p. 11, col. 9 : **127**

P.Oxy. (*The Oxyrhynchus Papyri, ab* 1898) 215 : **178** ; 1070 : **270** ; 1149 : **1048** ; 1231 : **346** ; 1380 (*Arétalogie d'Isis*) : **104, 177, 554, 615, 717, 776, 801** ; 1758 : **661** ; 2164 : **370** ; 2354, 1-15 : **348** ; 2617 : voir Stésichore

P.Paris (*Notices et textes des papyrus du Musée du Louvre et de la Bibliothèque impé-riale,* 1865) B.N. 574 : **122, 615, 689, 781, 820**

P.Ups.8 (Björg, *Der Fluch des Christen Sabinus, Papyrus Upsaliensis 8,* 1938) : **691**

Papyri de Barcelone, Inv. 158-161 : **852**

Papyrus de Berlin 5025 : **820** ; 5026 (Preisendanz, n° II, 1928-1931, I, p. 18-30) : **421** ; 6794 : **127**

Papyrus de Derveni : **88, 855, 876**

Papyrus du Fayoum, 127, 4 : **584**

Papyrus magique de Londres : **566**

Papyrus Mimaut (Louvre n° 2391) : **330, 517**

Papyri de Vienne : **920**

Prière d'Artémisia : **208**

Sammelbuch griechischer Urkunden aus Ägypten (*SB*), III, 6262 (= *Select Pap.* I, 133) : **661**

SGD (Jordan, « A Survey of Greek Defixiones not included in the special Corpora », *Greek, Roman and Byzantine Studies*, 26, 1985, p. 151-197) 150 : **910**

Pausanias : **1030**
  I, 15, 3 : **274** ; 24, 3 : **145** ; 26, 6 : **581** ; 36, 1 : **274**
  III, 15, 7 : **581**
  V, 18, 1 : **911** ; 26, 6 : **581**
  VI, 8, 3 : **1070** ; 25, 2-3 : **684**
  VII, 1, 8 : **1006**
  VIII, 38, 4 : **835**
  X, 6, 4 ; 8, 6-7 : **852** ; 19, 4 : **1008** ; 24, 6 ; 32, 7 : **852**

PÉANS : **413**
  Péan à Asclépios (Érythrées, etc.) : **149, 615, 701, 799, 802**
  Péan d'Aristonoos : voir Aristonoos
  Péan d'Hermodès à Démétrius de Phalère divinisé (Powell, p. 178), 15-19 : **105**
  Péan d'Isyllos (*IG* IV, 1, 950) : **69, 172, 185, 658, 701, 801, 802** ; 66 et suiv. : **645**
  Péan de Liménios : **185, 615, 817**
  Péan de Makedon : **172**
  Péan delphique à Dionysos : **172, 183, 539**
  Péan delphique de Timothée : **805**

Perse, *Satires*, II : **353, 363, 615, 654** ; 71-75 : **437**

Peruigilium Veneris : **761** ; 61-62 : **768**

Pétrone, *Satiricon*, 44 : **83** ; 60 : **665** ; 85, 5 : **654** ; 124-135 : **107** ; 133, 2-3 : **615** ; fr. 34 : **615, 749**

Philémon, IV, 21 Meineke : **514**

Philochore, fr. 163, 171 et 178 : **514**

Philodamos, *Péan à Dionysos* : **1008**

Philodème de Gadara
  De la piété : **29, 373**
  Épigrammes, V, 123 : **926**
  Épigrammes funéraires : **837**
  cf. *Anthologie Palatine*, VI, 349 : **216**

Philostrate
  Héroïques, 292 et suiv. : **1070**
  Vie d'Apollonios de Tyane : **498, 1080** ; I, 7, 12 : **1056** ; 11 : **48** ; IV, 11 : **1006** ; 13 : **180** ; 40 : **48** ; VIII, 5 et 7 : **403**
  Vies des sophistes : **1026**

Phrynichos, *TGF* 1, 75 F 6 : **829**

Physica Plinii Sangallensis, interpolations 10 et 41 : **923**

Pindare : **23, 44, 277, 865, 978**
  Isthmiques
    I, 64-67 : **716**
    III/IV, 5-6 : **716** ; 51 : **716**
    V, 38 : **716** ; 43-49 : **55**
    VI, 1-9 : **716** ; 28 : **762** ; 42 et suiv. : **201**
    VII, 1-2 : **716** ; 49-51 : **716**
  Néméennes
    I : **343**
    II, 1 et suiv. : **485**
    III : **292** ; 9-12 : **716** ; 22 : **684**
    VI, 3-4 : **716**
    VII : **619** ; 3 et suiv. : **644** ; 56-57 : **716** ; 67-68 : **716** ; 94 et suiv. : **344**
    X : **343** ; 1-2 : **716** ; 76 et suiv. : **201**
    XI : **619**
  Olympiques : **118**

I, 67-87 : **201**, **283**, **368**, **615**, **639**, **716** ; 106-110 : **716**

II, 1 : **621** ; 32-33 : **716** ; 60 et suiv. : **684**

IV : **619** ; 8-9 : **716**

V : **619** ; 1-5 : **716** ; 17-23 : **615**, **716**

VI, 58-63 : **144**, **283** ; 78 : **102** ; 97 : **716**

VII : **485** ; 92-93 : **716**

VIII : **619** ; 1 et suiv. : **1070** ; 10 : **716** ; 84-88 : **716**

X, 60-64 : **716**

XII : **619** ; 1-5 : **248** ; 12-15 : **716**

XIII, 18-22 : **125**, **716** ; 25-26 : **716** ; 29 : **716** ; 49 : **575** ; 105-106 : **716**

XIV : **144**, **343**, **619**

Péans : **787** ; IV, 62 : **201** ; VI : **9**, **772** ; VIIb, 43-48 : **1073**

Pythiques

I, 40 : **716** ; 46 : **716** ; 56-57 : **716** ; 70 : **716**

III : **145** ; 47-54 : **203** ; 86-89 : **716** ; 105-106 : **716**

IV, 67-72 : **716** ; 217 : **102**

V, 117-121 : **716** ; 124 : **716**

VIII : **619** ; 5 : **716** ; 92-94 : **716** ; 98-99 : **716**

X, 20-21 : **716**

XI, 22-25 : **716**

XII : **619** ; 1-5 : **716**

fr. 33c-d Snell-Maehler : **1073**

fr. 36 : **40**

fr. 51a-d S.-M. : **1013**

fr. 80 Snell : **252**

fr. 95 Snell-Maehler : **762**

fr. 104 S.-M. : **926**

fr. 122 Schroeder : **870**

fr. 122 Maehler : **1031**

fr. 128 S.-M.: **916**

fr. 150 Turyn : **54**

fr. 155 Schroeder : **292**

fr. 160 Snell : **989**

Platon : **44**, **301**, **359**, **388**, **882**, **1005**

Alcibiade mineur : **406**

Apologie de Socrate : **1080**

Axiochos, 367c : **48**

Banquet, 174a : **113** ; 177a et suiv.: **293**, **932** ; 186b : **819** ; 188b-d : **819** ; 201e-204c : **113**, **414**, **600**, **708**, **724** ; 212a : **819** ; 220d : **142**, **146**, **158**, **271**, **353**, **481**

Charmide, 155e-156e : **203**

Cratyle, 400d-e : **114**, **406**, **524**, **771**, **790**, **819**, **1043** ; 407c-408b : **113**

Critias, 106a-b : **54**, **142**, **146**, **245**, **271**, **615**, **736** ; 108b-d : **271**, **353**, **736** ; 109b-c : **353**

Criton, 44a-b : **113**

Définitions, 415b : **48**

Epinomis, 980a-c : **142**, **146**, **736** ; 984d-985b : **414** ; 986c-d : **142**, **146** ; 988-989 : **353**

Euthydème, 275c-d : **271**, **353**

Euthyphron : **118** ; 6e : **414** ; 14b : **1000** ; 14c-15a : **406**, **414**, **437**, **600**, **633**, **736**, **762**, **796**

Ion, 534c-d : **603**

Lois : **118** ; II, 653d-654b : **24** ; III, 687c-e : **142**, **220**, **769** ; 700a-e : **204**, **406**, **412**, **479**, **603**, **679**, **713**, **736**, **799** ; IV, 712b : **142**, **245**, **271**, **353**, **736** ; 716d : **40**, **146**, **220**, **769**, **819** ; VII, 801-802 : **220** ; 801a-e : **629**, **710**, **736** ; 823d : **271** ; IX, 854b : **220** ; X : **560** ; 885b : **414** ; 887c-e : **146**, **271**, **406**, **526** ; 893b-d : **271**, **353**, **530**, **736** ; 905d-907b : **600** ; 907-910 : **414** ; 909b-d : **220**, **819** ; XI, 931 : **142**, **414**

Ménéxène : **1017**

Phédon, 60c-61c : **113**, **353**, **736** ; 117b-c : **29**, **72**, **122**, **271**, **338**, **353**, **356**, **736**

Phèdre : **113, 355, 538, 735** ;
237ab : **97, 271, 353, 655** ;
247c : **353** ; 257a-b : **142,
146, 271, 338, 353, 655, 736,
782** ; 278b : **271** ; 279a-d :
**29, 37, 48, 54, 72, 109, 122,
142, 146, 149, 158, 199, 248,
251, 271, 331, 338, 353, 437,
470, 481, 595, 615, 629, 633,
655, 692, 736, 752, 776, 782,
805, 1010**
Philèbe, 12c : **406, 771** ; 16b-c :
353 ; 25b : **271, 353, 530,
736** ; 61b-c : **353, 356, 736** ;
66 : **353**
Politique, 290c : **48**
Protagoras, 358a : **771**
République, I, 327a-b : **271,
481** ; II, 364b-c : **881** ; 364b-
365a : **344, 819** ; 366a : **18** ;
381d (citation de *Sémélé*
d'Eschyle) : **370** ; III, 393e-
394a : **469, 806** ; IV : **851** ;
432c-d : **271, 736** ; VIII,
545c-e : **271, 736** ; IX, 583b :
736 ; X, 607a : **204**
Sophiste, 252c : **220**
Timée, 27b-d : **7, 142, 146, 245,
271, 301, 353, 568, 606, 615,
629, 692, 736, 762** ; 28c :
1025 ; 48d-e : **271, 353, 736** ;
69-70 : **810** ; 92c : **353**
Pseudo-Platon, *Second Alcibiade* :
353 ; V : **726** ; 138a-150c : **836** ;
138b : **48, 615, 762** ; 141-143 :
481, 589, 615, 633 ; 148-149 :
48, 615, 762
Plaute : **207, 496, 844**
Amphitryon, 455 : **238** ; 831-
834 : **238, 265** ; 923-924 :
238 ; 931-934 : **265** ; 1091-
1094 : **191, 238**
Brutal, 29 : **238**
Captifs, 172 : **238** ; 418 : **238** ;
768 et suiv. : **97, 189, 238** ;
865 : **192** ; 868 : **238** ; 877-
878 : **238** ; 977 : **238**

Carthaginois, 2, 41 : **57** ; 417-
420 : **238** ; 967 : **238** ; 1274-
1276 : **238, 948** ; 1387-
1396 : **238**
Casine, 798-800 : **238**
Cassette, 512-527 : **238, 240,
1001**
Charançon, 70 : **250** ; 88-89 :
238 ; 96-109 et 147-156 :
615 ; 270-273 : **928** ; 527 :
192 ; 574-576 : **238** ; 777-
781 : **238**
Comédie des ânes, 781-783 :
238
Corbeille, 512-523 : **615**
Cordage : **100** ; 13-30 : **615** ; 26
et suiv. : **541, 542** ; 185-219 :
378 ; 258 : **490** ; 358-360 :
238 ; 559-869 : **1006** ; 694-
695 : **238** ; 906-911 : **238** ;
1206-1208 : **238, 320** ; 1340
et suiv. : **605**
Épidique, 192 : **238** ; 728-729 :
238
Les Bacchis, 116-117 : **238** ;
172 : **238** ; 892-897 : **238,
240, 615** ; 1069-1071 : **265**
Marchand, 678-681 : **238, 615** ;
830 : **238** ; 834 et suiv. :
541 ; 864-865 : **238**
Marmite, 5-7 : **238** ; 23-25 :
713 ; 385-387 : **238** ; 582-
586 : **238** ; 673-676 : **238** ;
691-692 : **238** ; 713-725 :
238
Perse, 251 et suiv. : **189, 238** ;
753-757 : **238, 615, 832, 946,
948**
Pseudolus, 329 : **192**
Revenant, 77 : **238** ; 431-439 :
238, 265 ; 530 : **238**
Soldat fanfaron, 411-414 : **613** ;
540-542 : **238** ; 1228-1230 :
928 ; 1339-1340 : **238, 320**
Stichus, 402-405 : **265**
Trois écus, 39-41 : **238, 320** ;
820-834 : **189, 238, 615**

fr. 2, 45 : **455**

Pline l'Ancien, *Histoire naturelle* : **82**, **922**
II, 140 : **850**, **925**, **981**
III, 65 : **297**
VII, 48, 152 : **1070**
VIII, 223 : **340**
XI, 174 et 251 : **297**
XVII, 8 : **297**
XVIII, 41-43 : **669** ; 118 et suiv. : **784**
XXIV, 176 : **923**
XXVII, 100 et 131 : **923**
XXVIII, 3-29 : **209**, **297**, **446**, **535**, **578**, **697** ; 10-29 : **925**, **1032**, **1034** ; 10-21 : **236** ; 10-13 : **3**, **36**, **311**, **451**, **615**, **652**, **674**, **713**, **749**, **832** ; 18 : **586** ; 25 : **250** ; 39 : **297** ; 59 : **785**

Pline le Jeune
Lettres, X, 96, 7-8 : **713**, **1024**
Panégyrique de Trajan : **383** ; 1 : **301**, **752** ; 5 : **535** ; 94 : **615**, **792**

Plotin : **1059** ; *Ennéades* : **148**, **169**, **589**, **629**, **728**, **779**

Plutarque : **28**, **853**, **954**, **1053**
Alcibiade, 34, 2 : **793**
Alexandre, 30, 12 : **74** ; 33 : **684**
Camille, 5, 7-9 : **250**, **841** ; 7 : **254** ; 42 : **511**
De la malignité d'Hérodote, 39 : **1031** ; 871a-b : **870**
De la superstition, 3, 166a : **543**
Histoires d'amour, 774f : **1006**
Isis et Osiris, 358d-e : **996** ; 364e-f : **800** ; 377b-c et 378b-c : **996**
Lycurgue, 5, 3 : **835**
Marcellus, 6, 12 : **668**
Numa, 14, 4-9 : **250**, **668**, **1034**
Oracles chaldaïques : **851**
Pélopidas, 12 : **469**
Propos de table, 655e : **656** ; VII, 2, 2 : **406**
Pyrrhus, 5, 5 : **692** ; 34 : **903**

Questions grecques, 36 : **20**, **145**, **524** ; 299a-b : voir *Hymne éléen à Dionysos*
Questions romaines, 267b : **250** ; 270d : **250** ; 44, 275d : **224**
Sertorius, 14, 5 : **937**
Sur la disparition des oracles : **851**
Sur les délais de la justice divine, 30, 566-567 : **344**
Sylla, 9 : **427**
Thémistocle, 24, 4 : **764**
Timoléon, 8 : **903**
Vertus féminines, 252a : **469**

PMG (Page, *Poetae Melici Graeci*), 813 : **67** ; 882 : **762** ; 887 : **67**, **762** ; 934 : **67** ; 936, 19 ; 939, 1 ; 978 b ; 1018, 1 et 1027 c-d : **762**

Polémon, fr. 76 Preller : **514**

Polybe, III, 25, 6-9 : **570** ; XV, 29, 9 : **543** ; XVI, 33, 4 : **469** ; XXXII, 15, 7 : **543**

Porphyre : **148**, **169**
De l'abstinence : **851**
De la grotte des Nymphes, 33 : **146**
De la philosophie des oracles : **851**
Lettre à Marcella, 12-13 : **633**, **819** ; 23-24 : **146**, **633**
Vie de Plotin, 10 : **629**

Poseidonios d'Apamée : **837**

Posidippe, *Épigrammes* (Austin-Bastianini), 14, 2-28 : **1083** ; 51 : **974**

Possidius, *Vie d'Augustin*, 28 : **708**

PRIÈRES
Precatio omnium herbarum : **127**
Precatio Terrae matris : **127**
Prière à Asclépios HND Mim. : **127**
Prière au Soleil vengeur : voir Inscriptions
Prière d'Artémisia : voir Papyri

Prière d'Éleusis (Proclus, *Comm. sur le Timée*, III, 176, 26-27) : **792**

Prière de Cascelia : voir Inscriptions

Prière de Diophantos (Asclépiéion d'Athènes) : **69**

Prière des Athéniens : voir Marc Aurèle, *Pensées*, V, 7

Prière à Dionysos (Page, *Poetae Melici Graeci*, n° 871) : **792**

Prières des *Fratres Attiedii* à Iguvium : **188**

Prière de Sérapion : **849**

Proclus : **148, 440**

Chrestomathie : **436**

Commentaire sur le Parménide, p. 617, 1 : **762**

Commentaire sur le Timée : **53, 337** ; II, 63e-66f : **353** ; 64 et suiv. (p. 207 et suiv. Diehl) : **73, 146, 169, 615** ; p. 209-214 : **48, 593, 629, 633, 736, 819**

Hymnes : **263, 342, 622, 762, 818**

Hymne IV (prière aux dieux des *Oracles chaldaïques*): **40, 439**

Hymne VII, 43-44 : **145**

Hymne à Athéna : **149, 633**

Hymne à Hécate et Janus : **805**

Hymne à la divinité : **776**

Hymne à tous les dieux : **122**

Hymne au Soleil : **149, 788, 805**

Théologie platonicienne : **736**

dans Photius, *Bibliothèque* (Bekker) : 319b 32 et suiv. : **603, 916**

Progymnasmata : **383**

Properce, I, 3, 31-33 : **926** ; 17, 25-28 : **1083** ; II, 28b, 45 : **250** ; III, 7, 57-72 : **1083** ; 16, 15 et 20, 13-14 : **926** ; 17 : **493** ; IV, 1, 71-150 : **490** ; 6 : **493** ; 9 : **493**

Pseudo-Antonius Mysa : **923**

Q

Quinte-Curce, IV, 10, 33-34 : **191** ; 13, 12-14 : **74**

Quintilien, *Institution oratoire*, III : **752** ; IV, préface : **464** ; IX, 4, 11 : **132**

Quintus de Smyrne, X, 300 et suiv. : **459**

Quintus Serenus Sammonicus, *Liber medicinalis* : **917** ; 1-10 : **494** ; 935-940 : **923**

R

Rhianos : **146**

Rutilius Namatianus, *Sur son retour* : **1038** ; I, 46-165 : **494, 705, 976**

S

Sacramentaire de Sérapion : **849**

Salluste, *Histoires*, I, 112 et 125 : **937**

Saloustios, *Des dieux et du monde*, 14-16 : **365**

Sappho

fr. 1 Diehl, Voigt, Lobel-Page : **9, 20, 37, 71, 92, 109, 144, 199, 223, 292, 299, 307, 327, 343, 366, 387, 516, 558, 565, 599, 608, 615, 645, 666, 667, 696, 776, 814, 825, 921, 1076** ; 25-28 : **201, 762**

fr. 5 L.-P. = 25 D. : **109, 292, 516**

fr. 5, 1-2 V. : **967**

fr. 16 V. : **876**

fr. 17 V. : **592**

fr. 35 L.-P. : **479**

fr. 44 V. : **916**

fr. 55 D. : **942**

fr. 106 Puech : **24**

fr. 150 D. : **942**

P.Köln 21351 et 21376 : **942**

SCHOLIES
à Apollonios de Rhodes, 847 : **514**
à Callimaque, *Pour les bains de Pallas* : **1084**
à Démosthène, *Couronne*, 323 : **514**
à l'*Iliade*, I, 450 : **609**
à Pindare, *Olympiques*, III, 32b : **1031** ; XIII, 13 : **869**, **870**
Sémos de Délos, fr. 19, 20 Müller : **514**
Sénèque
Agamemnon, 57-107 : **705** ; 310 : **558** ; 802-807 : **615**
De la Providence, V, 5 : **127**
De la superstition, fr. 35-37 Haase : **746**
Des bienfaits, I, 6 : **195** ; II, 1, 4 : **541**, **542** ; 4, 4 : **490** ; 31 et 33 : **195** ; VI, 43 : **195**
Hercule furieux, 187 : **587** ; 202-523 : **1006** ; 335 : **191** ; 1066 : **558**
Hercule sur l'Œta, 1926 : **587**
Lettres à Lucilius, 10, 4-5 : **437**, **518** ; 22, 12 : **48** ; 31, 2 : **48** ; 5 et 8 : **475** ; 40, 1 : **615** ; 41 : **48**, **357**, **437**, **475**, **541**, **724** ; 47 : **357** ; 60, 1-2 : **48**, **615** ; 94, 53 : **48** ; 107, 10 : voir Cléanthe, *Hymne à Zeus*
Médée : **852** ; 1-18 et 685-745 : **907** ; 439 : **749** ; 595 : **558** ; 740-848 : **926**
Œdipe, 299-397 : **1034**
Phèdre, 54-84 : **558**, **705** ; 406-423 : **926**, **927** ; 959 et suiv. : **558** ; 1201-1243 : **544**
Questions naturelles, II, 35-38 : **127**, **615**, **1066** ; 49, 3 : **981** ; VII, 30, 1 : **250**
dans. Augustin, *Cité de Dieu*, VI, 10, p. 268 et suiv. : **613**
fr. 120 H. : **827**
fr. 123 : **541**
Sentences vaticanes, 65 : **133**

Servius
Sur l'Énéide : **922** ; II, 35 : **11** ; 351 : **62**, **768** ; IV, 577 : **768** ; 638 : **768** ; VI, 743 et suiv. : **1086** ; VII, 612 : **1047** ; VIII, 3 : **534** ; 31 : **761** ; 63 : **761** ; 72 : **761**
Sur les Géorgiques : **922** ; I, 21 : **240**, **416**, **515**
SH (Lloyd-Jones et Parsons, *Supplementum hellenisticum*, 1983) : voir Cratès de Thèbes
Silius Italicus, *Punica* : **496** ; II, 413 : **700** ; III-X : **985** ; VI, 466 : **700** ; VII, 75-85 : **1062**
Simonide de Céos : **865**
Épigrammes (Page), 14 : **869** ; 137B : **1031** ; 172B : **125**
fr. 10-17 W.^{2} : **576**
fr. 13 Diehl : **144**
fr. 24 Bergk : **412**
fr. 38 Page : **109**
Simplicius
Commentaire sur le De caelo *d'Aristote*, p. 731 Heiberg : **262**, **263**
Commentaire sur le Manuel *d'Épictète*, p. 138 Dübner : **262**, **615**
Commentaire sur les Catégories *d'Aristote*, p. 438 Kalbfleisch : **262**
Solon
fr. 1 Diehl : **9**, **199**, **248**, **516**, **576**, **615**, **1010** ; 1-6 : **109**
fr. 3 D. : **343**
fr. 12 : **48**
fr. 13 Bergk : **558**
fr. 24, 15-17 D. : **989**
Sophocle : **58**, **117**, **301**, **388**, **980**
Ajax : **32**, **80**, **155** ; 91 : **227** ; 394-395 : **442** ; 507-509 : **55** ; 695 : **762** ; 815-872 : **205**, **345**, **574**, **615** ; 1171-1181 : **81**, **457** ; 1175 et suiv. : **24**

Antigone, 604-610 : **615** ; 781-801 : **24, 114, 792** ; 998-1023 : **835** ; 1115-1154 : **2, 24, 615, 762, 790, 976**

Électre : **22, 32, 1078** ; 51-53 : **571** ; 110 : **27** ; 117 : **442** ; 237-242 : **211** ; 448-458 : **543, 571** ; 634-659 : **24, 280, 345, 511, 615** ; 638-643 : **609** ; 1367 et suiv. : **24, 280, 345**

Œdipe à Colone : **32, 80** ; 84-110 : **598** ; 124-133 : **521, 684** ; 421-460 : **598** ; 466-492 : **598, 664, 695** ; 486-488 : **54, 609** ; 489 : **406** ; 498 et suiv. : **344** ; 1156-1205 : **1006** ; 1383-1392 : **615** ; 1444-1446 : **345** ; 1556-1578 : **109, 615, 684** ; 1678-1682 : **684**

Œdipe roi : **32, 80, 853, 876, 882, 958** ; 1-150 : **137** ; 4 et suiv. : **163** ; 19-21 : **1006** ; 158-215 : **114, 203, 204** ; 151-167 : **92, 109, 406, 615, 762** ; 182-215 : **615** ; 646-652 : **398** ; 895 et suiv. : **406** ; 903-905 : **248** ; 911-923 : **345** ; 1423 : **138**

Philoctète : **885** ; 133-134 : **20, 581, 608** ; 391-395 : **608, 837** ; 470 : **457** ; 827 et suiv. : **172, 203** ; 989-990 : **581** ; 1019-1020 : **345** ; 1040 : **251** ; 1049-1052 : **581** ; 1077 : **692** ; 1140-1145 : **581** ; 1469-1471 : **684**

Trachiniennes, 1266 et suiv. : **406**
fr. 672 : **135**

Sortes Sangallenses (Saint-Gall, Stiftsbibliothek 908 = Harris, *The Annotators of the Codex Bezae*, 1901), p. 187-218, 275-276, 293-294 : **958**

Sosibios de Sparte, fr. 5, 8 et 10 Müller : **514**

Souda, III, 529 Adler : **544, 765**

Stace
   Achilléide, I, 738-740 : **495**
   Silves, I, 1, 74-83 : **495** ; III, 2 : **495** ; 101-102 : **332** ; 3, 183-184 : **464** ; IV, préface : **464** ; 3, 139-163 : **495** ; 7, 1-8 : **495** ; 8, 1-62 : **495** ; V, 1, 259 et suiv. : **344** ; 3, 277-287 : **495** ; 4, 1-19 : **495**
   Thébaïde, I, 56-87 : **495** ; 498-510 : **495** ; 696-720 : **154, 495** ; II, 715-742 : **495** ; III, 471-496 : **495** ; IV, 32-38 : **495** ; 383-393 : **495** ; 473-487 : **495, 747** ; 501-843 : **495** ; VI, 633-637 : **495** ; VII, 93-735 : **495** ; IX, 608-635 : **495** ; X, 130-773 : **495** ; XI, 210-508 : **495**

Stésichore : **479**
   Geryoneis, fr. dans *P.Oxy.* 2617 : **884**

Stobée
   Florilège, I, 31 : **485** ; 85 (citation du platonicien Eusèbe) : **365** ; 86 : **485** ; V, 10-12 : **63**
   Gnom. Epict., 1-4 : **248**

Strabon : **1053** ; VIII, 3, 14-15 : **684** ; XII, 4, 3 : **1057** ; XIV, 4 : voir Callinos

Suétone
   Vie de Caligula, 27, 2 : **491**
   Vie de Vespasien, 7 : **1049**
   Vie de Vitellius, 2 : **250**

Sukka, 38a : **713**

Syméon le Nouvean Théologien, *Hymnes*, 1-15 : **976**

Synésios de Cyrène : **301, 976, 1059**
   Hymne V : **805**

T

Tables Eugubines : **215, 235, 239, 290, 400, 456** ; Ia, 26 : **654** ; VIa : **240** ; 1-18 : **761** ; 22-34 : **401,**

615, **964** ; 55 et 59 : **654** ; VIb :
240 ; 48-65 : **761** ; VIIa, 1-2 :
240, **761**

TABLETTES : voir *Defixiones*,
Inscriptions

Tab. Sulis : voir *Defixiones*

Tacite
Annales, IV, 38 : **83** ; XII, 68 :
83
Histoires, I, 27, 1 : **828** ; 29, 1 :
828 ; IV, 58 : **395**, **792** ; 83 :
837

Télésilla
*Hymne épidaurien à la Mère des
dieux* : **149** : voir aussi
Hymnes
fr. 2 Diehl : **201**
fr. 935 Page, 25 et suiv. : **201**

Térence : **207**, **844**
Adelphes, 704 et suiv. : **541**, **542**
Andrienne, 232-299 : **546** ; 289-
291 : **238** ; 538-543 : **238**
Heautontimoroumenos, 879-
888 : **193**
Phormion, 351 : **238** ; 740 : **238**

Terentius Scaurus dans *Grammatici
Latini* (Keil), VII, 28 : **761**

Tertullien
Apologétique, 30, 4 : **631**
De la prière, 16 : **250** ; 17 : **33**,
75

Thémistios : **301**

Théocrite : **44**
I (*Thyrsis*) : **876** ; 123 : **479**, **762**
II (*Magiciennes*) : **107**, **175**, **692**,
825, **829**, **837**, **921**, **926**,
1028 ; 10-17 : **558**, **615**, **988**
VII (*Thalysies*) : **880** ; 103-114 :
638
XI (*Cyclope*) : **1028**
XV (*Syracusaines*), 100-144 :
479, **837**
XVII (*Éloge de Ptolémée*) :
621 ; 64 : **152**
Épigrammes : voir *Anthologie*

Théodore Priscien, *Euporista*, interpolations, p. 341, l. 12-15 Rose :
923

Théodoret, *Histoire des moines*, 3,
9 ; 8, 14 ; 13, 10-12 ; 14, 4 :
1072

Théognis, 1-18 : **210**, **343**, **576**,
615 ; 332 : **663** ; 337-350 : **210**,
292, **366**, **615** ; 373-380 : **210**,
248, **615** ; 529-530 : **663** ; 731-
752 : **210**, **248**, **615** ; 757-768 :
210, **615** ; 773-782 : **199**, **210**,
331, **576**, **615** ; 851-852 : **663** ;
1087- 1090 : **210**, **615** ; 1323-
1326 : **366**

Théophraste
Caractères, 16 : **526**, **543** ; 21 :
794
Recherches sur les plantes, VIII,
3, 3 et IX, 8, 8 : **406**

Théosophie de Tübingen : **851**, **873** ;
13 : **428**

Thessalos : **646**, **738**

Thucydide : **301**, **1017**
I, 126-127 : **1006** ; 136-137 :
764 ; 136, 3 : **829**
II, 32, 2 : **511** ; 47 et suiv. : **406** ;
71, 4 : **398**, **692** ; 74-75 :
615, **640**, **686**
III, 59, 2 : **829** ; 104 : **343**, **684**,
729
IV, 87 : **686**
V, 11 : **139** ; 47, 8 : **692**
VI, 32 : **76**, **158**, **406**, **431**, **640**,
684, **686**, **692**, **762**

Tibérianus, *Hymne au dieu suprême*
(4) : **568**, **615**, **714**

Tibulle : **150**
I, 2, 54 : **82** ; 3 : **332**, **617**, **713** ;
5, 49-58 : **544** ; 7 : **615** ; 8,
17-23 : **82**
II, 1 : **82**, **490**, **615**, **654** ; 5 : **659**,
772 ; 5, 39-42 : **967**
III, 11 : **541**, **654**

Pseudo-Tibulle, *Sulpiciae satira*, 1-
11 et 57-64 : **495**

Timothée de Milet, *Perses* dans *PMG* (Page, *Poetae Melici Graeci*) 791 et 800 : **916**
Tite-Live : **379, 396, 922, 939**
 I, 10, 5-7 : **615, 715** ; 12, 3-7 : **257, 615, 792, 947** ; 16, 3 : **613** ; 18, 6-10 : **234, 615, 715, 761, 816, 919** ; 24, 6-9 : **42, 64, 97, 196, 234, 240, 386, 569, 570, 605, 615, 650, 654, 715, 816, 838, 948** ; 26, 6 : **650** ; 32, 5-14 : **569, 761** ; 6-10 : **234, 240, 615, 650, 715, 749, 760, 816, 838** ; 12-14 : **715** ; 38, 1-2 : **761**
 II, 10-11 : **671, 761, 792** ; 26, 6 : **97** ; 32, 8 : **97**
 III, 7, 7-8 : **305, 541, 1062** ; 17, 6 : **792**
 V, 11, 15 : **482** ; 13, 4-8 : **100, 320** ; 14, 1-5 : **789** ; 18, 9-11 : **789** ; 21-22 : **11, 157, 320, 451, 454, 586, 615, 686, 713, 715, 761, 792, 816, 841, 905** ; 23, 3 : **246, 305** ; 27 : **197** ; 32, 9 : **512** ; 38, 1 : **57** ; 41 : **671, 1047** ; 46, 2-3 : **1047**
 VI, 1, 1 : **789** ; 1, 10 : **789** ; 1, 12 : **57**
 VII, 6, 1-6 : **394, 671, 1047** ; 9-10 : **320** ; 26, 4 : **257, 749**
 VIII, 6-11 : **42, 482, 672, 743, 745, 835** ; 9, 1-14 : **57, 61, 129, 141, 157, 191, 234, 237, 240, 395, 449, 451, 507, 615, 631, 745, 760, 761, 792, 816, 822, 905, 937, 1047, 1074, 1086** ; 10 : **62, 1047** ; 26, 4 : **11**
 IX, 1, 2 et suiv. : **570** ; 8, 8-10 : **395, 615, 792** ; 10, 9 : **761** ; 14, 4 : **57** ; 46, 6-7 : **785**
 X, 19 : **511, 816** ; 28, 13 et suiv. : **672, 761, 822** ; 36, 11 : **749** ; 38 : **61, 482**

XXII, 1, 17-19 : **713** ; 7-8 : **789** ; 9, 10 : **395, 789** ; 10, 1-6 : **235, 447, 615, 743, 745, 792, 938** ; 53, 11 : **749** ; 55, 3 : **789**
XXIII, 36, 10 : **57**
XXIV, 6-8 : **257** ; 38, 8 : **792**
XXVI, 9, 7 : **1062** ; 19, 3-8 : **100, 613, 785**
XXVII, 23, 2 : **57** ; 37 : **650** ; 12-13 : **653** ; 45, 8 : **749** ; 51, 8-9 : **246, 947**
XXIX, 27, 1-5 : **234, 259, 615, 832, 946** ; 36, 8 : **511**
XXX, 17, 6 : **305** ; 20, 6 : **1006** ; 21, 10 : **681** ; 42-43 : **570**
XXXI, 8, 3 : **743** ; 20 : **511**
XXXII, 30 : **511**
XXXIV, 57, 7 : **570**
XXXVI, 2-3 : **615, 743, 816**
XXXVIII, 20, 6 : **57** ; 51, 7-11 : **946, 947**
XXXIX, 18, 3 : **713** ; 27, 1-5 : **186, 792**
XLI, 16 : **446, 515, 749** ; 28, 2 : **914** ; 28, 8-9 : **947**
XLV, 39 : **301, 947**
Traité du Sublime, 9, 10 : **488**

V

Valère-Maxime, I, 1a : **236, 615** ; 2, 2 : **100** ; 5 : **841** ; IV, 1, 10 : **311, 446, 541, 749** ; VI, 44 : **197**
Valérius de Sora, *Invocation à Jupiter* (fr. 2 Courtney) : **568, 615, 768**
Valerius Flaccus, *Argonautiques*, I, 5-815 : **495** ; II, 253-259 : **191, 490, 495** ; 274-276 : **495** ; 610-612 : **495** ; IV, 335-336 : **495** ; V, 17-252 : **495** ; VI, 725-736 : **495** ; VIII, 246 : **250**
Varron
 De la langue latine : **922** ; V, 85 : **446** ; VI, 27 : **760** ; 60 : **905** ; VII, 8-10 : **234, 236,**

372, **451**, **615**, **715**, **761**, **905** ; 26-27 : **615**, **761**

L'économie rurale, I, 1, 4-7 : **395**, **615** ; 2, 27 : **97**, **171**, **749** ; 4 : **320**

Les choses divines, I, p. 53 Cardauns, cf. *Aulu-Gelle*, II, 28, 2 : **675**

Satires Ménippées, 506 : **395**

Velleius Paterculus : **383** ; II, 131 : **395**

Virgile

   Bucoliques, 4 : **705**, **772** ; 7 : **880**

   Énéide : **492**, **496**

     I, 8-11 : **276**, **348** ; 227-241 : **109** ; 326-334 : **615** ; 334 : **835** ; 479-481 : **1062** ; 728-737 : **83**, **276**

     II, 118 : **57** ; 535-539 : **83** ; 632 : **768** ; 687-703 : **109**, **257**, **613**, **615** ; 794 : **587**

     III, 84-89 : **276** ; 260-266 : **615** ; 525-529 : **276**

     IV, 40 : **57** ; 203-218 : **109**, **276** ; 381-662 : **815** ; 542 : **772** ; 607-629 : **482**, **615**

     V, 77-83 : **276** ; 687-692 : **109**, **615**

     VI, 35-76 : **276** ; 42-155 : **1006** ; 76-100 : **587** ; 102 : **276** ; 123-124 : **276** ; 264-267 : **276**

     VII, 37-45 : **276** ; 120 : **83** ; 287-302 : **623** ; 641-646 : **276**

     VIII : **828** ; 67-78 : **276**, **337**, **613** ; 172-174 : **276** ; 273-279 : **276** ; 280-305 : **276**, **371**, **615**, **705** ; 484 : **83** ; 572-584 : **109** ; 704-706 : **772**

     IX, 77-79 : **276** ; 625-629 : **83**, **257**, **276**

     X, 163-165 : **276** ; 668-679 : **206** ; 773-776 : **615** ; 844-845 : **812**

     XI, 481-485 : **276** ; 557-560 : **615** ; 783-795 : **613**, **615**

     XII, 169-175 : **276** ; 172 : **831** ; 175-212 : **64**, **109**, **257**, **258**, **276**, **615**, **700**

   Géorgiques, I, 5-49 : **494**, **705** ; 5-23 : **231**, **395**, **615** ; 461-514 : **395**, **494**, **834** ; II, 39-46 : **494** ; 325-327 : **768** ; 475-494 : **109** ; IV, 295-314 et 538-547 : **1022**

Pseudo-Virgile, *Appendix Vergiliana*

   Aetna, 4-8 : **494**

   Catalepton, 14 : **967**

   Ciris, 92-100 : **494**

   Culex, 18-41 : **494**

Vitruve, *L'architecture*, IV, 5, 1 : **535**, **831**

Votum du *Ver sacrum* : voir Tite-Live

X

Xénophane de Colophon, fr. 1 Diels-Kranz : **354** ; 23-26 : **146**

Xénophon : **301**, **388**, **1005**

   Agésilas, II, 2 : **254**

   Anabase : **1019** ; I, 6, 7 : **1006** ; III, 2, 9-12 : **526**, **799**, **835** ; IV, 3, 18 et suiv. : **152** ; 8, 25 : **762**

   Banquet, IV, 55 : **490**

   Constitution des Lacédémoniens, XIII, 2-3 : **406** ; XV, 7 : **692**

   Cynégétique, 6, 13 : **887**

   Cyropédie : **118** ; I, 6, 1 : **762** ; 3-6 : **615** ; IV, 1, 2 : **337** ; V, 2, 26 : **609** ; VIII, 7, 3 : **254**, **615**, **762**

   Économique, V : **53** ; VI, 1 : **228** ; VII, 7-8 : **54**

   Helléniques, II, 4, 20 : **610**

   Hipparque, I, 1 : **615**

   Mémorables : **118** ; I, 1, 18 : **692** ; 3, 1-3 : **37**, **48**, **54**, **146**, **199**, **228**, **406**, **437**, **481**, **595**, **762**

Xénophon d'Éphèse, *Éphésiaques* :
165, **256** ; III, 11 : **332** ; IV, 5 :
521 ; V, 4 et 13 : **332**

Z
Zénon, fr. 269 Arnim : **146**
Zosime, V, 41, 1 : **850**

INDEX DES AUTEURS MODERNES[1]

ACCAME (S.) : **1**
ADAMI (F.) : **2**
ADDABBO (A. M.) : **3**
ADKINS (A. W. H.) : **4**
ADRIANI (M.) : **5**
AGOZZINO (T.) : **568**
ALBANESE (B.) : **569, 570**
ALDERINK (L. J.) : **6, 7**
ALEXIOU (M.) : **571**
ALEXIOU (S.) : **8**
ALFIERI TONINI (T.) : **839**
ALLEN (A. W.) : **9**
ALTHEIM (F.) : **10**
ALVAR (J.) : **11, 572**
AMENDOLA (S.) : **840-842**
ANDERSEN (Ø.) : **12**
ANDRÉ (J.-M.) : **13**
APPEL (G.) : **14, 15**
ASHDOWNE (R.) : **844**
ASMIS (E.) : **845**
ASSAËL (J.) : **573**
AUBRIOT(-SÉVIN) (D.) : **16-24, 574, 575, 846**
AUDIAT (J.) : **25**
AUDOLLENT (R.) : **26**
AUSFELD (C.) : **27**

BABUT (D.) : **28, 29**
BAFFIONI (G.) : **30**
BAILEY (C.) : **31**
BAKKER (W. F.) : **32**
BALOGH (J.) : **33**
BARBANTINI (S.) : **847**
BARNABEI (L.) : **848**
BARRETT-LENNARD (R.) : **849**
BARTOL (K.) : **576**

BASANOFF (V.) : **577**
BASLEZ (F.) : **850**
BASLEZ (M.-F.) : **13**
BÄUMER (Ä.) : **578**
BAUMSTARK (A.) : **34**
BAYET (J.) : **35**
BEARD (M.) : **36**
BEAUJON (E.) : **37**
BECK (W.) : **38**
BECKMANN (P. J. T.) : **39**
BELAYCHE (N.) : **851-853**
BÉLIS (A.) : **579, 580**
BENEDETTI (F.) : **581**
BENOÎT (P.) : **40**
BENVENISTE (É.) : **41, 42**
BERARDI (F.) : **877**
BERGMAN (J.) : **43**
BERGSON (L.) : **582**
BERNAND (A.) : **583**
BERNAND (É.) : **583, 584**
BERRENS (S.) : **854**
BESCHEWLIEW (W.) : **44, 45**
BETEGH (G.) : **855**
BETHE (E.) : **46**
BETRÒ (M.) : **856**
BETTINI (M.) : **857**
BETZ (H. D.) : **585**
BEVAN (E.) : **47**
BEVILACQUA (G.) : **858, 859**
BINGEN (J.) : **860**
BICKEL (E.) : **48**
BLÄNSDORF (J.) : **861**
BLASZCZAK (W.) : **49**
BLOMART (A.) : **586**
BLUMENTHAL (A. V.) : **50**
BOCCALI (G.) : **51**
BOCCASSINO (R.) : **52**

---

[1] Cet index rassemble les noms des auteurs de publications faisant l'objet d'une notice (notices 1-1088).

BODSON (L.) : **53, 54**
BOLELLI (T.) : **55**
BOLLACK (J.) : **56**
BOLOGNA (C.) : **587**
BOLOGNA (M. P.) : **57**
BOMPAIRE (J.) : **588**
BORGNET (M.) : **58**
BORNKAMM (G.) : **59**
BORRELLI (D.) : **862**
BOSCOLO (V.) : **60**
BOUCHÉ-LECLERCQ (A.) : **61, 62**
BOULANGER (A.) : **214**
BOWDEN (H.) : **863**
BOWERSOCK (G. W.) : **589**
BOWRA (C. M.) : **63**
BOYANCÉ (P.) : **64**
BRANDT (E.) : **65**
BRAUNE (H.) : **66**
BRÉLAZ (C.) : **864**
BRELICH (A.) : **590**
BREMER (J. M.) : **67-69, 591, 592, 865**
BREMMER (J. N.) : **70, 71**
BRÉMOND (A.) : **72, 73**
BRIANT (P.) : **74**
BRILLIANT (R.) : **75**
BRIQUEL (D.) : **866**
BRISSON (L.) : **593**
BRODERSEN (K.) : **594, 867**
BROUQUIER-REDDÉ (V.) : **868**
BROWN (P.) : **589**
BRUIT ZAIDMAN (L.) : **76, 595**
BRULÉ (P.) : **596, 597, 852**
BUCHHOLZ (K.) : **77**
BUCHSEL (F.) : **78**
BUDIN (S. L.) : **869, 870**
BURCKHARDT (J.) : **79**
BURIAN (P.) : **80, 81, 598**
BURISS (E. E.) : **82, 83**
BURKERT (W.) : **84, 599-601, 871**
BUSCH (P.) : **872**
BUSINE (A.) : **873**
BUXTON (R.) : **85**

CABOURET (B.) : **602**
CACITTI (R.) : **874**
CAIRON (E.) : **875**

CALAME (C.) : **86-89, 603, 604, 876**
CALBOLI MONTEFUSCO (L.) : **877**
CALLAWAY (C.) : **90**
CALORE (A.) : **605**
CALVIET (L.) : **606**
CALVO MARTÍNEZ (J. L.) : **878**
CAMBRONNE (P.) : **91**
CAMERON (A.) : **92**
CAMPLANI (A.) : **93**
CANCIANI (F.) : **879**
CANDIDO (M. R.) : **607**
CANETTA (I.) : **880**
CANNATÀ FERA (M.) : **608**
CANTILENA (M.) : **609**
CARASTRO (M.) : **881, 882**
CARBILLET (A.) : **883**
CARTER (J. B.) : **94**
CASABONA (J.) : **610**
CASEVITZ (M.) : **95**
CASSELLA (P.) : **611 , 612**
CASSIDY (W.) : **96**
CASSIO (A. C.) : **97**
CASTELLANETA (S.) : **884**
CASTER (M.) : **98**
CERBO (E.) : **885**
CERRI (G.) : **97**
CHAMOUX (F.) : **99, 886**
CHAMPEAUX (J.) : **100, 101, 613**
CHANET (A.-M.) : **887**
CHANIOTIS (A.) : **888**
CHANTRAINE (P.) : **102, 103**
CHAPOT (F.) : **614, 615, 889**
CHAPOUTHIER (F.) : **104**
CHARBONNEAUX (J.) : **105**
CHARVET (P.) : **106, 107**
CHESHIRE (K.) : **890**
CHOAT (M.) : **891**
CHRISTIDIS (A.P.) : **616**
CIMOSA (M.) : **108**
CIONI (L.) : **109**
CIRILLO (O.) : **617**
CITRON (A.) : **11 0**
CITTI (V.) : **111**
CLARK (M.) : **11 2**
CLAY (D.) : **11 3**
CLINTON (L. K.) : **114**

COLACICCHI (O.) : **858**
CONNELLY (J. B.) : **892**
CONOMIS (N. C.) : **115**
COOK (A. B.) : **116**
CORLU (A.) : **117**
CORNFORD (F. M.) : **11 8**
COSSET (E.) : **119**
COTTIER (J.-F.) : **618, 893**
COX MILLER (P.) : **120**
COZZOLINO (A.) : **121**
CRAHAY (R.) : **122**
CRIBIORE (R.) : **123**
CROTTY (K.) : **124, 619**
CRUSIUS (O.) : **125**
CUGUSI (P.) : **894**
CUMONT (F.) : **126, 127**
CURBERA (J. B.) : **620**

DALY (L. W.) : **128**
DANGEL (J.) : **129**
DANIELEWICZ (J.) : **496, 621-623**
DANKER (F. W.) : **130**
D'ANNA (G.) : **895**
DASEN (V.) : **896**
DAVID (M.) : **131**
DAVIES (M.) : **897**
DE HARO SANCHEZ (M.) : **898**
DEICHGRAEBER (K.) : **134**
DELATTE (A.) : **135**
DELBRIDGE (M. L.) : **136**
DELCOURT (M.) : **137-139**
DEL HENAR VELASCO LÓPEZ (M.) :
    899
DÉONNA (W.) : **624, 625**
DEPEW (M.) : **140, 626**
DEREMETZ (A.) : **141**
DE RUYT (F.) : **132**
DESCHAMPS (L.) : **150**
DES PLACES (É.) : **142-149**
DETIENNE (M.) : **151**
DEUBNER (L.) : **152**
DE WITT (N. W.) : **133**
DICKIE (M. W.) : **900**
DI DONATO (R.) : **627**
DIEHL (E.) : **153**
DIELEMAN (J.) : **901**
DIETERLE (M.) : **902**

DIGNAS (B.) : **903**
DILLON (J.) : **629**
DILLON (M.) : **630**
DI NOLA (A. M.) : **628**
DÖLGER (F. J.) : **631**
DOMINIK (W. J.) : **154**
DONNAY (G.) : **904**
DORIVAL (G.) : **632, 633**
DORSCH (K. D.) : **155**
DUBISCHAR (M.) : **634**
DUBOURDIEU (A.) : **905**
DUBUISSON (D.) : **156**
DUMÉZIL (G.) : **157**
DUMORTIER (J.) : **158**
DUNAND (F.) : **906**
DUNANT (C.) : **159**
DUPONT (F.) : **907**
DUPUY (B.) : **635**
DURANTE (M.) : **636**

EBNER (A.) : **160, 161**
EDWARDS (M. J.) : **877**
EIDINOW (E.) : **908**
EISENHUT (W.) : **162**
EITREM (S.) : **163, 164**
ENERMALM (A.) : **165**
ENGELBRECHT (A.) : **166**
ENGELMANN (H.) : **167**
ERNOUT (A.) : **168**
ESSER (H. P.) : **169**

FABBRO (E.) : **637**
FABRE (P.) : **105, 171**
FAEDO (L.) : **879**
FAIN (G. L.) : **909**
FAIRBANKS (A.) : **172**
FANTUZZI (M.) : **638**
FARAONE (C. A.) : **173-175, 639,**
    910-913
FAUQUIER (M.) : **640**
FAUTH (W.) : **641**
FEDELI (P.) : **642**
FEENEY (D.) : **643**
FERRARO (V.) : **176**
FERRANDINI TROISI (F.) : **859**
FESTUGIÈRE (A.-J.) : **105, 177-185,**
    644-647

FÉVRIER (C.) : **914**
FINAMORE (J. F.) : **648**
FLETCHER (J.) : **915**
FLINT (V.) : **649**
FLORES (E.) : **186, 650**
FORD (A.) : **916**
FORSÉN (B.) : **187**
FOWLER (W. W.) : **188**
FRAENKEL (E.) : **189, 190**
FRANGOULIDIS (S.A.) : **651**
FREIER (H.) : **191**
FRENSCHKOWSKI (M.) : **917**
FREYBURGER (G.) : **192-197, 652-654, 852, 918, 919**
FRISK (H.) : **198**
FRITZ (K. VON) : **199**
FROSCHAUER (H.) : **920**
FUGIER (H.) : **200**
FÜHRER (R.) : **201, 202**
FURLEY (W. D.) : **203, 204, 592, 921**
FYNTIKOGLOU (V.) : **922**

GAGER (J. G.) : **205**
GAGLIARDI (D.) : **206**
GAGNÉR (A.) : **207**
GAIDE (F.) : **923**
GAIFMAN (M.) : **924**
GAILLARD-SEU (P.) : **925**
GAISER (K.) : **655**
GALÁN VIOQUE (G.) : **926**
GALLOTTA (B.) : **208**
GAMBERALE (L.) : **927**
GARCIA LÓPEZ (J.) : **656**
GARCIA SOLER (M. J.) : **657**
GARCIA TEIJEIRO (M.) : **209, 658**
GARZYA (A.) : **210, 659**
GASPERINI (L.) : **660**
GAVOILLE (L.) : **928**
GERACI (G.) : **661**
GERNET (L.) : **211-214**
GIACOMELLI (G.) : **215**
GIGANTE (M.) : **216**
GINESTE (M.-F.) : **929**
GIORDANO(-ZECHARYA) (M.) : **662, 663, 930**
GLADIGOW (B.) : **217**

GLINISTER (F.) : **931**
GLOTZ (G.) : **218**
GÖDDE (S.) : **664**
GÖKEN (J.) : **932**
GOLDHILL (S.) : **219**
GOLDSCHMIDT (V.) : **220**
GOMBRICH (E. H.) : **221**
GORDON (R.) : **649**
GOULD (J. P.) : **222**
GRABAR (O.) : **589**
GRADEL (I.) : **665**
GRAF (F.) : **223, 224, 666-669, 933, 934**
GRAJEW (F.) : **225**
GRANDJEAN (Y.) : **226**
GRANDOLINI (S.) : **608**
GRASSI (C.) : **227**
GREEN (C. M. C.) : **935**
GREENE (E. S.) : **936**
GREENLAND (F.) : **937**
GREEVEN (H.) : **228**
GRENIER (A.) : **229, 230**
GRIFFITHS (J. G.) : **231, 232**
GROTTANELLI (C.) : **670**
GRUNDMANN (W.) : **233**
GRUEL (K.) : **868**
GUITTARD (C.) : **234-240, 671-676, 938-940**
GUSTAFSON (M.) : **241**

HADOT (P.) : **242, 243**
HADZISTS (G. D.) : **244**
HAEFFNER (G.) : **245**
HALDANE (J. A.) : **677, 678**
HALKIN (L.) : **246**
HALUSZKA (A.) : **941**
HAMMANN (A.) : **247**
HARDIE (A.) : **942**
HARRAUER (H.) : **943**
HARTWIG (A.) : **944**
HARVEY (A. E.) : **679**
HARVEY (P. B.) : **945, 1055**
HASSALL (M.W.C.) : **680**
HAUSSMANN (W.) : **248**
HEDRICK (C.) : **249**
HEILER (F.) : **250, 251**
HENRICHS (A.) : **252, 253**

HEWITT (J. W.) : **254, 255**
HEYOB (S. K.) : **256**
HICKSON-HAHN (F.) : **257-259,
681, 946-948**
HIRZEL (R.) : **260, 261**
HOFFMANN (P.) : **262-264**
HOFFMANN (Z.) : **265**
HOLST-WARHAFT (G.) : **266**
HOMMEL (H.) : **267**
HOOGMA (R. P.) : **682**
HOPMAN-GOVERS (M.) : **683**
HORN (W.) : **268**
HORNA (K.) : **269**
HOUGHTON (L. B. T.) : **949**
HUFFMON (H. B.) : **950**
HULL (R. F. JUN.) : **270**
HUMMEL (P.) : **951**

INTRIERI (M.) : **684**
IRMSCHER (J.) : **685**

JACKSON (B. D.) : **271**
JACKSON (J. E.) : **272**
JACQUEMIN (A.) : **686**
JACQUES (S.) : **952**
JAILLARD (D.) : **953, 954**
JAKOV (D.) : **955**
JAMES (A. W.) : **273**
JAMESON (M. H.) : **274**
JANKO (R.) : **687**
JANOWITZ (N.) : **688, 689**
JEANMAIRE (H.) : **275**
JEANNERET (R.) : **276**
JOHNSTON (S. I.) : **934, 956-958**
JOLY (D.) : **959**
JORDAN (D.) : **616**
JORDAN (D. A.) : **690**
JORDAN (D. R.) : **620, 691**
JOST (M.) : **692**
JOUAN (F.) : **277, 693**
JOUANNA (J.) : **278-280, 694-696**
JUSTUS (C. F.) : **960**

KAJAVA (M.) : **282**
KAKRIDIS (J. T.) : **283**
KÄPPEL (L.) : **281**
KARADIMITRIOU (A. K.) : **284**

KEAVENEY (A.) : **961**
KERÉNYI (C.) : **285**
KERN (O.) : **286**
KERNEIS (S.) : **962**
KEYSSNER (K.) : **287**
KIERNAN (P.) : **963**
KILEY (M.) : **288**
KINDSTRAND (J. F.) : **289**
KIRCHER (C.) : **290, 964**
KIRICHENKO (A.) : **965**
KITTEL (G.) : **248**
KLAUSER (T) : **344**
KLEDT (A.) : **966**
KLEIN (F.) : **967**
KLEINKNECHT (H.) : **248, 291**
KLINGHARDT (M.) : **697**
KLOFT (H.) : **698**
KLOTSCHE (E. H.) : **699**
KLUG (W.) : **292**
KNIPPSCHILD (S.) : **700**
KNITTEL (A.) : **293**
KOLDE (A.) : **701**
KOPPERSCHMIDT (J.) : **294, 702**
KORDING (I. K.) : **293**
KOTANSKY (R.) : **703**
KOTTING (B.) : **295, 296**
KÖVES-ZULAUF (T.) : **297**
KRASILNIKOFF (J. A.) : **968**
KRENTZ (E.) : **298**
KREUTZ (N.) : **969**
KRICHER (T.) : **299**
KRUSE (B.) : **300**
KROPP (A.) : **867, 970-973, 1054**
KUETTLER (O.) : **301**
KULLMANN (W.) : **302**
KURKE (L.) : **704**

LA BUA (G.) : **705**
LA PENNA (A.) : **706**
LAAGER (J.) : **303**
LABARBE (J.) : **304**
LAKE (A. K.) : **305**
LAMBIN (G.) : **306**
LANG (B.) : **708**
LANG (M. L.) : **307**
LANGHOLF (V.) : **308**
LAPINI (W.) : **974**

LARSON (J.) : **975**
LATACZ (J.) : **309**
LATEINER (D.) : **310**
LATTE (K.) : **311** , **709**
LATTKE (M.) : **710**
LAURENS (A.-F.) : **312**
LAUROT (B.) : **615**
LAVEDAN (P.) : **313**
LAWSON (J. C.) : **711**
LAZZARINI (M. L.) : **314**
LE GALL (J.) : **315**
LE GUEN-POLLET (B.) : **316**
LECLERC (M.-C.) : **317, 318**
LEGANGNEUX (P.) : **712**
LEGRAND (P. E.) : **319**
LEHMANN (Y.) : **320, 713, 852, 976**
LÉTOUBLON (F.) : **321**
LEUMANN (M.) : **322**
LÉVY (E.) : **323**
LEWY (H.) : **714**
LHÔTE (E.) : **977**
LIMET (H.) : **420**
LIOU-GILLE (B.) : **715**
LISSARAGUE (F.) : **324**
LOHMANN (D.) : **325**
LONGO (V.) : **326**
LÓPEZ EIRE (A.) : **978**
LUCK (G.) : **649, 979**
LUMPE (A.) : **327**

MAAS (P.) : **328**
MACHIN (A.) : **980**
MACKIE (H.) : **716**
MACMULLEN (R.) : **329**
MAGGIANI (A.) : **981**
MAGNANI (A.) : **717**
MAHÉ (J.-P.) : **330**
MAIR (A. W.) : **331**
MALAISE (M.) : **332**
MALTOMINI (F.) : **638, 982**
MANFREDINI (A.) : **718**
MANGARANO PERRONE (G.) : **983**
MARCO SIMÓN (F.) : **984**
MAREK (C.) : **719**
MARIQUE (C. M.) : **333**
MARKS (R. D.) : **985**
MAROT (K.) : **334**

MARSTON (J. M.) : **986**
MARTIN (A.) : **987**
MARTIN (L. H.) : **7**
MARTIN (M.) : **988**
MARTINA (A.) : **720, 989**
MARTÍNEZ ASTORINO (P.) : **990**
MASARACCHIA (A.) : **721**
MASSON (O.) : **335**
MASTROCINQUE (A.) : **722, 991-994**
MATHIEU (N.) : **995**
MATTHEY (P.) : **996**
MAUSS (M.) : **336**
MAZZANTI (A. M.) : **723**
MEDDA (E.) : **997**
MÉHAT (A.) : **337, 724**
MEIJER (P. A.) : **338**
MEILLET (A.) : **168, 339**
MELIADÒ (C.) : **998**
MENSCHING (G.) : **340**
MERCIER (C. E.) : **341, 725**
MESLIN (M.) : **726**
MEUNIER (M.) : **342**
MEYER (H.) : **343**
MEYER (M.) : **727, 728**
MICHALOPOULOS (A. N.) : **999**
MICHEL (O.) : **344**
MIKALSON (J. D.) : **345, 729, 1000**
MILNE (H. J. M.) : **346**
MINTON (W. W.) : **347, 348**
MIRECKI (P.) : **727, 728**
MOHRMANN (C.) : **349**
MOLINOS TEJADA (M. T.) : **658**
MONTANARI (F.) : **730**
MONTGOMERY (H) : **691**
MONTIGLIO (S.) : **731**
MOORE (T. J.) : **1001**
MORAND (A.-F.) : **732, 1002**
MORANT (M.-J.) : **733**
MOREAUX (A.) : **734**
MORESCHINI (C.) : **350**
MORRISON (J. V.) : **351, 352**
MOTTE (A.) : **353-357, 735, 736, 1003**
MOUTSOPOULOS (E.) : **358, 359, 737**
MOYER (I. S.) : **738, 1004**

MUELLER-GOLDINGEN (C.) : **363**
MÜLDER (D.) : **360**
MÜLLER (B.) : **361**
MÜLLER (C. G.) : **739**
MÜLLER (D.) : **362**
MÜLLNER (L. C.) : **364**
MURRAY (G.) : **365**
MURRAY (P.) : **1005**
MUSSIES (G.) : **740**
MYLONOPOULOS (J.) : **888**

NACHTERGAEL (G.) : **741**
NAGY (A. M.) : **742**
NAIDEN (F. S.) : **1006**
NAPOLITANO (M.) : **366**
NEMETI (S.) : **1007**
NESTLE (W.) : **367**
NEUMANN (G.) : **368**
NEUMANN-HARTMANN (A.) : **1008**
NILSSON (M. P) : **105, 369, 370, 549**
NISOLI (A. G.) : **1009**
NOCK (A. D.) : **743**
NOEGEL (S. B.) : **744**
NORDEN (E.) : **371, 372**
NORTH (J.) : **36, 745, 746**
NOUSSIA (M.) : **1010**
NUTI (A.) : **1011**

OBBINK (D.) : **373**
OGDEN (D.) : **649, 747, 1012**
OHM (T.) : **374**
OLIVIERI (O.) : **1013**
OUDOT (E.) : **1014**
OZANAM (A.-M.) : **107**

PACE (G.) : **1015, 1016**
PALUMBO STRACCA (B. M.) : **748**
PANCIERA (S.) : **375**
PAPACHATZIS (N.) : **376**
PAPADOGIANNAKI (E.) : **1017**
PARCA (M.) : **1018**
PARKER (R.) : **1019, 1020**
PASOLI (E.) : **378**
PASTORINO (A.) : **379, 749**
PEDRICK (V.) : **380**
PEDRINA (M.) : **1021**

PEEK (W.) : **381**
PELLEGRINI (J.) : **1022**
PELLIZER(E.) : **879**
PÉPIN (J.) : **750**
PERLMAN (P. J.) : **382**
PERNOT (L.) : **383, 384, 751-753, 852, 1023-1027**
PERPILLOU (J.-L.) : **385, 754**
PERRONE (L.) : **755**
PETERSMANN (H.) : **756**
PETROVIĆ (A.) : **1029**
PETROVIĆ (I.) : **1028, 1029**
PFAFF (I.) : **386**
PFEIFFER (R.) : **387**
PFIFFNER (P. E.) : **388**
PFISTER (F.) : **389-391**
PHILIPPS III (C. R.) : **392**
PHILONENKO (M.) : **757, 758**
PIANTELLI (M.) : **759**
PICARD (C.) : **393, 394**
PICCALUGA (G.) : **760**
PIÉRART (M.) : **896**
PIGHI (G. B.) : **395, 396, 761**
PINTAUDI (R.) : **397, 943**
PIRENNE-DELFORGE (V.) : **1030**
PIRONTI (G.) : **1031**
PLESCIA (J.) : **398**
POCCETTI (P.) : **1032**
POHLENZ (M.) : **399**
PORTA (F. R.) : **762**
PORZIO GERNIA (M. L.) : **400, 401**
PÖTSCHER (W.) : **763-765**
PRALON (D.) : **632, 766**
PRATO (C.) : **767**
PRÉAUX (J.) : **768**
PREISENDANZ (K.) : **402**
PRENNER (A.) : **1033**
PRESCENDI (F.) : **1034**
PRÉVOT (F.) : **850**
PRICE (S.) : **36, 403, 404, 769**
PRIVITERA (G. A.) : **770**
PUCCI (P.) : **1035**
PUHVEL (J.) : **405**
PUIGGALI (J.) : **1036**
PULLEYN (S.) : **406, 771**
PULQUERIO FUTRE (M.) : **407**
PUTNAM (M. C. J.) : **772**

QUACK (J. F.) : **1037**
QUASTEN (J.) : **408**
QUILLET (C.) : **773, 774**

RACE (W. H.) : **409**
RADKE (G.) : **410, 411 , 775**
RAFANELLI (S.) : **981**
RATTI (S.) : **1038**
RAVASI (G.) : **776**
REGOLIOSI MORANI (G.) : **109**
REINACH (T.) : **412, 413**
RÉMY (B.) : **777**
REVERDIN (O.) : **414**
REYNEN (H.) : **415**
RICCIARDELLI (G.) : **778**
RICHARDSON (N. J.) : **1039**
RICHTER (F.) : **416**
RICL (M.) : **417**
RIES (J.) : **418-420**
RIESENFELD (H.) : **421**
RIFE (J. L.) : **913**
RISCH (E.) : **422**
RIST (J. M.) : **779**
RITOÓK (Z.) : **423**
RIVES (J. B.) : **1040**
RIX (H.) : **424**
ROBERT (F.) : **425**
ROBERT (J.) : **426**
ROBERT (L.) : **426-429**
RODÀ DE LLANZA (I.) : **984**
RODRÍGUEZ ALFAGEME (I.) : **1041**
RÖMER (C. E.) : **920**
ROLLANT (N.) : **430**
ROMILLY (J. DE) : **431, 780**
ROSE (H.-J.) : **781**
ROSENBERGER (V.) : **1042**
ROSENMAYER (T. G.) : **782**
ROUSE (W. H. D.) : **432**
RUBCOWA (N. A) : **433**
RUDHARDT (J.) : **434, 783, 1043**
RÜPKE (J.) : **784, 785, 853, 1044-1046**
RUSSELL (D. A.) : **786**
RUSTEN (J. S.) : **435**
RUTHERFORD (I.) : **436, 787**
RUTHERFORD (R. B.) : **437**

SACCO (L.) : **1047**
SAFFREY (H. D.) : **438-440, 788**
SALLES (C.) : **441**
SANZ DUART (V.) : **789**
SANZI (E.) : **1048, 1049**
SBARDELLA (L.) : **790**
SCARPI (P.) : **791, 792**
SCHAAF (I.) : **1050**
SCHADEWALDT (W.) : **442**
SCHEER (T. S.) : **793, 794**
SCHEID (J.) : **443-448, 795, 1051-1053**
SCHEID-TISSINIER (E.) : **796**
SCHILLING (R.) : **449-455**
SCHIRMER (B.) : **456**
SCHLESINGER (E.) : **457**
SCHLUNK (R. R.) : **797**
SCHMID (S. G.) : **864**
SCHMIDT (H.) : **458**
SCHMIDT (J.) : **459**
SCHMITT (R.) : **460**
SCHMITT PANTEL (P.) : **76**
SCHOLZ (M.) : **1054**
SCHOWALTER (D.) : **461**
SCHRÖDER (S.) : **798, 799**
SCHULTZ (C. E.) : **1055**
SCHWABL (H.) : **462**
SCHWENN (F.) : **463**
SCOTT (K.) : **464**
SCULLION (S.) : **800**
SEGOND (J.) : **465**
SELLEW (P.) : **466**
SERRA ZANETTI (P.) : **467**
SERVAIS (J.) : **468, 469**
SEVERUS (E. VON) : **470**
SFAMENI GASPARRO (G.) : **801**
SHELMERDINE (S. C.) : **471**
SIEWERT (P.) : **472, 473**
SIMON (E.) : **474**
SIMON (M.) : **475**
SINEUX (P.) : **802, 1056**
SIRONEN (E.) : **187**
SKEB (M.) : **803**
SKUTSCH (O.) : **804**
SLATKIN (L. M.) : **476**
SMITH (P. M.) : **477**
SMITH (R.) : **478**

SMOLAK (K.) : **805**
SMYTH (H. W.) : **479**
SOKOLOWSKI (F.) : **480**
SOURVINOU-INWOOD (C.) : **1057**
SOURY (G.) : **481**
SPEYER (W.) : **482**
SPINA (L.) : **806, 807**
STAVRIANOPOULOU (E.) : **1058**
STEFANIW (B.) : **1059**
STEHLE (E.) : **1060**
STEINRÜCK (M.) : **1061**
STENGEL (P.) : **483, 484**
STENZEL (J.) : **485**
STERBENC ERKER (D.) : **1062**
STOLZ (F.) : **808**
STOW (H.-H.) : **486**
STRITTMATTER (E. J.) : **487, 488**
STROCKA (V. M.) : **1063**
STRUBBE (J.) : **489, 809**
STRUCK (P. T.) : **810, 958**
SUBIAS-KONOFAL (V.) : **811**
SUDHAUS (S.) : **490**
SULLIVAN (F. A.) : **812**
SURY (B. DE) : **491**
SWOBODA (M.) : **492-496**
SYED (Y.) : **1064**
SZANTYR (A.) : **497**
SZARMACH (M.) : **498**
SZEPES (E.) : **499**
SZLESAK (T. A.) : **813**

TAMBURINI (P.) : **109**
TARDIEU (M.) : **500, 501**
TEIXIDOR (J.) : **502, 503**
THEANDER (C.) : **504**
THOM (J. C.) : **1066**
THOMAS (B. M.) : **814**
THOMASSEN (E.) : **691**
THORNTON (A.) : **505**
THRAEDE (K.) : **506**
THULIN (C.) : **507**
TODOUA (M.) : **1067**
TOMLIN (R. S. O.) : **680, 1068**
TORRES-GUERRA (J. B.) : **1069**
TOUTAIN (J.) : **508-511**
TRÄNKLE (H.) : **512**
TRAMPEDACH (K.) : **903**

TRAPP (M. B.) : **513**
TREMEL (J.) : **1070, 1071**
TRESP (A.) : **514**
TRZCIONKA (S.) : **1072**
TUPET (A.-M.) : **815**
TURCAN (R.) : **816**
TURCHI (N.) : **515**
TURPIN (J.-C) : **734**
TZANETOU (A.) : **1018**

UKLEJA (K.) : **1073**
UNCETA GÓMEZ (L.) : **1074**
UNGER (K.) : **516**

VALANTASIS (R.) : **517**
VALETTE-CAGNAC (E.) : **518**
VALLOIS (R.) : **519**
VAMVOURI (RUFFY) (M.) : **817, 1075**
VAN ANDRINGA (W.) : **959**
VAN DER BERG (R. M.) : **818**
VAN DER HORST (P. W.) : **520-522**
VAN DER LEEUW (G.) : **523, 524**
VAN HERTEN (J. C. A.) : **525**
VAN LIEFFERINGE (C.) : **819**
VAN STRATEN (F. T.) : **526, 527**
VANDERLIP (V.) : **528**
VENDRIES (C.) : **596**
VERBEKE (G.) : **529**
VERCRUYSSE (M.) : **1076**
VERDENIUS (W. J.) : **530**
VERMASEREN (M. J.) : **820**
VERMEULE (E. T.) : **821**
VERSNEL (H. S.) : **531-534, 822-826**
VEYNE (P.) : **535-537, 827, 828**
VILLETTE (J.-L.) : **640**
VILLWOCK (J.) : **538**
VIX (J.-L.) : **1077**
VOLLGRAFF (W.) : **539, 540**
VOLPE CACCIATORE (P.) : **1078**
VOUTIRAS (E.) : **829, 922, 955**
VOX (O.) : **1079**

WACHTER (R.) : **830**
WAGENVOORT (H.) : **541, 542**
WALDNER (K.) : **1080**

WALKER (J. T) : **744**
WALLENSTEIN (J.) : **1081, 1082**
WALLRAFF (M.) : **831**
WALTER (O.) : **543**
WARRIOR (V. M.) : **832**
WATSON (L.) : **544**
WEGNER (M.) : **545**
WEHNER (B.) : **833**
WEINREICH (O.) : **248, 546**
WEINSTOCK (S.) : **547**
WEST (M. L.) : **548**
WHEELER (B. M) : **744**
WIDE (S.) : **549**
WIIK (M.) : **834**
WILLIAMS (M. F.) : **1083**
WILSON (P. J.) : **1005**
WISSOWA (G.) : **550-553**
WITT (R. E.) : **554**
WITTMANN (W.) : **555**
WORONOFF (M.) : **556**
WÜLFING (P.) : **557**
WULFRAM (H.) : **1084**
WÜNSCH (R.) : **558**
WÜST (E.) : **559**

YERKES (R. K.) : **835**
YPSILANTI (M.) : **1085**
YUNIS (H.) : **560**

ZAVARONI (A.) : **1086**
ZELLER (D.) : **836**
ZELTCHENKO (V. V.) : **1087**
ZIEBARTH (E.) : **561-563**
ZIEGLER (K.) : **564**
ZIELINSKI (T.) : **565, 837**
ZINGERLE (J.) : **566**
ZUCCOTTI (F.) : **838**
ZUNTZ (G.) : **567**
ZWIERLEIN-DIEHL (E.) : **1088**

TABLE DES MATIÈRES

PRÉFACE.. 5

AVANT-PROPOS... 7

LISTE DES AUTEURS DES NOTICES............................. 9

NOTICES 839-1088 11

TABLES ET INDEX CUMULATIFS DES NOTICES 1-1088
(ANNÉES 1898-2008)

    CHRONOLOGIE DE LA RECHERCHE SUR LA PRIÈRE..... 157

    THESAURUS 195

    INDEX DES NOTIONS 213
        MOTS FRANÇAIS.. 213
        MOTS LATINS 230
        MOTS GRECS.. 233
        NOMS PROPRES 236

    INDEX DES AUTEURS ET TEXTES ANCIENS 241

    INDEX DES AUTEURS MODERNES 277

TABLE DES MATIÈRES 287